D1985451

Educational Governance

Band 52

Reihe herausgegeben von

H. Altrichter
Johannes Kepler Universität
Linz, Österreich

U. Clement
Universität Kassel
Kassel, Deutschland

R. Langer
Johannes Kepler Universität
Linz, Österreich

M. Rürup
Bergische Universität Wuppertal
Wuppertal, Deutschland

Th. Brüsemeister
Justus-Liebig-Universität
Gießen, Deutschland

M. Heinrich
Universität Bielefeld
Bielefeld, Deutschland

K. Maag Merki
Universität Zürich
Zürich, Schweiz

J. Wissinger
Justus-Liebig-Universität
Gießen, Deutschland

Robert Kruschel · Kerstin Merz-Atalik
(Hrsg.)

Steuerung von Inklusion!?

Perspektiven auf Governance Prozesse im Schulsystem

Springer VS

Hrsg.
Robert Kruschel
Universität Leipzig
Leipzig, Deutschland

Kerstin Merz-Atalik
PH Ludwigsburg
Ludwigsburg, Deutschland

ISSN 2512-0794 ISSN 2512-0808 (electronic)
Educational Governance
ISBN 978-3-658-40102-3 ISBN 978-3-658-40103-0 (eBook)
https://doi.org/10.1007/978-3-658-40103-0

Die Deutsche Nationalbibliothek verzeichnet diese Publikation in der Deutschen Nationalbibliografie; detaillierte bibliografische Daten sind im Internet über http://dnb.d-nb.de abrufbar.

Planung/Lektorat: Stefanie Laux
Springer VS ist ein Imprint der eingetragenen Gesellschaft Springer Fachmedien Wiesbaden GmbH und ist ein Teil von Springer Nature.
Die Anschrift der Gesellschaft ist: Abraham-Lincoln-Str. 46, 65189 Wiesbaden, Germany

Inhaltsverzeichnis

Herausgeber- und Autorenverzeichnis

Über die Herausgeber

Robert Kruschel ist Erziehungswissenschaftler und Lehrer. Von 2018 bis 2022 war er Wissenschaftlicher Mitarbeiter im Institut für Förderpädagogik der Universität Leipzig. Seine Forschungsschwerpunkte sind Governance und Steuerung von Inklusion im Bildungssystem, inklusionsorientierte und sozialraumorientierte Schulentwicklung sowie Demokratische Bildung.
Kontakt: robkru@icloud.com

Kerstin Merz-Atalik hat seit 2004 eine Professur für Pädagogik bei Behinderung und Benachteiligung/ Inklusion, an der Pädagogischen Hochschule Ludwigsburg (in Baden-Württemberg). Sie forscht und lehrt zu Fragen der inklusiven Bildung (u. a. Lehrerbildung, Didaktik, International Vergleichende Bildungswissenschaft, Governancetheoretische Zugänge), hat internationale Forschungs- und Entwicklungsprojekte geleitet oder begleitet. Internationale Bildungssysteme, darunter Südtirol und das Bildungssystem sind ihr vertraut durch Forschungsarbeiten (u. a. in den 90er Jahren zur inklusiven Bildung an Sekundarschulen in Südtirol), Lehraufträge an internationalen Hochschulen, Exkursionen mit Studierenden und EU-Projekten (TdiverS; GovInEd).
Kontakt: merz-atalik@ph-ludwigsburg.de

Autorenverzeichnis

Benjamin Badstieber Universität Duisburg-Essen, Essen, Deutschland

Katja Beck PH Ludwigsburg, Ludwigsburg, Deutschland

Andrea Dlugosch Rheinland-Pfälzische Technische Universität (RPTU), Kaiserslautern – Landau, Campus Landau, Landau, Deutschland

Stephan Dorgerloh Wider Sense GmbH, Berlin, Deutschland

Kirsten Ehrhardt PH Zug, Zug, Schweiz

Julia Gasterstädt Universität Kassel, Kassel, Deutschland

Andreas Hinz Martin-Luther-Universität Halle-Wittenberg, Halle (Saale), Deutschland

Stephan Gerhard Huber PH Zug, Zug, Schweiz

Peter Hudelmeier-Mätzke Universität Osnabrück, Osnabrück, Deutschland

Dana Kiefer Universität Osnabrück, Osnabrück, Deutschland

Anna Kistner Universität Kassel, Kassel, Deutschland

Nina Kolleck Universität Leipzig, Leipzig, Deutschland

Andreas Köpfer PH Freiburg, Freiburg, Deutschland

Robert Kruschel Universität Leipzig, Leipzig, Deutschland

Bettina Krück Inklusionskongress, Kehl, Deutschland

Kerstin Merz-Atalik PH Ludwigsburg, Ludwigsburg, Deutschland

Arndt Paasch Schule Grumbrechtstraße Hamburg, Hamburg, Deutschland

David Paulus Westfälische Wilhelms-Universität Münster, Münster, Deutschland

André Rose Universität Osnabrück, Osnabrück, Deutschland

Matthias Rürup Universität Wuppertal, Wuppertal, Deutschland

Johannes Schuster Universität Leipzig, Leipzig, Deutschland

Martin Schüler Staatliches Schulamt Tübingen, Tübingen, Deutschland

Lea Thönnes Aktion Mensch, Bonn, Deutschland

Heike Tiemann Universität Leipzig, Berlin, Deutschland

Hansjörg Unterfrauner Deutsche Bildungsdirektion Südtirol, Bozen, Italien

Marcel Veber Universität Osnabrück, Osnabrück, Deutschland

Josefine Wagner Universität Innsbruck, Innsbruck, Österreich

Christin Werner Universität Osnabrück, Osnabrück, Deutschland

Anna Zoss PH Zug, Zug, Schweiz

Einleitung: Von der (Un-)Möglichkeit der Steuerung von Inklusion im Schulsystem

Robert Kruschel und Kerstin Merz-Atalik

1 Steuerung von Schule – eine Geschichte des Scheiterns?!

Die Geschichte der Steuerung von Schule ist – verkürzt zusammengefasst – eine Geschichte des Scheiterns. Diese Erkenntnis gilt sowohl im deutschsprachigen Raum als auch international. Cuban (1990, 1993, 2002) untersuchte z. B. Bildungsreformen in den USA in einem Zeitraum von über 100 Jahren und kam zu dem Ergebnis, dass durch Top-Down-Prozesse keine substanziellen Veränderungen im Klassenzimmer ausgelöst worden sind. Für Deutschland konstatieren diverse Studien aus der zweiten Hälfte des 20. Jahrhunderts (zur Übersicht: Steffens, 2007, S. 23–25) eine mangelnde Effizienz der Schulverwaltung im Hinblick auf die Entwicklung von Schulqualität. Sichtbar wird eine enorme ‚Stabilität' des Bildungssystems gegenüber Veränderungen im Wesentlichen, so an der sich nicht verändernden ‚grammar of schooling', die nach Tyack und Tobin (1994, S. 454) folgende Aspekte tangiert:

R. Kruschel (✉)
Universität Leipzig, Leipzig, Deutschland
E-Mail: robkru@icloud.com

K. Merz-Atalik
PH Ludwigsburg, Ludwigsburg, Deutschland
E-Mail: Merz-Atalik@ph-ludwigsburg.de

R. Kruschel und K. Merz-Atalik (Hrsg.), *Steuerung von Inklusion!?*, Educational Governance 52, https://doi.org/10.1007/978-3-658-40103-0_1

> „[…] the shape of classrooms, […] the regular structures and rules that organize the work of instruction. Here we have in mind, for example, standardized organizational practices in dividing time and space, classifying students and allocating them to classrooms, and splintering knowledge into ‚subjects'."

Eine Majorität der Schulsysteme international verändert sich trotz aller Interventionen, Steuerungsmaßnahmen und Proklamationen nicht (wesentlich). Die Gründe dafür sind mannigfaltig und sollen hier eingangs zunächst nur anhand von drei Aspekten expliziert werden: 1) Der losen Kopplung der Systeme, 2) der Rekontextualisierung durch die Akteure sowie der 3) Pfadabhängigkeit von Entwicklungen.

Mit dem Konzept der ‚losen Kopplung' wird das Phänomen gefasst, dass Schulpraxis und Bildungspolitik weitgehend getrennt voneinander agieren. Weick (1976, 2009) stellte bereits Mitte der 1970er Jahre fest, dass ein Schulsystem dadurch gekennzeichnet ist, „dass seine Elemente […] nur schwach miteinander verbunden sind" (Böttcher, 2007, S. 202). Die einzelnen Elemente des Schulsystems – wie die Bildungspolitik, die Bildungsverwaltung, die Träger von Schulen, die Verbände und Gewerkschaften, sowie die Akteure in den Schulen – verfügen über eine große Eigenständigkeit, während zwischen ihnen eine geringe Wirkungsdichte besteht. Es herrscht durch die „lose Kopplung (teil-)autonomer Teilsysteme" (Schreyögg, 1999, S. 197) lediglich die Illusion von linearer Steuerung. Versuche, institutionalisierte Strukturen zu verändern, sind mit keinem oder geringem Erfolg versehen. Es ist zu betonen, dass nicht von einer vollständigen Loslösung der Elemente gesprochen werden kann. Vielmehr reagieren die gekoppelten Ereignisse aufeinander, aber „jedes Ereignis [behält] auch seine eigene Identität sowie Spuren des physischen und logischen Getrenntseins" (Weick, 2009). Weick (1995, S. 134) präzisiert sein Konzept wie folgt:

> „Despite the public face of organization suggesting that they are rational systems designed to attain goals, organizations are loosely coupled systems in which action is underspecified, inadequately rationalized, and monitored only when deviations are extreme."

Die Begründung für dieses Phänomen ist also in der fehlenden Spezifizierung von Handlungen in Organisationen zu suchen. Sie werden nur dann hinterfragt, wenn die Abweichungen und Fehlentwicklungen nicht mehr zu übersehen sind. Akteure der (bildungs-)politischen Steuerung können also diesen gesellschaftlichen Teilbereich nicht uneingeschränkt beeinflussen. Was Akteure in der Schule, in der Schulleitung und erst recht im Klassenzimmer tun, entzieht sich zu großen Teilen politischem Einfluss. Dieses Phänomen schränkt Steuerung also empfindlich ein, beansprucht sie doch eine Wirkmacht die ebenenübergreifend – von der Makroebene, der intermediären Ebene hin zu Meso- und Mikroebene – Effekte zeigt. Aber sie ist damit auch nicht wirkungslos. Sie kann Aushandlungsprozesse zu einem virulenten Thema initiieren, gesellschaftliche Legitimität für Innovationen erzeugen bzw. unterstützen und auch Handlungsoptionen der verschiedenen Akteure, wie Lehrpersonen, erweitern bzw. beschränken.

In der Weiterentwicklung des Konzeptes durch den Neoinstitutionalismus wird nicht von einer Trennung unterschiedlicher organisationaler Elemente ausgegangen, sondern vielmehr von „einer Entkopplung bzw. lediglich losen Kopplung von Formal- und Aktivitätsstruktur" (Schaefers, 2002, S. 838). Um dem Dilemma zwischen Anerkennung der Formalstruktur und der tatsächlichen Aktivitätsstruktur in der Steuerung zu begegnen, werden Strukturen ‚einfach' entkoppelt (Meyer & Rowan, 1977; Schaefers, 2002, S. 838 f.; zur Kritik: Kirchner et al., 2015). Hasse und Krücken (2005, S. 24) sprechen in diesem Rahmen von einer „Entkopplung von der nach außen hin sichtbaren Formalstruktur [...] und der inneren Aktivitätsstruktur". So wird der Bau von „Fassaden" (Becker-Ritterspach & Becker-Ritterspach, 2006, S. 107) vorgenommen, während intern andere Aktivitäten vollzogen werden. Eine öffentliche Ablehnung solcher als extern wahrgenommenen Anforderungen durch die einzelnen Akteure, was die lose Kopplung umgehen würde, ist dabei meist kein gehbarer oder sinnvoller Weg. Die auf Zwang und Hierarchien beruhende Isomorphie (Gesetze, Vorschriften etc.) gibt dafür wenig Spielräume; es würde massiver Legitimationsverlust drohen. Es wird daher häufig ‚nach außen' den Forderungen nachgegeben, die Aktivitäten gehen jedoch mit „dramaturgische[n] Leistungen zur Aufrechterhaltung von Fassaden organisatorischer Rationalität" (Tacke, 2006, S. 95) einher. In diesem Zusammenhang ist auf das Konzept der Rekontextualisierung (Fend, 2008, S. 26 ff.) hinzuweisen, das den Blick darauf wirft,

> „wie die von der Bildungspolitik kommunizierten Inhalte durch die Adressatinnen und Adressaten von Steuerungsmaßnahmen interpretiert werden und ob bzw. wie sich dabei in Prozessen produktiver Aneignung die Handlungspraxis und die habituellen Orientierungen verändern." (Asbrand, 2014, S. 192)

Das Konzept erweitert also den Blick über die rein entsprechend der Vorgaben zu erwartenden rationalen Handlungen der Akteure hinaus um institutionelle und subjektive Faktoren und konzentriert sich damit auf die je eigenen Interpretationsprozesse der Handelnden auf den verschiedenen Ebenen des Schulsystems.

Der Möglichkeitsraum für Rekontextualisierungen wiederum ist durch limitierte Räume gekennzeichnet, was mit dem Konzept der ‚Pfadabhängigkeit‘ gefasst wird. Dieses folgt dem Grundgedanken, dass der Ablauf von Entwicklungen und Prozessen durch zeitlich zurückliegende Ereignisse teilweise beeinflusst oder auch vollständig determiniert sein kann. Pfadabhängigkeiten engen so maßgeblich die möglichen Handlungsalternativen ein und beeinflussen dadurch die zukünftige Entwicklungsrichtung:

> „Die Dauerhaftigkeit und Kontinuität von Institutionen, die vielfach als Garant für deren Wirkung angesehen wird, nimmt im Konzept der Pfadabhängigkeit problematische Züge an. Dies vor allem deshalb, weil die Stabilitätsneigung pfadabhängiger Prozesse in aller Regel als ausgesprochen hoch eingestuft wird. Im Zusammenhang mit Pfadabhängigkeiten ist häufig vom institutionellen *lock-in* die Rede, was die Assoziation nahelegt, dass Pfadabweichungen oder Pfadwechsel als reine Ausnahmefälle oder gar als unmögliche Ereignisse zu betrachten sind.“ (Beyer, 2006, S. 12)

Durch die Analyse vergangener Prozessentwicklungen und -mechanismen lassen sich so u. a. adäquat Beharrungsphänomene in Schulen und Schulsystemen erklären. Nachvollziehbar wird so beispielsweise, wie trotz aller gegenläufigen internationalen Beispiele und empirischen Erkenntnisse zur Inklusiven Bildung weiterhin vorzugsweise in den deutschsprachigen Ländern (Belgien, Deutschland, Luxemburg, Österreich, Schweiz) ein hochselektives Schulsystem, eine (zu) frühe Trennung der Schüler*innen (meist) nach der vierten Klasse oder eine starke Fokussierung auf jahrgangsklassennorm-orientierte Zifferzensuren bewahrt wird. Die Ursachen für diese Phänomene liegen in historischen Entwicklungen und Setzungen mit denen Pfade (z. B. im Sinne von Normen, Strukturen oder Kulturen) im Bildungssystem eingeschlagen wurden, die zu fest verankerten Handlungsritualen und Arrangements auf allen Ebenen des Systems geführt haben und nun nur noch mit allergrößtem Aufwand und starken Veränderungsimpulsen verlassen werden können, denn „einmal etablierte institutionelle Arrangements [sind] häufig schwer veränderlich“ (Blanck et al., 2013, S. 270). Ein solcher Impuls lag in der COVID 19 Pandemie vor, der wenig Spielraum für die Umstellung auf eine stärker digital ausgerichtete Bildung gelassen hat, während die früheren Initiativen des Bundes und der Länder zur Digitalisierung deutlich weniger Impulsqualität aufwiesen.

Die Steuerung von Bildungssystemen sowie jene der Organisation der Einzelschule ist zusammenfassend ein „schwieriges, mühsames und risikobehaftetes Geschäft, mitunter eine Sisyphusarbeit“ (von Recum, 2006, S. 39) und gleicht dem „Bohren dicker Bretter“ (von Recum, 2006, S. 39). Terhart (2001) spricht in diesem Zusammenhang sogar von einer ‚Unsteuerbarkeit des Systems‘. Dieser These ist zumindest teilweise zu folgen, aber gleichzeitig darauf hinzuweisen, dass die vielfältigen Akteure durchaus Möglichkeiten der Einflussnahme identifizieren und nutzen, die in dem vorliegenden Band in ihrer Tragweite und ihrer Begrenztheit aus unterschiedlichen Perspektiven beleuchtet werden.

2 Das Reformanliegen Inklusive Bildung

Das Inkrafttreten der UN-Behindertenrechtskonvention (UN-BRK) im März 2009 in Deutschland übertrug den Reformimpuls zur Umsetzung der internationalen Norm der ‚Inklusiven Bildung' von der internationalen Ebene auf die nationalstaatliche. Dieser versetzte den deutschen Schulsystemen, die seit Bekanntwerden der ersten für Deutschland kritisch ausgefallenen PISA-Ergebnisse darauf konzentriert schienen, Reformbedarfe auf der Basis der internationalen Vergleichsstudie zu identifizieren und umzusetzen, einen „Inklusions-Schock" (Heinrich, 2015). Nach dem ‚PISA-Schock' und der Einführung der Ganztagsschule rief dieser Reformimpuls somit die dritte maßgebliche „Revolution im bundesdeutschen Bildungswesen" (DgfE, 2015, S. 1) hervor.

Auch wenn die Entwicklung des gemeinsamen Schulbesuchs in den einzelnen Bundesländern zu diesem Zeitpunkt stark unterschiedlich ausgeprägt war (Dietze, 2019) und einige Bundesländer bereits günstige Voraussetzungen und Entwicklungen aufweisen konnten (exempl. Haas & Arndt, 2015; Kruschel & Pluhar, 2017), hat wohl „kaum ein Land in Europa [...] schlechtere Voraussetzungen für die Umsetzung des Art. 24 der UN-Konvention als Deutschland" (Erdsiek-Rave, 2010, S. 311). Insofern gehört die Umsetzung von Inklusion nicht nur zu den „wirklich zentrale[n], sondern auch zu den schwierigen Fragen unseres Bildungssystems" (Merz-Atalik & Beck, 2020; s. auch Tenorth, 2013, S. 7; J. Powell & Merz-Atalik, 2019).

Der Stein des Anstoßes – die UN-BRK – reiht sich in eine inzwischen lange Liste von Dokumenten ein, die von internationalen Organisationen oder auch ‚Global Players' (hier explizit den Organen des UN-Systems sowie der OECD) veröffentlicht wurden. Diese globalen Akteure sind Teil der globalen Governance-Strukturen. Die Verbindlichkeit und auch die Intentionen ihrer Interventionen sind dabei stark variabel. Während die OECD versucht, vor allem mit der Argumentation der evidenzbasierten Wirksamkeit für die Leitidee inklusiver Bildung zu ‚werben', versuchen es die Organe des UN-Systems z. B. eher durch die Ausstrahlung moralischer Autorität über die Menschenrechtsargumentation. Beide Wege wirken sich politikbildend aus, wodurch diese Akteure entscheidend für die Steuerung von Bildungspolitik weltweit werden (Allemann-Ghionda, 2015, S. 32 f.). Nicht zuletzt durch das in Art. 24 verankerte Recht auf eine hochwertige inklusive Bildung kommen die UN ihrer Aufgabe als Programmorganisation nach und setzen Normen. Inklusive Bildung wird damit nicht nur zur globalen Norm, sondern auch zu einem einklagbaren Recht entlang des Lebenslaufs (Powell, 2017, S. 26).

Angesichts der hohen Anzahl an internationalen Ratifikationen der UN-BRK mit ihrer Einrichtung von Monitoring-Instrumenten ist inklusive Bildung „weltweit mit hoher Geschwindigkeit diffundiert und so zu einem Teil weltkultureller Erwartungshaltungen über die adäquate Organisation von Bildungssystem geworden" (Brüggemann, 2016, S. 7). Diese These lässt sich zumindest für Deutschland bestätigen. Auch wenn es Bundesländer gibt, die eine Anpassung an die globale Norm inklusiver Bildung längere Zeit ‚verweigerten' oder ‚auszusitzen' versuchten bzw. die Norm entstellend rekonstruierten (z. B. durch die Behauptung, die Beschulung an Sonderschulen sei UN-BRK-konform), ist einige Jahre nach dem Inkrafttreten der UN-BRK festzustellen, dass in allen Bundesländern zumindest verbal oder schriftlich artikulierte Bestrebungen für eine inklusionsorientierte Systemveränderung vorzufinden sind (Mißling & Ückert, 2014; UN-Ausschuss, 2015). Selbst eher konservativ bis skeptisch ausgerichtete Akteure wie die KMK, der vds oder der Philologenverband beschäftigen sich mit der UN-BRK und versuchen, die globale Norm inklusiver Bildung in ihrem Sinne rekontextualisierend zu interpretieren und entsprechend zu agieren. So sind schlussendlich alle Akteure des Bildungssystems aufgefordert, die Implikationen der UN-BRK entsprechend des regionalen Kontextes umzusetzen und legislative sowie administrative Steuerungsimpulse zu setzen.

Nach der juristischen Klärung in den ersten Jahren nach Inkrafttreten der Konvention (exempl. Riedel, 2010) wird inzwischen auch nicht mehr nur die Frage bearbeitet, ob das Schulsystem die Möglichkeiten gemeinsamen Schulbesuchs ausbaut und flächendeckend zur Verfügung stellt (Merz-Atalik, 2018), sondern auch, „in welcher Weise die Konvention umgesetzt werden kann" (Moser, 2012, S. 7). Und auch die anfangs noch stark ideologisch geprägte Diskussion um Inklusion scheint sich in der jüngeren Vergangenheit auszudifferenzieren. Ein Indikator dafür ist die zunehmende Auseinandersetzung durch die Governanceperspektive in Bezug auf Implementierungsprozesse von Inklusion (Binder et al., 2020, S. 23). Daher nahmen in den letzten zehn Jahren governancetheoretische Analysen inklusiver Bildungsreformen zu (vgl. exempl. Budde et al., 2019; Dlugosch, 2018; Dlugosch & Langner, 2016; Gasterstädt, 2019; Hinz & Kruschel, 2012, 2017; Kruschel, 2022; Kunze & Sauter, 2019; Merz-Atalik & Beck, 2020; Powell & Merz-Atalik, 2019; Preuß, 2018; Rürup, 2011).

Die Landesregierungen deutscher Bundesländer wurden durch die UN-BRK aufgefordert, „inklusive Bildungssysteme" (UN-BRK, Art. 24) zu entwickeln, ohne dass der eigentliche Konventionstext erneut Auskunft darüber gibt, was konkret aus der Sicht der UN darunter zu verstehen sei (wie in früheren Papieren, wie bspw. dem Salamanca Statement von 1996, den Policy Guidelines for Inclusion von 2005, etc.). Je nach gegenwartsbezogenem Stand der Diskurse in internationalen Ländern und Bundesländern hat dies zur Folge, dass seitdem Rekontextualisierungsprozesse (Fend, 2008, S. 26 ff.) der Konventionsausführungen auf allen Ebenen des Mehrebenensystems des Schulsystems stattfinden (Merz-Atalik & Hudelmaier-Mätzke, 2016):

- Die Landesregierungen und insbesondere die Bildungsministerien ringen in politischen Auseinandersetzungen und Verhandlungen (zumindest nach außen hin) um die vermeintlich effektivsten Steuerungsimpulse (in Anlehnung an die individuellen Kontextualisierungen) für die nachgeordneten Ebenen.
- Zivile aber auch politische Akteure versuchen auf unterschiedlichen Ebenen über diverse Impulse und Handlungskoordinationen, diesen Prozess in ihrem jeweiligen Interesse intentional zu beeinflussen (z. B. durch sehr different ausgerichtete Schulgesetze; Mißling & Ückert, 2014).
- Die intermediären Akteure sind dazu aufgerufen, die Impulse der übergeordneten Ebenen umzusetzen, indem sie diese (re)kontextualisieren und u. a. in Aushandlungsprozessen in der Praxis an den Schulen und ihren individuellen Akteuren vermitteln.
- Die Schulen wiederum interpretieren und (re)kontextualisieren diese Impulse vor dem Hintergrund der jeweiligen spezifischen Schulkultur und sorgen damit dafür, dass Steuerungsimpulse der Makroebene schließlich neue Bedeutung erhalten und auch ungewünschte transintentionale Folgen hervorrufen.

Diese kurze Auflistung skizziert rudimentär die Komplexität der Steuerung inklusiver Bestrebungen und die Interdependenzen zwischen den Ebenen im Schulsystem. Dabei ist an dieser Stelle nochmals zu betonen, dass es sich bei den Rekontextualisierungsprozessen keineswegs ausschließlich um inklusionsbejahende oder -förderliche handelt.

Vor dem Hintergrund der eingangs skizzierten zunehmenden Loslösung vom Steuerungsparadigma widmen sich im vorliegenden Band die Autor*innen im Wesentlichen den Fragen:

1. Kann man Inklusion überhaupt steuern? (Dietrich & Heinrich, 2014). Und wenn ja, wie?

2. Wie kann man die UN-BRK in konkreten Kontexten und auf den unterschiedlichen Ebenen des Schulsystems ‚zum Leben bringen'? (Altrichter & Feyerer, 2011)

Noch konkreter bringt es Powell (2017, S. 28) auf den Punkt, wenn er auf der einen Seite zwar feststellt, dass „die globale Norm des Menschenrechts auf inklusive Bildung zunehmend spezifiziert" wird, aber es auf der anderen Seite dennoch Bedarfe gibt hinsichtlich „der Forschung, der Interpretation und der Implementation, was gerade in föderalistisch gesteuerten Bildungssystemen mit räumlichen Disparitäten einhergeht" (Powell, 2017, S. 28).

3 Zur Perspektive der Governance-Forschung

Um nicht dem einführenden Beitrag zur Governance-Perspektive von Rürup (in diesem Band) allzu sehr vorzugreifen, sollen an dieser Stelle lediglich einige bedeutsame Merkmale dieser Forschungsperspektive dargelegt werden, die in einem Zusammenhang mit dem Fokus der vorliegenden Publikation und den vielfältigen Beiträgen der Autor*innen stehen. Die EU-Kommission (2018) bzw. die Arbeitsgruppe Schule stellt fest, dass es bei der Steuerung von Bildungssystemen darum geht, sowohl die vertikalen als auch die horizontalen Verflechtungen und Beziehungen der Institutionen und Akteure zu berücksichtigen.

> „Education systems are complex and operate at national, regional and local levels (vertical interaction). Within them, schools both function as distinct organisations and connect to each other or other types of organisation (horizontal interaction). Each education system can be characterised by its specific composition: by the policy instruments and measures used, and by the distribution of power and interaction of actors across different levels." (EU Kommission, 2018, S. 6)

Die Arbeitsgruppe betont einerseits die Bedeutung von generellen unterstützenden Faktoren und Haltungen für eine erfolgreiche Governance[1] oder Steuerung von Bildungssystemen, wie die Kooperation, das Feedback und die professionelle Kultur im Akteursnetzwerk und stellt so Aspekte der

[1] Governance wird in diesem Teil der Einleitung als ein Prozess verstanden, der u. a. Steuerung erfasst. Im späteren Verlauf wird das governancetheoretische Analyseverständnis aufgerufen. Mehr zu den drei verschiedenen Bedeutungen des Governance-Begriffs bei Rürup (in diesem Band).

Interaktionsqualität in der Zusammenarbeit und im Zusammenwirken ins Zentrum. Weitere qualitative Faktoren für die gelingende Governance seien z. B. geteilte Grundwerte, die klare Setzung von Erwartungen, das Vertrauen und die Motivation der Beteiligten, die Autonomität der einzelnen Akteure bei gleichzeitiger Kapazität zur Einflussnahme, eine beständige Reflexion und Evaluation der Prozesse sowie die grundlegenden Kapazitäten und Kompetenzen aller beteiligten Akteure. Daneben wirkten jeweils auch sehr differente, ggf. sogar divergierende Kontextfaktoren auf die Handlungen der Akteure auf den verschiedenen Ebenen (EU Kommission, 2018). So z. B. stehen Akteure auf der Makroebene (obere Steuerungsebenen, wie Ministerium oder Schulverwaltung) unter dem Einfluss verschiedener, zur inklusiven Bildungsreform parallel verlaufender Entwicklungen, Reformen und Interventionen im Bildungssystem (z. B. unter dem öffentlichen Druck in Folge der negativen Ergebnisse von internationalen Large-Scale-Studien wie TIMMS und PISA). Die zeitgleichen Anforderungen durch die Digitalisierung, den Lehrer*innenmangel, Strukturreformen, etc. können so einen direkten oder indirekten Einfluss auf das Steuerungshandeln im Hinblick auf die inklusive Bildungsreform nehmen. Die regionalen Akteure auf den intermediären Ebenen, wie die Schulverwaltungen, müssen zwischen den Interessen und Erwartungen von Kommunen, Familien, Schulträgern, Schulstandorten aber auch der weiteren Gesellschaft vermitteln und ebenso andere Reformbemühungen und Entwicklungen im Auge behalten. Die einzelnen Schulen (Mikroebene) gehören unter Umständen zu Schulverbünden und müssen sich in diesem Kontext als auch im allgemeinen Schulangebot der Gemeinden orientieren und positionieren (z. B. könnte es Druck zur Anpassung an die Entwicklungen und Forderungen innerhalb einer Referenzgruppe eines bestimmten Schultyps – wie den Sonderschulen – geben). Diese Beispiele sollen die Komplexität von Handlungsräumen und die vielfältigen Kontextbedingungen in der Steuerung aufzeigen, unter denen die verschiedenen Akteure handeln (müssen), auf einer horizontalen als auch auf einer vertikalen Richtung.

Auf der Basis der wissenschaftlichen Zugangsweise der (Educational) Governance lassen sich solche grundlegenden Strukturen, Hierarchien, Faktoren und Mechanismen identifizieren, wie Bildungsreformen angelegt sind (das Steuerungshandeln, Steuerungsimpulse, Akteursnetzwerke, etc.), wie sie wirken (z. B. auf das Akteurshandeln und die Reformbestrebungen) und welche Effekte sie im Sinne einer angestrebten Transformation des Bildungssystems haben (z. B. welche Konsequenzen sich daraus ergeben für die Institutions- und Organisationsentwicklung und die konkreten Bildungsangebote). Eine governancetheoretische Analyse macht dazu „das Zustandekommen, die Aufrechterhaltung und die Transformation sozialer Leistungen im Bildungswesen unter der Perspektive der Handlungskoordination zwischen verschiedenen Akteuren in komplexen Mehrebenensystemen" (Altrichter & Maag-Merki, 2016, S. 8) zugänglich und erfassbar.

Die für die Umsetzung von inklusiven Bildungsreformen notwendige Umsteuerung umfasst laut UN-BRK so neben rational erscheinenden normativen Aspekten u. a. auch Veränderungen in Einstellungen und Haltungen, Rechten, Bildungsplänen, Professionalisierung und angemessenen Vorkehrungen, die wiederum Einfluss haben auf alle Akteure in der Akteurskonstellation des Bildungssystems und durch diese potenziell eigensinnig rekonstruiert werden (können). Die inklusionsorientierten Reformziele sind so aus governancetheoretischer Perspektive generell in ihrer Verwobenheit und in den Interdependenzen mit weiteren zeitgleich stattfindenden Reformen, gesellschaftlichen Entwicklungen oder Interventionen zu betrachten. Die Steuerung umfangreicher Systeme wie dem Bildungssystem unterliegt nicht ausschließlich linearen und rationalen Prozessen (im Sinne eines top-down Vorgehens), stattdessen vollzieht sich diese durch vielschichtige zusammenhängende Handlungskoordinationen mit teilweise non-direktionaler Ausrichtung. Aufgrund der Komplexität kann es daher stets nur begrenzt gelingen, reale Veränderungen innerhalb dieser Systeme zu beschreiben. (Educational) Governance als interdisziplinärer Ansatz der Bildungsforschung (Altrichter & Maag-Merki, 2016) ermöglicht es, diese mit der Steuerung inklusiver Bildung zusammenhängenden Wechselwirkungen mit einem Fokus auf einzelne relevante Reformaspekte und -prozesse und ausgewählte Akteursebenen oder Akteure erfassbar zu machen.

Wir wissen, nicht nur die einzelnen Akteure, auch die Geschichte ist entscheidend für zukünftige Entwicklungen. Das Konzept der Pfadabhängigkeiten wird hauptsächlich in der Organisationstheorie verwendet, um Gründe für organisatorische Rigidität, Starrheit oder Inflexibilität zu rekonstruieren und das „Beharrungsvermögen" (Schreyögg, 2013) nachvollziehbar zu machen, es wird als ein Hauptgrund für die institutionelle Trägheit erkannt (Blanck et al., 2013). Daneben führen solche Pfadabhängigkeiten und interessengeleiteten Rekonstruktionen von Teilakteuren zu nicht-intendierten Effekten, wie zum Beispiel in den nicht kongruenten Bewegungen von Segregations- und Inklusionsquoten. Der Anteil der Schüler*innen mit attestiertem sonderpädagogischem Förderbedarf, die in Regelschulen unterrichtet werden (Inklusionsquote), ist in Deutschland gestiegen; während die Quote derer, die in Sonderschulen unterrichtet werden (Segregationsquote), in einigen Bundesländern nicht in gleichem Maße gesunken ist (Klemm, 2021). Auch transintentionale Effekte lassen sich dokumentieren, da die öffentliche Wahrnehmung der inklusiven Bildung in

Deutschland eng mit dem Konzept verknüpft ist, dass vor allem mehr Sonderschullehrer*innen benötigt werden. Dies ist darauf zurückzuführen, dass bis etwa 2010 fast alle allgemeinen Lehramtsstudiengänge in Deutschland keine curricularen Anteile aus der Sonderpädagogik oder der inklusiven Bildung enthielten und die Anforderung des Lehrens in heterogenen Lerngruppen bis dahin in den Lehramtsstudiengängen nur bedingt vermittelt wurde. Das Ergebnis: Die Politik versucht, die Ausbildungszahlen für Sonderschullehrer*innen zu erhöhen und mehr Lehrpersonen mit sonderpädagogischer Qualifikation zu rekrutieren; mit dem Effekt, dass inklusive Bildung aktuell vielerorts alleine von der Verfügbarkeit sonderpädagogischer Ressourcen in den Schulen abhängig gemacht wird. Der tatsächlich bestehende Mangel an Sonderpädagog*innen führt so gleichsam zu einem Rückgang der Entwicklung der inklusiven Bildung.

4 Aufbau des Bandes

Das vorliegende Buch ermöglicht breite Einblicke in nationale und einige internationale Ausgangsbedingungen, Akteurskonstellationen und Kontextfaktoren für die inklusive Bildungsreform. Es werden Konditionen und Faktoren beschrieben, die einen entscheidenden Einfluss auf die Transformation zu einem inklusiven Bildungssystem haben. Die Autor*innen geben dabei einen tiefen und kritischen Einblick in das Steuerungshandeln auf allen Ebenen des Schulsystems. Dies erfolgt nicht immer explizit mit einem Verweis auf einen governancetheoretischen Ansatz. Jedoch lassen sich vielfältige Erkenntnisse auch aus den weniger theoretisch fundierten Fallstudien gewinnen.

Schließlich verfolgen wir mit dem Band die Intention, die individuellen Erfahrungen, Wahrnehmungen und differenten Perspektiven von sehr unterschiedlichen Akteuren zu Fragen der Steuerung inklusiver Bildungsprozesse auf allen Ebenen des Bildungssystems zugänglich zu machen. Der Aufbau des Buchs orientiert sich daher am Modell des Mehrebenensystems von Altrichter und Heinrich (2007, S. 64 ff.) und die einzelnen Teile des Buchs versammeln jeweils Einblicke in die Handlungskoordination von ausgewählten Akteuren einer der Ebenen:

- Auf der *Makroebene* sind die Akteure versammelt, die Legitimation und das Potenzial besitzen, (mit-)steuernden Einfluss auf das gesamte System zu nehmen. In Deutschland finden sich auf dieser Ebene neben dem Bund die Bundesländer, aber auch Organisationen wie die KMK. Auch nicht-staatliche

Akteure mit dem Anspruch der Mitwirkung an der Gestaltung des Bildungswesens finden sich hier.

- Eine besondere Bedeutung haben in der Governance-Perspektive sogenannte *intermediäre Akteure.* Sie sind zwischen den Ebenen angesiedelt und tragen zur Handlungskoordination zwischen unterschiedlichen Akteuren auf verschiedenen Ebenen bei, indem sie beaufsichtigen, beraten oder fortbilden. So sind z. B. Akteure wie die höhere Schulaufsicht auf der ‚Oberen Intermediären Ebene' zu verorten, während sich die untere Schulaufsicht als fachliche Verantwortliche und die Gemeinde als materielle Schulträger auf der ‚Unteren Intermediären Ebene' befinden. Zur Vereinfachung werden Beiträge, die sich Akteuren dieser zwei (Teil-)Ebenen widmen, zu einer zusammengefasst.
- Auf der *Mesoebene* sind Organisationen lokalisiert, die spezifische Systemleistungen erbringen. Neben Schulen sind dies Universitäten oder Einrichtungen der Erwachsenenbildung.
- Auf der *Mikroebene* wird sich den konkreten Mustern der Handlungskoordination der Einzelakteur*innen gewidmet. Dabei kommen z. B. das Handeln im Unterricht oder die Diagnostik in den Blick.

Zu den hier versammelten Autor*innen zählen neben Wissenschaftler*innen, Forscher*innen, aktiven Akteur*innen in Schulverwaltung und -administration, auch Schulleiter*innen, zivilgesellschaftliche Akteur*innen, Eltern oder Lehrer*innen. Das Ziel war es, die multiperspektivischen Zugangsweisen zu teilen und damit einem wahrgenommenen Desiderat an systematischen Dialogen vertikal zwischen den Akteursebenen (z. B. zwischen Bildungspolitik und -verwaltung und Eltern) oder horizontal auf denselben (z. B. innerhalb der Schulverwaltung zwischen verschiedenen Referaten) zu begegnen.

Aufgrund der Verfügbarkeit von Abstracts vor jedem Beitrag verzichten wir an dieser Stelle auf die in Sammelbänden üblichen Kurzbeschreibungen der Beiträge und reduzieren damit etwaige Redundanz.

5 Abschließende Worte

Neben Beiträgen basierend auf wissenschafts- oder forschungsbasiertem Wissen zur Governance von und in (inklusiven) Bildungssystemen, kommen in dem vorliegenden Werk auch verschiedenste Akteur*innen zu Wort, die ansonsten in wissenschaftlichen Publikationen eher unterrepräsentiert scheinen und die einen auf persönlichen oder kollektiven Erfahrungen beruhenden, manchmal stark emotional beteiligten Zugang zu der Frage der (Nicht-)Steuerung inklusiver

Bildung aufweisen. Wir möchten uns daher als Herausgeber*innen explizit an dieser Stelle bedanken für die Offenheit und Klarheit der Beiträge aus der Sicht von zivilgesellschaftlichen Akteuren, Schulpraktiker*innen und von Eltern. Diese Beiträge zeugen von ihrer ganz individuellen Geschichte im Zusammenhang mit der Forderung nach oder der Umsetzung von Inklusion: z. B. von herausfordernden Bedingungen, nicht immer positiven Interaktions- und Aktionserfahrungen, von nachvollziehbar begründeten Erwartungen an das Steuerungshandeln und teilweise sehr kritischen, persönlichen Bewertungen der inklusiven Bildungsreformen in Deutschland. Diese Erfahrungen sollten im System ein stärkeres Gehör finden und im Sinne von partizipativen Prozessen der Steuerung und Innovation von Bildungssystemen deutlich mehr Berücksichtigung erfahren.

Mit dem Ansatz von Inklusion ist auch ein möglichst diskriminierungssensibler und diversityfairer Sprachgebrauch verbunden, der grundlegend für die in diesem Band versammelten Beiträge ist. Dies zeigt sich beispielsweise in der Verwendung des sogenannten Gendersternchens. Eine Ausnahme bildet der Begriff der *Akteure.* Mit ihm können sowohl Individuen als auch Institutionen erfasst werden. Da es sich im letzteren Fall nicht um Personenbezeichnungen handelt, wird der Begriff in diesen Kontexten generell wie ein Abstraktum behandelt und nicht an den gendergerechten Sprachgebrauch angepasst.

Wir möchten schlussendlich unseren Dank all jenen aussprechen, die zur Entstehung dieses Sammelbandes beigetragen haben. Hier sind natürlich vor allem die Autor*innen der Beiträge hervorzuheben. Ein besonderer Dank gilt zudem der Wissenschaftlichen Hilfskraft Miriam Wahl von der PH Ludwigsburg, die uns tatkräftig und ausgesprochen kompetent bei der Redaktionsarbeit unterstützt hat. Schlussendlich danken wir dem Verlag für die reibungslose Zusammenarbeit.

Wir wünschen eine inspirierende Lektüre!

Robert Kruschel & Kerstin Merz-Atalik.

Leipzig & Ludwigsburg im Februar 2023.

Literatur

Allemann-Ghionda, C. (2015). Inklusive Politik und Praxis im internationalen Vergleich. In G. Henson & A. Beck (Hrsg.), *Inclusive education. Internationale Strategien und Entwicklungen Inklusiver Bildung* (S. 29–48). Beltz Juventa.

Altrichter, H., & Feyerer, E. (2011). Auf dem Weg zu einem inklusiven Schulsystem? Die Umsetzung der UN-Konvention in Österreich aus der Sicht der Governance-Perspektive. *Zeitschrift für Inklusion Online*, *4*. https://inklusion-online.net/index.php/inklusion-online/article/view/73/73. Zugegriffen: 6. Sept. 2022.

Altrichter, H., & Heinrich, M. (2007). Kategorien der Governance-Analyse und Transformation der Systemsteuerung in Österreich. In H. Altrichter, T. Brüsemeister, & J. Wissinger (Hrsg.), *Educational Governance. Handlungskoordination und Steuerung im Bildungssystem* (S. 55–103). VS.

Altrichter, H., & Maag Merki, K. (2016). Steuerung der Entwicklung des Schulwesens. In H. Altrichter & K. Maag Merki (Hrsg.), *Handbuch Neue Steuerung im Schulsystem* (2. Aufl., S. 1–27). Springer VS.

Asbrand, B. (2014). Die dokumentarische Methode in der Governance-Forschung. In K. Maag Merki, R. Langer, & H. Altrichter (Hrsg.), *Educational Governance als Forschungsperspektive: Strategien, Methoden, Ansätze* (S. 177–198). Springer VS.

Becker-Ritterspach, F. A. A., & Becker-Ritterspach, J. C. E. (2006). Isomorphie und Entkopplung im Neo-Institutionalismus. In K. Senge & K.U. Hellmann (Hrsg.), *Einführung in den Neo-Institutionalismus* (S. 102–117). VS.

Beyer, J. (2006). *Pfadabhängigkeit. Über institutionelle Kontinuität, anfällige Stabilität und fundamentalen Wandel*. Campus Verlag.

Binder, U., Drerup, J., & Oelkers, J. (2020). *Pädagogische Debatten. Themen, Strukturen und Öffentlichkeit*. Kohlhammer.

Blanck, J. M., Edelstein, B., & Powell, J. J. W. (2013). *Von der schulischen Segregation zur inklusiven Bildung? Die Wirkung der UN-Konvention über die Rechte von Menschen mit Behinderungen auf Bildungsreformen in Bayern und Schleswig-Holstein*. Wissenschaftszentrum Berlin für Sozialforschung. https://bibliothek.wzb.eu/pdf/2013/i13-504.pdf. Zugegriffen: 6. Sept. 2022.

Böttcher, W. (2007). Zur Funktion staatlicher „Inputs" in der dezentralisierten und outputorientierten Steuerung. In H. Altrichter, T. Brüsemeister & J. Wissinger (Hrsg.), *Educational Governance: Handlungskoordination und Steuerung im Bildungssystem* (S. 185–206). VS. https://doi.org/10.1007/978-3-531-90498-6_7

Brüggemann, C. (2016). Inklusive Bildung als globale Norm. Einleitende Bemerkungen zu einem entstehenden Forschungsfeld und den Beiträgen in diesem Heft. *Zeitschrift für internationale Bildungsforschung und Entwicklungspädagogik, 39*(3), 4–9.

Budde, J., Dlugosch, A., Herzmann, P., Rosen, L., Panagiotopoulou, A., Sturm, T., & Wagner-Willi, M. (2019). *Inklusionsforschung im Spannungsfeld von Erziehungswissenschaft und Bildungspolitik*. Barbara Budrich.

Cuban, L. (1990). Reforming again, again, and again. *Educational Researcher, 19*(1), 3–13. https://doi.org/10.2307/1176529

Cuban, L. (1993). *How teachers taught. Constancy and change in American classrooms 1890–1990.* (2. Aufl). Teachers College Press.

Cuban, L. (2002). What have researchers and policy makers learned about converting curriculum and instructional policies into classroom practices? Invited contribution on the international conference. In *Current issues in classroom research: Praises, perspectives and practices*. University of Oslo.

DgfE. (2015). *Inklusion als Herausforderung für die Erziehungswissenschaft. Aufruf zu einer Debatte.* https://dgfe.de/fileadmin/OrdnerRedakteure/Stellungnahmen/2015_Inklusion_Positionierung.pdf. Zugegriffen: 6. Sept. 2022.

Dietrich, F., & Heinrich, M. (2014). Kann man Inklusion steuern? Perspektiven einer rekonstruktiven Governanceforschung. In M. Lichtblau, D. Blömer, A. K. Jüttner, K.

Koch & M. Krüger (Hrsg.), *Forschung zu inklusiver Bildung. Gemeinsam anders lehren und lernen* (S. 26–46). Klinkhardt.

Dietze, T. (2019). *Die Entwicklung des Sonderschulwesens in den westdeutschen Ländern. Empfehlungen und Organisationsbedingungen*. Klinkhardt.

Dlugosch, A. (2018). Zum Prozessieren inklusiver Bildungssysteme: Akteure, Strukturen, Netzwerke. In E. Feyerer, W. Prammer, E. Prammer-Semmler, C. Kladnik, M. Leibetseder & R. Wimberger (Hrsg.), *System. Wandel. Entwicklung. Akteurinnen und Akteure inklusiver Prozesse im Spannungsfeld von Institution, Profession und Person* (S. 55–73). Bad Heilbrunn.

Dlugosch, A., & Langner, A. (2016). Koordination von ‚Inklusion'. Erste Ergebnisse einer explorativen Studie im Bundesland Tirol. In V. Moser & B. Lütje-Klose (Hrsg.), *Schulische Inklusion* (Fachportal Pädagogik; S. 124–139). Beltz Juventa.

EU Kommission, ET 2020 Working Group Schools. (2018). *European ideas for better learning: The governance of school education systems*. https://www.schooleducationgateway.eu. Zugegriffen: 6. Sept. 2022.

Erdsiek-Rave, U. (2010). Ein System unter Druck. Aufgaben für die Politik. In A. Hinz, I. Körner & U. Niehoff (Hrsg.), *Auf dem Weg zur Schule für alle: Barrieren überwinden – Inklusive Pädagogik entwickeln* (S. 311–318). Lebenshilfe-Verlag.

Fend, H. (2008). *Schule gestalten. Systemsteuerung, Schulentwicklung und Unterrichtsqualität*. VS.

Gasterstädt, J. (2019). Der Komplexität begegnen und Inklusion steuern: Eine Situationsanalyse zur Umsetzung von Artikel 24 der UN-BRK in Deutschland. *Springer VS*. https://doi.org/10.1007/978-3-658-27838-0

Haas, B., & Arndt, I. (2015). Zum aktuellen Stand der Umsetzung der UN- Behindertenrechtskonvention in Bremen. *Gemeinsam leben. Zeitschrift für Inklusion, 4*, 255–260.

Hasse, R., & Krücken, G. (2005). *Neo-Institutionalismus* (2. Aufl.,). Transcript.

Heinrich, M. (2015). Inklusion oder Allokationsgerechtigkeit? Zur Entgrenzung von Gerechtigkeit im Bildungssystem im Zeitalter der semantischen Verkürzung von Bildungsgerechtigkeit auf Leistungsgerechtigkeit. In V. Manitius, B. Hermstein, N. Berkemeyer & W. Bos (Hrsg.), *Zur Gerechtigkeit von Schule. Theorien, Konzepte, Analysen* (S. 235–255). Waxmann.

Hinz, A., & Kruschel, R. (2012). Educational Governance als ‚Diagnose-Instrument' für die Analyse eines Projekts zur Etablierung inklusiver Entwicklungen. *Inklusion Online, 3*.

Hinz, A., & Kruschel, R. (2017). *Entwicklung schulischer Inklusion auf Landesebene. Eine Untersuchung am Beispiel eines Unterstützungssystems in Schleswig-Holstein*. Klinkhardt.

Kirchner, S., Krüger, A.K., Meier, F., & Meyer, U. (2015). Wie geht es weiter mit dem soziologischen Neo-Institutionalismus? In M. Apelt & U. Wilkesmann (Hrsg.), *Zur Zukunft der Organisationssoziologie* (S. 189–202). Springer. https://doi.org/10.1007/978-3-658-07330-5_11

Klemm, K. (2021). *Inklusion in Deutschlands Schulen. Entwicklungen – Erfahrungen – Erwartungen*. Beltz Juventa.

Kruschel, R. (2022). *Inklusion aus Governance-Perspektive. Die UN-BRK als Steuerungsimpuls für das Schulsystem Schleswig-Holsteins*. Springer VS.

Kruschel, R., & Pluhar, C. (2017). Der lange, aber kontinuierliche Weg in Richtung Inklusion – Die Umsetzung der UN-Behindertenrechtskonvention im Schulsystem Schleswig-Holsteins. *Zeitschrift für Inklusion Online*, *2*. https://inklusion-online.net/index.php/inklusion-online/article/view/420/323. Zugegriffen: 6. Sept. 2022.

Kunze, A.B., & Sauter, S. (2019). Educational Governance im Kontext von Heterogenität und Inklusion. In R. Langer & T. Brüsemeister (Hrsg.), *Handbuch Educational Governance Theorien* (S. 573–614). Springer Fachmedien Wiesbaden. https://doi.org/10.1007/978-3-658-22237-6_26

Merz-Atalik, K. (2018). Von einem Versuch „der Integration der Inklusion in die Segregation"?! Aktuelle Daten und Fakten zur schulischen Inklusion in Baden-Württemberg. *Zeitschrift für Inklusion Online*, *4*. https://inklusion-online.net/index.php/inklusion-online/article/view/508. Zugegriffen: 6. Sept. 2022.

Merz-Atalik, K., & Beck, K. (2020). Governance inklusiver Bildung: Modelle, Strukturen und Netzwerke der inklusiven Bildungsreform im internationalen Vergleich (Südtirol/Italien und Baden-Württemberg/Deutschland). In T. Dietze, D. Gloystein, V. Moser, A. Piezunka, L. Röbenack, L. Schäfer, G. Wachtel & M. Walm (Hrsg.), *Inklusion – Partizipation – Menschenrechte. Transformation in die Teilhabegesellschaft?* (S. 202–209). Klinkhardt.

Merz-Atalik, K., & Hudelmaier-Mätzke, P. (2016). Vergangenheits-, Gegenwarts- und Zukunftsorientierung als „Behinderungen" auf dem Weg zu einem inklusiven Bildungssystem – mit exemplarischen Bezügen zu einer Studie im Land Luxemburg. In U. Böing & A. Köpfer (Hrsg.), *Be-Hinderung der Teilhabe: Soziale, politische und institutionelle Herausforderungen inklusiver Bildungsräume* (S. 128–144). Klinkhardt.

Meyer, J. W., & Rowan, B. (1977). Institutionalized organizations: Formal structure as myth and ceremony. *American Journal of Sociology, 83*(2), 340–363.

Mißling, S., & Ückert, O. (2014). *Studie – Inklusive Bildung: Schulgesetze auf dem Prüfstand.* Deutsches Institut für Menschenrechte.

Moser, V. (2012). Vorwort – Standards für die Umsetzung von Inklusion im Bereich Schule. In V. Moser (Hrsg.), *Die inklusive Schule: Standards für die Umsetzung* (S. 7–10). Kohlhammer.

Powell, J.J.W. (2017). Räumliche Vielfalt der Inklusiven Bildung und sonderpädagogische Fördersysteme im Vergleich. In M. Gercke, S. Opalinski & T. Thonagel (Hrsg.), *Inklusive Bildung und gesellschaftliche Exklusion: Zusammenhänge – Widersprüche – Konsequenzen* (S. 25–38). Springer. https://doi.org/10.1007/978-3-658-17084-4_3

Powell, J., & Merz-Atalik, K. (2019). Die Notwendigkeit inklusiver Bildung für die Erneuerung der Governancekonzepte: Deutschland und Luxemburg im Vergleich. In J. Budde, A. Dlugosch, P. Herzmann, L. Rosen, A. Panagiotopoulou, T. Sturm & M. Wagner-Willi (Hrsg.), *Inklusionsforschung im Spannungsfeld von Erziehungswissenschaft und Bildungspolitik* (S. 71–98). Barbara Budrich. https://orbilu.uni.lu/bitstream/10993/35764/3/PowellMerz-Atalik2019_InklusiverBildungErneuerungGovernancekonzepte_DE-LU_proofs.pdf. Zugegriffen: 6. Sept. 2022.

Preuß, B. (2018). *Inklusive Bildung im schulischen Mehrebenensystem: Behinderung, Flüchtlinge, Migration und Begabung*. Springer VS.

Riedel, E. (2010). *Zur Wirkung der internationalen Konvention über die Rechte von Menschen mit Behinderung und ihres Fakultativprotokolls auf das deutsche Schul-*

system. Gemeinsam leben, gemeinsam lernen (Dortmund). https://gemeinsam-leben-nrw.de/sites/default/files/gutachten_riedel.pdf. Zugegriffen: 6. Sept. 2022.
Rürup, M. (2011). Inklusive Bildung als Reformherausforderung. Zur Perspektive der Educational Governance Forschung. *Zeitschrift für Inklusion Online, 4*. https://inklusion-online.net/index.php/inklusion-online/article/view/74/74. Zugegriffen: 6. Sept. 2022.
Schaefers, C. (2002). Der soziologische Neo-Institutionalismus. Eine organisationstheoretische Analyse- und Forschungsperspektive auf schulische Organisationen. *Zeitschrift für Pädagogik, 48*, 835–855.
Schreyögg, G. (2013). In der Sackgasse Organisationale Pfadabhängigkeit und ihre Folgen. *OrganisationsEntwicklung, 1*, 21–30.
Schreyögg, G. (1999). *Organisation. Grundlagen moderner Organisationsgestaltung* (3. Aufl.,). Springer Gabler.
Steffens, U. (2007). Schulqualitätsdiskussion in Deutschland – Ihre Entwicklung im Überblick. In J. van Buer & C. Wagner (Hrsg.), *Qualität von Schule. Ein kritisches Handbuch* (S. 21–51). Peter Lang.
Tacke, V. (2006). Rationalität im Neo-Institutionalismus: Vom exakten Kalkül zum Mythos. In K. Senge & K. U. Hellmann (Hrsg.), *Einführung in den Neo-Institutionalismus* (S. 89–101). VS.
Tenorth, H.E. (2013). Inklusion – Prämissen und Problemzonen eines kontroversen Themas. In J. Baumert, V. Masuhr, J. Möller, T. Riecke-Baulecke, H.E. Tenorth & R. Werning (Hrsg.), *Inklusion: Forschungsergebnisse und Perspektiven. Schulmanagement-Handbuch 146* (S. 6–14). Oldenbourg.
Terhart, E. (2001). *Zwischen Aufsicht und Autonomie. Geplanter und ungeplanter Wandel im Bildungsbereich*. Klartext.
Tyack, D., & Tobin, W. (1994). The „grammar" of schooling. Why has it been so hard to change? *American Educational Research Journal, 31*(3), 453–479. https://doi.org/10.3102/00028312031003453
UN-Ausschuss. (2015). *Abschließende Bemerkungen über den ersten Staatenbericht Deutschlands*. Vereinten Nationen. www.institut-fuer-menschenrechte.de/fileadmin/Redaktion/Publikationen/Weitere_Publikationen/CRPD_Abschliessende_Bemerkungen_ueber_den_ersten_Staatenbericht_Deutschlands.pdf
von Recum, H. von. (2006). Bildungspolitische Steuerung – oder: Die Kunst, das Unmögliche möglich zu machen (1997). In H. von Recum (Hrsg.), *Steuerung des Bildungssystems. Entwicklung, Analysen, Perspektiven* (S. 17–48). BWV, Berliner Wissenschafts-Verl.
Weick, K. E. (1976). Educational organizations as loosely coupled systems. *Administrative Science Quarterly, 21*(1), 1–19. https://doi.org/10.2307/2391875
Weick, K. E. (1995). *Sensemaking in organizations*. Sage Publications.
Weick, K. E. (2009). Bildungsorganisationen als lose gekoppelte Systeme (1976). In S. Koch & M. Schemmann (Hrsg.), *Neo-Institutionalismus in der Erziehungswissenschaft. Grundlegende Texte und empirische Studien* (S. 85–109). VS. https://doi.org/10.1007/978-3-531-91496-1_5

Kruschel, Robert, ist Erziehungswissenschaftler und Lehrer. Von 2018 bis 2022 war er Wissenschaftlicher Mitarbeiter im Institut für Förderpädagogik der Universität Leipzig. Seine Forschungsschwerpunkte sind Governance und Steuerung von Inklusion im Bildungssystem, inklusionsorientierte und sozialraumorientierte Schulentwicklung sowie Demokratische Bildung.

Kontakt: robkru@icloud.com

Merz-Atalik, Kerstin, hat seit 2004 eine Professur für Pädagogik bei Behinderung und Benachteiligung/ Inklusion, an der Pädagogischen Hochschule Ludwigsburg (in Baden-Württemberg). Sie forscht und lehrt zu Fragen der inklusiven Bildung (u. a. Lehrerbildung, Didaktik, International Vergleichende Bildungswissenschaft, Governancetheoretische Zugänge), und hat internationale Forschungs- und Entwicklungsprojekte (Europaweit als auch in den USA und Kanada) geleitet oder begleitet (z. B. TdiverS; GovInEd).

Kontakt: merz-atalik@ph-ludwigsburg.de

Educational Governance als Forschungsperspektive bezogen auf Inklusive Bildung – Grundlegende begriffliche Klärungen

Matthias Rürup

1 Einleitung

Der folgende Beitrag hat eine längere, verwickelte Vorgeschichte – größere Teile von ihm wurden schon einmal andernorts publiziert und auch der Argumentationsgang wurde zu einem anderen Thema schon einmal nahezu identisch durchschritten. Diese Übernahme eigener Vorarbeiten anzugeben, ist einerseits angezeigt, um drohenden Vorwürfen eines Selbstplagiats durch Transparenz von vornherein zu begegnen. Andererseits ist genau dieses Wiederkehren in einem anderen Kontext, Thema und These des folgenden Beitrags. Allerdings nicht bezogen auf den Text (hier habe ich das Angebot der Herausgeber*innen dieses Bandes gerne aufgegriffen, mir doch die Arbeit durch Umnutzung eines früheren Textes zu erleichtern), sondern bezogen auf den Forschungsansatz der Educational Governance. Dieser scheint für so viele verschiedene Themen attraktiv und geeignet, dass sich fast zwangsläufig die Frage seiner überraschenden Anschlussfähigkeit stellt.

Das erste Mal wurde der folgende Argumentationsgang von mir im Jahr 2018, bezogen auf das Anwendungsbeispiel des Peer Learnings an Hochschulen bzw. das Anliegen einer diversitysensiblen, inklusiven akademischen Bildung, durchschritten (Rürup, 2018). Schon damals war der Text einleitend

M. Rürup (✉)
Universität Wuppertal, Wuppertal, Deutschland
E-Mail: ruerup@uni-wuppertal.de

R. Kruschel und K. Merz-Atalik (Hrsg.), *Steuerung von Inklusion!?*, Educational Governance 52, https://doi.org/10.1007/978-3-658-40103-0_2

mit dem Kommentar versehen, dass genauso gut eine Diskussion des Anliegens ‚Kultureller Bildung' möglich gewesen wäre oder auch anderer schul- bzw. bildungspolitischer Gestaltungsvorhaben. Das Konzept der Educational Governance könne, so die damals und hier erneut vertretene These, immer etwas Produktiv-Erhellendes beitragen. Darauf würde – positiv gesehen – die Verbreitung und Lebendigkeit des Konzepts verweisen. Zugleich könne ihm – negativ betrachtet – der Vorwurf der beliebigen Instrumentalisierbarkeit gemacht werden. Ist das berechtigt?

Schon damals wurde bekundet, dass das zweite Kapitel des Textes eine erweiterte Übernahme eines früheren Beitrags wäre, nämlich eines Überblickberichts zur Forschungsperspektive der Educational Governance im ‚Handbuch Inklusion und Sonderpädagogik' (Rürup, 2015). In diesem vorliegenden Beitrag wird nun das zweite Kapitel des Textes von 2018 im Wesentlichen übernommen. Auch die folgenden Abschnitte der Diskussion inhaltlicher Konsequenzen der Perspektive der ‚Educational Governance' für den ausgewählten Anwendungsfall werden anhand der Vorlage von 2018 gestaltet – wenngleich hier wesentlich geraffter. Ironischerweise ist der Anwendungsfall (‚Inklusive Bildung') nun identisch mit dem Bezugsthema des ursprünglichen Handbuchbeitrags, der gerade in einer aktualisierten Fassung in der Neuauflage des Handbuchs erschienen ist (Rürup, 2022). Anders aber als im Handbuchbeitrag (in dem ebenfalls ironischerweise auf das Erscheinen dieses Sammelbands hingewiesen wird) soll im Folgenden nicht der Forschungsstand zur ‚Inklusiven Bildung' unter der Perspektive der ‚Educational Governance' referiert, sondern abschließend ‚nur' der Frage nachgegangen werden: Was bedeutet es – konzeptuell, analytisch und letztlich empirisch forschend – unter der Perspektive der ‚Educational Governance' das Anliegen ‚Inklusiver Bildung' interessiert zu begleiten (Abschn. 3)?

2 Educational Governance als Politikansatz und wissenschaftliche Analyseperspektive

Bei dem Konzept der Governance bzw. Educational Governance handelt es sich um einen in verschiedenen gesellschaftlichen Sphären – der Politik, der Verwaltung, der Erziehungswissenschaft aber auch der institutionalisiert-professionellen Praxis von Erziehung und Bildung – verankerten Ansatz. Er variiert entsprechend kontextuell; ist mal mehr analytisch, mal mehr handlungsleitend oder auch durchsetzungsorientiert-normativ einzuschätzen, mit manchmal sogar ideologischen Tendenzen. Das allein erschwert eine eindeutige Definition.

Der Versuch, sich begrifflich festzulegen, steht systematisch in der Gefahr, einen bestimmten Kontext und ein bestimmtes Begriffsverständnis unzulässig zu generalisieren und potenzielle Missverständnisse auszublenden. Hinzu kommt, dass diese verschiedenen Verwendungskontexte zwar (analytisch!) unterscheidbar sind, sich allerdings auch überschneiden bzw. sich – zum Zweck der gegenseitigen Abgrenzung oder auch Annäherung – beobachten. Die folgende Unterscheidung von drei basalen Verwendungsformen des Begriffs ‚Educational Governance'[1] kann somit nichts anderes sein, als ein heuristischer Orientierungsvorschlag (Rürup, 2015; Altrichter, 2015; Benz & Dose, 2010a; Brüsemeister, 2007).

Zuallererst einmal (1) ist Governance ein der englischen Alltagssprache entnommenes Wort in der Bedeutung des Steuerns bzw. Regierens. In diesem allgemein-deskriptiven Sinn von Herrschaft und Herrschaftsformen ist der Begriff Governance vor allem im anglo-amerikanischen Raum präsent. Er dient der Darstellung von institutionalisierten Regelsystemen erst einmal ohne besondere analytische Differenzierungen oder Wertungen. Im Kontext sich im Zeitverlauf wandelnder Steuerungskonzepte und Steuerungspraxen erhält der Begriff dann allerdings oft eine inhaltliche und analytische Zuspitzung auf die Beobachtung von Konzepten neuer Steuerung oder neoliberaler Politik. Im erziehungswissenschaftlichen Kontext finden sich entsprechende Verwendungen des Governance-Begriffs vor allem in international vergleichenden Bildungssystem- bzw. Bildungspolitikanalysen (Soguel & Jaccard, 2008; Parreira do Amaral, 2011; Moos & Paulsen, 2014).

(2) Eine zweite Verwendungsweise des Begriffs ergänzt die (kritische) Beschreibung von bestehenden Steuerungs- und Regelungsstrukturen unter Stichworten wie *corporate governance* und *good governance* um eine pragmatisch-normative Perspektive des Entwurfs besserer Steuerungsansätze. Governance wird hier zu einem besonderen Konzept der Organisationsentwicklung (Drori, 2006; Eberle, 2010) und zu einem politischen Programm (Czada, 2010). Konzeptionelle Basis dieser Governance-Ansätze sind die *Neue Institutionenökonomik* und vor allem das Principal-Agent-Dilemma (Jensen & Meckling, 1976; Priddat, 2006). Dieses besagt, dass Vorgesetzte oder Herrschende die von ihnen angestellten Arbeitskräfte oder Beherrschten nicht

[1]Auch auf die Abgrenzung und genauere Diskussion der Begriffe Governance und Educational Governance wird hier verzichtet – und damit, nicht ganz falsch unterstellend, dass sich der Begriff Educational Governance auf Governance-Aspekte bzw. -anliegen in Handlungskontexten der Bildung und Erziehung bezieht.

verlässlich auf ein engagiert-umsichtiges Arbeiten in ihrem Sinn verpflichten können – insbesondere nicht bei anspruchsvollen, eine professionelle Eigentätigkeit erfordernden Aufgaben. Aufbauend auf dieser Problemdiagnose werden Vorschläge einer organisationalen Selbststeuerung, zum Beispiel durch systematisch unvollständige Verträge und fortlaufende Vertragsverhandlungen (Leitbild-Entwicklung, Zielvereinbarungen), ausgearbeitet. Explizit bezogen auf den Bildungsbereich und dann auch unter dem Begriff der Educational Governance finden sich entsprechende Reformansätze in Handreichungen internationaler Organisationen wie der Weltbank oder der UNESCO (van Ackeren et al., 2016). Vordringlich geht es hier um den Aufbau und die Weiterentwicklung von nationalen Bildungssystemen in Staaten der sogenannten ‚Dritten Welt'. Der stark manageriale Fokus des Principal-Agent-Dilemmas wird dabei erweitert um die gewünschte Förderung einer basisdemokratischen Zivilgesellschaft und privater Initiativen bzw. Unternehmungen. Mit Czada (2010) ist schließlich hervorzuheben, dass der Ansatz einer *good governance* auch als bewusste Abgrenzung und Gegenmodell zu einer vorrangig an ökonomischen Erfolgskriterien (Kosten und Nutzen) orientierten politischen Steuerung interpretiert werden kann. Ein gutes Regierungshandeln bemisst sich dann – wie sich z. B. in dem Good-Governance-Index der Weltbank als Basis ihrer Kreditvergaben ablesen lässt (Czada, 2010) – nicht nur an der Effektivität des Regierens und der Qualität regulativer Politik, sondern auch an der staatlich gewährleisteten Partizipation und Verantwortlichkeit, der politischen Stabilität und Gewaltkontrolle, der Rechtstaatlichkeit und Korruptionsabwehr.

(3) Die dritte – in der deutschsprachigen Erziehungswissenschaft gegenwärtig dominante – Begriffsverwendung von Educational Governance ist geprägt durch eine Forschendengruppe, die daran arbeitet, schon vorliegende (ebenfalls dominant deutschsprachige) politikwissenschaftlich-soziologische Konzepte der Governance-Forschung für den Schulbereich nutzbar zu machen (Altrichter et al., 2007, 2014; Altrichter & Maag Merki, 2016a). Theoretisch schließt diese Begriffsverwendung ebenfalls an die *Neue Institutionenökonomik* an (Begriffsansatz 2); allerdings fehlt hier die normativ-handlungsorientierte Wendung. Stattdessen wird einer möglichst differenzierten Rekonstruktion von Akteurskonstellationen als gegenseitige Abhängigkeits- und Verweisungsstrukturen der Vorrang eingeräumt.

Ausschlaggebender Analysefokus ist die Positionierung der Akteure zueinander, zentral charakterisiert durch ihre Verortung auf verschiedenen, vor allem soziogeographisch bestimmten, Handlungsebenen. Unterschieden werden (I) globale, nationale bzw. staatliche Akteure auf der Makroebene, (II) regionale und lokale, organisational verfasste Akteure auf der Mesoebene und

(III) individuelle Akteure in sozialen Rollen auf der Mikroebene konkreter Interaktionen und Kommunikationen. Darüber hinaus werden noch intermediäre Akteure unterschieden, die zwischen diesen Ebenen agieren bzw. platziert sind, oder auch eine sogenannte Exoebene abgegrenzt, auf der freie Akteure, wie z. B. Bildungsjournalist*innen oder Schulberater*innen, zu lokalisieren wären.

Genauer gekennzeichnet werden die einzelnen Akteure durch ihre – zum Teil mit der soziogeographischen Positionierung verbundenen – unterschiedlichen Ausstattungen mit Ressourcen, sowohl materieller als auch informationeller Art, und ihren jeweiligen Verfügungsrechten als Möglichkeiten des eigenständigen Agierens und gegenseitigen Einflussnehmens. Damit werden innerhalb von Akteurskonstellationen Asymmetrien und Abhängigkeiten identifizierbar und indizierbar. Akteure verfügen über unterschiedliche Grade an Macht und Eigenständigkeit. Allerdings, und dies gehört zu den Basisannahmen der Governance-Analyse, gibt es in Akteurskonstellationen keine vollkommen ohnmächtigen oder vollkommen autarke Akteure. Hierauf verweist vor allem die parallele Betrachtung von Regelungsstrukturen einerseits und Leistungsstrukturen andererseits. Während Regelungsstrukturen typischerweise mit einem Machtgefälle von oben nach unten verbunden sind, verhält es sich bei Leistungsstrukturen in der Regel umgekehrt. Hier haben vor allem Akteure vor Ort den ersten Zugriff und den größten Einfluss. Typischerweise, so Befunde der Governanceforschung, drohen in Mehrebenensystemen Verflechtungsfallen, also gegenseitige Blockaden der Handlungsfähigkeit, insbesondere wenn es um weitgehende Reformvorhaben geht (Benz, 2010).

Schließlich werden governancetheoretisch verschiedene Formen der gegenseitigen Einflussnahme bzw. Berücksichtigung von Akteuren unterschieden. Ein Akteur kann einen anderen Akteur (i) beobachten und sein eigenes Handeln daran strategisch orientieren; er kann (ii) den anderen zu beeinflussen versuchen (was entsprechende Einflussmöglichkeiten voraussetzt) oder er kann (iii) mit dem anderen in eine Beziehung eintreten, mit ihm verhandeln. Idealtypisch sind diese Modi der Handlungskoordination mit drei Governance-Mechanismen verknüpfbar, die in einer Akteurskonstellation als jeweils vorhanden oder auch vorherrschend beschrieben werden können. Unterschieden werden: Eine Handlungskoordination durch die unsichtbare Hand des Marktes (gegenseitige Beobachtung), durch die Nutzung von Machtverhältnissen in Hierarchien (Beeinflussung) oder durch vielfältige Formen der direkten Kommunikation in mehr oder weniger intensiven Gemeinschaften oder Netzwerken (Verhandlung). Allerdings gibt es governancetheoretisch keine reinen, ausschließlich entweder von Beobachtung, Hierarchie oder Verhandlung geprägten sozialen Praxen (Benz & Dose, 2010b). An einem einfachen Beispiel formuliert: Auch der freie Markt setzt eine staatliche Regulierung voraus, die die einseitige Kumulation von Verfügungsrechten und Ressourcen (kurz: Monopole bzw. Oligarchien) verhindert und korrigiert. Zudem finden sich empirisch immer wieder komplex verknüpfte bzw. hybride Modi der Handlungskoordination, z. B. eines Verhandelns im Schatten der Hierarchie (Benz & Dose, 2010b, S. 264 f.). Insbesondere in dem Maße, wie solche Governanceanalysen selbst zur Reflexionsgrundlage für die bewusste Gestaltung von Akteurskonstellationen und Handlungskoordinationen werden, ist davon auszugehen, dass solche hybriden Formen sogar zunehmen. So sind inzwischen Netzwerke, Wettbewerbe oder auch Partizipationsprozesse (der Mitbestimmung, Anhörung, Begegnung auf Augenhöhe) selbstverständlich auch als Steuerungsinstrumente – also als Formen der hierarchischen Einflussnahme – einzuordnen, mit denen Interessen durchgesetzt, Widerstände überwunden und Zustimmung organisiert werden sollen. Die Gesamtbetrachtung von durch spezifische Konfigurationen von Governance-Mechanismen geprägten Akteurskonstellationen firmiert schließlich unter dem Begriff des ‚Governance-Regimes', das hier analytisch erschlossen und auf einen jeweils spezifischen Begriff gebracht wird.

In der deutschsprachigen Educational Governance-Forschung werden diese Grundbegriffe weitgehend übernommen und zur Bildungssystemanalyse genutzt (stellvertretend für viele Altrichter & Heinrich, 2007). Durch die Nachzeichnung von bestehenden oder sich verändernden Akteurskonstellationen im Bildungswesen beansprucht die Educational Governance-Perspektive dabei vor allem eine Blickerweiterung auf bisher in ihrem Einfluss übersehene, über- oder unterschätzte Akteure (Eltern, Gewerkschaften, private Schulträger, Medien) bzw. andere Formen der Handlungskoordination. Hauptsächliches Forschungsfeld – das kann man auch als allzu begrenzt kritisieren – ist dabei das allgemein bildende Schulwesen. Unabhängig von dieser thematischen Eingrenzung ist der Educational Governance-Ansatz aber auch als eine bestimmte Forschungsstrategie zu interpretieren (Altrichter & Maak Merki, 2016b). Mit ihr wird a) für die empirische Bildungsforschung vorgeschlagen, sie solle sich stärker auf schulübergreifende, institutionelle – politische, administrative – Regelungen und Akteure als relevante Rahmenbedingungen der einzelschulischen und vor allem unterrichtlichen Arbeit konzentrieren. Die Rückkehr einer national abgestimmten, progressiven Bildungspolitik im Zuge des TIMSS-Debakels 1997 und des PISA-Schocks 2001 – schultheoretisch gesprochen: der Schulsystemebene im Kontrast zur Einzelschule – ist dabei praktischer Anlass und zentraler Forschungsgegenstand. Als theoretisch wenig plausibel und unzureichend werden dabei b) beide Einschätzungen eingeordnet: Einmal die These einer umfassenden Steuerbarkeit des Bildungswesens durch zentrale, außerschulische Akteure.

Zum anderen wird aber auch die These relativiert, dass sich Schule und Unterricht nicht ausreichend verlässlich und zielgerichtet steuern ließen. Insbesondere wenn die jeweiligen Handlungskontexte und Interessen der im Bildungssystem involvierten Akteure und ihre gegenseitigen Abhängigkeiten beachtet werden, können bestehende Friktionen bei der Handlungskoordination abgebaut und ein optimaleres Zusammenspiel gestaltet werden. Zugleich insistiert die Educational Governance-Perspektive c) auf die unaufhebbare Komplexität und damit Unkontrollierbarkeit und Unkalkulierbarkeit von Beziehungen und Dynamiken in Akteurskonstellationen, die durch die Einführung neuer Steuerungsinstrumente eher noch gesteigert werden.

Forschungsstrategisch wird dabei empfohlen, sich neben einer (evaluativen) Prüfung der intendierten Folgen bzw. der Wirksamkeit von Steuerungsinstrumenten der Bildungspolitik vor allem mit nicht-intendierten bzw. transintentionalen Nebenfolgen zu beschäftigen. Grundsätzlich wird hierbei von einer – bedingten – Eigenständigkeit aller Akteure ausgegangen, die sowohl in einer klug-weitsichtigen als auch spezifisch-eingegrenzt-fehlgeleiteten Reflektion ihrer Handlungsbedingungen und Handlungsmöglichkeiten beständig die Fähigkeit haben, sich eigene Urteile zu bilden und eigene Handlungsstrategien zu entwickeln. Dass neue Steuerungsinstrumente der Bildungspolitik auf der Ebene der einzelnen Einrichtungen taktisch nicht nur unterlaufen, sondern strategisch für eigene Interessen umgenutzt werden, gehört so zu den Basisannahmen des Forschungsansatzes. Konstitutiv für die Perspektive der Educational Governance ist d) schließlich – nicht zuletzt – ein offensives Plädoyer für fallorientiert empirische und triangulative Forschungsansätze und Methodiken (Altrichter et al., 2014). Umfassende Wirkungsanalysen auf Basis großflächiger, standardisierter Datenerhebungen und quantitativ-statistischer Analyseverfahren sind notwendig zu ergänzen durch explorativ-ergebnisoffene Studien zur Sichtweise einzelner Bildungssystemakteure und ihrer sequenzanalytischen Rekonstruktion (Dietrich & Heinrich, 2014; Dietrich, 2018).

Abgrenzend hervorzuheben ist schließlich, dass das Konzept der Governance-Perspektive (hier vor allem im Begriffsverständnis 3, tendenziell aber auch 1) ursprünglich stark auf den Hochschulbereich bezogen war und vor allem international vergleichend verschiedene Ansätze und Strategien der politischen Steuerung, aber auch Selbstverwaltung und Selbstregulierung der Hochschulen in den Blick nahm (Lange & Schimank, 2007; Schimank, 2007). Orientiert an einer von Burton R. Clark entwickelten Typologisierung wurden hier fünf Modi der Steuerung bzw. Governance-Equalizers unterschieden, mit denen die hochschulpolitischen Governance-Regime verschiedener Staaten aufbereitet und verglichen werden sollten. Diese Governance-Equalizer fungierten dabei ähnlich wie die

Regler für verschiedene Tonspuren auf einem Mischpult im Tonstudio, die mehr oder weniger stark hochgefahren sein können, aber erst im Zusammenhang das klangliche Gesamtbild erzeugen. Um folgende Modi der Steuerung geht es dabei (Lange & Schimank, 2007, S. 525–526):

A. *Staatliche Regulierung* der Bildungseinrichtungen, wie z. B. über Gesetze, eine unmittelbare staatliche Aufsicht und die Übernahme zentraler Budget- und Personalentscheidungen.
B. *Außensteuerung* der Bildungseinrichtungen durch den Staat oder durch andere Akteur*innen, an die er Steuerungsbefugnisse delegiert, wie z. B. auf Hochschulräte oder eine Steuerung durch Leistungsvereinbarungen (management by objectives) bzw. durch verpflichtende Zertifizierungsprozesse (Stichwort: Akkreditierung).
C. *Selbstorganisation* der Bildungseinrichtungen in Form einer kollegialen Selbstverwaltung, wie es sich schulbezogen im berühmten Diktum der Schulleitung als primus inter paris, in Konzepten der Lateralen bzw. Distributiven Führung bzw. neuerdings des Agilen Managements dokumentiert (Aktionsrat Bildung, 2021).
D. *Hierarchische Selbststeuerung* der Bildungseinrichtungen, die durch in ihren Eingriffskompetenzen aber auch Zugriffsrechten auf Budget und Personal gestärkten Leitungsfiguren, wie Schulleitungen oder Rektoraten oder auch Dekanaten an Hochschulen, als zentral gemanagte und kollektiv handlungsfähige (weniger lose gekoppelte) Organisationen konturiert werden (sollen) und
E. *Konkurrenzdruck in und zwischen Bildungseinrichtungen* durch die Gestaltung von Quasi-Märkten durch vergleichende Evaluationen, kompetitiv vergebene Mittel und Gratifikationen oder durch die Förderung von Wahlprozessen relevanter Stakeholder (v. a. von Schüler*innen und ihren Eltern, aber auch von privaten Spender*innen bzw. Drittmittelgeber*innen) durch öffentliche Informationssysteme.

Wichtig bei der analytischen Einordnung dieser Governance-Equalizer ist, dass es sich bei allen fünf Reglern um Optionen des staatlichen bzw. politischen Eingriffs handelt. Auch die hierarchische Selbststeuerung oder der Konkurrenzdruck sind keine quasi natürlichen Sachverhalte, die durch staatliche (also äußere) Initiativen maximal behindert werden könnten. Im Gegenteil: Die Legitimation von Hierarchien oder die Gestaltung von konkurrenzgetragenen Beziehungen in und zwischen Bildungseinrichtungen sind abhängig von staatlichen Regulierungen und Mittelzuweisungen. Der Unterschied liegt lediglich in der Art des staatlichen Eingriffs, der mal eher offensichtlich-direkt und mal mehr vermittelt-indirekt erfolgt.

Idealtypisch ist mit dieser Abgrenzung verschiedener Governance-Equalizer zudem die Einschätzung verbunden, dass eine eher hohe Nutzung der Regler-Optionen A und C typisch für traditionelle Formen der politischen Steuerung nicht nur von Hochschulen sei, während eine eher hohe Nutzung der Regler-Optionen B, D und E für Ansätze des *New Public Managements* (NPM) sprechen würde.

Anwendungen dieses Konzepts von Governance-Equalizern auf die Untersuchung der Steuerungsarchitektur im deutschen Schulwesen kommen – im Vergleich unterschiedlicher schulpolitischer Programme – zu einer letztlich ambivalenten Einschätzung (Altrichter & Rürup, 2019; Brüsemeister, 2019; Rürup, 2019). Statt eines klaren Profils oder Systemwechsels von einer klassischen Input- zu einer neuen Output- oder Prozesssteuerung wird eher das Entstehen einer kommunikativ-paradoxen Situation einer hybriden Alles-Zugleich-Steuerung konstatiert (Rürup & Lambrecht, 2012; s. auch am Beispiel der Bildungsstandards Oelkers & Reusser, 2008). Zwar werden im Zuge der Gewährung einer erweiterten einzelschulischen Autonomie die Regler B, D und E ‚hochgefahren' – eine klare Verminderung der alten Impulssetzungen durch rechtliche Vorgaben (oder generell eine Änderung der Eingliederung der allgemeinbildenden Schule als rechtlich abhängige, nachgeordnete Behörde in die Schulverwaltung) ist jedoch ebenso wenig auszumachen wie eine ‚Brechung' der typischen Widerstands- und Blockademöglichkeiten des Kollegiums gegenüber Initiativen der Schulleitung oder des Ministeriums (z. B. Arbeitsgruppe Schulinspektionsforschung, 2016). Zwar mag eine Stärkung der Schulleitungen in ihren Verantwortlichkeiten und Gestaltungsmöglichkeiten zu verzeichnen sein. Diese sind aber faktisch weiterhin von der Zustimmung und Unterstützung der Lehrkräfte abhängig, die im Zweifel auch einfach nur ihren Job (eigenständig verantworteten Unterricht) machen können. Schule ist somit weiterhin eine lose gekoppelte (Weick, 1976) Professionellen-Organisation (Mintzberg, 1979) und grundsätzlich bestimmt durch Lorties (1975) Autonomie-Paritäts-Muster (Terhart, 1986; Reichenbach, 2017). Diese Kennzeichnung von Schule wird im Rahmen der Educational Governance-Perspektive letztlich nur mehrebenenperspektivisch erweitert und damit zugleich intensiviert. Die Hoffnung, dass Schulpolitik eins zu eins das erreichen kann, was sie erreichen will, erscheint nur umso mehr als unzulässig.

3 Inklusive Bildung als mögliches Thema der Educational Governance-Forschung

Was bedeutet es nun, mit der Brille der ‚Educational Governance‘ auf das Anliegen der Inklusiven Bildung (eingegrenzt auf den Bereich der allgemeinbildenden Schule bzw. die Zeit der Schulpflicht) zu schauen? Allein aufgrund der von den Herausgeber*innen nur begrenzt zur Verfügung gestellten Zeichenanzahl muss sich hier – abschließend – auf grundlegende Hinweise beschränkt werden (für eine ausführlichere Darlegung Rürup, 2011, 2022).

Prinzipiell, das ist den vorhergehenden Darstellungen direkt zu entnehmen, ist auch bezogen auf eine mögliche Educational-Governance-Forschung zwischen drei verschiedenen Begriffsverständnissen bzw. Zugangsweisen zum Thema ‚Inklusive Bildung‘ zu unterscheiden. Gemeinsam ist allen drei Begriffsverständnissen, dass sie letztlich empirische Ansätze mittlerer Reichweite darstellen: Sie analysieren gegenständlich die gleichen Reformbewegungen und neuen Steuerungsinstrumente im Bildungswesen mit theoretischen Figuren und begrifflichen Konzepten, die an das gegenwärtige (moderne-westlich-geprägte) Verständnis von Gesellschaft, Öffentlichkeit, Politik aber auch eigenständig, im eigenen Horizont rational handelnder Interessenträger*innen (Personen oder Personengruppen bzw. Organisationen) anschließen.

Im Begriffsverständnis (1) würde ‚Inklusive Bildung‘ als neues Reformvorhaben politischer Akteure analysiert, das sie in das bestehende Steuerungsregime z. B. von Schule einfügt und ggf. auch an andere aktuelle, umfassendere Reformprozesse anschließt. ‚Inklusive Bildung‘ könnte so – in der Folge eines sich reflexiv radikalisierenden gesellschaftlichen Modernisierungsprozesses – als Teil einer nunmehr gesellschaftlichen Pädagogisierung betrachtet werden (zu dieser Begrifflichkeit Tenorth, 2019). Bildungsprozesse, die exklusiv nur für eine Teilgruppe von Menschen bzw. an bestimmte Zugangsbedingungen geknüpft gestaltet sind, geraten – gestützt auf eine Anerkennung universaler Menschenrechte – unter zunehmenden Legitimationsdruck. Zugleich sind Reformen an ein planvoll-schrittweises Vorgehen, demokratisch-parlamentarisch abwägend, gerichtlich und durch Wahlen kontrolliert, mit Übergangsfristen und Zwischenlösungen für die schon versorgten und weiter zu versorgenden Schüler*innen gebunden. Die bestehende Governance von Schule kommt so einerseits als Ermöglichungs-, andererseits als Verhinderungsstruktur von Wandel in den Blick. Insbesondere die Einbettung des Programms der ‚Inklusiven Bildung‘ in Konzepte einer veränderten (neuen) Steuerung wäre zu befragen: Inwieweit erfolgt die Implementierung klassisch-direkt über Medien wie Recht, Geld und

Aufbau eigener staatlicher Infrastruktur (Hierarchie und Vorgabe) oder über Formen indirekter Steuerung: Aufforderung zur (konkurrierenden) Eigentätigkeit im Rahmen staatlicher Informationskampagnen, Anreiz- und Unterstützungsstrukturen?

Mit dem Begriffsverständnis (2) – kurz gefasst good governance – wäre hingegen ein deutliches Votum für einen Wechsel des staatlichen Steuerungsregimes von Schule hin zu einem tendenziell neoliberalen Modell der Autonomisierung und Selbststeuerung von Einzeleinrichtungen, die die Vorgabe ‚inklusiv zu werden' eigenständig aufgreifen, in ihren Schulgemeinschaften partizipativ verhandeln und selbstständig umsetzen, gegeben. Entsprechende Blaupausen (wie den ‚Index für Inklusion'; Booth & Ainscow, 2019) oder auch Konzepte der pauschalisierten Ressourcenzuweisung (um das Etikettierungs-Ressourcen-Dilemma aufzulösen) wären als Vorlagen aufzugreifen und in ihrer praktischen Umsetzung zu begleiten – sicherlich evaluativ-reflektierend, aber vor allem unterstützend-befürwortend.

In Kontrast zu den Begriffsverständnissen (1) und (2) kommt beim Ansatz der Educational Governance-Forschung (3) schließlich der Anspruch hinzu, das Bildungswesen grundsätzlich (inklusive der Makroebene politisch-administrativer Steuerung) als einen institutionellen Akteur der Menschenbildung zu verstehen, systematisch als Akteurskonstellation aufzubereiten und insbesondere seinen Mehrebenencharakter hervorzuheben. Mit Rückgriff auf Fends (2008) Konzept der Rekontextualisierung würde den spezifischen Eigenlogiken von politisch-administrativen, schulisch-organisatorischen bzw. pädagogisch-interaktiven Handlungskontexten stärkere Aufmerksamkeit gewidmet und dadurch wieder analytische Distanz hergestellt zu dem Anliegen der Inklusion. Anders aber als im ersten Begriffsverständnis von Governance als Steuerungsregime würden nun die verschiedenen Perspektiven der nicht nur politischen oder politisch handlungsfähigen Akteure reflektiert, die ein Reformprogramm umsetzen oder auch nicht umsetzen möchten, sondern die verschlungenen Abhängigkeiten und die Beeinflussung durch alle möglichen organisierten und nicht-organisierten Interessen, Personengruppen und Einzelpersonen, die im Prozess der Verarbeitung des Reformimpulses ‚Inklusiver Bildung' auf den jeweiligen Systemebenen Gehör und Einfluss finden oder auch gerade nicht.

Damit ist natürlich prinzipiell jede Auseinandersetzung mit dem Reformimpuls ‚Inklusiver Bildung', die einzelne Rollen- und Interessenträger*innen im Schulwesen als Akteure (eigenständig Handelnde) konturiert und in ihrem Zusammenspiel betrachtet, letztlich als Beitrag zu einer Educational Governance-Forschung einzuordnen. Wünschenswert (im Sinne von Klarheit, Konsistenz und systematischem Erkenntnisfortschritt) wäre dabei sicher ein Anschluss an die vorgeschlagenen begrifflich-konzeptuellen Differenzierungen der Educational Governance-Perspektive, aber wer (außer den Herausgeber*innen dieses Sammelbandes oder eines Forschungsüberblicks; Rürup, 2022) soll letztlich darüber richten, was dazu gehört oder nicht.

Literatur

Aktionsrat Bildung. (2021). *Führung, Leitung, Governance: Verantwortung im Bildungssystem. Jahresgutachten des Aktionsrates Bildung der Vereinigung der Bayerischen Wirtschaft e. V.* Waxmann. www.vbw-bayern.de/Redaktion/Frei-zugaengliche-Medien/Abteilungen-GS/Bildung/2021/Downloads/ARB-Gutachten_F%C3%BChrung_21.04.2021.pdf. Zugegriffen: 16. Juni. 2022.

Altrichter, H. (2015). Governance – Steuerung und Handlungskoordination bei der Transformation von Bildungssystemen. In H. J. Abs, T. Brüsemeister, M. Schemmann & J. Wissinger (Hrsg.), *Governance im Bildungssystem. Analysen zur Mehrebenenperspektive, Steuerung und Koordination* (S. 21–63). SpringerVS.

Altrichter, H., Brüsemeister, T., & Wissinger, J. (2007). *Educational Governance. Handlungskoordination und Steuerung im Bildungssystem.* VS.

Altrichter, H., & Heinrich, M. (2007). Kategorien der Governance-Analyse und Transformation der Systemsteuerung in Österreich. In H. Altrichter, T. Brüsemeister & J. Wissinger (Hrsg.), *Educational Governance. Handlungskoordination und Steuerung im Bildungssystem* (S. 55 –103). VS.

Altrichter, H., Langer, R., & Maag Merki, K. (2014). *Educational Governance als Forschungsperspektive.* SpringerVS.

Altrichter, H., & Maag Merki, K. (2016a). *Handbuch Neue Steuerung im Schulsystem* (2. Aufl.). SpringerVS.

Altrichter, H., & Maag Merki, K. (2016b). Steuerung der Entwicklung des Schulwesens. In H. Altrichter & K. Maag Merki (Hrsg.), *Handbuch Neue Steuerung im Schulsystem* (2. Aufl., S. 15–39).). SpringerVS.

Altrichter, H., & Rürup, M. (2019). Transformationen der Schulautonomie-Politik. In N. Berkemeyer, W. Bos & B. Hermstein (Hrsg.), *Schulreform. Zugänge, Gegenstände, Trends* (S. 369–382). Beltz.

Arbeitsgruppe Schulinspektionsforschung. (2016). *Schulinspektion als Steuerungsimpuls. Ergebnisse aus Forschungsprojekten.* Springer-VS.

Benz, A., & Dose, N. (2010a). Governance – Modebegriff oder nützliches sozialwissenschaftliches Konzept? In A. Benz & N. Dose (Hrsg.), *Governance – Regieren in komplexen Regelsystemen* (2. Aufl., S. 13–36). VS.

Benz, A., & Dose, N. (2010b). Von der Governance-Analyse zur Policytheorie. In A. Benz & N. Dose (Hrsg.), *Governance – Regieren in komplexen Regelsystemen* (2. Aufl., S. 251–276). VS.

Benz, A. (2010). Multilevel Governance – Governance in Mehrebenensystemen. In A. Benz & N. Dose (Hrsg.), *Governance – Regieren in komplexen Regelsystemen* (2. Aufl., S. 111–135). VS.

Booth, T., & Ainscow, M. (2019). *Index für Inklusion. Ein Leitfaden für Schulentwicklung.* (2. Aufl.,) Weinheim.

Brüsemeister, T. (2007). Disziplinäre Sichtweisen zur Governance. In J. Kussau & T. Brüsemeister (Hrsg.), *Governance, Schule und Politik* (S. 23–61). VS.

Brüsemeister, T. (2019). Vergleichende Analyse mittels Governance-Regler. Eine Synopse. In R. Langer & T. Brüsemeister (Hrsg.), *Handbuch Educational Governance-Theorien* (S. 35 –49). SpringerVS.

Czada, R. (2010). Good Governance als Leitkonzept für Regierungshandeln: Grundlagen, Anwendungen, Kritik. In A. Benz & N. Dose (Hrsg.), *Governance – Regieren in komplexen Regelsystemen* (2. Aufl., S. 201–224). Wiesbaden.

Dietrich, F., & Heinrich, M. (2014). Kann man Inklusion steuern? Perspektiven einer rekonstruktiven Governanceforschung. In M. Lichtblau, D. Blömer, A. K. Jüttner, K. Koch & M. Krüger (Hrsg.), *Forschung zu inklusiver Bildung* (S. 26 –46). Klinkhardt.

Dietrich, F. (2018). Konturen einer Rekonstruktiven Governanceforschung. In M. Heinrich & A. Wernet (Hrsg.), *Rekonstruktive Bildungsforschung – Zugänge und Methoden* (S. 73–94). SpringerVS.

Drori, G. S. (2006). Governed by governance: The new prism for organizational change. In G. S. Drori, J. W. Meyer, & H. Hwang (Hrsg.), *Globalization and organization: World society and organizational change* (S. 91–118). Oxford Univ Press.

Eberle, D. (2010). Governance in der politischen Ökonomie II: Corporate Governance. In A. Benz & N. Dose (Hrsg.), *Governance – Regieren in komplexen Regelsystemen* (2. Aufl., S. 155–173). VS.

Fend, H. (2008). *Schule gestalten. Systemsteuerung, Schulentwicklung und Unterrichtsqualität.* VS.

Jensen, M. C., & Meckling, W. H. (1976). Theory of the firm: Managerial behavior, agency costs and ownership structure. *Journal of financial economics, 3*(4), 305–360.

Lange, S., & Schimank, U. (2007). Zwischen Konvergenz und Pfadabhängigkeit: New Public Management in den Hochschulsystemen fünf ausgewählter OECD-Länder. In K. Holzinger, H. Jörgens, & C. Knill (Hrsg.), *Transfer, Diffusion und Konvergenz von Politiken* (S. 522–548). VS.

Lortie, D. C. (1975). *Schoolteacher.* University of Chicago Press.

Mintzberg, H. (1979). *The structuring of organisations.* Prentice Hall.

Moos, L., & Paulsen, J. M. (2014). *School boards in the governance process.* Springer.

Oelkers, J., & Reusser, K. (2008). *Qualität entwickeln – Standards sichern – mit Differenz umgehen.* BMBF.

Parreira do Amaral, M. (2011). *Emergenz eines Internationalen Bildungsregimes? Eine Untersuchung zur Educational Governance zu Beginn des einundzwanzigsten Jahrhunderts.* Waxmann.

Priddat, B. (2006). *Irritierte Ordnung. Moderne Politik.* VS.

Reichenbach, R. (2017). Warum pädagogische Theorie der Schule?. In R. Reichenbach & P. Bühler (Hrsg.), *Fragmente zu einer pädagogischen Theorie der Schule* (S. 10–31). Beltz Juventa.

Rürup, M., & Lambrecht, M. (2012). Deregulierung durch Schulinspektion? Zur Berechtigung einer Fragestellung. In S. Hornberg & M. Parreira do Amaral (Hrsg.), *Deregulierung im Bildungswesen* (S. 165–186). Waxmann Verlag.

Rürup, M. (2011). Inklusive Bildung als Reformherausforderung. Zur Perspektive der Educational Governance Forschung. *Zeitschrift für Inklusion, 5*(4). www.inklusion-online.net/index.php/inklusion-online/article/view/74/74. Zugegriffen: 16. Juni 2022.

Rürup, M. (2015). Educational Governance. In I. Hedderich, G. Biewer, J. Hollenweger, & R. Markowetz (Hrsg.), *Handbuch Inklusion und Sonderpädagogik* (S. 684–689). Klinkhardt.

Rürup, M. (2018). Educational Governance als Alleskönner – über Möglichkeiten und Grenzen eines Konzepts. In T. Stroot & P. Westphal (Hrsg.), *Peer Learning an Hochschulen. Elemente einer diversitysensiblen, inklusiven Bildung* (S. 37–62). Julius Klinkhardt.

Rürup, M. (2019). Akteure und Arenen der Schulreform in Deutschland. In N. Berkemeyer, W. Bos, & B. Hermstein (Hrsg.), *Schulreform. Zugänge, Gegenstände, Trends* (S. 101–116). Beltz.

Rürup, M. (2022). Educational Governance. In I. Hedderich, G. Biewer, J. Hollenweger, & R. Markowetz, R. (Hrsg.), *Handbuch Inklusion und Sonderpädagogik.* (2. Aufl., S. 706 –711). Klinkhardt.

Schimank, U. (2007). Die Governance-Perspektive: Analytisches Potential und anstehende konzeptionelle Fragen. In H. Altrichter, T. Brüsemeister, & J. Wissinger (Hrsg.), *Educational Governance. Handlungskoordination und Steuerung im Bildungssystem* (S. 231–260). VS.

Soguel, N. C., & Jaccard, P. (2008). *Governance and performance of education systems.* Springer.

Tenorth, H. E. (2019). „Bildung" – Reflexionen, Systeme, Welten. Aspekte ihrer Struktur und Dynamik am deutschen Beispiel. In O. Köller et al. (Hrsg.), *Das Bildungswesen in Deutschland. Bestand und Potentiale* (S. 49–84). Julius Klinkhardt.

Terhardt, E. (1986). Organisation und Erziehung: Neue Zugangsweisen zu einem alten Dilemma. *Zeitschrift für Pädagogik, 32*, 206–222.

Van Ackeren. I., Brauckmann, S., & Klein, E. D. (2016). Internationale Diskussions-, Forschungs- und Theorieansätze zur Governance im Schulwesen. In H. Altrichter & K. Maag Merki (Hrsg.), *Handbuch Neue Steuerung im Schulsystem* (2. Aufl., S. 29–51). SpringerVS.

Weick, K. E. (1976). Educational organizations as loosely coupled systems. *Administrative Science Quarterly, 21*(1), 1–19.

Rürup, Matthias, ist Wissenschaftlicher Mitarbeiter im Institut für Bildungsforschung an der Bergischen Universität Wuppertal, Arbeits- und Forschungsschwerpunkte: Theorie der Schule, Educational Governance, Innovationsforschung, Schulbegleitforschung, Handlungsforschung.

Kontakt: ruerup@uni-wuppertal.de

Blicke in die Makroebene

Inklusion als Steuerungsimpuls – Governance-Regime im Schulsystem Schleswig-Holsteins im Prozess der Umsetzung der UN-BRK

Robert Kruschel

1 Einleitung: Die globale Norm Inklusive Bildung trifft auf ein differenziertes Schulsystem

Die Verabschiedung der UN-Behindertenrechtskonvention (UN-BRK) (UN, 2006) durch die Vereinten Nationen ist – entgegen der medialen Wahrnehmung – nicht als singuläres und losgelöstes Ereignis zu betrachten, sondern reiht sich ein in die langjährige Entwicklung der globalen Norm *Inklusive Bildung,* wie sie beispielsweise Brüggemann (2016) beschreibt – und die in enger Verbindung mit menschenrechtlichen Ansprüchen steht (Gummich & Hinz, 2017).

Die in Art. 24 der Konvention beschriebene Forderung nach Herstellung eines inklusiven Bildungssystems wurde zuvor bereits durch internationale Dokumente wie z. B. die Erklärung der Salamanca Konferenz (UNESCO, 1994) vorbereitet und verbreitet.

Mit Verabschiedung und Ratifizierung der UN-BRK in Deutschland im Jahr 2008 beginnt hierzulande der sogenannte Prozess der Normaneignung, also der Norm-Internalisierung. Die globale Norm wird in nationale und regionale Kontexte übertragen. Normen werden als selbstverständlicher Bestandteil von Rechtsordnungen, Professionsverständnissen und Bürokratien und durch Akteure auf nationaler und lokaler Ebene übernommen – sie werden nicht mehr grundsätzlich hinterfragt.

R. Kruschel (✉)
Universität Leipzig, Leipzig, Deutschland
E-Mail: robkru@icloud.com

R. Kruschel und K. Merz-Atalik (Hrsg.), *Steuerung von Inklusion!?,* Educational Governance 52, https://doi.org/10.1007/978-3-658-40103-0_3

Globale Normen wie die der inklusiven Bildung können dabei nicht einfach im ‚Copy & Paste'-Verfahren in nationale und regionale Kontexte übertragen werden (Brüggemann, 2016, S. 7). Bei ihrer Umsetzung handelt es sich vielmehr um einen „international-interkulturellen Transferprozess von Wissen und Einstellungen" (Bürli, 2015, S. 64). Das bedeutet, dass er sich „pfadabhängig" (Blanck et al., 2013) gestaltet. Institutioneller Wandel folgt keiner vorher festgelegten Schrittfolge, sondern orientiert sich an dem bisher Erreichten und Bestehenden.

Bürli (2015, S. 65) weist darauf hin, dass eine Umsetzung von Normen bei den Empfänger*innen nicht automatisch zu deren Über- und Annahme führe. Vielmehr ist eine zunehmende Diversifikation zu erwarten, die auch gegenläufige Fragmentierungen nach sich zieht. Konträre Bewegungen sind daher auch im Rahmen der Umsetzung der UN-BRK zu erwarten. Die Internalisierung der durch die UN-BRK formulierten Normen verläuft weder ‚linear-rezepthaft' noch automatisch, sondern bedarf der politischen Durchsetzung. Zudem setzt die Übertragung von Normen, ausgehend von der verfassten Konvention, langwierige und tiefgreifende Prozesse in Gang. Eigene tradierte Konzepte werden mit den ‚fremden' Auffassungen in Relation zueinander gesetzt: „Dieser Prozess kann zu interkultureller Koexistenz und Kooperation oder zu einer kulturellen Neuschöpfung führen" (Bürli, 2015, S. 65).

In den deutschen Bundesländern trifft die UN-BRK auf in höchstem Maße segregativ gestaltete Schulsysteme (Feuser, 2016), die in der Folge entsprechend ihrer jeweiligen Traditionen und politischen Mehrheiten höchst unterschiedlich auf den vermeintlichen „Inklusionsschock" (Heinrich, 2015, S. 235) reagieren. So sieht Preuss-Lausitz (2018) große Widersprüche und uneinheitliche Verläufe in der Betrachtung der Entwicklungen in den einzelnen Bundesländern, die entsprechend ihrer Traditionen und politischen Mehrheiten reagieren. In einer aktuellen Studie, die zur Beurteilung des Implementationsprozesses in den deutschen Bundesländern erstmals eine Systematik entsprechend der von der UN entwickelten Methodik menschenrechtlicher Indikatorenbildung entfaltet hat, kommen die Autor*innen zu dem Schluss, dass

> „die meisten deutschen Bundesländer auf der Struktur- und Prozessebene keine ausreichenden wirksamen Maßnahmen getroffen haben, um die Gewährleistungen des Art. 24 i.V.m. Art.4 UN-BRK umzusetzen. Teilweise ist sogar das Gegenteil der Fall." (Steinmetz et al., 2021, S. 243)

Angesichts dieser zu beobachtenden Diversifikation zwischen den Bundesländern reicht es also nicht aus, die Umsetzung der UN-BRK für den gesamtdeutschen

Rahmen zu beachten, sondern es bedarf des Blickes auf spezifische, regional begrenzte Räume. Aufgrund der föderalistischen Struktur Deutschlands ist der Blick auf einzelne Bundesländer sinnvoll.

Der vorliegende Beitrag nutzt die empirischen Ergebnisse einer Studie (Kruschel, 2022) und zeigt für den Zeitraum von 2008 bis 2014, wie das Schulsystem Schleswig-Holsteins auf den internationalen Steuerungsimpuls der UN-BRK reagiert. Im Folgenden wird dafür die spezifische Situation dieses Bundeslandes vor dem Hintergrund inklusionsbezogener Entwicklungen skizziert. Anschließend wird das der Studie zugrunde liegende methodische Design umrissen. Die zentralen Ergebnisse werden im vierten und fünften Abschnitt präsentiert, indem zuerst drei Untersuchungsphasen skizziert und anschließend die zentralen Governance-Regime herausgearbeitet werden. Ein Fazit schließt den Beitrag ab.

2 Kontext: Das Schulsystem Schleswig-Holsteins

Schleswig–Holstein hat in Bezug auf den gemeinsamen Schulbesuch behinderter und nicht behinderter Kinder und Jugendlicher über die Jahrzehnte hinweg eine bemerkenswerte Entwicklung zu verzeichnen (ausführlich: Kruschel, 2022, Kap. 5):

- Von der höchsten Sonderschulbesuchsquote in den 1980er Jahren zu einer der niedrigsten in der Gegenwart und
- von einem hochdifferenzierten Sonderschulsystem zu einem individuumszentrierten, system(unter)stützenden und ambulanten sonderpädagogischen System.

Zudem ist Schleswig Holstein im gesamtdeutschen Vergleich ein „abweichender Fall [...] im Hinblick auf die quantitative Rückentwicklung der Segregationsquoten bei gleichzeitigem Anstieg des Inklusionsanteils“ (Powell & Merz-Atalik, 2019, S. 85) und kann damit als ein „Vorreiterland der Inklusion“ (Lange, 2016, S. 3) bezeichnet werden. Klemm (2021, S. 84) zählt es in seiner Analyse zu den fünf Bundesländern, „die bei der Gestaltung insbesondere der Angebotsstruktur die Intention der UN-Konvention aufgreifen und für alle Schülerinnen und Schüler mit sonderpädagogischem Förderbedarf Zugang zu allgemeinen Schulen gut erreichbar machen“.

3 Methodologischer und methodischer Rahmen

Die durchgeführte Studie (Kruschel, 2022) widmet sich der Frage, wie das Schulsystem Schleswig-Holsteins (durch seine Akteure) auf den Steuerungsimpuls der UN-BRK reagiert. Um diese Frage konstruktiv bearbeiten zu können, erfolgten verschiedene Fokussierungen, die hier kurz Erwähnung finden:

- Im Bewusstsein, dass unter Inklusion weit mehr als der Blick auf die Differenzkategorie ‚Behinderung' zu verstehen ist (Hinz, 2002; UN Committee on the Rights of Persons with Disabilities, 2016), erfolgte dennoch ein Fokus auf Handlungskoordination, die im Zusammenhang mit dem gemeinsamen Schulbesuch behinderter und nicht behinderter Schüler*innen steht. Ein erweiterter Blick hätte eine Bearbeitung zumindest für den vorgesehenen Zeitraum extrem komplex gemacht. Zudem folgt der öffentliche, politische und auch wissenschaftliche Diskurs nach Inkrafttreten der UN-BRK im Jahr 2009 in Deutschland dieser engen Auslegung weitgehend. Teilweise wurden dennoch angrenzende Thematiken aufgenommen, wie z. B. die Reform von Schulformen oder Aushandlungsprozesse um die Notengebung, die im engen Zusammenhang mit einer inklusiven Ausrichtung eines Bildungssystems stehen.
- Die Studie widmet sich ausschließlich dem Schulsystem. Bereiche der frühen sowie der tertiären Bildung werden außen vor gelassen.
- Zeitlich konzentriert sich die Studie auf den Zeitraum seit Diskussion der UN-BRK im politischen Feld im Jahr 2008 bis zur Veröffentlichung eines Inklusionskonzepts durch die Landesregierung im Herbst 2014 als direkte staatliche Reaktion auf die Konvention. Es wird also ein Untersuchungszeitraum von ca. sechs Jahren betrachtet, der durch drei unterschiedliche Regierungskonstellationen mit drei Bildungsminister*innen gekennzeichnet ist. So lassen sich drei Untersuchungsphasen ableiten.
- Schlussendlich erfolgt innerhalb des Mehrebenensystems des Schulsystems (Altrichter & Heinrich, 2007) eine Konzentration auf die oberen Ebenen des Schulsystems – Makroebene, Upper Intermediary und Lower Intermediary. Prozesse im Kontext der Steuerung von Schule (Mesoebene) oder Unterricht (Mikroebene) stehen nicht im Fokus der Studie, auch wenn dort Rekontextualisierungsprozesse sehr aufschlussreich sein können (Badstieber, 2021).

Die Annahme der Norm inklusiver Bildung (die in Art. 24 der UN-BRK expliziert wird) stößt Veränderungsprozesse in den deutschen Bundesländern an, deren Komplexität es zu untersuchen gilt. Die Governance-Perspektive, die sich explizit von einem tradierten Steuerungsverständnis abgrenzt (Bosche, 2013, S. 25), erscheint dafür geeignet. Der Ansatz erlaubt es, „staatliche Aktivitäten sowie hierarchische Koordinationsformen als integrativen Bestandteil von politischen Regelungsprozessen zu konzipieren, sodass die komplexen Mechanismen von Einflussnahme, Veränderungsabsicht, Steuerungsentscheiden, Steuerungswirkungen in einer übergreifenden Perspektive untersucht werden können" (Bosche & Lehmann, 2014, S. 231).

Die Governance-Forschung impliziert eine große methodische Offenheit. Es wurde sich für ein triangulatives Verfahren entschieden, das aus den beiden zentralen Elementen der Dokumentenanalyse (Hoffmann, 2018) sowie der Durchführung von Expert*inneninterviews (Bogner et al., 2009) besteht. Für die Untersuchung wurden 19 Gespräche mit zentralen Akteur*innen geführt und – nach Autorisierung und mit Freigabe der Nennung der Personen – gemeinsam mit einem großen Korpus an Dokumenten (Landtagsprotokolle, Stellungnahmen, Presseerzeugnisse, interne Protokolle etc.) analysiert. Die von Kaiser (2014) entwickelte und politikwissenschaftlich inspirierte Form der themenanalytischen Inhaltsanalyse, die mit einem geringeren Maß an Komplexität auskommt als alternatives, inhaltsanalytisches Verfahren, fand dafür Verwendung.

4 Ein Untersuchungszeitraum – Drei Regierungskonstellationen

Die drei Untersuchungszeiträume ausführlich mit ihren jeweiligen Spezifika und Handlungskoordinationen zu beschreiben, würde den Rahmen dieses Beitrags sprengen (ausführlich: Kruschel, 2022, Kap. 7. Stattdessen sollen sie im Folgenden kurz charakterisiert werden, bevor – auf einer abstrakteren Ebene – die Governance-Regime analysiert und verglichen werden.

4.1 Untersuchungsphase 1: Bildungsministerin Erdsiek-Rave (2008 – 21.07.2009) – ‚Aufbruch und rapider Abbruch'

Als die UN-BRK von Deutschland im Jahr 2008 ratifiziert wird, ist in Schleswig-Holstein Ute Erdsiek-Rave (SPD) Bildungsministerin in einer Regierung aus CDU und SPD. Auf einer internationalen UNESCO-Konferenz wird ihr deutlich vor Augen geführt, welchen Rückstand die deutschen Bundesländer im internationalen Vergleich in Bezug auf die Umsetzung inklusiver Bildung haben.

Angeregt durch diese Begegnung, initiiert sie für 2009 ein ‚Jahr der inklusiven Bildung' mit dem Ziel der Bewusstseinsbildung: Eine Reihe von Veranstaltungen des Bildungsministeriums, aber auch anderer Akteure, verteilt über viele Monate, sollen für das Thema Inklusion im Bildungsbereich werben und Akteure in vernetzende Handlungskoordination miteinander bringen. Andere Akteure sind in dieser Phase so zu einem *Re*agieren auf staatliche Impulse herausgefordert. Durch ein abruptes Ende der Regierungskoalition im Sommer 2009 verlässt die Ministerin ihr Amt.

4.2 Untersuchungsphase 2: Bildungsminister Klug (27.10.2009 – 12.06.2012) – ‚Stillstand, aber auch nicht rückwärts'

Aus Neuwahlen geht eine Regierungskoalition von CDU und FDP hervor. Das Bildungsministerium erhalten die Liberalen, die es mit Ekkehard Klug besetzen. Dieser war längere Zeit bildungspolitischer Sprecher der oppositionellen Landtagsfraktion und zudem seit 1992 nicht nur Abgeordneter, sondern auch Mitglied im Bildungsausschuss des schleswig-holsteinischen Landtags (SHL 2019). Im Koalitionsvertrag findet inklusive Bildung nur wenig Erwähnung und auch in der Folgezeit ist dies kein Thema, das (öffentlich) von der Leitung des Bildungsministeriums bearbeitet wird. Sie konzentriert sich auf andere Themen wie beispielsweise die Begabtenförderung. Das Ausbleiben staatlicher Impulse im Kontext von Inklusion nutzen zivilgesellschaftliche Akteure, um zunehmend eigene Aktivitäten zu entwickeln. So wird beispielsweise die ‚Denkfabrik Inklusion' wieder aktiv, in der sich individuelle Akteure unterschiedlichster Organisationen regelmäßig treffen, um gemeinsam die weitere Entwicklung zu diskutieren und anzustoßen.

Angeregt durch externe Impulse wie den Besuch des Bundespräsidenten oder eines wissenschaftlichen Vortrags, aber auch vor dem Hintergrund gerichtlich angeordneter Neuwahlen, sind zunehmend Aktivitäten staatlicher Akteure zu erkennen. So beispielsweise eine Schulgesetzänderung, die inklusive Bildung als Terminus aufnimmt, sowie die Initiierung eines landesweiten inklusionsbezogenen Schulentwicklungsprojekts namens ‚Inklusion in der Praxis' (InPrax) (Hinz & Kruschel, 2017). Im Kontext eines von Bildungsministerium und Behindertenbeauftragten etablierten ‚Runden Tisches Inklusive Bildung' wird zudem der Austausch zwischen unterschiedlichen Akteuren gefördert.

Ähnlich wie die erste Untersuchungsphase bricht diese zweite Phase durch Neuwahlen im Mai 2012, die die Regierungsparteien verlieren, unerwartet ab.

4.3 Untersuchungsphase 3: Bildungsministerin Wende (12.06.2012 – 12.09.2014) – ‚Zwischen Partizipationsansprüchen und persönlichen Überzeugungen'

Nach den Wahlen wird erstmalig in der Geschichte des Bundeslandes eine ‚Dänen-Ampel', eine Koalition aus SPD, Bündnis 90/Die Grünen und dem SSW,[1] gebildet. Das Bildungsministerium wird mit der parteilosen Waltraud Wende besetzt, die vorher Präsidentin der Universität Flensburg war (Maltzan, 2012).

Bereits im Wahlkampf wird inklusive Bildung als prominentes Thema bearbeitet und auch im Koalitionsvertrag der neuen Regierung ist es zentral vertreten. Es ist daher wenig verwunderlich, dass in der Folge eine Reihe von staatlichen Impulsen zur Umsetzung der UN-BRK zu beobachten sind: Die defizitäre Personalsituation an den Schulen wird von der Bildungsministerin offengelegt, die Regionalschule[2] wird abgeschafft, im Zuge eines Lehrkräftebildungsgesetzes wird Inklusion stärker in der Lehrer*innenbildung implementiert und mit dem 2014 veröffentlichten Inklusionskonzept (SHL, 2014) wird eine Reihe weiterer kurz- und mittelfristiger Maßnahmen angekündigt.

Mit Bildungskonferenzen, Regionalkonferenzen und der Fortsetzung des ‚Runden Tisches Inklusive Bildung' versucht die Regierung, ihr im Koalitionsvertrag versprochenes „neues Politikverständnis" (SPD, Bündnis 90/Die Grünen & SSW Schleswig-Holstein, 2012, S. 14) umzusetzen und nicht mehr „gegen die Beteiligten Politik [zu] machen, sondern im Dialog mit allen" (SPD, Bündnis 90/Die Grünen & SSW Schleswig-Holstein, 2012, S. 14). Wie Nanz und Fritsche (2012, S. 12) betonen, sind solche deliberativen Verfahren jedoch fragile Prozesse, die häufig nicht den intendierten idealen Verläufen folgen. Zivilgesellschaftliche Akteure in Schleswig-Holstein zeigen sich schlussendlich enttäuscht, weil sie der illusorischen Hoffnung folgten, tatsächlich *mitentscheiden* zu dürfen. Der eigentlich ‚gut gemeinte' Beteiligungsprozess weicht der Wahrnehmung eines vorher vorgezeichneten ‚Top-Down-Prozesses', in dem nur für den äußeren Anschein nach der Meinung anderer Akteure gefragt wird.

---

[1] Der Südschleswigsche Wählerverband (SSW) ist eine Minderheiten- und Regionalpartei in Schleswig-Holstein.

[2] Die Regionalschule war eine Kombination von Haupt- und Realschule für Schüler*innen von der fünften bis max. zehnten Klasse.

In dieser Untersuchungsphase ist zudem eine aktive Opposition im Landtag zu beobachten, die versucht, mit diversen Anträgen ihrer Kontrollfunktion gegenüber der Regierung nachzukommen. Und auch zivilgesellschaftliche Akteure versuchen, über entsprechende Veranstaltungen für ihre Mitglieder und andere Interessierte den Diskurs mitzugestalten. Dabei werden Forderungen an die regierenden Akteure mal direkter, mal indirekter formuliert und so wird versucht, Einfluss zu nehmen.

Im Laufe des Jahres 2014 kommt es zu Ermittlungen der Staatsanwaltschaft gegen die Bildungsministerin. Diese tritt daher im September des Jahres zurück. Britta Ernst (SPD) übernimmt die Position der Bildungsministerin (Der Tagesspiegel, 2014). Auch wenn es aus Governance-Perspektive erkenntnisreich wäre, ihre Handlungskoordination als gestandene Berufspolitikerin im Vergleich zu ihrer parteilosen und politisch wenig erfahrenen Vorgängerin in dem gleichen Koalitionsgefüge zu untersuchen, endet die Analyse an diesem Zeitpunkt.

5 Drei Regierungskonstellationen – drei Governance-Regime

Der vorliegende Beitrag hat sich nicht zum Ziel gesetzt, die Rekonstruktion der Handlungskoordination innerhalb der drei Untersuchungsphasen zu leisten. Stattdessen widmet er sich auf einer abstrakteren Ebene der Frage, welche bereichsspezifischen Governance-Regime des schulischen Bildungssektors im Prozess der Umsetzung der UN-BRK im Bundesland Schleswig-Holstein sichtbar werden und wie sich diese im zeitlichen Verlauf unterscheiden, insbesondere mit Blick auf die drei unterschiedlichen Regierungen, die im Untersuchungszeitraum beobachtbar sind. ‚Governance-Regime' ist ein analytisches Konstrukt, das einer Zusammenfassung auf abstrakterer Ebene dient und dabei zwangsläufig verallgemeinert:

> „Es soll aus einer Analyse der Vielzahl von Koordinationsbeziehungen in einem Mehrebenensystem jene wenigen Prinzipien herausarbeiten, die als charakteristisch für die Koordinationsverhältnisse in einem zeitlich und örtlich situierten Feld gelten können (ohne dass einzelne Abweichungen und beschränkte Inseln des ‚Anders-Seins' ausgeschlossen wären)." (Altrichter et al., 2011, S. 237)

Durch die Identifizierung und Spezifizierung der unterschiedlichen basalen sowie weiteren Formen der Handlungskoordination zwischen den Akteuren (S. Lange & Schimank, 2004, S. 24) ist es möglich, z. B. kulturspezifische Besonderheiten wahrzunehmen. Vor allem in Bezug auf die bildungspolitischen Maßnahmen ist es für die Governance-Forschung von Interesse, wie eine oder mehrere in einem Set gebündelte Maßnahmen umgesetzt werden und das Governance-Regime verändern. Dabei können sich ‚neue' und ‚alte' Steuerungsformen überlagern und somit das Risiko erhöhen, nicht-intendierte Wirkungen hervorzurufen. Zudem sind Steuerungsvorhaben stark abhängig vom jeweiligen spezifischen institutionellen und soziokulturellen Kontext. Je nach vorherrschendem Governance-Regime kann sich also dieselbe Maßnahme sehr unterschiedlich auswirken – Governance versucht genau diese Prozesse in den Blick zu nehmen (Kussau & Brüsemeister, 2007, S. 41 ff.). Lange und Schimank (2004, S. 25) weisen darauf hin, dass der Schwerpunkt von Governance-Forschung auf der „empirisch ausgerichtete[n] Erforschung bereichsspezifischer Governance-Regime" liegen sollte,

> „weil noch zu viele Gesellschaftsbereiche kaum hinsichtlich ihrer jeweiligen Governance-Regime aufgearbeitet worden sind und die abstrakteren Überlegungen auf der erstgenannten Ebene [die der Governance-Mechanismen] sich ohne hinreichende Fütterung mit empirisch gesättigten Erkenntnissen schon jetzt im Kreis zu drehen beginnen".

Im Folgenden wird dafür die von Altrichter und Heinrich (2007, S. 78 ff.) für die Analyse von Phasen der Modernisierung im österreichischen Schulsystem entwickelte Systematik adaptiert, um sie auf den Gegenstand – die Umsetzung der UN-BRK im schulischen Bildungsbereich – anzuwenden. Hier werden nun jeweils die drei Untersuchungsphasen im Hinblick auf verschiedene Aspekte der Systematik holzschnittartig kontrastiert.

(1) Leitende Orientierung, erwartete Wirkungen

In der ersten Untersuchungsphase ist das Bekanntmachen und die Umsetzung der Norm inklusiver Bildung – angestoßen durch das Inkrafttreten der UN-BRK – leitend. Der staatliche Akteur des Bildungsministeriums – insbesondere der individuelle Akteur der Ministerin, aber auch die Leiterin des zuständigen Referats – nimmt diese Norm von der internationalen Ebene auf, macht sie sich zu eigen und richtet das Handeln darauf aus mit dem Ziel, eine breite gesellschaftliche Akzeptanz für das Thema sowie mögliche spätere Regulierungsimpulse in diesem Bereich zu erreichen.

In der zweiten Untersuchungsphase zeigt sich ein gänzlich anderes Bild: Inklusive Bildung ist bei vielen zivilgesellschaftlichen Akteuren als Orientierung präsent, doch der Bildungsminister setzt andere Prioritäten. Inhaltliche

Orientierungen liegen in anderen bildungspolitischen Anliegen und werden insgesamt zudem der selbst auferlegten politischen Maxime der Haushaltskonsolidierung untergeordnet. Lange Zeit lässt das Ministerium keine Handlungskoordination im Bereich inklusiver Bildung erkennen, was andere Akteure für eigeninitiatives Handeln nutzen.

In der dritten Untersuchungsphase setzen staatliche Akteure das Thema inklusive Bildung wiederum deutlich sichtbar für alle anderen Akteure auf die politische Agenda. Dies trifft nicht nur auf das Bildungsministerium zu, sondern auf die komplette Regierungskoalition, die das Thema zentral im Koalitionsvertrag verankert. Im Vergleich zur ersten Untersuchungsphase geht es aber nun nicht mehr um Sensibilisierung und Meinungsbildung, sondern um die Frage der konkreten Umsetzung und Realisierung vor dem Hintergrund notwendiger Ressourcen. Insgesamt ist festzustellen, dass die Norm ‚inklusiver Bildung' für die meisten Akteure – staatliche wie nicht staatliche – handlungsleitend ist.

(2) Schlüsselakteure

In der ersten Untersuchungsphase sind die staatlichen Akteure – allen voran das Bildungsministerium – die zentralen, im Vordergrund agierenden Akteure im Mehrebenensystem des Bildungssystems. Sie nehmen den Impuls der Konvention frühzeitig auf und dominieren zudem die Auseinandersetzung. Durch ihr Handeln werden die anderen Akteure zu *re*agierenden Akteuren.

In der zweiten Untersuchungsphase nehmen sich staatliche Akteure, am deutlichsten der Bildungsminister, stark zurück. Nach anfänglichem Abwarten werden sowohl die Akteure der Bildungsadministration als auch der Zivilgesellschaft zunehmend aktiver. *Zentrale* Schlüsselakteure sind in dieser Phase jedoch nicht zu identifizieren, insgesamt ist eher eine Phase des Verharrens und der Stagnation.

In der dritten Phase ist wieder das Bildungsministerium – und allen voran die individuelle Akteurin der Bildungsministerin – zentral im Mehrebenensystem des Bildungssystems aktiv. Von ihr kommen diverse Steuerungsimpulse, die flankiert sind durch deliberative Ansätze und die dafür sorgen, dass eine Vielzahl unterschiedlicher Akteure zu Aktivität aufgerufen wird – was nur teilweise die gewünschten Effekte erzielt.

(3) Strukturen, Verteilung von Verfügungsrechten

Unter einer klaren normativen Orientierung nutzen in der ersten Untersuchungsphase vor allem die staatlichen Akteure ihre Verfügungsrechte, um andere Akteure zu aktivieren und ihnen mitunter größere Verfügungsfähigkeiten zu geben, damit sie die vom Bildungsministerium konzipierten Steuerungsimpulse aufnehmen und umsetzen können. Es erfolgt zudem eine groß angelegte und zugängliche Information der von den Steuerungsimpulsen betroffenen Akteure.

In der zweiten Untersuchungsphase erfolgt keine klare Kommunikation über die Richtung und Ziele der Steuerung. Im Bereich inklusiver Bildung ist lange Zeit weder konkretes Handeln in dieser Richtung noch eine Verteilung von Verfügungsrechten oder -fähigkeiten vonseiten staatlicher Akteure erkennbar. Erst gegen Ende werden – wie im Projekt InPrax – eher aus legitimatorischen Gründen denn aus inhaltlichen Überzeugungen heraus monetäre Ressourcen investiert und Akteuren auf der Mesoebene erweiterte Verfügungsrechte im Rahmen von Schulentwicklungsprozessen zur Verfügung gestellt.

In der dritten Untersuchungsphase werden von Beginn an die Verfügungsrechte staatlicher Akteure genutzt, um inklusive Bildung voranzutreiben. Die bereits im Koalitionsvertrag manifestierten Ziele eines qualitativen Ausbaus werden durch die Verfügungsrechte staatlicher Akteure schnell in Steuerungsimpulse umgesetzt. Die durch deliberative Ansätze von staatlichen Akteuren vergebenen neuen Verfügungsfähigkeiten an Akteure der Zivilgesellschaft werden von diesen als Chance gesehen, um Mitbestimmung zu erreichen. Zusätzlich nutzen diese aber auch ihre bereits vorhandenen Verfügungsrechte für Versuche, auf staatliches Handeln Einfluss zu nehmen.

(4) Mehrebenensysteme: Orte/Instrumente der Handlungskoordination
In der ersten Untersuchungsphase werden hierarchisch Anweisungen innerhalb des Bildungsministeriums, aber auch vom Ministerium an nachgeordnete Ebenen, gegeben, um den Auftrag inklusiver Bildung zu implementieren. Zudem werden Strukturen, die sowohl Netzwerke als auch Marktangebote umfassen, etabliert bzw. vorbereitet, die von nicht staatlichen Akteuren genutzt werden und dazu dienen sollen, zum einen für die Sensibilisierung des Themas inklusiver Bildung zu werben und zum anderen für zukünftige Steuerungsimpulse eine höhere Unterstützung zu erreichen.

In der zweiten Untersuchungsphase bleiben sowohl interne als auch nach außen gerichtete Impulse seitens des Bildungsministeriums aus. Auch andere Akteure werden über längere Zeit nicht über die Handlungskoordination der Beobachtung hinaus aktiv. Durch Beeinflussung individueller Akteure wie des Landesbeauftragten für Menschen mit Behinderung, wird mit dem ‚Runden Tisch Inklusion' zumindest eine Netzwerkplattform geschaffen. Generell ist jedoch keine ausgeprägte Handlungskoordination auch zwischen nicht staatlichen Akteuren feststellbar.

In der dritten Phase schaffen vor allem die unterschiedlichen Plattformen des Bildungsdialogs, die sich als deliberative Ansätze verstehen, Orte, an denen Verhandlung, Beeinflussung sowie informeller Austausch zwischen verschiedenen Akteuren des Mehrebenensystems stattfinden können. Daneben sind innerhalb des Bildungsministeriums wieder administrative Anweisungen zur Umsetzung inklusiver Bildung zu beobachten, die teilweise dazu führen, dass es zwischen nachgeordneten Akteuren zu neuen Verhandlungskonstellationen kommt.

(5) Handlungskoordination
In der ersten Untersuchungsphase ist vor allem eine einseitige Beeinflussung anderer Akteure durch das Bildungsministerium beobachtbar, die mitunter auch Formen der Verhandlung annimmt. Ein Ziel dieser Beeinflussungen ist der Auf- und Ausbau von Netzwerkstrukturen. Dies geschieht in hierarchischer Handlungskoordination und durch staatliche Impulse.

In der zweiten Untersuchungsphase finden keine Versuche der Beeinflussung durch das Bildungsministerium statt, weswegen andere Akteure längere Zeit in beobachtender Handlungskoordination verweilen. Erst als deutlich wird, dass auch weiterhin keine Impulse vom Ministerium zu erwarten sind, werden sie eigenaktiv und initiieren Angebote zur Vernetzung.

In der dritten Untersuchungsphase nehmen die hierarchischen und beeinflussenden Impulse des Bildungsministeriums wieder deutlich zu. Gleichzeitig werden aber auch Möglichkeitsräume geschaffen, in denen verhandelnde Handlungskoordination zwischen den verschiedenen Akteuren gestärkt wird – bei letztendlicher Entscheidung des Ministeriums.

6 Fazit

Trotz des überschaubaren Untersuchungszeitraumes von sechs Jahren zeigen sich mit Blick auf die Umsetzung der UN-BRK im Schulsystem Schleswig-Holsteins drei sehr unterschiedliche Governance-Regime, die von unterschiedlichen relevanten Akteuren des Mehrebensystems des Schulsystems in unterschiedlichem Maße geprägt werden. Ein besonderer Reiz der Analyse ist schlussendlich in dem historischen Umstand begründet, dass drei sehr unterschiedliche Persönlichkeiten das Amt der Leitung des Bildungsministeriums übernommen haben. So wird letztendlich deutlich, dass das Governance-Regime doch massiv vom Handeln der*des individuellen Akteur*in der*des Bildungsminister*in beeinflusst ist. Dieses wiederum ist von verschiedenen Faktoren abhängig: Subjektiver Einstellung, Erfahrungen, politischen Überzeugungen sowie der Frage nach der konkreten Ausgestaltung der Handlungskoordination mit unterschiedlichen

Akteuren. Und je nachdem, wie diese unterschiedlichen Merkmale ausgebildet sind, haben andere Akteur*innen in unterschiedlichem Ausmaß die Möglichkeit erfolgreicher Beeinflussung. Historisch gewachsene und tradierte Handlungskoordinationen zwischen Positionen brechen dann durch die Besetzung mit Individuen ab oder werden überhaupt erst aufgebaut.

Daneben praktizieren die drei Minister*innen eine unterschiedliche Gewichtung in Bezug auf und zwischen Inhalten sowie Strategien vor dem Hintergrund ihrer beruflichen Biografie und der damit verbundenen Kenntnisse der Steuerung des Schulsystems sowie innerhalb verschiedener Koalitionen und deren Orientierungen.

Doch auch individuelle Akteure in den nachgeordneten Ebenen, wie z. B. die Leitung eines Referats im Bildungsministerium, können im Rahmen ihrer Verfügungsrechte deutlich Einfluss auf die Gestaltung der Governance-Regime nehmen. Je nachdem, wie stark sie in Netzwerke eingebunden sind und Verfügungsfähigkeiten (Wissen, Beziehungen) haben, Beeinflussung koordiniert einzusetzen. Ihre Grenzen und Möglichkeiten sind in einem hierarchisch geprägten Umfeld natürlich stark durch die Ministeriumsspitze sowie die etablierten Strukturen determiniert.

Andere, nicht staatliche Akteure sind in ihrer Aktivität (auch) abhängig vom Handeln des Bildungsministeriums, insbesondere der*des Minister*in. Je aktiver und deutlicher dieser Akteur handelt, desto stärker sind sie in einer *re*agierenden Position – einer defensiven Reaktionsdynamik – zu beobachten. Kommen aus dem Bildungsministerium keine oder nur wenige Impulse, werden sie stärker eigeninitiativ aktiv. Sie befinden sich dabei stets in der Situation, beeinflussend auf staatliche Akteure wirken zu wollen, um ihre Ziele zu verfolgen. Die Chance auf ‚Erfolg' dieser Beeinflussung ist von der Definition des Verhältnisses von Inhalten und Strategien abhängig. Darüber hinaus befinden sich diese Akteure aber auch in unterschiedlichsten Interdependenzverhältnissen zueinander. Je nach strategischer und inhaltlicher Ausrichtung bilden sich temporäre und schwache Interdependenzbeziehungen, die je nach Bedarf ausgebaut oder ruhen gelassen werden. Diese können materieller Natur, wenn beispielsweise gemeinsame Veranstaltungen geplant werden, oder immaterieller Natur sein, z. B. durch gemeinsame Erklärungen oder Beratungen. Ziel ist dabei, die eigenen Verfügungsfähigkeiten und -rechte zu stärken, um so stärker andere staatliche wie nicht staatliche Akteure beeinflussen zu können. Akteure mit stark divergierenden Zielen finden dabei nur selten zueinander, sodass sich bestimmte Konstellationen in der langzeitlichen Betrachtung immer wieder finden lassen. Insofern ist mit Blick auf die Umsetzung der UN-BRK im Schulsystem Schleswig-Holsteins eine diverse Gruppe nicht staatlicher Akteure mit spezifischen Zielen zu finden, die jedoch im Kontext von ‚Lagern' agiert und ihre Handlungskoordination zum einen anhand der Beobachtung des Handelns der Regierung bzw. des Bildungsministeriums, aber zum anderen auch am Handeln von inhaltlich ‚verwandten' sowie auch ‚abgewandten' nicht staatlichen Akteuren ausrichtet.

Mit Blick auf die zentrale Fragestellung des vorliegenden Sammelbandes lässt sich feststellen, dass die Steuerung der Bildungsreform ‚Inklusive Bildung' ein komplexes Anliegen ist. Trotz eines gewissen Steuerungspessimismus ist zu konstatieren, dass staatliche Akteure im Kontext der Umsetzung der UN-BRK nach wie vor eine bedeutende und einflussreiche Position haben: Ihr intentionales (Nicht-)Handeln dient als Orientierung für das (Nicht-)Handeln vieler anderer Akteure – vor allem in den höheren Ebenen des Schulsystems. Insofern ist Steinmetz et al. (2021, S. 244) zuzustimmen, dass Inklusion

> „ohne effektive Reformschritte im Sinne des Art. 24 UN-BRK auf der Struktur- und Prozessebene (top-down), […] in der Praxis (bottom-up) jedenfalls in größerem Umfang nicht gelingen kann. Durch die Entscheidungen der Bildungspolitik […] wird der Gemeinsame Unterricht von Kindern mit und ohne Behinderung damit – bewusst oder unbewusst institutionell – behindert."

Akteure aus der Zivilgesellschaft, der Bildungsadministration oder aus der Politik richten ihre Handlungskoordination danach aus, welche Regulierungsimpulse aus dem Bildungsministerium (nicht) gesendet werden und entwickeln entsprechend eigene Dynamiken. Vor allem die zweite Untersuchungsphase zeigte dabei eindrücklich, dass ein Ausbleiben dieser Impulse im Kontext inklusiver Bildung für einen begrenzten Zeitraum zu einer Art Stillstand oder Ausharren nicht politischer Akteure führt: Um komplexe Interdependenz zu managen, eines der zentralen Strukturmerkmale des Schulsystems, bedarf es eines ‚gefühlten' Bewusstseins über sie.

Wie Feyerer und Altrichter (2018) für Österreich festgestellt haben, wird auch für Schleswig-Holstein deutlich, dass zunehmend mehr Akteure in das Reformvorhaben inklusiver Bildung involviert sind, sodass eine Verbreiterung der Entwicklung stattfindet und demzufolge Inklusion mehr als „gesellschaftspolitische Aufgabe" (Ellger-Rüttgardt, 2016, S. 45) verstanden wird. Auf zivilgesellschaftlicher Ebene bleibt zwar zu konstatieren, dass die zentral im Untersuchungszeitraum agierenden Akteure auch weitgehend jene sind, die bereits in der Geschichte hervortraten – mit den jeweils bekannten Positionierungen. Fest verankerte kulturelle Überzeugungen dieser kollektiven oder korporativen Akteure werden also über die Generation von Mitgliedern weitergegeben und ggf. vor dem Hintergrund von gegenwärtigen Diskursen rekontextualisiert. Daneben treten – wie von

Parreira do Amaral (2016) erwartet – zum einen gänzlich neue Akteure wie der individuelle Akteur des Landesbeauftragten für Menschen mit Behinderung oder des korporativen staatlichen Akteurs BIS, in die Akteurskonstellation ein, die wiederum sehr bereichsspezifische Ziele verfolgen. Dass sie zielgerichtet agieren können, ist dem Umstand geschuldet, dass sie in bereits bestehende Strukturen eingebunden und eingebettet sind (Powell & Merz-Atalik, 2019, S. 83). Zum anderen werden Akteure, die in der Vergangenheit nicht in die Fragen der Gestaltung gemeinsamen Schulbesuchs involviert waren, aufgefordert, sich diesbezüglich zu positionieren und somit in Interdependenzbeziehungen gebracht (z. B. Philologenverband). Gänzlich neu im Feld inklusiver Bildung sind hingegen die bundesweit agierenden und wirtschaftsnahen Stiftungen wie Bertelsmann, die über unterschiedliche Instrumente wie Schulpreise oder Berichte Einfluss auf Steuerungsprozesse sowie Handlungskoordination nehmen und so zu einem bedeutenden Akteur innerhalb der Zivilgesellschaft avancieren. Deren Einfluss ist im Hinblick auf die Steuerung aktuell noch ein weitgehendes Forschungsdesiderat.

Literatur

Altrichter, H., & Heinrich, M. (2007). Kategorien der Governance-Analyse und Transformation der Systemsteuerung in Österreich. In H. Altrichter, T. Brüsemeister, & J. Wissinger (Hrsg.), *Educational Governance. Handlungskoordination und Steuerung im Bildungssystem* (S. 55–103). VS.

Altrichter, H., Heinrich, M., & Soukup-Altrichter, K. (2011). Governance-Regime der Schulprofilierung. In H. Altrichter, M. Heinrich, & K. Soukup-Altrichter (Hrsg.), *Schulentwicklung durch Schulprofilierung? Zur Veränderung von Koordinationsmechanismen im Schulsystem* (S. 217–239). VS.

Badstieber, B. (2021). *Inklusion als Transformation?! Eine empirische Analyse der Rekontextualisierungsstrategien von Schulleitenden im Kontext schulischer Inklusion.* Klinkhardt.

Blanck, J. M., Edelstein, B., & Powell, J. J. W. (2013). *Von der schulischen Segregation zur inklusiven Bildung? Die Wirkung der UN-Konvention über die Rechte von Menschen mit Behinderungen auf Bildungsreformen in Bayern und Schleswig-Holstein.* Wissenschaftszentrum Berlin für Sozialforschung. bibliothek. http://wzb.eu/pdf/2013/i13–504.pdf. Zugegriffen: 15. Juli 2022.

Bogner, A., Littig, B., & Menz, W. (2009). *Experteninterviews: Theorien, Methoden, Anwendungsfelder* (3. Aufl.,). VS.

Bosche, A. (2013). *Schulreformen steuern: Die Einführung neuer Lehrmittel und Schulfächer an der Volksschule* (Kanton Zürich, 1960er- bis 1980er-Jahre.) hep.

Bosche, A., & Lehmann, L. (2014). Governance und die Suche nach Regelungsmechanismen. Methodologische Implikationen eines Forschungsansatzes. In K. Maag Merki, R.

Langer, & H. Altrichter (Hrsg.), *Educational Governance als Forschungsperspektive. Strategien, Methoden, Ansätze* (S. 229–248). SpringerVS.

Brüggemann, C. (2016). Inklusive Bildung als globale Norm. Einleitende Bemerkungen zu einem entstehenden Forschungsfeld und den Beiträgen in diesem Heft. *Zeitschrift für internationale Bildungsforschung und Entwicklungspädagogik, 39*(3), 4–9.

Bürli, A. (2015). Zur Umsetzung der UN-Behindertenrechtskonvention. In A. Leonhardt, K. Müller, & T. Truckenbrodt (Hrsg.), *Die UN-Behindertenrechtskonvention und ihre Umsetzung. Beiträge zur Interkulturellen und Internationalvergleichenden Heil- und Sonderpädagogik* (S. 55–66). Klinkhardt.

Der Tagesspiegel. (2014). Britta Ernst folgt auf Waltraud Wende. *Der Tagesspiegel.* www.tagesspiegel.de/wissen/neue-bildungsminsterin-in-kiel-britta-ernst-folgt-auf-waltraud-wende/10707922.html. Zugegriffen: 15. Juli 2022.

Ellger-Rüttgardt, S. L. (2016). *Inklusion.* Kohlhammer.

Feuser, G. (2016). Die Integration der Inklusion in die Segregation. In U. Böing & A. Köpfer (Hrsg.), *Be-Hinderung der Teilhabe. Soziale, politische und institutionelle Herausforderungen inklusiver Bildungsräume* (S. 26–43). Klinkhardt.

Feyerer, E., & Altrichter, H. (2018). Die Entwicklung eines inklusiven Schulsystems. Analyse von aktuellen Reformbestrebungen aus Governance-Perspektive. In E. Feyerer, W. Prammer, E. Prammer-Semmler, C. Kladnik, M. Leibetseder, & R. Wimberger (Hrsg.), *System. Wandel. Entwicklung. Akteurinnen und Akteure inklusiver Prozesse im Spannungsfeld von Institution, Profession und Person* (S. 74–92). Bad Heilbrunn.

Gummich, J., & Hinz, A. (2017). Inklusion – Strategie zur Realisierung von Menschenrechten. In I. Boban & A. Hinz (Hrsg.), *Inklusive Bildungsprozesse gestalten. Nachdenken über Horizonte, Spannungsfelder und Schritte* (S. 16–30). Kallmeyer.

Heinrich, M. (2015). Inklusion oder Allokationsgerechtigkeit? Zur Entgrenzung von Gerechtigkeit im Bildungssystem im Zeitalter der semantischen Verkürzung von Bildungsgerechtigkeit auf Leistungsgerechtigkeit. In V. Manitius, B. Hermstein, N. Berkemeyer, & W. Bos (Hrsg.), *Zur Gerechtigkeit von Schule. Theorien, Konzepte, Analysen* (S. 235–255). Waxmann.

Hinz, A. (2002). Von der Integration zur Inklusion – terminologisches Spiel oder konzeptionelle Weiterentwicklung? *Zeitschrift für Heilpädagogik, 53*, 354–361.

Hinz, A., & Kruschel, R. (2017). *Entwicklung schulischer Inklusion auf Landesebene. Eine Untersuchung am Beispiel eines Unterstützungssystems in Schleswig-Holstein.* Klinkhardt.

Hoffmann, N. (2018). *Dokumentenanalyse in der Bildungs- und Sozialforschung. Überblick und Einführung*. Beltz Juventa.

Kaiser, R. (2014). *Qualitative Experteninterviews: Konzeptionelle Grundlagen und praktische Durchführung*. Springer VS.

Klemm, K. (2021). *Inklusion in Deutschlands Schulen. Entwicklungen – Erfahrungen – Erwartungen.* Beltz Juventa.

Kruschel, R. (2022). *Inklusion aus Governance-Perspektive. Die UN-BRK als Steuerungsimpuls für das Schulsystem Schleswig-Holsteins*. Springer VS.

Kussau, J., & Brüsemeister, T. (2007). Educational Governance: Zur Analyse der Handlungskoordination im Mehrebenensystem der Schule. In H. Altrichter, T. Brüsemeister, & J. Wissinger (Hrsg.), *Educational Governance. Handlungskoordination und Steuerung im Bildungssystem* (S. 15–54). VS.

Lange, S., & Schimank, U. (2004). Governance und gesellschaftliche Integration. In S. Lange & U. Schimank (Hrsg.), *Governance und gesellschaftliche Integration* (S. 9–44). VS.

Lange, V. (2016). *Inklusive Bildung in Schleswig-Holstein. Inklusion ist das Ziel – wie gelingt die Umsetzung?* Friedrich-Ebert-Stiftung. http://library.fes.de/pdf-files/studienfoerderung/13172.pdf. Zugegriffen: 15. Juli 2022.

Maltzan, C. (2012). *Nach der Vereidigung im Landtag: Ministerpräsident Torsten Albig stellt Kabinett vor.* http://schleswig-holstein.de/DE/Landesregierung/I/Presse/PI/2012_neu/MP/120612_stk_mp_regierung_neu.html. Zugegriffen: 15. Juli 2022.

Nanz, P., & Fritsche, M. (2012). *Handbuch Bürgerbeteiligung. Verfahren und Akteure, Chancen und Grenzen.* Bundeszentrale für Politische Bildung.

Parreira do Amaral, M. (2016). Neue Akteure der Governance des Bildungssystems – Typen, Einflussmöglichkeiten und Instrumente. In H. Altrichter & K. Maag Merki (Hrsg.), *Handbuch Neue Steuerung im Schulsystem* (S. 455–477). Springer. https://doi.org/10.1007/978-3-531-18942-0_17. Zugegriffen: 15. Juli 2022.

Powell, J., & Merz-Atalik, K. (2019). Die Notwendigkeit inklusiver Bildung für die Erneuerung der Governancekonzepte: Deutschland und Luxemburg im Vergleich. In J. Budde, A. Dlugosch, P. Herzmann, L. Rosen, A. Panagiotopoulou, T. Sturm, & M. Wagner-Willi (Hrsg.), *Inklusionsforschung im Spannungsfeld von Erziehungswissenschaft und Bildungspolitik* (S. 71–98). Barbara Budrich. http://orbilu.uni.lu/bitstream/10993/35764/3/PowellMerz-Atalik2019_InklusiverBildungErneuerungGovernancekonzepte_DE-LU_proofs.pdf. Zugegriffen: 15. Juli 2022.

Preuss-Lausitz, U. (2018). Ein Jahrzehnt UN-Behindertenrechtskonvention und die Perspektiven von Förderschulen und Inklusion in Deutschland. *Zeitschrift für Heilpädagogik, 69*(4), 175–187.

Schleswig-Holsteinischer Landtag (SHL). (2014). *Plenarprotokoll 18/67. 67. Sitzung. Mittwoch. 10. September 2014.* http://landtag.ltsh.de/export/sites/ltsh/infothek/wahl18/plenum/plenprot/2014/18-067_09-14.pdf. Zugegriffen: 15. Juli 2022.

Schleswig-Holsteinischer Landtag (SHL). (2019). *Informationen zu Klug, Ekkehard Dr. Des Landtagsinformationssystem Schleswig-Holstein. Stand: 17.12.2019.* http://lissh.lvn.parlanet.de/cgi-bin/starfinder/0?path=samtflmore.txt&id=fastlink&pass=&search=R=337&format=WEBVOLLLANG. Zugegriffen: 15. Juli 2022.

SPD, Bündnis 90/Die Grünen & SSW Schleswig-Holstein. (2012). *Bündnis für den Norden. Neue Horizonte für Schleswig-Holstein. Koalitionsvertrag 2012 bis 2017 zwischen der Sozialdemokratischen Partei Deutschlands Landesverband Schleswig-Holstein Bündnis 90/Die Grünen Landesverband Schleswig-Holstein dem Südschleswigschen Wählerverband Landesverband.* www.b-b-e.de/fileadmin/Redaktion/05_Newsletter/01_BBE_Newsletter/bis_2017/2012/nl11_koalitionsvertrag.pdf. Zugegriffen: 15. Juli 2022.

Steinmetz, S., Wrase, M., Helbig, M., & Döttinger, I. (2021). *Die Umsetzung schulischer Inklusion nach der UN-Behindertenrechtskonvention in den deutschen Bundesländern.* Nomos. https://doi.org/10.5771/9783748924401. Zugegriffen: 15. Juli 2022.

UN. (2006). *Convention on the Rights of Persons with Disabilities and Optional Protocol.* UN. http://un.org/disabilities/documents/convention/convoptprot-e.pdf. Zugegriffen: 15. Juli 2022.

UN Committee on the Rights of Persons with Disabilities. (2016). *General comment No. 4 (2016) on the right to inclusive education*. United Nations. https://docstore.ohchr.org/SelfServices/FilesHandler.ashx?enc=6QkG1d%2fPPRiCAqhKb7yhsnbHatvuFkZ%2bt93Y3D%2baa2r7WiHwAXZ%2fG9E0uHt5DxBGZc%2fFYqJnjv7FqnztqhiHjMlyujYDMPEQHYJksg%2f5ScRp%2b2UkTe5yb6JZzG0ROn9a. Zugegriffen: 15. Juli 2022.
UNESCO. (1994). *The salamanca statement and framework for action on special needs education*. UNESCO. http://unesdoc.unesco.org/ark:/48223/pf0000098427. Zugegriffen: 15. Juli 2022.

Kruschel, Robert, ist Erziehungswissenschaftler und Lehrer. Von 2018 bis 2022 war er Wissenschaftlicher Mitarbeiter im Institut für Förderpädagogik der Universität Leipzig. Seine Forschungsschwerpunkte sind Governance und Steuerung von Inklusion im Bildungssystem, inklusionsorientierte und sozialraumorientierte Schulentwicklung sowie Demokratische Bildung.

Kontakt: robkru@icloud.com

Inklusion als Mehrebenenkonstellation – Beiträge der sozialen Netzwerktheorie und -forschung zur Entwicklung inklusiver(er) Bildungssysteme

Andrea Dlugosch und Lea Thönnes

1 Inklusion als Mehrebenenkonstellation ,umsetzen'?

Transformationen von Bildungssystemen zu inklusiveren Bildungssystemen müssen sich, durchaus auch im Sinne einer disziplinären Selbstvergewisserung, insbesondere zwei Herausforderungen stellen: Erstens gilt es, die Frage der sozialen Eingebundenheit (Hagenauer & Raufelder, 2021), die in Folge einer inklusiven Leitidee angestrebt wird, detaillierter zu ergründen. Zweitens gilt es, die Frage zu klären, wie Inklusion als Mehrebenenkonstellation (Dlugosch, 2013) und damit als komplexes Interdependenzgeflecht in Forschung und Erkenntnisbildung einmünden kann, um dann angemessene Orientierungen für Gestaltungsansätze bieten zu können (Dlugosch & Langner, 2015, 2016; Dlugosch & Thönnes, 2019; Kunze & Sauter, 2019; Thönnes & Dlugosch, 2017).

A. Dlugosch
Rheinland-Pfälzische Technische Universität (RPTU), Kaiserslautern – Landau, Campus Landau, Landau, Deutschland
E-Mail: dlugoschan@uni-landau.de

L. Thönnes (✉)
Aktion Mensch, Bonn, Deutschland
E-Mail: lea.thoennes@aktion-mensch.de

R. Kruschel und K. Merz-Atalik (Hrsg.), *Steuerung von Inklusion!?*, Educational Governance 52, https://doi.org/10.1007/978-3-658-40103-0_4

Werden mit der ersten Anforderung stärker Qualitätsansprüche für die Mikroebene[1] der z. B. pädagogischen Interaktionen im Sinne von gehaltvollen Bildungsprozessen formuliert (Dlugosch, 2018; Fend, 2008), so lässt sich die zweite Frage im Kontext von übergreifenden, auch politisch durchaus unterschiedlich motivierten Steuerungsaufgaben des Bildungssystems bzw. hinsichtlich der Educational Governance (Forschung) positionieren[2]. Für beide Anliegen, so die in diesem Beitrag vertretene Perspektive, stellt der Bezugspunkt ‚Netzwerk' einen probaten Referenzrahmen dar, sowohl in theoretischer als auch in method(olog)ischer Hinsicht, auch wenn dem möglichen Eindruck einer kohärenten Lesart ‚Netzwerk' aufgrund der vorhandenen (inter-)disziplinären Differenzen gleich zu Beginn widersprochen werden muss (Schönhuth, 2010).

Die Perspektive auf soziale Netzwerke mündet erst in den letzten Jahren in den erziehungswissenschaftlichen Diskurs (Clemens, 2016) und in die Bildungsforschung ein (Mejeh & Hascher, 2021). Im Kontext inklusiver(er) Bildungsprozesse bzw. -systeme geschieht dies vor allem dort, wo das Methodenrepertoire der Sozialen Netzwerkanalyse (SNA) als innovativer Forschungszugang präsentiert wird (Herz, 2016) oder auch wo Stränge der sozialen Netzwerkforschung als „attraktiver Anwendungsfall für das eigene Forschungsprogramm" (Rürup, 2016, S. 687) der Educational Governance gelten können.

Das Programm der sozialen Netzwerkforschung stellt zum einen „für die Inklusionsforschung eine interessante Perspektive zur Verfügung, mit de[r] Fragestellungen des Vorhandenseins und der Qualität sozialer Beziehungen und darüber die Teilhabe an sozialen Kontakten erforscht werden können" (Herz, 2016, S. 689). Dabei sind Erkenntnisse über bestimmte *Positionen* und *Relationen* in einem sozialen Netzwerk hinweisreich, irritieren aber durchaus herkömmliche Annahmen zu sozialer Einbettung oder Eingebundenheit[3],

---

[1] In der Veröffentlichung von 2008 unterteilt Fend in die Makro-, die Meso- und die Mikroebene, wobei Lehrpersonen sowie Schüler*innen auf der Mikroebene angesiedelt werden. Damit sind als „empirisches Erscheinungsbild" (Fend, 2008, S. 17) auf der einen Seite die faktischen Unterrichtsprozesse, die Unterrichtskultur und das Lehrer*innenhandeln und auf der anderen Seite das faktische Nutzungsverhalten, die Schulleistungen und die Persönlichkeitsentwicklung gemeint.

[2] Wobei auch Lehr-Lern-Interaktionen im Rahmen der Educational Governance bearbeitet werden (Langer, 2019, S. 94).

[3] So verweist Herz (2016) darauf, dass „[…] Netzwerkforschung mit eigenen Konzeptionen unterstützen [kann], Alltagsverständnisse von Einbindung bzw. Teilhabe zu brechen: So müssen […] gerade nicht nur starke Beziehungen oder die Einbettung in ein dicht verwobenes Netzwerk von Vorteil sein, sondern auch schwache Kontakte und eine eher marginale Einbettung kann in ein Gesamtnetzwerk inkludieren" (Herz, 2016, S. 693).

die oftmals noch mit absolutistischen Raumvorstellungen verknüpft sind. Denn nicht die physische Anwesenheit an einem gemeinsamen Lernort ist dann alles entscheidend, wie dies sogenannte Inklusions- und Exklusionsquoten suggerieren könnten, sondern die Qualität der Einbindung in und die Partizipation an qualitativ hochwertige(n) Bildungsprozesse(n) (Dlugosch, 2019). Zum anderen liegt ein Potenzial des Ansatzes insbesondere darin, tatsächliche Beteiligungen auch unter dem Radar der formalen Rollenbeziehungen, wie sie sich z. B. in Organigrammen mit Weisungsbefugnissen finden lassen, zu ermitteln. Im Zentrum der im vorliegenden Beitrag favorisierten Perspektive geht es daher nicht um programmatische Handlungsimpulse (im Sinne von anzustrebenden, organisierten Netzwerkbildungen) oder darum, den Netzwerkbegriff lediglich metaphorisch zu nutzen.

> „Die klassische soziale Netzwerkanalyse beschäftigt sich per Definitionem mit Netzen, in die Menschen verwickelt sind und in der die Beziehung der Akteure zueinander im Mittelpunkt steht. Die Netzwerkstruktur entsteht eher beiläufig […] Die Netzwerkanalyse macht diese ‚latenten' Strukturen sichtbar. Den Netzwerkakteuren sind sie höchstens in Teilen, und nur aus ihrer ganz persönlichen Perspektive präsent." (Schönhuth, 2010, S. 173)

Ein besonderer Beitrag für die Educational Governance liegt daher u. a. in einer „Blickerweiterung auf bisher in ihrem Einfluss übersehene, über- oder unterschätzte Akteure" (Rürup, 2016, S. 686). Als Benefit der Netzwerkforschung überwiegt deshalb unseres Erachtens ein rekonstruierend aufdeckendes Potenzial gegenüber bestimmten, idealtypisch formulierten Steuerungsalternativen oder Koordinationsformen wie Hierarchie, Markt oder Netzwerk (Rürup et al., 2015, S. 67 ff.), in welchen unterschiedliche ‚Währungen' (wie Weisungen oder Preis) zirkulieren[4].

> „Netzwerke – sowohl intra- wie interorganisationaler Art – werden häufig als eine Ordnungsform betrachtet, die eine Kooperation gleichberechtigter Akteure möglich macht. Diese normative Idealvorstellung hält einer empirischen Überprüfung allerdings nicht stand." (Klenk & Nullmeier, 2004, S. 33)

Die Analyseperspektive der Netzwerkforschung könnte somit auch dazu beitragen, das Feld der Erkenntnisgewinnung der Educational Governance zwischen

[4] Für ein Netzwerk wären in diesem Kontext dann Freiwilligkeit, Vertrauen, Verhandlung und lose Kopplungsstrukturen charakteristisch (Dlugosch & Langner, 2016, S. 127 f.).

Beständigkeit und Reformansinnen weiter aufzuspannen, etwas, das in der aktuellen Reflexion der Educational Governance, im Sinne einer offerierten „implizite(n) Parteinahme für Reformen und Veränderungen an sich" (Langer & Brüsemeister, 2019a, S. 773), durchaus selbstkritisch diskutiert wird (Langer & Brüsemeister, 2019b).

Im Folgenden versuchen wir, den hier angedeuteten Standortbestimmungen und den damit verbundenen offenen Fragestellungen der Educational Governance am Beispiel der Umsetzung inklusiverer Bildungssysteme mit Hilfe der Netzwerkperspektive produktiv zu begegnen. Wir nutzen quasi den Kunstgriff, die Netzwerktheorie und -forschung in einer intermediären Position zwischen Governance und Inklusion in Anschlag zu bringen und erhoffen uns damit eine Ausstrahlung sowohl in Richtung des Educational Governance Ansatzes als auch in Richtung der Gestaltung inklusiverer Bildungssysteme entlang der Frage, wie sich „interrelationale soziale Strukturen" (Fuhse, 2010, S. 171) auch auf bildungsrelevante Umsetzungsprozesse auswirken.

2 Was heißt hier Netzwerk? Theoretische Anschlüsse an Relationalität

Bleibt eine formale Beschreibung eines Netzwerkes als eine Menge von *Knoten* und deren Verbindungen *(Kanten)* zunächst noch abstrakt, so lässt sich dies für *soziale Netzwerke,* in denen *Akteure* als Knoten und die *Beziehungen zwischen ihnen* als Verbindungen gelten, spezifizieren (Fuhse, 2016, S. 15). Ein Netzwerk wird in der Folge von uns als ein *Muster* von (rollenförmigen und/oder diffusen) Sozialbeziehungen zwischen Akteuren verstanden. Allerdings bezieht der soziale Netzwerkansatz neben Individuen z. B. auch Organisationen oder auch Staatengebilde als Akteure mit ein, also „soziale Einheiten, denen wir Handeln zurechnen und bei denen wir erwarten, dass sie sich gegenüber anderen sozialen Einheiten verhalten" (Fuhse, 2016, S. 16) – die Adressabilität scheint entscheidend (Rürup et al., 2015, S. 83). Jedoch sind

> „Netzwerke […] Interaktionsgeflechte, das heißt, ihr Mehrwert leitet sich nicht allein aus der Verknüpfung mehrerer Systemeinheiten und der daraus entstehenden Struktur ab, sondern aus der Möglichkeit, dass über die Kanäle dieses Netzes irgendetwas *ausgetauscht* wird. Ein Fischernetz ist kein Netzwerk […] zwischen den Knoten wird nicht *kommuniziert.*" (Schönhuth, 2010, S. 173; Herv. d. Verf.)

Konkret gestalten sich daher soziale Netzwerke in und durch unterschiedliche *types of ties,* wie Informationsfluss, Unterstützung, Rat geben/Rat nehmen, aber z. B. auch Freundschaft.

Ausgehend von diesen Prämissen werden diverse Anschlüsse, vor allem an die soziologische Theoriebildung, diskutiert, insofern sie relational ausgerichtet sind (Häußling, 2010). Aus der Perspektive der Netzwerkforschung werden soziale Phänomene aus der Struktur der Beziehungen *zwischen* Akteuren erklärt.

> „Dahinter steckt implizit die Vorstellung, dass eben die Netzwerkstruktur die entscheidende Variable ist. Weder werden [...] primär die Motive oder Handlungen von Individuen als Triebkraft des Sozialen gesehen; noch folgen die Individuen nur den selbstläufigen Prozessen in überpersönlichen gesellschaftlichen Systemen." (Fuhse, 2010, S. 167)

Man könnte deshalb auch formulieren, dass die Netzwerkforschung (wenn auch in unterschiedlichen Ausprägungen) in Bezug auf das Verhältnis von Akteur und Struktur *entschieden unentschieden* bleibt und stattdessen eine fluktuierende Figur des Verhältnisses von Individuellem und Sozialem prozessiert.

In der Argumentation der relationalen Soziologie (Mützel & Fuhse, 2010) lässt sich daher auch eine besondere Affinität zwischen der Netzwerkperspektive und der Figurationstheorie von Norbert Elias (2006) herstellen: „Figurationen sind [...] Verflechtungszusammenhänge zwischen Individuen – in moderner Terminologie sind dies ‚Netzwerke'" (Fuhse, 2010, S. 168). Elias selbst nimmt den Netzwerkbegriff relativ gleichberechtigt in seinen späteren Arbeiten auf (Fuhse, 2016, S. 25 f.). Anschlüsse ergeben sich, Elias weiterführend, auch an die relationale Raumtheorie von Martina Löw (2001), mit der sich auch bereits eine Dynamisierung der bekannten Theoriearchitektonik andeutet, welcher die Struktur einer (Mikro-, Meso- bzw. Makro-)Ebeneneinteilung unterliegt (Langer & Brüsemeister, 2019a):

> „As opposed to the notion of transformation, re-figuration refers to the relation of interdependence; it is, therefore, explicitly relational in a way that does not seperate different levels a priori, such as ‚macro', ‚meso', ‚micro'." (Knoblauch & Löw, 2017, S. 10f.)

Daran anschließend liegt ein Erkenntnispotenzial der Netzwerktheorie für erziehungswissenschaftliche Fragestellungen gerade darin, auf der Mesoebene anzusetzen und damit, das „allgemeine Subjekt-Struktur-Problem der sozialwissenschaftlichen Theoriebildung" (Clemens, 2016, S. 29) anders zu perspektivieren, nämlich mit einem Beitrag zu einer „systematischen

Beschreibung und Analyse der *Interdependenz* von Akteuren und zugeschriebenen Handlungen einerseits und sozialen Strukturen andererseits" als „Theorie des Dazwischen" (Clemens, 2016, S. 29; Herv. im Orig.).

Gegenüber der formalen Netzwerk*analyse* vollzieht die Netzwerk*theorie* (inzwischen) einen (cultural) Turn zu der Sphäre von Bedeutung und der (latenten) Sinnebene. Damit ist auch ein Drift von formal-expliziten zu informell-impliziten Aspekten verbunden, der auch im Rahmen der Educational Governance als konstruktive Entwicklung eingeschätzt wird:

> „Insbesondere mag die Analyse des Informellen, Impliziten und Praktischen eine eventuelle Schlagseite [...] ausgleichen, die erstens in der vorwiegenden Orientierung an formalen und explizit symbolisierten Strukturen besteht (sodass etwa beim ‚Mehrebenensystem' oft an die hierarchischen Ebenen administrativer Organisationen gedacht wird); zweitens in der Orientierung an idealtypischen Kategorien wie ‚Markt' [...], die real wirksame Praxisstrukturen häufig eher verdecken als erhellen, und drittens in der Orientierung auf scheinbar leicht sichtbare Akteure (‚die Eltern') und Handlungslogiken (‚wollen die bestmögliche Bildung für ihr Kind'), die aber de facto unzulässige, realitätsferne Vereinfachungen darstellen." (Langer & Brüsemeister, 2019a, S. 774)

Eine netzwerktheoretische Orientierung bietet sich in diesem Zusammenhang dafür an, das Apriori der Governance-Kategorien zu dekonstruieren, denn sie „unterscheidet [...] nicht zwischen Prozess, Beziehung, Akteur, vielmehr ist eine Symbiose, eine Zusammenschau aller drei Komponenten ihr eigentlicher Gegenstand" (Clemens, 2016, S. 30 f.).

Mit ganz eigenen Begrifflichkeiten[5] legt Harrison C. White (2008), von einer Vielzahl von empirischen Studien kommend, wenn auch nicht ganz unumstritten (Clemens, 2016, S. 56 f.), ein netzwerktheoretisches „Grundgerüst" (Schmitt & Fuhse, 2015, S. 2) vor. White läutet damit eine übergreifende kulturtheoretische bzw. „‚phänomenologische' Wende in der Netzwerkanalyse" (Rürup et al., 2015, S. 84) ein[6]. Soziale Netzwerke sind darin grundlegend sinnhaft unterfüttert (Schmitt & Fuhse, 2015, S. 21). Sie „werden also nicht nur durch wissenschaftliche Beobachter konstruiert. Sie müssen auch als Sinnstrukturen in der Lebenswelt der Beteiligten existieren" (Fuhse, 2010, S. 169). Netzwerke sind daher „untrennbar verbunden mit kulturellen Bedeutungen, mit Kategorien,

[5] Wie „Netdoms" (White, 2008, S. 7), „Catnet" (White, 2008, S. 106) oder „Regimes of Control" (White, 2008, S. 220).

[6] Wobei White selbst den *cultural turn* erst in seinen späteren Arbeiten vollzogen hat.

Narrativen und der Konstruktion von Identitäten“ (Fuhse, 2010, S. 169). Ohne auf das umfangreiche Werk hier im Detail eingehen zu können (s. hierzu Clemens, 2016, S. 66 ff.), so scheint es aus mehreren Gründen lohnenswert, den Ansatz von White im Kontext der (Educational) Governance auch zukünftig im Blick zu behalten: erstens aufgrund der Anschlussfähigkeit an weitere Theorien mittlerer Reichweite (Schmitt & Fuhse, 2015), zweitens aufgrund der expliziten Einbeziehung der „Dimension des Symbolisch-Kulturellen“ (Langer & Brüsemeister, 2019a, S. 775) und drittens aufgrund der „Fokussierung auf Relationen, Positionen, Netzwerkstrukturen und -dynamiken“ (Häußling, 2010, S. 63), welche damit einen anderen und angereicherten Blick auf Akteurkonstellationen und Mehrebenenphänomene zulassen.

Eine besondere Erweiterung stellt darüber hinaus die Akteur-Netzwerktheorie (ANT) in der Linie von Bruno Latour (2007) dar, in der Unterscheidungen, wie Akteur-Struktur oder Akteur-Netzwerk aufgehoben werden (Clemens, 2016, S. 12) und in welcher nicht nur Akteure, sondern ebenso Aktanten (z. B. Artefakte) in Erscheinung treten. Die (subjektive) Sinnebene verliert jedoch an Bedeutung und lediglich beobachtbare wechselseitige Verhältnisse erscheinen im Blickfeld (Fuhse, 2010, 169). Als „wirkende Entität“ oder „Effektor“ (Langer, 2019, S. 80; FN7) könnten Aktanten aber dennoch in Governance-Analysen einbezogen werden. So wäre z. B. der Stellenwert der UN-BRK für die Umsetzungsprozesse inklusiver Bildungsprozesse nicht nur de jure, sondern de facto für unterschiedliche Beteiligte ermittelbar (vgl. 3.).

Von diesem Standpunkt aus ist es nun lohnenswert, den Bogen zurück zur (qualitativ) empirischen Forschung zu schlagen, die versucht, die erwähnten Aspekte auch method(olog)isch aufzugreifen. Da es sich bei den von uns entwickelten Methoden, durch den rekonstruktiven Zugang im Rahmen der qualitativen Netzwerkforschung zudem um ein Novum handelt, greifen wir Aspekte der Forschungszugänge hier etwas detaillierter auf.

3 Über die Ebenen hinweg – oder: das Prozessieren von Inklusion im Bildungswesen und das Surplus einer rekonstruktiven Forschungslogik zu sozialen Netzwerken

Mit der Forschungsfragestellung, die Einflüsse (z. B. spezifische Unterstützungsleistungen oder Informationen) und Beteiligungen auf die bzw. bei der Umsetzung der UN-BRK in einer bestimmten Region zu untersuchen (Thönnes & Dlugosch, 2017; Dlugosch & Thönnes, 2019), waren wir mit der

Aufgabe konfrontiert, komplexe Prozesse (z. B. Transformation der Förderschulen zu sonderpädagogischen Zentren, Zusammenspiel zw. Schulverwaltung und Einzelschule, neue Rollen im System etc.) erfassen zu wollen. Im Fokus stand, welche Veränderungen, welches Zusammenwirken und welche sozialen Konstellationen aus der Sicht und der Relevanzsetzung einzelner personaler Akteur*innen den Prozess der Umsetzung ausmach(t)en. Damit setzten wir – neben der Möglichkeit, die formale Netzwerkanalyse (SNA) für governancebezogene Fragestellungen zu nutzen (Dlugosch et al., 2016; Kolleck, 2016; Langner, 2018; Dlugosch & Thönnes, 2019), explizit auch auf einen neu bzw. weiterentwickelten qualitativ-rekonstruktiven Zugang (Thönnes & Dlugosch, 2017), da im Kontext der Educational Governance durchaus nicht sicher ist, „ob die Komplexität und Vielschichtigkeit zwischenmenschlicher Interaktionen überhaupt durch quantitative Erhebungen abzufragen ist" (Junker & Berkemeyer, 2016, S. 90). Ergebnisse aus Vorstudien sensibilisierten bereits für das Potenzial eines qualitativen Zugangs der Netzwerkforschung, mit dem z. B. die massive Formation von „Widerstandsfronten" (Dlugosch & Langner, 2016, S. 131) im informellen Spiel um die Umsetzung inklusiver Bildung entlarvt werden konnte.

3.1 Videobasierte Qualitative Netzwerkinterviews (ViQuaNet) – ein Erhebungsinstrument der qualitativen Netzwerkforschung[7]

Auf Basis eines erzählgenerierenden Interviews mit einem Erzählimpuls zu Beginn „Welche Faktoren nahmen/nehmen Einfluss auf die Umsetzung eines inklusiven Bildungssystems?" mit dem zeitl. Orientierungspunkt der UN-BRK wird der*die Interviewte dazu aufgefordert, Anordnungen von sozialen Prozessen zu entwickeln, d. h. das soziale Netzwerk aus der eigenen Sicht zu entfalten und materiell zu inszenieren. Das *Repertoire* von ViQuaNet (vgl. Abb. 1) umfasst die Menge an Möglichkeiten in der Verwendung bestimmten Materials – dazu zählen figurative, gestische und inszenierende Elemente in Kombination. Im Einzelnen sind dies: das Material und dessen Platzierung und Positionierung[8], die (Zeige-)

[7] ViQuaNet und RekoNet (vgl. Abschn. 3.2) stehen hier im Dienste der Governance Forschung, sind aber übergreifend einsetzbar.

[8] Zum anfänglichen Erzählimpuls besteht die Aufforderung für den*die Interviewte*n, die von ihm genannten Akteure, Faktoren sowie ihre Relationen auf einer leeren Netzwerktafel (weißer Tonkarton in DIN A2) aufzustellen. Als Material dienen verschiedenfarbige, kleine Würfel, Pöppel und Scheiben, ggf. eine Linienführung durch den Einsatz eines Stiftes.

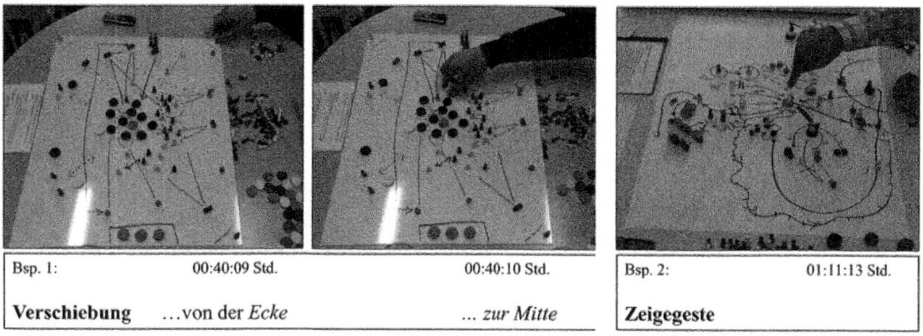

Abb. 1 Standbilder zum Repertoire. (Eigenes Datenmaterial)

Gestik, Veränderungen (z. B. Verschiebung, Austausch/Verfremdung, Ergänzung des Materials zu einem späteren Zeitpunkt im Sinne von Rückblenden/Flashbacks).

Im Vergleich zu bestehenden Verfahren der visuellen Netzwerkforschung (Schönhuth et al., 2013) arbeiten wir zwar ebenfalls mit räumlichen Visualisierungen, jedoch fokussiert ViQuaNet eine elaboriertere Verknüpfung unterschiedlicher Aspekte der Erhebungssituation und ist betont offen angelegt. Mit ViQuaNet können sowohl Entstehungs- und Veränderungsprozesse sozialer Netzwerkkonstellationen als auch Momentaufnahmen oder Standbilder (Stills) zu bestimmten Zeitpunkten erfasst werden. Es wird bewusst auf computerbasierte Technologien verzichtet. Der dreidimensionale Raum fungiert als Bühne des Sozialen. Ein Stellvertretermoment (Baecker, 2007) wird durch die Figuration en miniature begünstigt. Dabei entsteht ein Netzwerk entweder aus der Perspektive einer*s Einzelakteurin*s (Ego) oder es ist als Netzwerk-Installation mit mehreren Beteiligten möglich (ViQuaNet+, vgl. Abb. 2). (Vergangene und aktuelle) Aushandlungsprozesse unterschiedlicher Akteur*innen können – je nach Zusammensetzung – so ebenfalls dar*gestellt* werden. Auch ein Zugriff auf z. B. manifeste oder latente Machtaspekte wird damit ermöglicht.

3.2 Rekonstruktive Netzwerkanalyse (RekoNet): ein Auswertungsverfahren der qualitativen Netzwerkforschung

In dem von uns im Rahmen einer rekonstruktiven Logik angelegten Auswertungsverfahren (RekoNet) widmen wir uns den erhobenen visuellen Daten im Ver-

Abb. 2 Standbild ViQuaNet+. (Eigenes Datenmaterial)

weisungszusammenhang mit Textpassagen des Interviewtranskripts und stimmen damit in den Tenor ein, dass ein

> „[g]eteilter Anspruch der rekonstruktiven Forschung ist […], den empirischen Gegenstand in seiner spezifischen Charakteristik zur Geltung kommen zu lassen, statt diesen unter vorausgehend definierten Kategorien zu subsumieren." (Dietrich & Heinrich, 2014, S. 35)

Angelehnt an die Analyseverfahren von Dinkelaker und Herrle (2009; Herrle & Dinkelaker, 2016) für Videoaufzeichnungen realer Interaktionssituationen entwickelten wir im Rahmen der qualitativen Netzwerkanalyse die Verfahrensschritte der Segmentierungs-, Konfigurations- und Konstellationsanalyse (vgl. Abb. 3), die wir jedoch zur Ermittlung von *Akteurkonstellationen über die Ebenen hinweg* nutzen.

Die jeweilige Netzwerkstellung (ViQuaNet, vgl. 3.1) lässt sowohl Aussagen über die real beteiligten Akteure als auch über die Art und Weise ihrer Beziehungen und Beteiligungen[9] im zeitlichen Verlauf aus der Sicht der Befragten zu. Zur Strukturierung des komplexen Datenmaterials (Grobana-

[9] In den Begriffen der (formalen) Netzwerkanalyse würde man von einem Namensgenerator bzw. einem Namensinterpretator sprechen.

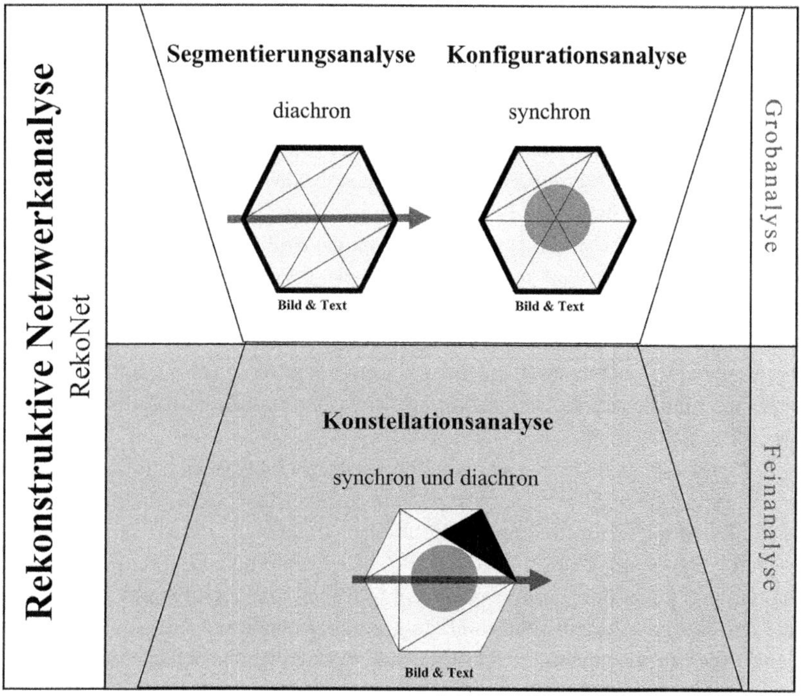

Abb. 3 Rekonstruktive Netzwerkanalyse (RekoNet) nach Dlugosch & Thönnes. (Eigene Darstellung)

lyse) wird im ersten Schritt eine *Segmentierungsanalyse* durchgeführt. Sie widmet sich dem gesamten Stell*prozess* im (Bild-)Verlauf. Hierfür werden z. B. Markierungen im Prozess durch bestimmte Zeigegesten (vgl. Abb. 1) aufgegriffen. Auch der Text wird im ersten Zugriff nach Sinneinheiten strukturiert. In der *Konfigurationsanalyse* wird auf der Bildebene der Fokus auf die gesamte Anordnungsstruktur (i. d. R. das Endbild) gelegt und auf der Textebene wird das Interview auf die wichtigsten Aussagen hin komprimiert. Im dritten Schritt, der *Konstellationsanalyse* (Feinanalyse), liegt dann ein besonders hervorzuhebendes Potenzial durch die sequenzierende Rekonstruktion des visuellen Datenmaterials (und der anschließenden Konfrontation mit dem Text).

Die Ermittlung der latenten Sinnhorizonte der Daten über die jeweils gewählte Anordnung des Netzwerkes gibt Aufschluss über implizite Relationen des

Sozialen[10]. „Durch visuelle Modelle, erschließt sich ein kategoriell neuer Typus semantiktragender Elemente, deren Ausdrucksmächtigkeit orthogonal zur sprachlichen Semantik ist" (Gulden, 2008, S. 292). In der Konstellationsanalyse werden auf visueller Ebene Lesarten sozialer Anordnungen als Vergleichshorizonte[11] gebildet und sukzessive beibehalten oder ausgeschlossen. Damit kann die Sinnebene rekonstruiert werden, welche auf latente Musterbildungen des Sozialen (Positionen und Relationen) hinweist. Der implizite Sinngehalt ergibt sich hier also insbesondere durch die gewählte Anordnungsstruktur, denn wenn etwas z. B. als Kampf(geschehen) prozessiert, werden die sozialen Beziehungen in einer ganz bestimmten Weise konstelliert: Machtverhältnisse, Kampfstrategien, ‚Verteidigungslinien' etc. erhalten im sozialen Gefüge eine besondere Relevanz[12]. Die abschließende Konfrontation mit dem betreffenden Textmaterial lässt dann ggf. auch eine entsprechende Diskrepanz zwischen der expliziten und der impliziten Ebene *sichtbar* werden:

B-2: Also die, nehmen Sie es als bezeichnenden Hinweis, dass ich >Akteur auf der administrativen Ebene< vergessen habe bisher, okay (lachen). [Interviewauszug Schulleitung Gesamtschule #00:39:50#].

Durch die Konfrontation mit der visuellen Darstellung des Netzwerkes und den damit fokussierten Lesarten konnte in diesem Fall herausgearbeitet werden, dass der benannte Akteur sehr wohl, entgegen der expliziten Äußerung der Interviewpartner*in, als mächtige, überwachende Instanz, wenn auch eher aus der Entfernung, massiv Einfluss nimmt. Die*der Interviewte scheint dies aber quasi zu ‚vergessen' oder vergessen zu wollen, weil damit eher Unerfreuliches einherzugehen scheint. Dies lässt weitergehend vermuten, dass die betreffende Schule aus der Sicht der Schulleitung eine unterstützende Funktion dieser übergeordneten Einheit kaum wahrnimmt. Obwohl (in diesem Netzwerkinterview) die Schule zahlenmäßig überlegen und mittig positioniert wird, macht die Verwaltungseinheit doch durch die gewählte Erhöhung und Kompaktheit einen dominierenden Eindruck. Zwar ist sie im ViQuaNet an die Peripherie positioniert worden und das, worum es wirklich geht, geschieht aus der Sicht der befragten Person auch

[10] Die Theorie der Image Schemata bietet hier „einen ausgearbeiteten Fundus an Grundbegriffen, die bedeutungskonstituierende Muster und Konstellationen benennen" (Gulden, 2008, S. 295).

[11] I. d. R. Fotographien realer sozialer Situationen

[12] Interessanterweise wäre hier dann auch wieder eine Rückbezüglichkeit zu den bekannten Ordnungsmustern der Governance (wie z. B. Hierarchie) möglich, wenn auch nicht ausschließlich und nicht eins zu eins.

in der Mitte. Dennoch ist die Wirkmächtigkeit dieses Konstellationselementes massiv. Man könnte vermuten, dass man solch einen ‚Gegner' doch eher im Auge behielte – oder aber, weil man ohnehin nicht dagegen ankommt, versucht ist, ihn einfach zu ignorieren. Es handelt sich bei den gruppierten Konstellationselementen um in sich geschlossene Einheiten mit eigenen Logiken ohne einen ‚Verbindungsmann' oder eine ‚Mittelsfrau'. Anderes Datenmaterial offerierte durch die Positionierung und die je vorgenommene Materialwahl (Farbe, Form etc.) ein bestimmtes Muster im Gefüge der Akteure, das – trotz formaler Subsidiarität – auf die Zentralität von einzelnen Förderschulen bzw. -zentren verwies, verbunden mit einer Art Heilserwartung und -versprechen für die inklusive Bildungslandschaft. Dies konnte aus den visuellen Daten mittels RekoNet sehr dominant ermittelt werden.

4 Netzwerktheorie und Netzwerkforschung im Dienst der Governance von Inklusion – ein Fazit

Spezifische Positionen und Relationen von Akteuren nehmen Einfluss auf mögliche Veränderungen und Weiterentwicklungen, auch im Bildungswesen. Der Netzwerkansatz macht in Theorie und Forschung darauf aufmerksam, wie entscheidend dabei die Fragen des Vorhandenseins und der Art und Weise der sozialen Einbettung sind. Dies gilt für rollenförmige, aber auch für nichtrollenförmige Sozialbeziehungen bzw. für die Verwobenheit der jeweiligen Anteile in den je spezifischen Feldern. Die Perspektive auf soziale Netzwerke sensibilisiert für die unterschiedlichen Schichten der konkreten Beziehungen im sozialen Gefüge und damit auch für transintentionale Verflechtungen (Dlugosch & Langner, 2016). Gerade dem Nicht-Manifesten ist für Steuerungsfragen eine besondere Relevanz zuzusprechen, um auch die Wahrscheinlichkeit eines echten Wandels besser einschätzen und im Anschluss daran in geeigneter Weise (steuernd) weiter tätig werden zu können. Dem Latenten ist mithilfe einer rekonstruktiven Forschungslogik (in unserem Fall mittels ViQuaNet und RekoNet im Rahmen der visuellen qualitativen Netzwerkforschung) in besonderer Weise auf die Spur zu kommen, auch weil damit durch die Syntheseleitung des Erhebungsinstrumentes ein hohes Maß an Komplexität bearbeitbar bleibt. Unseren Studien zufolge liegt z. B. in der Form von neu installierten Positionen im System, die eine Brückenfunktion zwischen unterschiedlichen Deutungssphären übernehmen können (Clemens, 2016; Dlugosch et al., 2016), ein besonderes Potenzial, wobei hier (qualitativ) genauer zu bestimmen wäre, welches Rollen- und Kompetenzprofil für die notwendigen

Übersetzungsleistungen hilfreich wäre. Auch die Arbeit an der Selbstdefinition sonderpädagogischer Förderzentren zeigt sich als wichtige Einflussgröße in der Orchestrierung einer inklusiven Bildungslandschaft. Im Anschluss könnte auch hier, vergleichend das Spezifische für den Anwendungsfall der inklusiven Bildung und das Allgemeine für die Fragen von Governance im Bildungssystem einen Beitrag zur Theoriebildung leisten (Langer, 2015; Dlugosch, 2018).

Literatur

Baecker, D. (2007). Therapie für Erwachsene: Zur Dramaturgie der Strukturaufstellung. In T. & G. Stey (Hrsg.), *Potenziale der Organisationsaufstellung. Innovative Ideen und Anwendungsbereiche* (S. 14–31). Carl Auer.

Clemens, I. (2016). *Netzwerktheorie und Erziehungswissenschaft. Eine Einführung*. Beltz Juventa.

Dietrich, F., & Heinrich, M. (2014). Kann man Inklusion steuern? Perspektiven einer rekonstruktiven Governanceforschung. In A. K. Jüttner, K. Koch, M. Krüger, D. Blömer, R. Werning & M. (Hrsg.), *Gemeinsam anders lehren und lernen – Wege in die inklusive Bildung* (S. 26–46). Klinkhardt.

Dinkelaker, J., & Herrle, M. (2009). *Erziehungswissenschaftliche Videographie. Eine Einführung*. VS.

Dlugosch, A. (2013). Inklusion als Mehrebenenkonstellation. Behinderte Menschen. *Zeitschrift für gemeinsames Leben, Lernen und Arbeiten, 2*, Sonderdruck, 20–34.

Dlugosch, A. (2018). Zum Prozessieren inklusiver Bildungssysteme: Akteure, Strukturen, Netzwerke. In E. Feyerer, W. Prammer, E. Prammer-Semmler, C. Kladnik, M. Leibetseder, & R. Wimberger (Hrsg.), *System. Wandel. Entwicklung. Akteurinnen und Akteure inklusiver Prozesse im Spannungsfeld von Institution, Profession und Person* (S. 55–73). Klinkhardt.

Dlugosch, A. (2019). Vernetzung, Kooperation, Sozialer Raum – Zur Modellierung des Sozialen und des Räumlichen im Kontext Inklusion. In G. Ricken & S. Degenhardt (Hrsg.), *Vernetzung, Kooperation, Sozialer Raum – Inklusion als Querschnittaufgabe* (S. 21–30). Klinkhardt.

Dlugosch, A., & Langner, A. (2015). Netzwerke inklusiver Konstellationen (NiK) – ein Erhebungs- und Reflexionsinstrument für die „Umsetzung" von „Inklusion"? *Zeitschrift für Inklusion, 1*. http://inklusion-online.net/index.php/inklusion-online/article/view/264/250. Zugegriffen: 18. Juli 2022.

Dlugosch, A., & Langner, A. (2016). Koordination von ‚Inklusion'. Erste Ergebnisse einer explorativen Studie im Bundesland Tirol. In V. Moser & B. Lütje-Klose (Hrsg.), *Schulische Inklusion* (S. 124–139). Zeitschrift für Pädagogik, Beiheft 62. Beltz Juventa.

Dlugosch, A., & Thönnes, L. (2019). Zur Weiterentwicklung der inklusiven Beschulung in einem deutschen Landkreis – eine Mixed-Methods-Studie im Rahmen der qualitativen und quantitativen Netzwerkanalyse. In G. Ricken & S. Degenhardt (Hrsg.), *Vernetzung, Kooperation, Sozialer Raum – Inklusion als Querschnittaufgabe* (S. 182–187). Klinkhardt.

Dlugosch, A., Langner, A., & Thönnes, L. (2016). Potenziale netzwerkanalytischer Perspektiven im Kontext Inklusion. In T. Sturm, A. Köpfer, & B. Wagener (Hrsg.), *Bildungs- und Erziehungsorganisationen im Spannungsfeld von Inklusion und Ökonomisierung* (S. 118–126). Klinkhardt.

Elias, N. (2006). *Was ist Soziologie?*. Suhrkamp Verlag.

Fend, H. (2008). *Schule gestalten: Systemsteuerung, Schulentwicklung und Unterrichtsqualität*. Springer VS.

Fuhse, J. A. (2010). Menschenbild. In C. Stegbauer & R. Häußling (Hrsg.), *Handbuch Netzwerkforschung* (Bd. 4, S. 167–175). VS.

Fuhse, J. A. (2016*). Soziale Netzwerke: Konzepte und Forschungsmethoden*. Utb.

Gulden, J. (2008). Semantik in visuellen Modellen. Räumliche Regularitäten und körperliche Erfahrungsmuster als Bedeutungsträger visueller Modelle. In I. Reichle, S. Siegel, & A. Spelten (Hrsg.), *Visuelle Modelle* (S. 285–300). Wilhelm Fink.

Häußling, R. (2010). Relationale Soziologie. In C. Stegbauer & R. Häußling (Hrsg.), *Handbuch Netzwerkforschung* (Bd. 4, S. 63–87). VS.

Hagenauer, G., & Raufelder, D. (2021). *Soziale Eingebundenheit. Sozialbeziehungen im Fokus von Schule und LehrerInnenbildung*. Waxmann.

Herrle, M., & Dinkelaker, J. (2016). Qualitative Analyseverfahren in der videobasierten Unterrichtsforschung. In U. Rauin, M. Herrle & T. Engartner (Hrsg.), *Videobasierte Analysen in der Unterrichtsforschung* (S. 76–129). Beltz.

Herz, A. (2016). Soziale Netzwerkforschung. In I. Hedderich, G. Biewer, J. Hollenweger, R. Markowetz (Hrsg.), *Handbuch Inklusion und Sonderpädagogik* (S. 689–693). Klinkhardt.

Junker, R., & Berkemeyer, N. (2016). Schulische Netzwerke aus relationaler Perspektive: Beziehungserleben und -Verhalten im Netzwerk Hochbegabtenförderung NRW. Schriftenreihe Netzwerke im Bildungsbereich. In N. Kolleck, S. Kulin, I. Bormann, G. de Haan, & K. Schwippert (Hrsg.), *Traditionen, Zukünfte und Wandel in Bildungsnetzwerken* (Bd. 8, S. 79–96). Waxmann.

Klenk, T., & Nullmeier, F. (2004). *Public Governance als Reformstrategie* (2. Aufl.,). Der Setzkasten GmbH.

Knoblauch, H., & Löw, M. (2017). On the spatial re-figuration of the social world. *Sociologica, 11*(2), 1–27.

Kolleck, N. (2016). Zur theoretisch geleiteten Analyse von Vertrauen von sozialen Netzwerken. In I. Bormann, S. Hamborg, & M. Heinrich (Hrsg.), *Governance-Regime des Transfers von Bildung für nachhaltige Entwicklung* (S. 129–146). Springer VS.

Kunze, A., & Sauter, S. (2019). Educational Governance im Kontext von Heterogenität und Inklusion. In R. Langer & T. Brüsemeister (Hrsg.), *Handbuch Educational Governance Theorien* (S. 573–614). Springer VS.

Langer, R. (2015). Educational Governance und Theoriebildung. In J. Schrader, J. Schmid, K. Amos, & A. Thiel (Hrsg.), *Governance und Bildung im Wandel* (S. 45–64). Springer VS.

Langer, R. (2019). Skizzen zur governanceanalytischen Theoretisierung von Bildungsungleichheit, Bildungssystem und Gesellschaft. In R. Langer & T. Brüsemeister (Hrsg.), *Handbuch Educational Governance Theorien Educational Governance* (Bd. 43, S. 71–97). Springer VS.

Langer, R., & Brüsemeister, T. (2019a). Ein Fazit aus der Theoriediskussion. Educational Governance. In R. Langer & T. Brüsemeister (Hrsg.), *Handbuch Educational Governance Theorien* (Bd. 43, S. 771–783). Springer VS.

Langer, R., & Brüsemeister, T. (2019b). Einleitung: Zum Verhältnis von Educational Governance und Theorien bzw. Theoriebildung. In R. Langer & T. Brüsemeister (Hrsg.), *Handbuch Educational Governance Theorien: Bd. 43.* Educational Governance (S. 1–12). Springer VS.

Langner, A. (2018). Quantitative Netzwerkanalyse – ein Verfahren zur Bestimmung der Umsetzung von Inklusion? In E. Feyerer, W. Prammer, E. Prammer-Semmler, C. Kladnik, M. Leibetseder, & R. Wimberger (Hrsg.), *System. Wandel. Entwicklung. Akteurinnen und Akteure inklusiver Prozesse im Spannungsfeld von Institution, Profession und Person.* (S. 55–73). Klinkhardt.

Latour, B. (2007). *Eine neue Soziologie für eine neue Gesellschaft. Einführung in die Akteur-Netzwerk-Theorie.* Suhrkamp.

Löw, M. (2001). *Raumsoziologie.* Suhrkamp Verlag.

Mejeh, M., & Hascher, T. (2021). Soziale Netzwerkanalyse als Erfassungsinstrument sozialer Interaktionen in der Schule. In G. Hagenauer & D. Raufelder (Hrsg.), *Soziale Eingebundenheit. Sozialbeziehungen im Fokus von Schule und LehrerInnenbildung* (S. 33–45). Waxmann.

Mützel, S., & Fuhse, J. (2010). Einleitung: Zur relationalen Soziologie Grundgedanken, Entwicklungslinien und transatlantische Brückenschläge. In J. A. Fuhse & S. Mützel (Hrsg.), *Relationale Soziologie. Zur kulturellen Wende der Netzwerkforschung: Bd. 2. Netzwerkforschung* (S. 7–35). VS.

Rürup, M. (2016): Educational Governance. In I. Hedderich, G. Biewer, J. Hollenweger, R. Markowetz (Hrsg.), *Handbuch Inklusion und Sonderpädagogik* (S. 684–688). Klinkhardt.

Rürup, M., Röbken, H., Emmerich, M., & Dunkake, I. (2015). *Netzwerke im Bildungswesen. Eine Einführung in ihre Analyse und Gestaltung.* Springer VS.

Schmitt, M., & Fuhse, J. (2015). *Zur Aktualität von Harrison White.* Springer VS.

Schönhuth, M. (2010). Netzwerke aus ethnologischer Perspektive. In C.W. Hergenröder (Hrsg.), *Gläubiger, Schuldner, Arme. Netzwerke und die Rolle des Vertrauens* (S. 171–186). VS.

Schönhuth, M., Gamper, M., Kronenwett, M., & Stark, M. (Hrsg.) (2013). *Visuelle Netzwerkforschung. Qualitative, quantitative und partizipative Zugänge.* Transcript.

Thönnes, L., & Dlugosch, A. (2017). Situationsanalyse, Potenziale & Barrieren. Zur Weiterentwicklung und zum Ausbau der inklusiven Beschulung in einem deutschen Landkreis. Abschlussbericht. Inklusionskonferenz Landkreis Reutlingen. http://kreis-reutlingen.de/ceasy/modules/resources/main.php?id=5141&download=1. Zugegriffen: 18. Juli 2022.

White, H. C. (2008). *Identity and control. How social formations emerge.* Princeton University Press.

Dlugosch, Andrea, ist Professorin für Pädagogik bei erschwertem Lernen und auffälligem Verhalten am Institut für Sonderpädagogik, Fachbereich Erziehungswissenschaften, Rheinland-Pfälzische Technische Universität (RPTU), Campus Landau. Ihre Arbeitsschwerpunkte sind u. a. Inklusion als Mehrebenenkonstellation, inklusive Organisations- und Regionalentwicklung, qualitative Netzwerkforschung, Professionalisierungstheorie und -forschung.

Kontakt: dlugoschan@uni-landau.de

Thönnes, Lea, ist Referentin für Forschungsvorhaben bei der Aktion Mensch e. V. Ihre Arbeitsschwerpunkte sind qualitative und quantitative Forschung zu den Themen Inklusion und Partizipation sowie qualitative Netzwerkforschung.

Kontakt: lea.thoennes@aktion-mensch.de

Steuerung aus Perspektive der Situationsanalyse – Die Umsetzung von Inklusion in drei deutschen Bundesländern im Vergleich

Julia Gasterstädt und Anna Kistner

1 Inklusion steuern? – Perspektivverschiebungen

„Kann man Inklusion steuern? [...] Jein“ (Dietrich & Heinrich, 2014, *S. 26 ff.)*

Die Frage der Steuerung und Implementierung von Inklusion wurde in den Jahren nach Inkrafttreten der UN-Konvention über die Rechte von Menschen mit Behinderungen (UN-BRK) für den deutschsprachigen Raum zunehmend aus Perspektive der Educational Governance (EG)-Forschung betrachtet (Altrichter & Feyerer, 2011; Rürup, 2011; Hinz & Kruschel, 2012; Dlugosch & Langner, 2016; Preuß, 2018), wovon nicht zuletzt der vorliegende Sammelband zeugt. In Abgrenzung zu konventionellen Steuerungsvorstellungen, welche aufgrund ihrer Konzeption von Steuerung als unilateraler, autoritativ-hierarchischer Vorgang als unterkomplex kritisiert werden, rücken aus EG-Perspektive die analytischen Konzepte von Steuerung als Governance, Akteur*innenkonstellationen, Mehrebenensystem und Modi der Handlungskoordination in den Fokus (z. B. Kussau & Brusemeister, 2007). Während die oben zitierten Arbeiten die Konzepte und Kategorien der EG-Perspektive für die Analyse übernehmen, plädieren

J. Gasterstädt (✉) · A. Kistner
Universität Kassel, Kassel, Deutschland
E-Mail: gasterstaedt@uni-kassel.de

A. Kistner
E-Mail: a.kistner@uni-kassel.de

R. Kruschel und K. Merz-Atalik (Hrsg.), *Steuerung von Inklusion!?*, Educational Governance 52, https://doi.org/10.1007/978-3-658-40103-0_5

Dietrich und Heinrich (2014) für eine „rekonstruktiv reformulierte Educational Governance" (Dietrich & Heinrich, 2014, S. 33). Die Autoren halten fest, dass man die Frage, ob man Inklusion steuern könne, aus EG-Perspektive „mit einem klaren Jein" (Dietrich & Heinrich, 2014, S. 28) beantworten müsse, geben aber zugleich zu bedenken, dass sowohl Steuerungsoptimismus als auch -defaitismus Vorstellungen einer Good Governance in sich tragen. Um dieses „steuerungstheoretische Erbe" (Dietrich & Heinrich, 2014, S. 34) zu überwinden, schlagen sie vor, nicht mehr danach zu fragen, ob die Steuerung der Umsetzung von Inklusion möglich sei. Stattdessen sei die *Art der Ausgestaltung* von Governance in Reaktion auf die Aufforderung zur Entwicklung inklusiver Schulsysteme ins Zentrum der Analyse zu rücken. Diesem Vorschlag einer Perspektivverschiebung möchte dieser Beitrag folgen und fragt, *wie* die Aufforderung zur Entwicklung inklusiver Bildungssysteme auf Ebene der Bildungsadministration in drei deutschen Bundesländern bzw. Regionen umgesetzt wird und *wie* dieser Umsetzungsprozess gesteuert wird. Oder einfach formuliert: Was passiert, wenn von der Steuerung von Inklusion die Rede ist?

Dabei zeigte sich, dass die Kategorien der EG für die Rekonstruktion und Analyse komplexer Steuerungssituationen Leerstellen aufweisen (Gasterstädt, 2019, 2021). Diese betreffen die unzureichende Betrachtung individueller Akteure (Benz et al., 2007), die Relationierung individueller und kollektiver Akteure und die Vernachlässigung von gesamtgesellschaftlichen Entwicklungen, Diskursen und Machtverhältnissen (Bormann, 2014).

Im vorliegenden Beitrag wird entsprechend zwar die Fokussierung der EG-Analyse auf Akteur*innenkonstellationen beibehalten, aber für die Rekonstruktion der komplexen Steuerungssituation in den drei Regionen/Bundesländern die Situationsanalyse (Clarke, 2012; Gasterstädt, 2019) genutzt. Im Folgenden soll dieser theoretisch-methodische Zugriff zunächst erläutert werden. Nach einer Beschreibung der drei zu vergleichenden Situationen wollen wir bei der anschließenden Präsentation unserer Ergebnisse die Rekonstruktion der Inklusionsverständnisse, der Reinterpretation der UN-BRK und der differenten Steuerungsmodi herausgreifen und vergleichend diskutieren. Abschließend folgen Überlegungen zu Konsequenzen aus dieser Analyse für Akteur*innen der Bildungsadministration.

2 Forschungsdesign und Projektvorstellung

Das Forschungsdesign orientiert sich an der Situationsanalyse (Clarke, 2012; Gasterstädt & Rüger, 2021). Als Weiterentwicklung der Grounded Theory (GT) nach Strauss und Corbin (1996) kann auch die Situationsanalyse als ein

Forschungsstil der qualitativ-interpretativen Sozialforschung verstanden werden, welcher auf die Formulierung in empirischen Daten fundierter theoretischer Befunde gerichtet ist. Als von postmodernen sozialkonstruktivistischen Theorieperspektiven informiertes „theory/methods package" (Clarke & Star, 2008) löst sich die Situationsanalyse vom Postulat einer universell gegebenen Realität zugunsten einer auf Komplexität und Multiperspektivität gerichteten Analyseperspektive, die die Situiertheit von Wissen betont. Dafür ist ein spezifischer Situationsbegriff als Zugang zum Forschungsgegenstand zentral: „Die Bedingungen der Situation sind in der Situation enthalten. So etwas wie ‚Kontext' gibt es nicht. […] Sie sind die Situation." (Clarke, 2012, S. 112). Der Situationsanalyse geht es nicht mehr um die Analyse von Interaktionsphänomenen, sondern um die Fokussierung komplexer Situationen. Dazu bezieht sie verschiedene theoretische Perspektiven ein: Konzepte sozialer Welten und Arenen (u. a. Strauss, 1978, 1993), die Analyse von Diskursen und Macht (u. a. Foucault, 1974, 1977) und die Handlungsmacht nichtmenschlicher Elemente (u. a. Latour, 1987).

Die forschungspraktische Umsetzung erfolgt in Anlehnung an die Methoden der klassischen GT (Strauss & Corbin, 1996) sowie über spezifische Mapping-Strategien der Situationsanalyse (Clarke, 2012). Das Anfertigen von Maps ist dabei als analytische Übung zu verstehen, um unterschiedliche Aspekte komplexer Situationen graphisch zu integrieren und so analytisch zugänglich zu machen.

Der vorliegende Beitrag basiert einerseits auf einer Studie, welche mit der Situationsanalyse zwei Bundesländer/Regionen (A und B) untersucht hat (Gasterstädt, 2019) und andererseits auf einem daran anschließenden Projekt, welches im Rahmen der von den Rhein-Main-Universitäten geförderten Forschungsinitiative ‚Der Anspruch der Inklusion im Spannungsfeld von Meritokratie und egalitärer Differenz' sechs Jahre später Daten in einem weiteren Bundesland/Region (C) erhoben hat. Dafür wurden in allen drei Bundesländern Dokumente (etwa Schulgesetze, Handlungsleitfäden, Selbstdarstellungen oder Formulare) analysiert, die als Artefakte vergangener Aushandlungsprozesse und als spezifische Zugriffspunkte im Feld (Prior, 2003) verstanden werden. Außerdem wurden insgesamt 18 Expert*inneninterviews mit denjenigen Akteur*innen der Bildungsadministration geführt, welche im Kontext der Steuerung von Inklusion über spezifische Deutungsmacht verfügen und im engeren Sinne entlang der hierarchischen Gliederung des Bildungssystems – vom Kultusministerium bis zur Ebene der Einzelschule – verortet sind (ausführlicher Gasterstädt, 2019).

3 Inklusion regional reinterpretieren, umsetzen und steuern?

In einer ersten Annäherung an die Rekonstruktion der verglichenen Situationen sollen nun kurz zusammengefasst diejenigen Entwicklungen und Aspekte vorgestellt werden, die die Akteur*innen als relevant für die Entwicklung inklusiver Strukturen in den Situationen A, B und C markiert haben.

In *Situation A,* welche sich in einem Bundesland mit anhaltend sinkender Segregationsquote befindet, wird die Verantwortung für die Entwicklung inklusiver Schulen insbesondere in der allgemeinen Schule verortet. Förderschulen wurden hier zu Förderzentren umgewandelt, welche sowohl die Aufgabe haben, notwendige Sonderklassen einzurichten als auch allgemeine Schulen durch sonderpädagogische Expertise zu unterstützen. Die Lehrer*innenstunden für Sonderpädagogik wurden in Situation A durch die Konferenz der Leitungen der Förderzentren in die allgemeinen Schulen verlagert mit der Zielsetzung, so Anreize für ‚inklusive' Schulentwicklungsprozesse in den allgemeinen Schulen zu setzen – wobei die Definitionsmacht hierüber aufseiten der Akteur*innen der Sonderpädagogik liegt und diese Position damit als besonders machtvoll erscheint (Gasterstädt, 2019). Sonderpädagogischer Förderbedarf wird in Situation A im Schwerpunkt soziale und emotionale Entwicklung nicht mehr festgestellt, ebenso ist dies für den Förderschwerpunkt Lernen geplant. Aufgrund der systembezogenen Zuweisung von Ressourcen wurde auf die als stigmatisierend wahrgenommene Zuschreibung verzichtet.

Auch in *Situation B,* welche in einem Bundesland mit deutschlandweit durchschnittlicher und auch zum Zeitpunkt der Datenerhebung noch steigender Segregationsquote liegt, wird die Verantwortung für die Entwicklung inklusiver Beschulung in der allgemeinen Schule gesehen. Dieser Prozess soll über Kooperationsverträge zwischen allgemeinen Schulen und den an Förderschulen als innerschulische Einheit angegliederten Förderzentren umgesetzt werden. Darin sollen die Bedingungen für den Einsatz der Sonderpädagog*innen an den allgemeinen Schulen festgehalten werden. In Situation B wird von dem zuständigen sonderpädagogischen Förderzentrum unter inklusiver Schulentwicklung die Einrichtung sogenannter Lerninseln als Ort individueller sonderpädagogischer Förderung an allgemeinen Schulen verstanden. Die Verteilung der Lehrer*innenstunden für Sonderpädagogik erfolgt in Situation B je nach Förderschwerpunkt und Schulstufe durch unterschiedliche Akteure (Kultusministerium, Förderzentrum, Schulamt), z. T. entlang der festgestellten Förderbedarfe, z. T. systembezogen. Die Feststellung sonderpädagogischen Förderbedarfs wird in Situation B als ‚pädagogisch' notwendig markiert und das Entscheidungsrecht der Erziehungsberechtigten auf Beschulung in der Förderschule betont (Gasterstädt, 2020).

In *Situation C,* welche ebenso in einem Bundesland mit deutschlandweit durchschnittlicher, aber zum Erhebungszeitpunkt steigender Segregationsquote verortet ist, werden im Unterschied zu den Situationen A und B zwei Pfeiler für die Entwicklung inklusiver Strukturen benannt: Zum einen die Schwerpunktschulen, bei denen es sich um mit sonderpädagogischen Ressourcen ausgestattete allgemeine Schulen handelt, und zum zweiten die an die Förderschulen angegliederten Förderzentren, welche als zusätzliches Aufgabenfeld Regelschullehrkräfte beraten sollen. Die Förderzentren bilden dabei mit Förderschulen verschiedener Förderschwerpunkte Kooperationen, um die Beratungskompetenz in allen Schwerpunkten abdecken zu können. In der untersuchten Situation richtet sich die Beratung an Lehrkräfte der allgemeinen Schulen mit Ausnahme der Schwerpunktschulen und erfolgt kurzzeitig auf einzelne Schüler*innen bezogen. Dabei werden Inklusion und Prävention als Handlungsschwerpunkte benannt. Gemeint ist damit, dass die Beratung vor der Feststellung sonderpädagogischen Förderbedarfs stattfindet und auf den Verbleib eines Kindes – möglichst ohne Feststellung des sonderpädagogischen Förderbedarfs – an der allgemeinen Schule gerichtet sein sollte. Die Zuweisung sonderpädagogischer Ressourcen an den Schwerpunktschulen wird auf Grundlage der aufgenommenen Schüler*innen mit sonderpädagogischem Förderbedarf im zieldifferenten Unterricht, also in den Förderschwerpunkten Lernen und geistige Entwicklung, bestimmt. Entsprechend besitzt die Feststellung sonderpädagogischen Förderbedarfs für die Schwerpunktschulen eine ressourcensteuernde Funktion.

Es fällt auf, dass die Akteur*innen in den untersuchten Situationen mit der Entwicklung inklusiver Strukturen vor allem Aspekte im Kontext sonderpädagogischer Förderung und deren schulorganisatorische Verortung angesprochen haben. Die hier nur kurz skizzierten Entwicklungen inklusiver Strukturen in drei Bundesländern gestalten sich daneben aber sehr heterogen. Wie lassen sich diese Unterschiede erklären?

Drei mögliche Erklärungsansätze möchten wir dafür summarisch aus der komplexen Rekonstruktion der Situationen herausgreifen und vergleichend diskutieren (für eine ausführliche Darstellung und Diskussion für die Situationen A und B s. Gasterstädt, 2019, 2021):

a) die rekonstruierten Positionierungen zu Inklusion,
b) die spezifische Reinterpretation der UN-BRK und
c) die beobachteten Modi der Steuerung.

3.1 Diskursive Positionierungen: Was heißt hier Inklusion?

Der Begriff der Inklusion hat im deutschsprachigen Raum in den letzten Jahren eine beachtliche Prominenz und eine damit einhergehende Auslegungsmultiplikation erfahren (Wansing, 2015). Davon zeugen nicht nur die gesellschaftlichen, aktivistischen und bildungspolitischen Debatten im Anschluss an die UN-BRK, sondern auch die inzwischen vielfältigen Theorieangebote rund um den Begriff der Inklusion (Katzenbach, 2015; Wansing, 2015). Streitpunkt ist dabei auch, ob der „Modebegriff" (Hinz, 2013, o.S.) Inklusion als fortschrittliche Programmatik zu verstehen sei oder sich nicht hinter einer emanzipatorischen Fassade längst in ein „conservative project" (Slee & Allan, 2011, S. 174) gewandelt habe.

Wie also wird Inklusion in den untersuchten Situationen interpretiert oder anders formuliert: Welche Diskurspositionen[1] lassen sich in den untersuchten Situationen identifizieren?

In *Situation A* beziehen sich alle interviewten Akteur*innen auf die Vorstellung einer ‚Schule für Alle', in der wohnortnah individuell passfähige Angebote für alle Schüler*innen gemacht werden sollen. Vor allem regionale Akteur*innen weisen dabei den Begriff der Inklusion zurück und sprechen stattdessen von einem Umgang mit Vielfalt oder Heterogenität. Dieser sei eine soziale, gesamtgesellschaftliche Frage und eine kommunale Aufgabe, die Fragen der Gerechtigkeit im Bildungssystem berühre sowie als Aufforderung zur Veränderung von Schulsystemstrukturen zu verstehen sei. Eine zweite Position wird hauptsächlich durch Akteur*innen der Landesebene vertreten. Akteure verweisen ausgehend von der Vorstellung einer inklusiven ‚Schule für Alle' auf die inklusive Beschulung von Schüler*innen mit (drohendem) sonderpädagogischem Förderbedarf in der allgemeinen Schule, kombiniert mit segregativen Angeboten für Schüler*innen bestimmter Förderbedarfe. Zur Legitimation dieser Argumentation wird auf die UN-BRK Bezug genommen, indem Akteur*innen argumentieren, dass die geringen Ressourcen für Sonderpädagogik im Schulsystem eine Fokussierung der Sonderpädagog*innen auf diese Schüler*innen erfordere, damit deren individuelle Förderung sichergestellt werden könne.

[1] Mit dem Begriff der Position sind nicht spezifische Positionen individueller oder organisierter/kollektiver Akteure angesprochen, sondern in Situationen aufscheinenden Positionen in Diskursen, die „beyond ‚the knowing subject'" (Foucault 1973, xiv zitiert nach Clarke et al., 2018, S. 166) liegen.

In *Situation B* konnten drei Positionen rekonstruiert werden: Erstens beziehen sich alle Akteure auf eine Vorstellung von Inklusion mit Bezug zur UN-BRK als ‚Inklusive Beschulung' von Schüler*innen mit Anspruch auf sonderpädagogische Förderung in allen allgemeinen Schulen. Inklusion wird entsprechend als räumliche Ausweitung der Integration in alle allgemeinen Schulen thematisiert. Der Anspruch des Einzelnen auf besondere Förderung in der allgemeinen Schule wird als zentral markiert und damit die Dualität von Sonder- und Regelschulpädagogik legitimiert. So wird die Aufforderung der UN-BRK zur Bereitstellung angemessener Vorkehrungen auf den individuellen Fall bezogen und damit die Relevanz sonderpädagogischer Förderung betont. Dieser Begriff wird zweitens, mit dem Bezug auf andere Heterogenitätsdimensionen, insbesondere um die Dimension des ‚Migrationshintergrunds' erweitert, während eine dritte Position demgegenüber eine Entwicklung auf systemischer Ebene fordert, welche allerdings nicht weiter konkretisiert wird. Diese beiden Positionen werden nur durch einzelne Akteure und in Abgrenzung zur ersten Position thematisiert.

In *Situation C* wird Inklusion grundlegend auf die Kategorie der Behinderung bezogen und als gemeinsamer Unterricht von Schüler*innen mit und ohne Behinderung an speziell dafür ausgestatteten Schwerpunktschulen verstanden. Demgegenüber erweitern insbesondere Akteur*innen der Landesebene diesen Inklusionsbegriff um weitere Heterogenitätsdimensionen, betonen dabei jedoch zugleich, dass dies nicht der landespolitisch gültige, sondern lediglich ihr ‚persönlicher' Begriff von Inklusion sei. Als dritte Position konnte ein Verständnis von Inklusion rekonstruiert werden, bei welchem der Begriff der Behinderung zurückgewiesen und stattdessen der Begriff des sonderpädagogischen Förderbedarfs präferiert wird, welcher, wie in Situation B, als Leistungsdefizit zu den Anforderungen der jeweiligen Schulform verstanden wird. Diese Position kritisiert zudem das Modell der Schwerpunktschulen als neue Form der segregierenden Beschulung und sieht inklusiven Unterricht nur in einer gemeinsamen Beschulung von Schüler*innen mit und ohne sonderpädagogischen Förderbedarf in allen Regelschulen verwirklicht.

Diese Positionierungen machen einerseits auf die differente Reinterpretation der UN-BRK aufmerksam und geben Hinweise auf die Vorstellung von Steuerung und damit verbundene Handlungsspielräume von Akteur*innen – beide Aspekte werden in den folgenden Kapiteln diskutiert.

3.2 Die UN-BRK als Bruch bestehender Strukturen?

Die UN-BRK wird in der Literatur häufig als Ausgangspunkt inklusiver Schulentwicklung oder als „exogener Schock“ besprochen, welcher die „Selbstverständlichkeit der Sonderschule nachhaltig erschüttert“ (Blanck et al., 2013, S. 287) habe. Entgegen dieser Beobachtung wird in den analysierten Situationen ein Förderschulsystem aufrechterhalten und der Handlungsbereich der Sonderpädagogik insbesondere über das Modell der Schwerpunktschulen in Situation C sowie über die Einrichtung von Förderzentren in allen Situationen in die allgemeine Schule ausgeweitet. Zudem zeigt sich im Vergleich der Situationen, dass die UN-BRK als Hintergrundfolie für *integrative* Schulentwicklungen genutzt und damit im Sinne einer Integration von Schüler*innen mit Behinderung bzw. Beeinträchtigung in allgemeine Schulen interpretiert wird. Inklusion bleibt hier an die defizitäre Markierung der einzelnen Schüler*innen gebunden. Eine menschenrechtlich fundierte Perspektive von Inklusion im Anschluss an die UN-BRK betont hingegen im Kern das Recht auf eine diskriminierungsfreie Bildung in einem inklusiven Bildungssystem, in dem individuell angemessene Vorkehrungen getroffen werden (Aichele, 2010; Bielefeldt, 2012; Degener, 2012).

Darüber, was Inklusion bedeutet, gibt es also sowohl innerhalb der Situationen als auch im Vergleich der untersuchten Situationen zueinander sehr unterschiedliche Interpretationen, wenngleich ein Muster der Reinterpretation von Inklusion in bestehende Strukturen und Entwicklungen in den Bundesländern deutlich wird: Die Aufforderung der UN-BRK wird mit den vorangegangenen Debatten und Entwicklungen in den Bundesländern verknüpft und als Bestätigung und nicht als Bruch bestehender Strukturen interpretiert.

Damit verbunden sind auch unterschiedliche Zielvorstellungen über (anstehende) ‚inklusive‘ Entwicklungen. Wie diese Ziele erreicht und gelenkt werden sollen, wollen wir abschließend mit den beobachteten Steuerungsmodellen in den Situationen beleuchten.

3.3 Modi der Steuerung – regional, hierarchisch oder ‚learning-by-doing‘

Während Benz und Dose (2010, S. 26) Steuerung als intentionale „Lenkung des Verhaltens von Akteuren, um Änderungen in Richtung festgelegter Ziele zu erreichen“ beschreiben, ist aus Perspektive der EG für das Verständnis von Steuerung das handelnde Zusammenwirken von Akteur*innen im Mehrebenensystem zentral (Kussau & Brüsemeister, 2007). Bei der Rekonstruktion der

Steuerungsprozesse im Folgenden zeigte sich jedoch, dass für diese zunächst die Frage substanziell ist, welche der individuellen und kollektiven Akteur*innen als relevant gelten können, die in mehr oder weniger direkten Prozessen der Aushandlung Formen der Handlungskoordination entwickeln. In allen drei Situationen findet so Steuerung innerhalb eines engen oder weiten Rahmens und darin gegebener Gestaltungsspielräume statt.

In *Situation A* obliegt die Steuerung langfristiger Ziele hierarchisch höheren Akteur*innen des Kultusministeriums, wobei die Verantwortung für die Entwicklung konkreter Strukturen und Konzepte auf regionaler Ebene gesehen wird. Dazu finden sich Akteure auf regionaler Ebene in unterschiedlichen Kommunikationsformaten zusammen, um für von ihnen wahrgenommene Probleme konkrete Lösungen zu entwickeln, z. B. zum Einsatz von Schulbegleitungen. Der Steuerungsmodus kann hier also als regional oder bottom-up bezeichnet werden. Demgegenüber zeigt sich in *Situation B* eine umgekehrte Vorstellung der Wirkrichtung von Steuerung als top-down dergestalt, dass Akteur*innen des Kultusministeriums mit unterschiedlichen Formaten programmatische Vorgaben machen und sich Akteure der regionalen Ebenen in der Position sehen, diese konkreten Entwicklungsvorgaben umzusetzen. In *Situation C* wiederum lässt sich ein dritter Modus der Steuerung beobachten, welchen wir in Anlehnung an eine Formulierung aus dem Feld als ‚learning by doing' bezeichnen möchten. Dieses Steuerungsmodell zeichnet sich durch eine gewisse Verantwortungskonfusion bezüglich der Frage aus, in welchen Bereichen es landesweite Regelungen und in welchen es regionale Gestaltungsspielräume gibt. Kennzeichnend ist, dass der Rahmen durch die hierarchisch höheren Ebenen des Bildungssystems eher punktuell und dann inhaltlich wenig konkret gesetzt wird und sich so zum Zeitpunkt der Erhebung innerhalb der Region ein Nebeneinander verschiedener Modelle und Konzepte bei der institutionellen Umsetzung auf Ebene der Einzelschulen und Förderzentren beobachten lässt.

Aus dieser summarischen Gegenüberstellung der untersuchten Modi der Steuerung in den Situationen lässt sich ein empirisch fundiertes Verständnis von Steuerung entwickeln. Im Gegensatz zum Konzept der Verfügungsrechte, welches in der EG-Perspektive angelegt ist, sind hier nicht nur institutionalisierte Regeln und Normen, sondern insbesondere die subjektive Wahrnehmung und Einschätzung von Rahmen und Gestaltungsspielräumen von Bedeutung. So werden beispielsweise in Situation A die gesetzlichen Vorgaben interpretiert und horizontal ausgehandelt, während sich Akteur*innen in Situation B an diesen zur Rechts- und Verfahrensabsicherung orientieren und entsprechend wenig Handlungsspielraum ableiten (Rürup, 2007). Situation C schwankt in der Wahrnehmung von Rahmen und Gestaltungsspielräumen zwischen diesen beiden

Polen mit einer Unsicherheit, wie regionale Gestaltungsspielräume ausgefüllt werden können bei gleichzeitiger Aufforderung, landespolitische und gesetzliche Vorgaben umzusetzen.

4 Fazit

Mit der Situationsanalyse konnten sowohl die Reinterpretationen der globalen Norm Inklusion als auch die regional differenten Modi der Steuerung in drei Situationen rekonstruiert werden. So wurde die UN-BRK in den untersuchten Situationen primär als inklusive Beschulung von Schüler*innen mit Behinderungen und Beeinträchtigungen reinterpretiert. Deutlich wird hier die Notwendigkeit, die Aufforderung der Entwicklung inklusiver Bildungssysteme nicht weiter auf eine Differenzlinie zu fokussieren und stärker nach Potenzialen der Entwicklung eines inklusiven Schulsystems zu fragen, indem wohnortnah angemessene Lern- und Entwicklungsperspektiven für alle Schüler*innen bereitstehen. Mit dieser Fokusverschiebung rückt Inklusion als soziale, gesamtgesellschaftliche und kommunale Aufgabe in den Blick, die auch Fragen der Gerechtigkeit in Bildungssystemen (Lindmeier, 2011) und über die gesellschaftliche Funktion des Bildungssystems zwischen Selektionspraxen, Leistungsprinzip und Integrationsanforderung berührt (Heinrich et al., 2013, S. 75 f.).

Im Hinblick auf Fragen der Steuerung in Bildungssystemen wurde deutlich, dass die Idee eines hierarchischen Mehrebenensystems und die Vernachlässigung von Diskursen und Machtverhältnissen die empirische Beobachtung der Komplexität von Akteur*innenkonstellationen und Steuerungsprozessen verengen. Die Rekonstruktion der differenten Modi der Steuerung in den drei Situationen zeigt auch in unseren Analysen, dass ein direktives Steuerungsverständnis empirisch nicht haltbar ist. Zu beobachten war, dass sich die Steuerung von Inklusion vielmehr zwischen den Polen der Setzung eines Rahmens und der Öffnung von Gestaltungsspielräumen bewegt. Für die Praxis der Bildungssteuerung und -administration ergibt sich daraus ein Spannungsfeld: Um inklusive Strukturen in Bildungssystemen nachhaltig zu entwickeln, sollten so nah an der pädagogischen Praxis wie möglich (Kommunikations-)Räume und Rahmenbedingungen für regionale Aushandlungsprozesse zur Lösung konkreter Probleme entwickelt werden. Dazu braucht es aber Gestaltungsspielräume, die allerdings möglicherweise die Vergleichbarkeit von regionalen und einzelschulischen Entwicklungen einschränken. Im Hinblick auf die Frage, ob man Inklusion steuern kann, bleibt es also bei einem ‚Jein' und zwar dergestalt, dass die Schaffung der Rahmenbedingungen auch als Steuerung verstanden werden könnte.

Literatur

Aichele, V. (2010). *Stellungnahme der Monitoring-Stelle zur UN-Behindertenrechtskonvention zur Stellung der UN-Behindertenrechtskonvention innerhalb der deutschen Rechtsordnung und ihre Bedeutung für behördliche Verfahren und deren gerichtliche Überprüfung, insbesondere ihre Anforderungen im Bereich des Rechts auf inklusive Bildung nach Artikel 24 UN-Behindertenrechtskonvention. Gleichzeitig eine Kritik an dem Beschluss des Hessischen Verwaltungsgerichtshofs vom 12. November 2009 (7 B 2763/09)*. Deutsches Institut für Menschenrechte. http://docplayer.org/44933292-Stellungnahme-der-monitoring-stelle-zur-un-behindertenrechtskonvention.html. Zugegriffen: 16. Juni 2022.

Altrichter, H., & Feyerer, E. (2011). Auf dem Weg zu einem inklusiven Schulsystem? Die Umsetzung der UN-Konvention in Österreich aus der Sicht der Governance-Perspektive. *Zeitschrift für Inklusion, 4*, o.S. www.inklusion-online.net/index.php/inklusion-online/article/view/73/73. Zugegriffen: 16. Juni 2022.

Benz, A., & Dose, N. (2010). Governance – Modebegriff oder nützliches sozialwissenschaftliches Konzept? In A. Benz & N. Dose (Hrsg.), *Governance – Regieren in komplexen Regelsystemen* (S. 13–36). Springer.

Benz, A., Lütz, S., Schimank, U. & Simonis, G. (2007). Einleitung. In A. Benz, S. Lütz, U. Schimank, & G. Simonis (Hrsg.), *Handbuch Governance. Theoretische Grundlagen und empirische Anwendungsfelder* (S. 9–25). VS. https://doi.org/10.1007/978-3-531-90407-8. Zugegriffen: 16. Juni 2022.

Bielefeldt, H. (2012). Inklusion als Menschenrechtsprinzip: Perspektiven der UN-Behindertenrechtskonvention. In V. Moser & D. Horster (Hrsg.), *Ethik der Behindertenpädagogik. Menschenrechte, Menschenwürde, Behinderung. Eine Grundlegung* (S. 149–165). Kohlhammer.

Blanck, J. M., Edelstein, B., & Powell, J. J. W. (2013). Persistente schulische Segregation oder Wandel zur inklusiven Bildung? Die Bedeutung der UN-Behindertenrechtskonvention für Reformprozesse in den deutschen Bundesländern. *Swiss Journal of Sociology, 39*(2), 267–292. https://doi.org/10.5169/seals-814996. Zugegriffen: 16. Juni 2022.

Bormann, I. (2014). Diskursanalyse als Verfahren einer wissensorientierten Governance-Forschung. In K. Maag Merki, R. Langer, & H. Altrichter (Hrsg.), *Educational Governance als Forschungsperspektive: Strategien. Methoden. Ansätze* (S. 153–176). Springer VS. https://doi.org/10.1007/978-3-531-19148-5. Zugegriffen: 16. Juni 2022.

Clarke, A. E. (2012). *Situationsanalyse. Grounded Theory nach dem Postmodern Turn. Interdisziplinäre Diskursforschung*. Springer VS.

Clarke, A. E., & Star, S. L. (2008). The social worlds framework. A theory/methods package. In E. J. Hackett, W. E. Bijker, O. Amsterdamska, J. Wajcman, & M. Lynch (Hrsg.), *The handbook of science & technology studies* (S. 113–137). MIT Press.

Clarke, A. E., Friese, C. & Washburn, R. S. (2018). *Situational analysis: Grounded theory after the interpretive turn*. Sage.

Degener, T. (2012). Das Recht auf inklusive Bildung als Menschenrecht. *Kritische Justiz, 45*(4), 405–419.

Dietrich, F., & Heinrich, M. (2014). Kann man Inklusion steuern? Perspektiven einer rekonstruktiven Governanceforschung. In M. Lichtblau, D. Blömer, A. Jüttner, K. Koch, M. Krüger, & R. Werning (Hrsg.), *Forschung zu inklusiver Bildung. Gemeinsam anders lehren und lernen* (S. 26–47). Klinkhardt.

Dlugosch, A., & Langner, A. (2016). Koordination von ‚Inklusion'. Erste Ergebnisse einer explorativen Studie im Bundesland Tirol. *Zeitschrift für Pädagogik, Beiheft*(62), 124–139.

Foucault, M. (1974). *Die Ordnung der Dinge*. Suhrkamp.

Foucault, M. (1977). *Überwachen und Strafen. Die Geburt des Gefängnisses*. Suhrkamp.

Gasterstädt, J., & Rüger, S., et al. (2021). Differenzsetzung situieren? Möglichkeiten und Grenzen der Situationsanalyse am Beispiel der empirischen Auseinandersetzung mit Differenz. In S. Gabriel (Hrsg.), *Soziale Differenz und Reifizierung – Theoretische Zugänge und forschungspraktische Bearbeitung* (S. 51–75). Springer VS.

Gasterstädt, J. (2019). *Der Komplexität begegnen und Inklusion steuern. Eine Situationsanalyse der Umsetzung von Artikel 24 der UN-BRK in zwei Bundesländern in Deutschland.* Springer VS. https://doi.org/10.1007/978-3-658-27838-0. Zugegriffen: 16. Juni 2022.

Gasterstädt, J. (2020). Kinder- vs. Elternrechte – Wie Akteure der Bildungsadministration im Kontext der Entwicklung „inklusiver" Strukturen auf die Rechte von Eltern und Kindern Bezug nehmen. In T. Dietze, D. Gloystein, V. Moser, A. Piezunka, L. Röbenack, L. Schäfer, G. Wachtel & M. Walm (Hrsg.), *Inklusion – Partizipation – Menschenrechte. Transformationen in die Teilhabegesellschaft?* (S. 139–146). Klinkhardt.

Gasterstädt, J. (2021). Same same but different – Inklusion in zwei Bundesländern in Deutschland. In A. Köpfer, J. J. W. Powell & R. Zahnd (Hrsg.), *Handbuch Inklusion International – globale, nationale und lokale Perspektiven auf Inklusive Bildung* (S. 179–196). Budrich. https://doi.org/10.25656/01:21413. Zugegriffen: 16. Juni 2022.

Heinrich, M., Urban, M., & Werning, R. (2013). Grundlagen, Handlungsstrategien und Forschungsperspektiven für die Ausbildung und Professionalisierung von Fachkräften für inklusive Schule. In H. Döbert & H. Weishaupt (Hrsg.), *Inklusive Bildung professionell gestalten. Situationsanalyse und Handlungsempfehlungen* (S. 69–133). Waxmann.

Hinz, A., & Kruschel, R. (2012). Educational Governance als ‚Diagnose-Instrument' für die Analyse eines Projekts zur Etablierung inklusiver Entwicklungen. *Zeitschrift für Inklusion 3*, o.S. www.inklusion-online.net/index.php/inklusion-online/article/view/55/55. Zugegriffen: 16. Juni 2022.

Hinz, A. (2013). Inklusion – von der Unkenntnis zur Unkenntlichkeit!? Kritische Anmerkungen zu einem Jahrzehnt Diskurs über schulische Inklusion in Deutschland. *Zeitschrift für Inklusion 1*, o.S. www.inklusion-online.net/index.php/inklusion-online/article/view/26. Zugegriffen: 16. Juni 2022.

Katzenbach, D. (2015). Zu den Theoriefundamenten der Inklusion. Eine Einladung zum Diskurs aus der Perspektive der kritischen Theorie. In I. Schnell (Hrsg.), *Herausforderung Inklusion. Theoriebildung und Praxis* (S. 19–33). Klinkhardt.

Kussau, J., & Brüsemeister, T. (2007). Educational Governance: Zur Analyse der Handlungskoordination im Mehrebenensystem der Schule. In H. Altrichter, T. Brüsemeister, & J. Wissinger (Hrsg.), *Educational Governance. Handlungskoordination und*

Steuerung im Bildungssystem (S. 15–54). Springer VS. https://doi.org/10.1007/978-3-531-90498-6. Zugegriffen: 16. Juni 2022.

Latour, B. (1987). *Science in action. How to follow scientists and engineers trough society.* Harvard University Press.

Lindmeier, C. (2011). Bildungsgerechtigkeit und Inklusion. *Zeitschrift für Heilpädagogik, 62*(4), 124–135.

Preuß, B. (2018). *Inklusive Bildung im schulischen Mehrebenensystem. Behinderung, Flüchtlinge, Migration und Begabung.* Springer VS. https://doi.org/10.1007/978-3-658-20558-4. Zugegriffen: 16. Juni 2022.

Prior, L. (2003). *Using documents in social research.* Sage.

Rürup, M. (2007). Recht als Quelle – Zur vergleichbaren Erfassung schulpolitischer Entwicklungen im deutschen Bundesstaat. In O. Böhm-Kasper, C. Schuchart, & C. Schulzeck (Hrsg.), *Kontexte von Bildung. Erweiterte Perspektiven in der Bildungsforschung* (S. 197–216). Waxmann.

Rürup, M. (2011). Inklusive Bildung als Reformherausforderung. Zur Perspektive der Educational Governance Forschung. *Zeitschrift für Inklusion 4,* o.S. www.inklusion-online.net/index.php/inklusion-online/article/view/74. Zugegriffen: 16. Juni 2022.

Slee, R., & Allan, J. (2011). Excluding the included. A reconsideration of inclusive education. *International Studies in Sociology of Education 11*(2), 173–192. https://doi.org/10.1080/09620210100200073. Zugegriffen: 16. Juni 2022.

Strauss, A. L., & Corbin, J. (1996). *Grounded theory. Grundlagen qualitativer Sozialforschung.* Psychologie-Verlag-Union.

Strauss, A. L. (1978). A social world perspective. *Studies in Symbolic Interaction, 1*(1), 119–128.

Strauss, A. L. (1993). *Continual permutations of action. Communication and social order.* de Gruyter.

Wansing, G. (2015). Was bedeutet Inklusion? Annäherung an einen vielschichtigen Begriff. In T. Degener & E. Diehl (Hrsg.), *Handbuch Behindertenrechtskonvention. Teilhabe als Menschenrecht – Inklusion als gesellschaftliche Aufgabe* (S. 43–54). Bundeszentrale für politische Bildung. www.bpb.de/system/files/dokument_pdf/Handbuch_Behindertenrechtskonvention.pdf. Zugegriffen: 16. Juni 2022.

Gasterstädt, Julia, ist Professorin für Erziehungswissenschaft mit dem Schwerpunkt Inklusion und Schulentwicklung an der Universität Kassel. Ihre Forschungsschwerpunkte sind Inklusion und Exklusion im Schulsystem, Herstellung und Bearbeitung von Differenz sowie qualitativ-rekonstruktive Methoden.

Kontakt: gasterstaedt@uni-kassel.de

Kistner, Anna, arbeitet als wissenschaftliche Mitarbeiterin im BMBF-Forschungsprojekt ‚InDiVers' (Leitung: Julia Gasterstädt, Katja Adl-Amini) an der Universität Kassel. In ihrer Forschung beschäftigt sie sich mit Fragen der (Anti-)Diskriminierung und Inklusion im Schulsystem, mit Politischer Theorie und intersektionalen Perspektiven.

Kontakt: a.kistner@uni-kassel.de

Zur Beteiligung zwischen- und nichtstaatlicher Akteur*innen an der Steuerung inklusiver Bildung

Johannes Schuster und Nina Kolleck

1 Einleitung

Die Verabschiedung der Behindertenrechtskonvention (BRK) der Vereinten Nationen (UN) im Jahr 2006 hat die bildungspolitische Debatte in Deutschland und darüber hinaus noch weiter verschärft (Heinrich, 2015) und dazu beigetragen, dass sich die inklusive Beschulung von Menschen mit Behinderung, wie sie in Artikel 24 der BRK für alle Ebenen des Bildungssystems gefordert wird, weiter etabliert hat. Obwohl die BRK das erste rechtlich einforderbare Instrument für die Umsetzung von inklusiver Bildung ist und sich die Mitgliedsstaaten zu einer flächendeckenden inklusiven Beschulung verpflichten, fehlt es an zwingenden rechtlichen Handlungsoptionen, um dies auch tatsächlich durchzusetzen (Lord & Stein, 2008). Die verschiedenen Länder weisen große Unterschiede in der Beschulung von Menschen mit Behinderung auf, die vielfältige Gründe haben. Die stärksten Faktoren stellen dabei generelle (kulturelle) Unterschiede in der Definition von Behinderung, Unterschiede im Schulsystem und lange Traditionen von Sonderschulsystemen dar (Curcic, 2009; Powell et al., 2016). Selbst innerhalb eines Landes, wie bspw. in den Bundesländern Deutschlands, sind die Unterschiede in der Umsetzung enorm (Blanck, 2015).

J. Schuster · N. Kolleck (✉)
Universität Leipzig, Leipzig, Deutschland
E-Mail: nina.kolleck@uni-leipzig.de

J. Schuster
E-Mail: johannes.schuster@uni-leipzig.de

R. Kruschel und K. Merz-Atalik (Hrsg.), *Steuerung von Inklusion!?*, Educational Governance 52, https://doi.org/10.1007/978-3-658-40103-0_6

Wie auch in anderen bildungspolitischen Themenfeldern sind zwischen- und nicht-staatliche Akteur*innen im Bereich der inklusiven Bildung von zentraler Bedeutung. Die bildungspolitische Forschung fokussiert insbesondere die Rolle verschiedener internationaler Organisationen (IO), wie beispielsweise die *Organisation für wirtschaftliche Zusammenarbeit und Entwicklung,* oder verschiedene UN-Einheiten, sowie die Einflussnahme von Nichtregierungsorganisationen (NRO), Stiftungen oder Wirtschaftsunternehmen. Die Aktivitäten reichen dabei vom Sammeln von Daten über das Agenda-Setting bis hin zur technischen und finanziellen Unterstützung konkreter Projekte und tragen zu einer verbesserten Umsetzung solch verschiedener Reformbemühungen wie lebenslangem Lernen, Bildung für nachhaltige Entwicklung oder Bildung für Alle bei (Jakobi & Martens, 2007; Kolleck, 2019; Verger et al., 2016). Insbesondere vor dem Hintergrund schwacher Bemühungen für inklusive Settings in einigen Ländern, aber auch trotz voranschreitender Prozesse in anderen Ländern, spielen diese Akteur*innen eine wichtige Rolle, denn sie sind an unterschiedlichen Stellen des politischen Prozesses sowie auf unterschiedlichen Ebenen beteiligt. Bereits während der Entwurfsphase der BRK und in den Sitzungen des dazu eingerichteten Ad-Hoc-Ausschusses wurden Nichtregierungsorganisationen (NRO) intensiv involviert. Auch im offiziellen Monitoring-Prozess der Mitgliedsstaaten durch den UN-Ausschuss zur BRK werden die Berichte dieser Organisationen mitberücksichtigt (Stein & Lord, 2009). Darüber hinaus fordern verschiedene Forscher*innen wie auch die BRK selbst (s. Artikel 32) eine Einbindung nicht-staatlicher Akteur*innen in die Implementierungsprozesse (UN-BRK, 2008; Torres Hernandez, 2008).

Trotz dieser Forderungen und der bereits zu beobachtenden Mitwirkung zwischen- und nicht-staatlicher Akteur*innen gibt es bislang nur wenig Forschung zu ihrem Auftreten und ihrer Rolle. Die wenigen Arbeiten dazu beschränken sich zumeist auf einzelne Akteur*innen (z. B. die Weltbank; Zahnd, 2021) oder Länder (z. B. Kasachstan; Rollan & Somerton, 2021), führen Forschungsaktivitäten in Kooperation mit nicht-staatlichen Akteur*innen durch (Kalyanpur, 2014; Nuth, 2018) oder untersuchen globale Netzwerke (Schuster et al., 2021). Gleichzeitig könnte eine systematische Analyse zwischen- und nicht-staatlicher Aktivitäten in der Implementierung inklusiver Bildung zu einem besseren Verständnis dieser Prozesse im Mehrebenensystem beitragen. Der vorliegende Beitrag zielt darauf ab, dafür eine Grundlage zu schaffen, indem er bisherige Erkenntnisse zu diesem Forschungsgegenstand sammelt und systematisiert. Unter Rückgriff auf das Verfahren des systematischen Literaturreviews (SLR) möchten wir im vorliegenden Beitrag zur Beantwortung der folgenden Frage beitragen: Welche Ergebnisse zeigen wissenschaftliche Studien über die Beteiligung nicht-staatlicher Akteur*innen und IO an der Implementierung inklusiver Bildung?

2 Methodisches Vorgehen: Systematisches Literaturreview

2.1 Suche und Artikelauswahl

Um bisherige Erkenntnisse zur Beteiligung zwischen- und nicht-staatlicher Akteur*innen an der Umsetzung inklusiver Bildung zu analysieren, wurde auf die Methode des SLR zurückgegriffen (Petticrew & Roberts, 2012). Ein SLR zielt darauf ab, umfassende Erkenntnisse zu einem Forschungsgegenstand zu sammeln und die darin gefundenen Erkenntnisse zu systematisieren. Dabei ist insbesondere darauf zu achten, dass die einzelnen Schritte des Prozesses im Vorfeld geplant werden und damit nachvollziehbar und reproduzierbar sind. Für die Beantwortung der Forschungsfrage wurden im Rahmen dieser Studie Beiträge in Fachzeitschriften mit Peer-Review-Verfahren berücksichtigt. Außerdem wurden vor dem Hintergrund der großen Bedeutung der BRK nur Artikel mit Erscheinungsdatum ab 2006 miteinbezogen. Für eine internationale Nachvollziehbarkeit und Vergleichbarkeit konnten nur englischsprachige Publikationen aufgenommen werden. Die Literatursuche erfolgte in der internationalen Forschungsdatenbank EBSCOhost, die führende erziehungs- und bildungswissenschaftliche Datenbanken wie PSYNDEX oder ERIC abdeckt. Bei der Suche wurden Suchwörter genutzt, die einen Fokus auf den tatsächlichen Implementierungsprozess legten, während Forschungsartikel zu anderen Dimensionen inklusiver Bildung (bspw. Vergleichsstudien zum Lernerfolg durch inklusive Beschulung, Lehrkräfteeinstellungen, etc.) ausgeschlossen wurden. Die gefundenen Studien wurden zunächst hinsichtlich ihres Titels und Abstracts untersucht, um Artikel mit einem anderen thematischen Schwerpunkt auszuschließen. In einem weiteren Schritt wurden die Studien auf die Erwähnung zwischen- und nicht-staatlicher Akteur*innen hin gescreent, woraufhin Artikel mit für das Review nicht relevanten Erwähnungen (z. B. die Rolle von IO als Schirmorganisationen für internationale Verträge) entfernt wurden. Der finale Datensatz umfasste schließlich 65 Artikel, die in die Analyse miteinbezogen wurden.

2.2 Kodierverfahren

In einem ersten Schritt wurden die Studien hinsichtlich der untersuchten Länder kodiert. Anschließend wurden Textstellen identifiziert, in denen IO und nicht-staatliche Akteur*innen als Unterstützer*innen bei der Implementierung inklusiver Bildung erwähnt wurden. Das ergab eine Gesamtzahl von 378

Textstellen, die in die Analyse miteinflossen. Für jede Textstelle wurden die Akteur*innengruppe(n) und die Aktivitäten der Akteur*innen kodiert. Die Entwicklung von Kategorien für die Akteur*innengruppen basierte weitestgehend auf dem Wortlaut und der Beschreibung in den Artikeln sowie zusätzlichen Informationen aus eigenständiger Recherche im Fall namentlich genannter Akteur*innen. Um die Akteur*innenlandschaft möglichst genau beschreiben zu können, wurden Kategorien vergeben, die sich teilweise überschneiden. Beispielsweise wurden manche Akteur*innen ganz allgemein als NRO beschrieben, während andere spezifisch als Stiftungen oder Elternorganisationen beschrieben wurden. Insgesamt wurden 17 verschiedene Kategorien vergeben (vgl. Tab. 1).

Tab. 1 Übersicht über die Akteur*innengruppen, ihre Auftretenshäufigkeit und ihre häufigste(n) Beteiligungsform(en). (Quelle: eigene Daten)

Akteur*innengruppe	Auftretenshäufigkeit (in %)	Häufigste Beteiligungsform(en)
Nichtregierungsorganisationen	49,2	Capacity Building
Internationale Organisationen	12,7	Capacity Building
Forschung	6,9	Capacity Building
Multiprofessionelle Initiativen	5,3	Capacity Building
Professionelle	4,2	Capacity Building
Advocacy-Gruppen	3,4	Advocacy
Geldgeber*innen	2,9	Capacity Building
Multiprofessionelle Komitees	2,4	Politikformulierung
Stiftungen	2,4	Capacity Building, Implementierung
Elternverbände	2,1	Advocacy
Externe Expert*innen	2,1	Implementierung
Private Akteur*innen	1,9	Implementierung
Kirchenorganisationen	1,6	Implementierung
Community of Practice	1,1	Sensibilisierung
Gemeindegruppen	1,1	Capacity Building, Sensibilisierung
Sonstige Individuelle	0,5	Monitoring
Gewerkschaften	0,3	Capacity Building

Die Zuordnung der Aktivitäten basierte auf Kategorien, die von Rollan und Somerton (2021) für die Beschreibung von NRO-Beteiligung in der Umsetzung inklusiver Bildung in Kasachstan entwickelt wurden. Um die dadurch identifizierten 44 verschiedenen Beteiligungsformen zu systematisieren, wurden sie sieben Hauptkategorien zugeordnet, die aus Vorarbeiten zur Rolle von IO und nicht-staatlichen Akteur*innen im Bildungsbereich abgeleitet wurden (Jakobi, 2009; Mundy et al., 2010; Ulleberg, 2009). Folgende Kategorien wurden vergeben:

- Sensibilisierung: Unter diese Kategorie fallen Aktionen, die versuchen, Öffentlichkeit für die Belange von Menschen mit Behinderung und die Notwendigkeit inklusiven Lernens zu schaffen.
- Advocacy: Als Advocacy werden Aktivitäten bezeichnet, die über reine Sensibilisierungsmaßnahmen hinausgehen und Strukturen für Mobilisierung und nachhaltigen Aktivismus schaffen. Hierzu zählen bspw. das Veranstalten von Netzwerktreffen und Konferenzen oder der Versuch, Diskurse und Agenden zu beeinflussen.
- Politikformulierung: Diese Kategorie beschreibt die Partizipation an der Erstellung von politischen Entscheidungen und Schriften, z. B. durch Beratung oder die Eingabe von Texten.
- Capacity Building: Unter dieser Kategorie werden Aktionen zusammengefasst, die die Umsetzung inklusiver Bildung vor Ort unterstützen. Darunter fallen bspw. das Bereitstellen finanzieller Mittel oder medizinische und technische Unterstützung.
- Implementierung: Dies bezeichnet die tatsächliche Umsetzung von inklusiver Bildung in Form von Projekten oder Transformationsprozessen in Schulen, die auf inklusive Bildung abzielen.
- Monitoring: Monitoring bezeichnet Aktivitäten, die dazu beitragen, den Umsetzungsstatus von inklusiver Bildung in einem Land zu bestimmen und auf Grundlage dessen Forderungen aufzustellen.
- Empowerment: Diese Kategorie umfasst Aktivitäten, die Betroffene in ihrem eigenen Handeln hin zu inklusiverer Bildung stärken und sie in Aushandlungsprozesse direkt miteinbeziehen.

3 Zwischen Capacity Building und Monitoring

Eine Auswertung der Verteilung der Länder, in denen die Beteiligung von IO und nicht-staatlichen Akteur*innen an Implementierungsprozessen inklusiver Bildung betrachtet wurde, zeigt verschiedene Auffälligkeiten auf. Obwohl die Studien

44 Länder auf der ganzen Welt in den Blick nehmen, finden vor allem Länder aus Nord- und Südamerika wenig Berücksichtigung. Dies ist insbesondere vor dem Hintergrund großer Aktivitäten von Forschenden US-amerikanischer Universitäten im Bereich inklusiver Bildung beachtenswert (Amor et al., 2019). Gleichzeitig wurde nur ein Drittel der Studien in Ländern durchgeführt, die von der Weltbank (2021) als Länder mit hohem Einkommen gelistet werden. Dies weist auf stärkere Aktivitäten von nicht-staatlichen Akteur*innen und IO in Ländern mit niedrigem Einkommen hin.

Die Beteiligung der verschiedenen Akteur*innengruppen zeigt zunächst eine starke Ungleichverteilung des Auftretens der Gruppen im Datensatz auf. Während beinahe die Hälfte der Textstellen der eher allgemein gehaltenen Gruppe der NRO zugeordnet werden kann, weisen nur 12,7 % der Stellen eine Beteiligung von IO als die zweitaktivste Gruppe auf. Spezifischere Akteur*innengruppen, wie Gewerkschaften oder kirchliche Organisationen, werden in den Texten dagegen nur wenige Male genannt. Demgegenüber verteilen sich die verschiedenen Aktivitäten gleichmäßiger über den Datensatz. Am häufigsten zeigt sich die Beteiligung von IO und nicht-staatlichen Akteur*innen in Formen des Capacity Buildings (28,8 %) und in spezifischen Projekten zur Umsetzung von inklusiver Bildung (20,9 %). Etwas weniger häufig werden in den Artikeln Aktivitäten beschrieben, die der Advocacy (17,7 %), der Sensibilisierung (12,2 %) und der Politikformulierung (10,8 %) zugeschrieben werden können. Am seltensten tauchen Erwähnungen von Monitoring (7,1 %) und Empowerment (2,4 %) auf.

Als Gruppe mit dem höchsten Auftreten kann NRO eine herausragende Rolle in Implementierungsprozessen inklusiver Bildung zugesprochen werden. Diese Akteur*innen beteiligen sich besonders häufig an Aktivitäten zur direkten Umsetzung inklusiver Bildung und der Bereitstellung von Ressourcen und Unterstützung verschiedener Art. Beispielsweise leisten internationale NRO wie Sightsavers oder Leonard Cheshire[1] finanzielle Unterstützung für die Durchführung von Studien zur Feststellung spezifischer Bedürfnisse, bieten Lehrkräftefortbildungen im Bereich inklusiver Bildung an oder implementieren inklusive Bildungsprojekte (Lynch et al., 2011; Miškolci, 2016). Während diese Formen der Beteiligung allerdings dem allgemein hohen Auftreten von Capacity Building und Implementierung im Gesamtdatensatz entsprechen, ist besonders die ausgeprägte Aktivität von NRO im Bereich Sensibilisierung bemerkenswert. Diese

[1] Sightsavers und Leonard Cheshire sind international operierende NRO, die für die Rechte von Menschen mit Behinderungen kämpfen und in Zusammenarbeit mit öffentlichen und privaten Akteur*innen Barrieren versuchen abzubauen.

Beteiligungsform ist in der Literatur häufig nicht weiter beschrieben, scheint aber fester Bestandteil der NRO-Arbeit im Bereich inklusiver Bildung zu sein und vorrangig darauf abzuzielen, mehr allgemeine Öffentlichkeit für die Notwendigkeit inklusiver Bildung zu schaffen (u. a. Singal, 2006).

Beinahe ein Drittel der Aktivitäten von IO können dem Bereich Capacity Building zugeschrieben werden. Dieser Wert ist nicht nur innerhalb der Akteur*innengruppe mit Abstand der höchste, sondern die Beteiligung an Capacity Building ist auch deutlich höher verglichen mit anderen Gruppen. Zentral ist dabei insbesondere die Bereitstellung finanzieller Mittel, die dazu dienen, Initiativen und Projekte zu unterstützen und dadurch deren Umsetzung häufig erst ermöglichen. Beispiele finden sich in den Projekten ‚Special Needs in the Classroom' in Indien (Singal, 2006) oder ‚Female Secondary Stipend Project' in Bangladesch (Ahsan & Mullick, 2013). Die aktivsten Organisationen sind UNICEF, UNESCO und die Weltbank. Neben ihrem finanziellen Engagement weisen IO auch eine bedeutsame Rolle in der Politikformulierung und im Monitoring auf. Ein besonders prominentes Beispiel stellt das Sekretariat des Pazifischen Inselforums dar, das sich häufig an formaler Kritik der politischen Umsetzung der BRK und inklusiver Bildung beteiligt und auch in Prozesse der Gesetzgebung und in die Entwicklung politischer Rahmenvorschriften einwirkt (z. B. Sharma et al., 2019; Yates et al., 2019).

Eine enge Verflechtung in Umsetzungsprozesse im Kontext inklusiver Bildung findet sich auch mit Blick auf Forschungsakteur*innen bzw. Mitglieder von Universitäten. Ähnlich wie schon bei IO machen Aktivitäten des Capacity Buildings den größten Anteil dieser Gruppe aus. Während jedoch IO und auch NRO vorrangig durch die Bereitstellung finanzieller Unterstützungen Einfluss generieren, beteiligen sich diese Akteur*innen zu einem großen Teil an der Verbesserung inklusiver Praktiken durch Formate der Aus- und Weiterbildung von Lehrkräften und anderen Akteur*innen. Beispielsweise führten Forschende der Queensland University of Technology Workshops und Weiterbildungsprogramme mit Regierungsmitarbeitenden und Mitgliedern von NRO durch, um ein breiteres Verständnis für die Bedarfe inklusiver Settings zu schaffen (Carrington et al., 2017). Auch andere Beispiele aus Südafrika oder Brunei Darussalam zeigten Bemühungen universitärer Forschungseinrichtungen, das Wissen um Lehrpraktiken von Lehrkräften in inklusiven Klassenzimmern zu verbessern (Daniels, 2010; Koay, 2014). Einen weiteren zentralen Bereich für Akteur*innen aus der Forschung stellt die Politikformulierung dar. So bildete sich in Spanien ein Forschungsnetzwerk, das durch die Erstellung eines Policy-Papers direkt auf ein späteres Gesetz für eine Verbesserung inklusiver Bildung einwirkte (Baena et al., 2020).

Eine vierte große Gruppe stellen externe Expert*innen und Professionelle dar, die nicht nur im Rahmen ihrer Beschäftigung an der Umsetzung inklusiver Bildung beteiligt sind, sondern auch darüber hinaus auf verschiedenen Ebenen Einfluss nehmen. Den Artikeln zufolge besteht diese Gruppe vorrangig aus internationalen Expert*innen und Berater*innen, die die Umsetzung größerer inklusiver Bildungsprojekte planen und überwachen, daneben aber auch an der Entwicklung politischer Rahmenpläne beteiligt sind und die Aus- und Weiterbildung von Lehrkräften unterstützen (Kalyanpur, 2014; van Boxtel, 2018). Ähnlich wie internationale Expert*innen dienen auch Professionelle (wie bspw. Ergotherapeut*innen) als Beratende, um in multiprofessionellen Teams breites Wissen zu generieren, das der Verbesserung inklusiver Settings oder der Verfeinerung von Instrumenten dienen kann (Soukakou et al., 2018).

4 Diskussion und Ausblick: Zwischen- und nichtstaatliche Akteur*innen im Mehrebenensystem

Dieses Kapitel hat den Versuch unternommen, mithilfe eines SLR die Beteiligung nicht- und zwischen-staatlicher Akteur*innen an der Umsetzung inklusiver Bildung in internationaler Perspektive zu systematisieren und zu analysieren. Die Auswertung der in diesem Kontext untersuchten Zeitschriftenbeiträge weist einige spannende Erkenntnisse auf, die vor dem Hintergrund des nationalen und internationalen Forschungsstands diskutiert werden sollen.

Die hohe Beteiligung von NRO an Prozessen der Umsetzung inklusiver Bildung, die sich in den berücksichtigten Studien zeigt, deckt sich mit der signifikanten Bedeutung insbesondere von Behindertenrechtsorganisationen während der Entwurfsphase der BRK (Stein & Lord, 2009). Darüber hinaus konnten Studien zu globalen Debatten in diesem Feld bereits eine wichtige Rolle dieser Akteur*innen auch in der Implementierungsphase zeigen (Schuster et al., 2021). Die Beteiligung von NRO beschränkt sich dabei nicht nur auf einzelne Bereiche, sondern findet sich in allen Bereichen des Politikzyklus (d. h. von der Politikformulierung über die Sensibilisierung bis hin zur tatsächlichen Umsetzung in Form von Projekten) und ähnelt damit der Beteiligung von NRO, die in Studien zu anderen bildungspolitischen Feldern gezeigt wurde (Mundy et al., 2010; Ulleberg, 2009). Besonders bemerkenswert ist in dieser Hinsicht aber das Engagement von NRO, durch Aktivitäten der Sensibilisierung auf die Missstände in der Umsetzung einzelner Länder aufmerksam zu machen. Diese Aktionen dienen nicht nur der generellen Sensibilisierung der breiten Bevölkerung gegenüber der Notwendigkeit inklusiver Bildung, sondern tragen darüber hinaus dazu bei, größere Geldgeber*innen für zusätzliche Unterstützung zu gewinnen.

Dem gegenüber steht eine hohe Beteiligung von IO, die insbesondere als Geldgeber*innen und Capacity Builder*innen Einfluss nehmen und dadurch die Bedeutung der transnationalen Ebene für die Umsetzung inklusiver Bildung unterstreichen. Die in den Studien identifizierten zentralen Organisationen (z. B. UNICEF oder die Weltbank) konnten bereits in anderen Studien zu inklusiver Bildung und Behindertenpolitik (Schuster & Kolleck, 2021b; Zahnd, 2021), aber auch für bildungspolitische Prozesse im Allgemeinen (Niemann & Martens, 2021) als wichtige Figuren aufgezeigt werden, die durch die Bereitstellung finanzieller und technischer Unterstützung die Umsetzung inklusiver Bildung vorantreiben. Dies zeigt, dass IO auch über die in der BRK festgeschriebene Rolle als primäre Instanz für das Monitoring der Umsetzung der Konvention durch den BRK-Ausschuss hinaus als wichtige Akteur*innen inklusiver Bildung fungieren.

Eine besonders wichtige Rolle scheinen auch internationale und nationale Expert*innen und Berater*innen sowie Mitglieder von Forschungseinrichtungen zu spielen. Den Artikeln dieses Reviews zufolge sind auch diese Akteur*innen in allen Bereichen der Umsetzung aktiv, was darauf hindeutet, dass die Expertise dieser Gruppen in allen Stufen der Umsetzung von Bedeutung ist. Diese Erkenntnis unterstreicht die generelle Entwicklung in der Bildungspolitik und in anderen Politikfeldern hin zu einer stärkeren Berücksichtigung von Expert*innenmeinungen (Malin & Lubienski, 2015; Stehr & Grundmann, 2015) und scheint darauf hinzudeuten, dass auch im Bereich inklusiver Bildung die Umsetzungsstrategien durch Hinzunahme verschiedener Perspektiven möglichst breit entworfen werden sollen. In einer Vergleichsstudie zur Umsetzung inklusiver Bildung in Baden-Württemberg und Südtirol zeigte sich beispielsweise bereits, dass multiprofessionelle Netzwerke zu einer zielführenderen Umsetzung inklusiver Praktiken beitragen können (Merz-Atalik & Beck, 2020). Diese Studien weisen darauf hin, dass auch in Deutschland die Etablierung solcher Netzwerke und die Beteiligung nicht-staatlicher Akteur*innen für umfassende inklusive Strukturen von Vorteil sein können.

Die Ergebnisse des Reviews unterstreichen die Bedeutung zwischen- und nicht-staatlicher Akteur*innen in Governance-Prozessen im Feld inklusiver Bildung und erlauben Annahmen über deren spezifische Rollen bei der Steuerung von Inklusion im Mehrebenensystem. Es zeigt sich, dass IO über Formen der ‚soft governance‘ (Jakobi, 2009), wie bspw. das Agenda Setting oder die Koordination gemeinsamer Anstrengungen, politische Prozesse steuern und damit über die Verabschiedung internationaler Vereinbarungen wie die BRK hinaus wirken (u. a. Powell et al., 2016). Auf ähnliche Weise operieren nicht-staatliche Akteur*innen wie NRO oder Expert*innen, die als Vermittler*innen zwischen öffentlichen Akteur*innen dienen und mit ihrem spezifischen Wissen Implementierungsprozesse unterstützen können. Besonders wichtig scheinen für diese Prozesse auch Netzwerke zwischen verschiedenen Akteur*innen zu sein, die über verschiedene Ebenen hinweg den Austausch von Informationen und die Etablierung von Kooperationsbeziehungen ermöglichen und durch solche Formen der Netzwerk-Governance die Steuerung von Inklusion beeinflussen (Merz-Atalik & Beck, 2020; Schuster, 2022; Schuster et al., 2021).

Trotz dieser vielversprechenden Ergebnisse aus dem SLR muss jedoch angemerkt werden, dass der Datenkorpus ein Missverhältnis der untersuchten Länder aufweist. Während ein Großteil der Studien in Ländern mit mittlerem oder niedrigem Durchschnittseinkommen durchgeführt wurde, sind Studien zur Beteiligung zwischen- und nicht-staatlicher Akteur*innen in Ländern mit hohem Einkommen noch rar. Inwieweit dies auf fehlende Studien in diesem Bereich oder eine tatsächlich geringe Beteiligung solcher Akteur*innen an der Umsetzung inklusiver Bildung in diesen Ländern zurückzuführen ist, lässt sich vor dem Hintergrund dieser Analyse nicht sagen. Die generelle Bedeutung nicht-staatlicher Akteur*innen (insb. von Stiftungen) im deutschen Bildungssystem lässt jedoch vermuten, dass in dieser Hinsicht noch weitere Studien benötigt werden, um die angenommene Rolle solcher Akteur*innen auch in Deutschland nachzuweisen.

Literatur

Ahsan, M. T., & Mullick, J. (2013). The journey towards inclusive education in Bangladesh: Lessons learned. *Prospects, 43*(2), 151–164.

Amor, A. M., Hagiwara, M., Shogren, K. A., Thompson, J. R., Verdugo, M. Á., Burke, K. M., & Aguayo, V. (2019). International perspectives and trends in research on inclusive education: A systematic review. *International Journal of Inclusive Education, 23*(12), 1277–1295.

Baena, S., Collet-Sabé, J., Garcia-Molsosa, M., & Manzano, M. (2020). More innovation, less inclusion? *Debates and discussions regarding the intersectionality of innovation and inclusion in the Catalan school system: A position paper. International Journal of Inclusive Education.* https://doi.org/10.1080/13603116.2020.1736653

Blanck, J. M. (2015). Schulische Integration und Inklusion in Deutschland. In P. Kuhl (Hrsg.), *Inklusion von Schülerinnen und Schülern mit sonderpädagogischem Förderbedarf in Schulleistungserhebungen* (S. 153–177). Springer VS.

Carrington, S., Pillay, H., Tones, M., Nickerson, J., Duke, J., Esibaea, B., Malefoasi, A., & Fa'asala, C. (2017). A case study of culturally informed disability-inclusive education policy development in the Solomon Islands. *International Journal of Inclusive Education, 21*(5), 495–506.

Curcic, S. (2009). Inclusion in PK-12: An international perspective. *International Journal of Inclusive Education, 13*(5), 517–538.
Daniels, B. (2010). Developing inclusive policy and practice in diverse contexts: A South African experience. *School Psychology International, 31*(6), 631–643.
Die UN-Behindertenrechtskonvention. (2008). Übereinkommen über die Rechte von Menschen mit Behinderung. www.behindertenbeauftragter.de/SharedDocs/Downloads/DE/AS/PublikationenErklaerungen/Broschuere_UNKonvention_KK.pdf;jsessionid=99BAD6CB39137B02E2D12C025DB2257F.intranet242?__blob=publicationFile&v=7. Zugegriffen: 21. Juni 2022.
Heinrich, M. (2015). Inklusion oder Allokationsgerechtigkeit? Zur Entgrenzung von Gerechtigkeit im Bildungssystem im Zeitalter der semantischen Verkürzung von Bildungsgerechtigkeit auf Leistungsgerechtigkeit. In V. Manitius, B. Hermstein, N. Berkemeyer, & W. Bos (Hrsg.), *Zur Gerechtigkeit von Schule: Theorien, Konzepte, Analysen* (S. 235–255). Waxmann.
Jakobi, A. P. (2009). Global Education Policy in the Making: International Organisations and Lifelong Learning. *Globalisation, Societies and Education, 7*(4), 473–487.
Jakobi, A. P., & Martens, K. (2007). Diffusion durch internationale Organisationen: Die Bildungspolitik der OECD. In K. Holzinger, H. Jörgens, & C. Knill (Hrsg.), *Transfer, Diffusion und Konvergenz von Politiken* (S. 247–270). VS.
Kalyanpur, M. (2014). Distortions and Dichotomies in Inclusive Education for Children with Disabilities in Cambodia in the Context of Globalisation and International Development. *International Journal of Disability, Development & Education, 61*(1), 80–94.
Koay, T. L. (2014). Inclusion in Brunei Darussalam: The role of teacher education. *International Journal of Inclusive Education, 18*(10), 1029–1037.
Kolleck, N. (2019). The power of third sector organizations in public education. *Journal of Educational Administration, 57*(4), 411–425.
Lord, J. E., & Stein, M. A. (2008). The Domestic Incorporation of Human Rights Law and the United Nations Convention on the Rights of Persons with Disabilities. *Washington Law Review, 83*(4), 449–479.
Lynch, P., McCall, S., Douglas, G., McLinden, M., & Bayo, A. (2011). Inclusive educational practices in Uganda: Evidencing practice of itinerant teachers who work with children with visual impairment in local mainstream schools. *International Journal of Inclusive Education, 15*(10), 1119–1134.
Malin, J. R., & Lubienski, C. (2015). Educational Expertise, Advocacy, and Media Influence. *Education Policy Analysis Archives*. https://doi.org/10.14507/epaa.v23.1706
Merz-Atalik, K., & Beck, K. (2020). Governance inklusiver Bildung: Modelle, Strukturen und Netzwerke der inklusiven Bildungsreform im internationalen Vergleich (Südtirol/Italien und Baden-Württemberg/Deutschland). In T. Dietze, D. Gloystein, V. Moser, A. Piezunka, L. Röbenack, L. Schäfer, G. Wachtel, & M. Walm (Hrsg.), *Inklusion – Partizipation – Menschenrechte: Transformationen in der Teilhabegesellschaft?* (S. 210–218). Klinkhardt.
Miškolci, J. (2016). Inclusive education in the Slovak Republic two decades after the dissolution of Czechoslovakia. *International Journal of Inclusive Education, 20*(2), 199–213.

Mundy, K., Haggerty, M., Sivasubramaniam, M., Cherry, S., & Maclure, R. (2010). Civil society, basic education, and sector-wide aid: Insights from Sub-Saharan Africa. In P. Rose (Hrsg.), *Achieving education for all through public-private partnerships? Non-state provision of education in developing countries* (S. 12–25). Routledge.

Niemann, D., & Martens, K. (2021). Global Discourses, Regional Framings and Individual Showcasing: Analyzing the World of Education IOs. In K. Martens, D. Niemann, & A. Kaasch (Hrsg.), *Global dynamics of social policy. International organizations in global social governance* (S. 163–186). Palgrave Macmillan.

Nuth, M. (2018). Learning from experience: Towards inclusive educational research in Cambodia. *International Journal of Inclusive Education, 22*(11), 1184–1196.

Petticrew, M., & Roberts, H. (2012). *Systematic reviews in the social sciences: A practical guide* (12 [Dr.]. Blackwell Publ.

Powell, J. J. W., Edelstein, B., & Blanck, J. M. (2016). Awareness-raising, legitimation or backlash? Effects of the UN Convention on the Rights of Persons with Disabilities on education systems in Germany. *Globalisation, Societies and Education, 14*(2), 227–250.

Rollan, K., & Somerton, M. (2021). Inclusive education reform in Kazakhstan: Civil society activism from the bottom-up. *International Journal of Inclusive Education, 25*(10), 1109–1124.

Schuster, J. (2022). The role of international organisations and non-state actors in the implementation of the UN Convention on the Rights of Persons with Disabilities and inclusive education. Freie Universität Berlin.

Schuster, J., Jörgens, H., & Kolleck, N. (2021). The rise of global policy networks in education: Analyzing Twitter debates on inclusive education using social network analysis. *Journal of Education Policy, 36*(2), 211–231.

Schuster, J., & Kolleck, N. (2021a). Between capacity development and contestation: A systematic review of the involvement of inter- and non-governmental actors in inclusive education. *International Journal of Inclusive Education*. https://doi.org/10.1080/13603116.2021.1994033

Schuster, J., & Kolleck, N. (2021b). Disability as a ‚New' Global Social Theme: The Role of International Organizations in an Expanding Global Policy Field. In K. Martens, D. Niemann & A. Kaasch (Hrsg.), *Global dynamics of social policy. International organizations in global social governance* (S. 207–230). Palgrave Macmillan.

Sharma, U., Armstrong, A. C., Merumeru, L., Simi, J., & Yared, H. (2019). Addressing barriers to implementing inclusive education in the Pacific. *International Journal of Inclusive Education, 23*(1), 65–78.

Singal, N. (2006). Inclusive Education in India: International concept, national interpretation. *International Journal of Disability, Development & Education, 53*(3), 351–369.

Soukakou, E., Evangelou, M., & Holbrooke, B. (2018). Inclusive Classroom Profile: A pilot study of its use as a professional development tool. *International Journal of Inclusive Education, 22*(10), 1124–1135.

Stehr, N., & Grundmann, R. (2015). *Expertenwissen: Die Kultur und die Macht von Experten, Beratern und Ratgebern* (2. Aufl.). Velbrück Wissenschaft.

Stein, M. A., & Lord, J. E. (2009). Future Prospects for the United Nations Convention on the Rights of Persons with Disabilities. In O. M. Arnardóttir & G. Quinn (Hrsg.), *International studies in human rights: v. 100. The UN Convention on the Rights of Persons*

with Disabilities: European and Scandinavian perspectives (S. 17–40). Martinus Nijhoff Publishers.
Torres Hernandez, V. (2008). Making Good on the Promise of International Law: The Convention on the Rights of Persons with Disabilities and Inclusive Education in China and India. *Pacific Rim Law & Policy Journal, 17*(2), 497–527.
Ulleberg, I. (2009). *The role and impact of NGOs in capacity development: From replacing the state to invigorating education.* International Institute for Educational Planning.
van Boxtel, J. M. (2018). Constructing culturally responsive professional development for inclusion in El Salvador using the lens of intercultural competence. *International Journal of Inclusive Education, 22*(11), 1173–1183.
Verger, A., Lubienski, C. A., & Steiner-Khamsi, G. (2016). *World yearbook of education: Bd. 2016. The Gobal Education Industry.* Routledge Taylor & Francis Group.
Weltbank. (2021). *Data.* data.worldbank.org/income-level/high-income. Zugegriffen: 21. Juni 2022.
Yates, R., Carrington, S., Gillett-Swan, J., & Pillay, H. (2019). Foreign aid and inclusive education in the Pacific island nation of Kiribati: A question of ownership. *International Journal of Inclusive Education, 23*(1), 79–92.
Zahnd, R. (2021). Weltbank: Von ersten Auseinandersetzungen mit Behinderung hin zu inklusiven Perspektiven. In A. Köpfer, J. J. W. Powell, & R. Zahnd (Hrsg.), *Handbuch Inklusion international: Globale, nationale und lokale Perspektiven auf Inklusive Bildung* (S. 107–126). Budrich.

Schuster, Johannes, ist wissenschaftlicher Mitarbeiter an der Universität Leipzig. Seine Arbeitsschwerpunkte sind inklusive Bildung, die Rolle nicht-staatlicher Akteur*innen in Bildungsprozessen, soziale Netzwerkanalyse und die Analyse von Twitterdaten.
Kontakt: johannes.schuster@uni-leipzig.de

Kolleck, Nina, ist Universitätsprofessorin an der Universität Leipzig. Ihre Forschungsschwerpunkte umfassen Heterogenität und Inklusion, Bildungsgerechtigkeit, Bildung für nachhaltige Entwicklung sowie quantitative und qualitative Forschungsmethoden, insbesondere Techniken der sozialen Netzwerkanalyse.
Kontakt: nina.kolleck@uni-leipzig.de

Inklusion braucht politische Klarheit und Transformationskonzepte

Stephan Dorgerloh

Im März 2009 wurde die UN-Behindertenrechtskonvention (UN-BRK) durch Deutschland ratifiziert. Von 2011 bis 2016 konnte ich als Kultusminister in Sachsen-Anhalt und 2013 als Präsident der Kultusministerkonferenz (KMK) die erste Phase der Umsetzung der UN-BRK mitgestalten. In Sachsen-Anhalt regierte ab 2011 eine CDU geführte Landesregierung in Koalition mit der SPD. Die SPD konnte in den Koalitionsverhandlungen die Einführung der Gemeinschaftsschule durchsetzen. Damit war auch der Wunsch verbunden, insgesamt zu einem inklusiveren Schulsystem beizutragen. Die CDU kompensierte ihre vermeintliche Niederlage mit einem verstärkten Engagement gegen alle weiteren Bestrebungen, eine inklusivere Schule oder gar Schullandschaft zu entwickeln. Ihr Beharren auf einem gegliederten Schulsystem, das sie als ‚begabungsgerechte Schule' etikettiert, lässt sich in vielen Wahlprogrammen nachlesen und umfasst auch ausdrücklich den Schutz der vorhandenen Förderschullandschaft. Welche Möglichkeiten der politischen Steuerung, welche Beharrungskräfte, strukturellen und personalen Herausforderungen und welche Erfolgsfaktoren den Weg zu einer inklusiveren Schullandschaft in den Jahren bis 2016 prägten, soll hier skizziert werden.

Aus zahlreichen Gesprächen mit Ministerkolleg*innen aus dieser Zeit weiß ich, dass fast alle Bundesländer mit ähnlichen Problemlagen zu kämpfen hatten und bis heute noch nicht am Ziel sind. Die Umgestaltung der bundesweiten Schullandschaft hin zu mehr gelebter Inklusion ist sicher nicht gescheitert, aber auch ein weiteres Beispiel dafür, dass für die erfolgreiche und zielgerichtete

S. Dorgerloh (✉)
Wider Sense GmbH, Berlin, Deutschland
E-Mail: Dorgerloh@widersense.org

R. Kruschel und K. Merz-Atalik (Hrsg.), *Steuerung von Inklusion!?*, Educational Governance 52, https://doi.org/10.1007/978-3-658-40103-0_7

Umsetzung von Reformen vorab Transferszenarien und Implementierungsstrategien erarbeitet werden müssen. Dies ist meines Wissens in keinem Bundesland erfolgt, auch wenn es erfreuliche Entwicklungen in einer ganzen Reihe von Ländern gibt. Auch zehn Jahre nach Ratifizierung der UN-BRK müssen noch viele praktische Schwierigkeiten und politisch-ideologische Widerstände überwunden werden. Der Weg zur Erfüllung der UN-BRK ist leider nach wie vor noch weit. Daher sollen hier bisherige Entwicklungen analysiert, Fehler und Störstellen offengelegt, aber auch die Erfolge benannt und Gelingensbedingungen identifiziert werden.

1 Welche Bedeutung hatte der internationale Steuerungsimpuls der UN-BRK?

Die CDU-SPD Koalition in Sachsen-Anhalt war bildungspolitisch keine Wunschkonstellation. Als neuer Kultusminister traf ich auf langjährige ideologisierte Grabenkämpfe um die Fragen des ‚längeren gemeinsamen Lernens' versus die ‚begabungsgerechte Schule', mit der das gegliederte Schulsystem gern verteidigt wird. Nachdem die Einführung der Gemeinschaftsschule beschlossen war, konzentrierten sich die ideologischen Auseinandersetzungen bald auf das Feld der Inklusion. Dies erschwerte eine faktenbasierte und datengestützte Debatte und die Kommunikation eines einheitlichen und eindeutigen politischen Willens erheblich. Sachsen-Anhalt hatte (und hat heute wieder) eine der bundesweit höchsten Quoten von Schüler*innen, die nicht den Hauptschulabschluss erreichen. Das liegt auch am wieder gestiegenen hohen Anteil von Förderschüler*innen (Klemm, 2021). Gleichzeitig standen ab 2011 viele (Grund-)Schulstandorte unter Druck, wegen zu geringer Schüler*innenzahlen geschlossen zu werden. Ebenso herausfordernd war die jährlich steigende Zahl der Pensionierungen von Lehrkräften in einem grundsätzlich überalterten Lehrkörper. Der Weg in eine lange Phase eklatanten Lehrkräftemangels zeichnete sich trotz aller Warnungen aus dem Kultusministerium früh ab. Es fehlten die finanziellen Ressourcen, vor allem aber auch der finanzpolitische Wille in beiden regierungstragenden Parteien im Parlament wie Kabinett, hier gegenzusteuern. Dem übergeordneten Willen zur Haushaltskonsolidierung und dem damit verbundenen Personalabbau stand ich als mahnender und warnender Kultusminister allein auf weiter Flur gegenüber.

In dieser Gemengelage mit einer formal koalierenden, aber inhaltlich oppositionellen CDU, einer formal oppositionellen, aber inhaltlich koalierenden Linkspartei waren die Rahmenbedingungen für eine inklusive Schule auszutarieren.

Von den Gewerkschaften war die GEW am ehesten für die Idee der Inklusion zu gewinnen, allerdings erst, wenn alle personellen und sächlichen Voraussetzungen nach ihren Vorstellungen erfüllt seien. Wie dieser theoretische Moment ‚Null' aussehen könnte, an welchem ‚Sankt-Nimmerleins-Tag' er je erreicht sein soll und wie dies in einem dynamischen Transformationsprozess geschehen könnte, blieb unbeantwortet. Die gewerkschaftliche Grundmelodie nach mehr Ressourcen, besserer Ausstattung, höherer Bezahlung, weniger Unterrichtspflicht und kleineren Klassen etc. übertönte häufig die grundsätzliche Offenheit für eine inklusive Schule – und war damit ein passendes Abbild der Stimmung in weiten Teilen der Lehrer*innenschaft. Grundsätzlich und öffentlich wollte dort niemand gegen Inklusion sein – zumal die UN ja entschieden hatte und die Konvention zwischenzeitlich ein Bundesgesetz geworden war. Aber praktisch sollte Inklusion erst beginnen, wenn bildlich gesprochen ‚die letzte Klotür mit Blindenschrift gekennzeichnet ist'.

Interessanterweise spielten überzeugende Daten der Bildungswissenschaft, die für einen weiteren Ausbau der inklusiven Bildung plädieren, in den großen politischen Debatten keine ausschlaggebende Rolle. Es fand sich allerdings immer irgendein*e Wissenschaftler*in, die oder der den Sinn von Inklusion bezweifelte und dafür auch Studien anführen konnte. Die politisch-normativen Argumentationen gegen die inklusive Schule lauteten plakativ: im Sinne des Kindswohls, begabungsgerechte Schultypen und die Förderschulen seien per se ein Schutzraum und mobbingfrei.

2 Wie reagierten Lehrkräfte bzw. Schulkollegien?

Bei den fast wöchentlichen Schulbesuchen im Alltag eines Kultusministers waren alle Facetten der Einführung und Umsetzung der Inklusion vor Ort in der Praxis zu finden. Zunächst einmal hatten sich auch ohne Konvention und politischen Willen seit Ende der 90er Jahre eine Anzahl von Schulen engagiert und durchaus erfolgreich auf den Weg gemacht. Einen kräftigen Impuls gab es mit der Umsetzung des ersten Ganztagschulprogramms des Bundes ab 2004. In Sachsen-Anhalt wurde dieses Geld nicht mit der Gießkanne vergossen, denn die Grundvoraussetzung für eine Förderung war ein vorzulegendes inhaltliches Konzept. Viele Schulen beschrieben in diesen Schulkonzepten bereits integrative und teilweise schon inklusive Ideen und Ziele (Boban et al., 2012a, b. Aber die Zahl dieser Schulen blieb gering, sodass sie von den ‚Gralshütern' des gegliederten und exklusiven Schulsystems nicht als Bedrohung wahrgenommen wurden. Ein kleiner Teil der Ministerialbürokratie und der Schulaufsicht unterstützte diese wenigen Schulen dagegen aktiv, sodass sich einige dieser integrativen bzw. inklusiven Pflänzchen erfolgreich entwickeln konnten. Erfreulich war auch die wachsende Zahl der Schulkollegien, die sich trotz der schmalen und oft auch unzureichenden Rahmenbedingungen an Personal oder Fortbildungen auf den Weg zu einer inklusiven Schule machten. Mal waren es innere Überzeugungen im Kollegium, mal engagierte Schulleitungen oder es wurde eine nahe Förderschule geschlossen und die Kinder solidarisch aufgenommen. Aus diesen Insellösungen ließ sich noch kein tragfähiges Inklusionsnetz guter Beispiele über das Land legen, aber sie zeigten, dass Inklusion auch dann schon gelebt werden kann, wenn noch nicht alles perfekt ist, aber ein Kollegium sich als Team den Herausforderungen engagiert stellt.

Die Mehrzahl der Schulkollegien waren auf die ersten Schritte im Prozess der Inklusion nicht vorbereitet. Vielfach wurde abgewartet – frei nach dem Motto: ‚das wird schon vorbeigehen wie schon viele Reformen gekommen und gegangen sind'. Dass die Aufgabe, eine inklusive Schule zu werden nicht wieder von der Agenda verschwinden würde, musste in unzähligen Schulleitungskonferenzen und bei zahlreichen Vor-Ort-Besuchen, in Artikeln und Interviews immer wieder neu betont werden. Auch gab es eine größere Gruppe von Schulleiter*innen, die kurz vor der Pensionierung standen. Viele wollten dieses konfliktbeladene Thema nicht mehr angehen und hofften, bis zur Pensionierung darum herumzukommen. In den wenigsten Schulen gab es anfangs Bereitschaft, die aufgelegten Weiterbildungen zu besuchen bzw. Kolleg*innen dafür freizustellen.

Vielfach lag dem Ruf der Kollegien nach mehr sonderpädagogischer Unterstützung auch ein großes Missverständnis zugrunde. Man wollte so viel wie möglich sonderpädagogische Kolleg*innen im Team wissen, damit man die nun in den Klassen befindlichen ‚Inklusionskinder' bei diesen Kolleg*innen abgegeben kann bzw. diese sich im Unterricht parallel um sie kümmern können. Nur so ließe sich daneben weiter ‚normaler' Unterricht halten. Dies hätte faktisch Exklusion im Unterricht bedeutet und zeigte, wie lang der Weg zu einer inklusiven Schule mit einem interdisziplinären Team und der gemeinsamen Verantwortung für alle Lernenden ist. Dieser Weg beginnt im Kopf und braucht ein grundlegend neues Schulkonzept und Schulverständnis, das die eigene Rolle als Lehrperson kritisch reflektiert und neu fasst; kurz: ein neues professionelles Selbstverständnis. Diese grundlegende Aufgabe wurde von vielen nicht gesehen, geschweige denn angepackt. Für diesen strukturellen wie professionellen Neustart kann zwar politisch geworben werden – er lässt sich jedoch schwerlich erfolgreich allein von oben verordnen.

3 Wie verhielten sich die Förderschullehrkräfte und Förderschulleitungen dazu?

Eine wachsende Zahl von Förderschullehrkräften war zunächst stundenweise an verschiedene allgemeinbildende Regelschulen für die Unterstützung von inklusivem Unterricht abgeordnet worden. Das war alles andere als ein idealer Start in eine akzeptierte inklusive Schule. Diese Lehrkräfte waren nur kurz an den jeweiligen Schulen, kaum für ein Pausengespräch erreichbar, da schon wieder auf dem Weg in die nächste Schule. Das war alles andere als optimal. Letztlich waren diese Lehrkräfte überall und nirgends. Sie gehörten zu allen Kollegien und hatten doch nirgendwo eine eigene Kaffeetasse im Lehrerzimmer. Inklusion gelingt besser, wenn ihr auch bei der Ressourcensteuerung der Vorrang gegeben wird. Erst als es im Laufe der weiteren Umsetzung gelang, mindestens halbe Stellen – noch besser ganze Stellen fest an den Schulen zu etablieren, verbesserte sich für alle Beteiligten die Lage. Für einen erfolgreichen Start in die Reform wäre in dieser frühen Phase aber wesentlich mehr notwendig und auch möglich gewesen. Zum Beispiel eine Änderung des Laufbahnrechts, mit dem Sonderpädagog*innen als gleichberechtigte Beamt*innen in allen Schulformen arbeiten und natürlich auch Zugang zu Führungspositionen bekommen können. Rückschauend wurden diese Steuerungsoptionen zur Absicherung der Reform nicht oder nur unzureichend genutzt – wäre mit der CDU aber auch kaum möglich gewesen. Aufgrund der großen Skepsis vieler Verantwortlichen auf allen Ebenen von Schulleitungen, über die mittlere Schulverwaltung bis ins Ministerium und ins Parlament, wurde die Reform insgesamt viel zu zögerlich und zu langsam vorangetrieben. Die Vorstellung, durch behutsames Agieren die Skeptiker*innen zu gewinnen, erwies sich letztlich als wenig erfolgreich und eher hinderlich. Dies muss ich im Rückblick selbstkritisch eingestehen.

Mit Blick auf die Ressourcensteuerung wurde zunächst versucht, jedem ‚Förderschulkind‘ ein bestimmtes Stundenkontingent an sonderschulpädagogischer Betreuung an den Regelschulen mitzugeben. Damit bekamen die Kinder mit zusätzlichen Förderbedarfen einen sogenannten ‚Ressourcenrucksack‘ aufgesetzt, was dazu führte, dass die Zahl der Kinder mit Förderbedarfen sprunghaft anstieg, weil sich die Regelschulen auf diesem Weg zusätzliche sonderpädagogische Unterstützungsstunden sichern konnten. Das war hinsichtlich der Ausgangslage auch nachvollziehbar. Mit Blick auf die weitere Umsetzung der Reform wurde jedoch deutlich, dass es notwendig ist, die Bereiche ‚sonderpädagogische Diagnostik‘ und ‚Ressourcenzuweisung‘ zu entkoppeln. Es musste der Einstieg in eine systemische Ausstattung aller Schulen gefunden werden.

In Sachsen-Anhalt wurde das Modell der ‚präventiven Grundversorgung‘ entwickelt, bei dem aufwachsend mit der Grundschule begonnen wurde. Dieser Steuerungsansatz war im Kern erfolgreich, wurde aber nicht konsequent umgesetzt und nachgehalten. Leider wurde es später nie auf das Gesamtsystem, also auch die weiterführenden Schulen ausgedehnt. Es gab auch noch kein System, das die sehr unterschiedlichen sozialen Umfeldbedingungen der Schulen berücksichtigte. Im Ergebnis wurde Ungleiches gleich behandelt. Dies erschwerte viele Entwicklungen.

Die Frage stand im Raum, wie man die knappen sonderpädagogischen Ressourcen an die Schulstandorte bringen kann, an denen ernsthafter Bedarf ist, ohne den Kindern einen Ressourcenrucksack aufzusetzen und damit einen *Förderbedarf-Testen-für-Ressourcen-Prozess* in Gang zu setzen oder aber Schulen mit Ressourcen zu versorgen, die diese objektiv nicht benötigen. Erst mit dem Anstieg der Schüler*innenzahl im gemeinsamen Unterricht und der daraus resultierenden Schließung von Förderschulstandorten wurden mehr und mehr Förderschullehrkräfte für den Einsatz in der inklusiver werdenden Regelschule frei. So konnten mehr und mehr Personalressourcen zugewiesen werden. Dies setzte voraus, dass sich die Regelschule regelhaft zur inklusiven Schule entwickelte und das gesamte Kollegium diese Aufgabe annahm.

Soweit jedenfalls die politische Logik! Den Kollegien und Schulleitungen der Förderschulen, aber auch den für die inklusiven Entwicklungen sehr offen gegenüberstehenden Kolleg*innen, hat sich diese Logik oft nicht erschlossen. Schon der Fakt, dass man mit seiner Skepsis schnell auf der Seite des ‚Rückständigen‘ stand, dass pädagogische Lebensleistungen und Grundüberzeugungen über Nacht vermeintlich infrage gestellt wurden und dass viele Ziel- und Umsetzungsperspektiven zu unklar blieben, trieb viele Lehrkräfte in den – mindestens passiven – Widerstand. Dass es nicht überzeugend gelungen ist, klare, motivierende und damit annehmbare Bedingungen zu schaffen und so den Kollegien und Schulleitungen einen Weg zur Unterstützung der Reform zu ermöglichen, ist rückblickend ein deutliches Versagen; sowohl auf der politischen Ebene in Parlament und Ministerium wie auch bei der schulaufsichtlichen Steuerung.

Wie bei vielen Schulreformen zu beobachten, reagieren zahlreiche wichtige Akteur*innen im Schulsystem leider oft nicht im Sinne der Reform, sondern nach persönlichen Vorstellungen. Darin markiert sich vielfach auch ein beträchtliches Steuerungsversagen auf den Ebenen der Ministerialbürokratie und der Schulaufsicht, wo diese Reform oft nur halbherzig mitgetragen und unterstützt wurde.

Aus einer in-sich ebenfalls segregierten Förderschullandschaft soll eine inklusive Schullandschaft werden. Das bringt massiven Druck auf Förderschulstandorte insbesondere im Förderbereich Lernen. Ein Schulstandort hat nicht nur beim Schulträger (im ländlichen Raum) Fürsprecher*innen, die sich fragen, was aus dem Gebäude und Investitionen der letzten Jahre nun werden soll. Auch die Lehrer*innenkollegien wollen nicht auseinandergerissen und auf verschiedene Schulen verteilt werden. Zudem fragen sich viele Schulleitungen, was nun aus ihren Positionen und Karrieren wird. Gerade auf die Schulleitungen muss man rechtzeitig zugehen und ihnen entsprechende berufliche Perspektiven aufzeigen, sonst werden sie schnell zu agilen Bremser*innen im großen Transformationsprojekt Inklusion. Die Vorstellung, dass Förderschullehrkräfte per se natürliche Unterstützer*innen einer inklusiven Schule sind, musste schnell begraben werden. Sie hatten sich bewusst für die Förderschule ausbilden lassen und dort ihre berufliche Welt gebaut. Viele sind mit großer innerer Überzeugung in der Förderschule tätig und überzeugt, so für die Kinder die besten Rahmenbedingungen zu schaffen und zugleich in einem Umfeld arbeiten zu können, das kleinere Klassen und weniger bis gar keinen Leistungsdruck kennt.

Entsprechend wurden viele Eltern beraten, die daraufhin für ihre Kinder die Förderschule als einen ‚sicheren Förderraum' wählten. Inwieweit dabei aber auch über Risiken und Nebenwirkungen für den weiteren Lebenslauf der Schüler*innen aufgeklärt wurde, kann nur spekuliert werden. Vielfach wurde mit dem vermeintlichen Kindswohl und der Inklusionsverhinderungsparole der ‚begabungsgerechten Schule' argumentiert. Darüber hinaus wäre die Förderschule ein mobbingfreier Raum. Diese Argumentationsmuster fanden sich auch im politischen Raum wieder. Sicher haben dabei auch politisch-ideologische Motive, Standortsicherungen, eigene Schulleitungskarrieren oder sonstige private Motive eine Rolle gespielt. Dass es dabei nur um pädagogische Motive ging, darf bezweifelt werden. Interessanterweise spielten die Ergebnisse der Bildungswissenschaft auch an dieser Stelle kaum eine Rolle. Diese Reflexionen erfolgen nicht im Grundton des Vorwurfs. Es wäre die Kernaufgabe von Politik, Ministerialbeamt*innen und Schulaufsicht gewesen, hier anders zu agieren. So haben wir zwei für die Umsetzung der Reform eminent wichtige Gruppen, die Förderschullehrkräfte und Eltern, nicht ausreichend gewinnen und mitnehmen können.

Mit der politischen Entscheidung, alle Kinder zunächst regelhaft in die Grundschule einzuschulen und erst nach dem Ende der flexiblen Schuleingangsphase mit der Förderdiagnostik im Bereich Lernen und auch emotionale und soziale Förderung einzusetzen, veränderte sich die Schullandschaft.

Dagegen wurde auch politisch heftig mit dem Elternwahlrecht argumentiert, das man mit so einer administrativ-politischen Entscheidung beschneiden würde. Tatsächlich fiel die Beratung der Eltern durch die konkrete Förderschule weg. Diese sah in der Praxis auch oft so aus, dass auch bei zurückgehenden

Schüler*innenzahlen immer gerade genauso viele Kinder diagnostiziert und Eltern beraten wurden, wie es für die Bildung einer ersten Klasse am jeweiligen Förderschulstandort benötigte. Das Kindswohl, d. h. das Recht auf inklusive Bildung, stand hier oft gegen die Sicherung des Förderschulstandortes.

Mit der Einführung und kontinuierlichen Stärkung des Mobilen Sonderpädagogischen Diagnostischen Dienstes (MSDD) gelang es, einen wesentlichen landesweiten Akteur für die sonderpädagogischen Feststellungsverfahren zu etablieren, der bewusst außerhalb der aufnehmenden Förderschule etabliert wurde. So konnten Feststellungsverfahren vereinheitlicht, qualitativ gestärkt und losgelöst von Eingangsklassenbildungs-Interessen durchgeführt werden.

4 Welche zusätzlichen Ressourcen standen zur Verfügung?

Transformationsschmerzen gehören zu einem grundlegenden Systemwandel dazu. Insbesondere aber brauchen tiefgreifende Veränderungen und in diesem Fall ein Systemwechsel bei laufendem Schulbetrieb zusätzliche Ressourcen für einen gelingenden, akzeptierten und schmerzarmen Transformationsprozess. Das bestehende Förderschulsystem blieb zunächst voll funktionsfähig bestehen. Gleichzeitig wechseln mehr und mehr Kinder mit Förderbedarfen an die Regelschulen und brauchen auch dort Förderangebote bzw. die aufnehmende Schule braucht die Kompetenzen der Förderschullehrkräfte. Für einen solchen Systemwandel braucht es zusätzliche Personalstellen, die zur Akzeptanz und zum Gelingen einer solchen tiefgreifenden Reform beitragen. Beide Systeme – das abnehmende exklusive Schulsystem wie das aufwachsende inklusive – bestehen eine Weile nebeneinander. In Sachsen-Anhalt wurden parallel jedoch, forciert durch den Finanzminister, Lehrer*innenstellen reduziert. Dies führte in der Konsequenz dazu, dass für die Umwandlung der allgemeinbildenden Schule zur inklusiven allgemeinbildenden Schule keine zusätzlichen Personalressourcen zur Verfügung standen (übrigens ebenso wenig wie für Schulen die Ganztagsschulen werden wollten). Selbst veränderungswillige Lehrerkollegien wurden so im Stich gelassen. Hinzu kamen die sich abzeichnenden Schwierigkeiten der Unterrichtsversorgung im ländlichen Raum, die vereinzelt Schulen mit der Herausforderung konfrontierten, ausreichend Kolleg*innen in den richtigen Fächerkombinationen zu gewinnen. Da war für die zusätzliche Aufgabe der Inklusion dann oft weder Kraft noch Personal übrig.

5 Wie steht es mit dem Schulbau und den Schulträgern?

Gleichzeitig mit der Einführung der Inklusion wurden erhebliche EU-Mittel in die Schulsanierungen gelenkt. Vielfach wurden dafür Schulkonzepte überarbeitet und auch die inklusive Beschulung berücksichtigt. Gleichzeitig blieb es eine große Herausforderung für die Schulträger, ihre Schulbauten barrierefrei umzugestalten. Dafür wurden unterstützende Mittel vom Land erwartet, die das Land Sachsen-Anhalt außerhalb der EU-Mittel aber nicht zur Verfügung stellen konnte. Problematisch blieb aus Sicht der Schulträger auch die Frage, was mit den Schulgebäuden und Anlagen, wie z. B. Sportplätzen und Schulgärten, bei aufgegebenen Förderschulstandorten geschehen solle. Gerade im ländlichen Raum ist eine sinnvolle und kostenneutrale Nachnutzung nicht immer gegeben. Auch die (Neu-) Organisation des Schüler*innenverkehrs gehört zu den Aufgaben der Schulträger. Daher war eine aktive Unterstützung auf dem Weg zur inklusiven Schule durch die Schulträger nur zu erwarten, wenn ausreichend zusätzliche Mittel fließen. Dies konnte das Land nicht in dem gewünschten Maß leisten. Weitere Hindernisse für die Reform waren die Folge.

6 Wie muss ein Transferprozess gestaltet sein?

Die inklusive Schule kann nicht allein von oben verordnet werden, sondern es muss in einem Multi-Stakeholder-Prozess eine gemeinsam getragene Implementierung entwickelt werden. Multi-Stakeholder-Prozess meint hier das gezielte Zusammenwirken von Praxis, Wissenschaft, Administration auf allen Ebenen, Verbänden, Schulträgern und politischen Akteur*innen. Neben klaren politischen Vorgaben und Rahmenbedingungen, wozu auch die nötigen Ressourcen gehören (siehe oben), braucht es das Wissen aus Praxis, Verwaltung und Wissenschaft, um einen gemeinsamen Transferprozess aufzusetzen. Dies ist in der Situation in Sachsen-Anhalt nicht ausreichend gelungen. Zum einen, weil es an zusätzlichen Ressourcen mangelte und zum anderen, weil die koalierende CDU die Inklusion zum Feld ideologischer Auseinandersetzungen erkor und damit das Setzen politischer Rahmenbedingungen, die über die Kompetenzen eines Ministeriums hinausgingen, erheblich erschwerte.

Im Rahmen der Neufassung des Schulgesetzes war dies deutlich zu spüren als monatelang erbittert über kleinste sprachliche Details zur Inklusion gekämpft wurde. Dennoch gelang es, Inklusion in der Präambel des Schulgesetzes zu verankern. Es braucht einen klar artikulierten politischen Willen zur Umsetzung und Entwicklung einer inklusiven Schullandschaft. Wenn dieser fehlt bzw. Inklusion gar als politisch unerwünscht propagiert wird, schadet dies der Umsetzung der UN-BRK erheblich und führt zu Rückschritten. Dies kann in Sachsen-Anhalt mit der Übernahme des Ministeriums durch die CDU zum Regierungswechsel 2016 statistisch eindeutig belegt werden (Rackles, 2021).

Literatur

Boban, I., Hinz, A., Gille, N., Kirzeder, A., Laufer, K., & Trescher, E. (2012a). *Handbuch Selbstevaluation für Schulen in Sachsen-Anhalt. Schulentwicklung mit dem Index für Inklusion.* Kultusministerium des Landes Sachsen-Anhalt. www.bildung-lsa.de/files/b129a678127808049ca7fa69b8332fa2/teil_2_tpi_handbuch_index.pdf.

Boban, I., Hinz, A., Gille, N., Kirzeder, A., Laufer, K., & Trescher, E. (2012b). SchülerInnen verändern ihre Schule gemeinsam mit anderen und mit dem Index für Inklusion. Kultusministerium des Landes Sachsen-Anhalt. www.bildung-lsa.de/files/7c6c85efbc54068de271044b2e2a2c32/Teil_3_TP_I_Handbuch_Index_Kinder_End_end.pdf.

Klemm, K. (2021). *Inklusion in Deutschlands Schulen. Entwicklungen – Erfahrungen – Erwartungen*. Beltz, Juventa.

Rackles, M. (2021). *Policy Paper 06/2021. Inklusive Bildung in Deutschland. Beharrungskräfte der Exklusion und notwendige Transformationsimpulse*. Mark Rackles Consulting.

Dorgerloh, Stephan, ist Geschäftsführer der Beratungsfirma Wider Sense und berät hauptsächlich Stiftungen, NGOs und Ministerien in den Bereichen Bildung, Kultur, politische Bildung und Soziales. Er gründete 2018 das Nationale Bildungsforum.

Kontakt: Dorgerloh@widersense.org

Blicke in die intermediäre Ebene

Partizipative Mehrebenen-Netzwerk-Analysen von Governancestrukturen und Akteurskonstellationen der inklusiven Bildungsreform. Vergleichende Betrachtungen zu Südtirol (Italien) und Baden-Württemberg (Deutschland)

Kerstin Merz-Atalik und Katja Beck

1 Einleitung

Die Zielsetzung des im Folgenden vorgestellten Forschungsprojektes war es, im Rahmen einer Pilotstudie eine Methode zu entwickeln, die es ermöglicht, Akteurskonstellationen und -handeln im komplexen Mehrebenen-System der Steuerung inklusiver Bildung(sreformen) (Hinz & Kruschel 2012) zu erheben und abzubilden. Dies setzte die Partizipation der beteiligten Akteure[1] voraus. Zudem

[1] Obwohl in diesem Artikel gendersensible Formulierungen verwendet werden, um auch Personen jenseits des Zwei-Geschlechter-Modells zu berücksichtigen, auf die Vielfalt der Gesellschaft hinzuweisen und die Gleichstellung aller Menschen zu manifestieren, wird der Begriff *Akteure* bewusst im generischen Maskulinum dargestellt. Dies soll darauf verweisen, dass nicht unbedingt Personen, sondern auch Institutionen, Gremien, Verbände etc. als Stakeholder in Frage kommen, *Akteure* also nicht als ausschließlich personenbezogener Begriff zu verstehen ist.

K. Merz-Atalik · K. Beck (✉)
PH Ludwigsburg, Ludwigsburg, Deutschland
E-Mail: katja.beck@ph-ludwigsburg.de

K. Merz-Atalik
E-Mail: merz-atalik@ph-ludwigsburg.de

R. Kruschel und K. Merz-Atalik (Hrsg.), *Steuerung von Inklusion!?*, Educational Governance 52, https://doi.org/10.1007/978-3-658-40103-0_8

sollten im internationalen Vergleich erste Erkenntnisse gewonnen werden zur Vorbereitung eines Antrages auf eine Kooperative Partnerschaft unter Erasmus Plus zwischen vier europäischen Ländern (Deutschland, Italien, Österreich, Spanien). Hier hatte sich insbesondere aus der Schulverwaltungsebene in Deutschland und Südtirol heraus das Interesse ergeben (Merz-Atalik, Schüler & Unterfrauner in diesem Band), sich im Rahmen eines internationalen Projektes mit den inklusionsorientierten Steuerungsprozessen in den Bildungssystemen zu befassen[2]. So wurden 2018 mehrere Fact-Finding-Meetings und -Konferenzen durchgeführt, mit dem Ziel, Interessen und Optionen auszuloten. Die handlungsleitende Frage für ein gemeinsames Projekt sollte sein: ‚Wie können ‚Spezialist*innen' wie Lehrer*innen, die Schulleitung, die Schulverwaltung, (neue) Schulinspektion, externe Berater*innen, Schüler*innen, Eltern und die Bildungspolitik innerhalb ihrer jeweils spezifischen Sichtweise auf die Schule ein ‚kollektives Gut' wie die schulische Bildung auch nur einigermaßen zielgerichtet herstellen?' (Kussau & Brüsemeister, 2007). Dazu sollten die Interaktionen von Akteuren in unterschiedlich stratifizierten, interdependenten Netzwerken in ihrer Ordnung und dem Einfluss auf die jeweiligen Bildungsdiskurse und -systeme (Wilkins & Olmedo, zitiert nach Powell & Merz-Atalik, 2019) im Vergleich von zwei internationalen Schulverwaltungsregionen (Südtirol/Italien und Baden-Württemberg/Deutschland) erhoben werden. Dem Forschungsprojekt lag dabei eine governancetheoretische Zugangsweise zugrunde, die sich forschungsprogrammatisch „von als unterkomplex kritisierten konventionellen Steuerungsvorstellungen" abgrenzt (Dietrich & Heinrich, 2014, S. 28). Es ist davon auszugehen, dass sich komplexe Bildungsreformen – wie bspw. jene der Transformation eines segregierten zu einem inklusiven Bildungssystem (UN-BRK,[3] 2006) – ausschließlich durch die Beteiligung aller Akteure am Transformationsprozess realisieren lassen. Nur so können sich vermutlich zu den Reformzielen konträr erscheinende (Re-) Konstruktionen von tradierten Strukturen und Handlungskonzepten (Merz-Atalik & Hudelmaier-Mätzke, 2016; Powell & Merz-Atalik, 2019), z. B. als Effekt der Reformumsetzung im Sinne eines ‚neuen Weins in alten Schläuchen' (angelehnt an Feuser, 1989), sowie ggf. sogar breite Widerstandsfronten (Dlugosch, 2018)

[2] Als Ergebnis persönlicher Kontakte bei Fachtagungen und Exkursionen im Rahmen von Fortbildungen.

[3] UN-Behindertenrechtskonvention. Offizielle Bezeichnung: Übereinkommen über die Rechte von Menschen mit Behinderungen – Convention on the Rights of Persons with Disabilities.

vermeiden lassen. „Weder die Steuerungsebene kann nachhaltige Veränderungen initiieren und implementieren (top-down), noch die ‚Einzelakteure wie die Schulleitungen oder die Lehrkräfte allein können die Umsetzung von Inklusion [...] bewältigen‘ (Preuß, 2018, 12) (bottom-up)“ (Powell & Merz-Atalik, 2019, S. 76). Daher sollte mit der zu entwickelnden Methode das konkrete, schulregionsspezifische „handelnde Zusammenwirken der Akteure im Mehrebenensystem und die Interdependenzen (die Duplizität von Eingebundenheit und Freiheit der Akteure in Akteurskonstellationen; vgl. Rürup, 2012) zwischen diesen [...] analysiert werden“ (Powell & Merz-Atalik, 2019).

2 Zum Ausgangsstand der Entwicklung eines inklusiven Bildungssystems in Südtirol (Italien) und Baden-Württemberg (Deutschland)

Aus den Concluding Observations des Ausschusses zur Umsetzung der UN-BRK[4] in Italien (UN-Committee on the Rights of Persons with Disabilities, 2016) ging hervor, dass man

> „besorgt [sei] über das Fehlen von Daten und Indikatoren zur Überwachung der Qualität der Bildung und der Inklusion von Schüler*innen mit Behinderungen in Regelschulen und -klassen, der Qualität der Lehrerausbildung, einschließlich der Aus- und Fortbildung im Bereich der inklusiven Bildung, und der mangelnden Umsetzung von Gesetzen, Verordnungen und Vorschriften zur integrativen Bildung.“ (Übersetzung der Autorinnen, Punkt 55)

Zudem empfahl man Italien, einen Aktionsplan zu entwickeln (mit ausreichenden Mitteln, Zeitvorgaben und spezifischen Zielen), mit der Funktion,

[4] Im Rahmen des Staatenberichtsverfahrens zur Umsetzung der UN-BRK in den Ländern sind alle Staaten aufgefordert, regelmäßige Berichte an den Ausschuss zu senden (i. d. R. alle 4 Jahre). Der Ausschuss prüft in einer Anhörung der Representant*innen des Vertragsstaates (auf der Basis eines umfassenden Berichts der politisch Verantwortlichen sowie Parallelberichten aus der Zivilgesellschaft) die Umsetzung und verabschiedet die Concluding Observations (Abschließenden Bemerkungen). Diese sind für Deutschland u. a. auf der Seite des Deutschen Instituts für Menschenrechte (Berlin) der Öffentlichkeit zugänglich gemacht (UN-Ausschuss für die Rechte von Menschen mit Behinderungen, 2015).

> „die Umsetzung von Gesetzen, Verordnungen und Vorschriften zu überwachen, um die Qualität der inklusiven Bildung in den Klassenzimmern, die Unterstützungsangebote und die Lehrerausbildung auf allen Ebenen zu verbessern." (Übersetzung der Autorinnen, Punkt 56)

Außerdem wurde kritisiert, dass gehörlosen Kindern in der Schule keine Gebärdensprachdolmetscher*innen zur Verfügung gestellt würden, wenn sie dies wünschen und man stellte eine mangelnde Verfügbarkeit von zugänglichen Lernmaterialien und das Fehlen von unterstützenden Technologien, mit einem negativen Effekt auf die Qualität der inklusiven Bildung in der Regelschule, fest (UN-Committee on the Rights of Persons with Disabilities, 2016).

Damit ging es in dem Feedback an den Staat Italien sichtlich stärker um eine Sicherung und Steigerung der Qualität von inklusivem Unterricht, Lehrer*innenbildung und angemessenen Vorkehrungen sowie der Umsetzung bereits bestehender Gesetzeslagen zur Weiterentwicklung des inklusiven Bildungssystems.

Im Gegensatz dazu wurde in den Concluding Observations zum Eingangsbericht des Staates Deutschland (UN-Committee on the Rights of Persons with Disabilities, 2015) vorrangig die weiterhin bestehende dominierende strukturelle Segregation von Kindern mit Behinderungen im Bildungssystem kritisiert. Man sei besorgt darüber, „dass der Großteil der Schülerinnen und Schüler mit Behinderungen in dem Bildungssystem des Vertragsstaats [Deutschland] segregierte Förderschulen besucht" (Übersetzung des Deutschen Instituts für Menschenrechte, Punkt 45). An Deutschland wurde die Aufforderung formuliert,

> „eine Strategie, einen Aktionsplan, einen Zeitplan und Ziele zu entwickeln, um in allen Bundesländern den Zugang zu einem qualitativ hochwertigen, inklusiven Bildungssystem herzustellen, einschließlich der notwendigen finanziellen und personellen Ressourcen auf allen Ebenen" […] [sowie] im Interesse der Inklusion das segregierte Schulwesen zurückzubauen. (Übersetzung des Deutschen Instituts für Menschenrechte, Punkt 46)

Zudem wurde empfohlen, „dass Regelschulen mit sofortiger Wirkung Kinder mit Behinderungen aufnehmen, sofern dies deren Willensentscheidung ist" (Übersetzung des Deutschen Instituts für Menschenrechte, Punkt 46). Insgesamt war die Rückmeldung an Deutschland sehr viel stärker davon geprägt, zunächst generell einen Zugang zu einem inklusiven Bildungssystem (Accessibility) und die dafür erforderlichen Rahmenbedingungen zu schaffen, welche die Voraussetzung für inklusive Bildung sind. Damit richteten sich die Empfehlungen vor allem an die Bildungspolitik und die obersten Schulaufsichtsebenen. Während in Italien die Rückmeldung eher die Anpassung und Qualitätssicherung (Adaptability) von bereits bestehenden inklusiven Bildungsangeboten einforderte, die in einem höheren Maße auch die unteren Steuerungsebenen tangiert.

Ausgehend von dem so konstatierten Entwicklungsbedarf beider Länder sollten im Jahr 2018 die aktuellen Steuerungsimpulse und Aktivitäten im Mehrebenensystem abgebildet und im Hinblick auf die Koordination und die Interdependenzen zwischen den Akteuren analysiert werden.

3 Methodische Vorgehensweise

Im November 2018 wurden dazu in Bozen (Südtirol) und Tübingen (Baden-Württemberg) sogenannte Round-Table-Meetings (RTM) zur partizipativen Erhebung der Mehrebenen-Netzwerkstrukturen und -prozesse im Zusammenhang mit der inklusionsorientierten Bildungsreform durchgeführt. Zu diesen RTM wurden Akteure eingeladen, die aus der Sicht der Bildungsdirektion (Bozen) bzw. der unteren Schulaufsicht (Tübingen) aktiv in die inklusive Bildungsreform eingebunden sind. Am Standort Bozen nahmen die folgenden Akteure an den RTM teil:

- Vertreter*innen und Dozent*innen der Bildungswissenschaften an der Universität Bozen (zuständig für Lehrämter aller Schulstufen, Lehrgang für Integrationslehrerkräfte, Spezialisierungslehrgang für Integration),
- Vertreter*innen der Bildungsdirektion (u. a. Referat für Inklusion, Pädagogische Abteilung und Beratungszentren),
- Schulpraxisstelle,
- Schulführungskräfte und Lehrkräfte verschiedener Schulen.

In Tübingen waren die folgenden Akteure beteiligt:

- Dozent*innen der Pädagogischen Hochschule Ludwigsburg (zuständig für Lehramt für Grund-, Sekundar- und Gemeinschaftsschulen/mit Ausnahme des Gymnasialen Lehramtes[5], Lehramt Sonderpädagogik),

[5] Dieses wird in Baden-Württemberg nur an Volluniversitäten angeboten.

- Vertreter*innen aus Regierungspräsidium und Staatlichem Schulamt (Primar- und Sekundarstufe, Sonderpädagogische Bildungs- und Beratungszentren (SBBZ)[6]),
- Schulleitungen und Lehrkräfte von SBBZ und von Gemeinschaftsschulen (GMS).[7]

In Form einer Mehrebenen-Netzwerkanalyse sollten die den Steuerungs- und Transformationsprozessen zur inklusiven Bildung zugrunde liegendenStrukturen, Aktivitäten sowie Handlungen erfasst und nachvollziehbar gemacht werden. Die methodische Vorgehensweise der *Partizipativen Mehrebenen-Netzwerk-Analysen (PMNA)* wurde im Rahmen dieses Projektes entwickelt und basiert grundlegend auf dem Konzept der Struktur-Lege-Techniken (Scheele 1992; Merz-Atalik, 2001; Scheele & Groeben, 1988), welche als Methode zur Rekonstruktion subjektiver Theorien sowie sich daraus ergebender Handlungen durch ein Dialog-Konsens-Verfahren entwickelt worden sind. Die darauf aufbauende neue Methode ermöglicht es, im Dialog der Akteure ein gemeinsames Bild des aktuellen Steuerungshandelns im Netzwerk zu generieren. Die Anwendung strebt somit nicht die Erhebung von subjektiven Theorien an, sondern zielt vielmehr darauf ab, Handlungsimpulse und -motive sowie Interaktionen und Koordinationen im Netzwerk von Akteuren (Individuen und Institutionen) im Dialog zugänglich zu machen und deren Reflexion zu ermöglichen. Durch die kooperative Erhebung in den Round-Table-Meetings wird ein Zugang zu den Handlungsimpulsen und -motiven der jeweils anderen Akteure ermöglicht und dadurch der Dialog gestärkt. Insbesondere wird beabsichtigt, das (implizite) Handlungswissen im Netzwerk zu erheben und als Kartierung abzubilden, um es für den kritischen Diskurs verfügbar zu machen. Die Deutungsmacht über die Handlungen und Abläufe in dem komplexen Mehrebenensystem der Steuerung der inklusiven Bildungsreform verbleibt generell bei den Akteuren. Dies wird zusätzlich gesichert, indem die auf Basis der

[6] Mit der Schulgesetzänderung 2015 wurden die ehemaligen Förderschulen (Sonderschulen mit dem Förderschwerpunkt Lernen) und sonstige Sonderschulen (alle anderen Förderschwerpunkte) in Sonderpädagogische Bildungs- und Beratungszentren (SBBZ) umbenannt. Dies sollte ihrem Auftrag für die inklusiven Bildungsangebote (in der Regel in *gruppenbezogenen Formen* sowie Kooperationsklassen) und dem Sonderpädagogischen Dienst (ambulante Diagnostik, Unterstützung und Beratung an Regelschulen) entsprechen.

[7] Zudem eingeladen waren Vertreter*innen für das Sozialamt (Bereich Kindertageseinrichtungen), welche jedoch absagen mussten.

erhobenen Daten (Audioaufzeichnungen der Round-Table-Meetings; Kartografien) gewonnenen Erkenntnisse sowie deren Interpretationen im Einvernehmen mit den Akteuren verabschiedet werden. Fehleinschätzungen oder -deutungen aus der Außenperspektive der Forschenden werden vermieden, indem die Ergebnisse bei einem späteren Meeting präsentiert und zur Diskussion gestellt werden, um eine konsensuale Abstimmung mit den Teilnehmer*innen zu erwirken.

Im Folgenden wird die Durchführung der RTM skizziert. Für die Umsetzung inklusiver Bildung relevante Akteure[8] wurden um eine Tischplatte mit abgebildeten Umrissen des Mehrebenenmodells (Bronfenbrenner, 1981) versammelt. Im Anschluss an eine kurze Einführung in die governancetheoretische Perspektive auf das Steuerungshandeln (auf der Basis einer Power-Point-Präsentation) sowie zur Struktur-Lege-Methode und ihrer Durchführung (mit Unterstützung eines Handouts) wurden die Kartografien der Mehrebenenkoordination der inklusiven Bildungsreformen erstellt. Hierfür wurden die Teilnehmer*innen nacheinander gebeten, ihre eigenen inklusionsbezogenen Handlungen und ihre Erfahrungen zu dokumentieren: Was ist ihre (offizielle) Aufgabe bzw. Rolle in der inklusionsorientierten Bildungsreform? Welche Handlungen stehen in einem Zusammenhang damit? Mit welchen Akteuren arbeiten sie in dem Prozess zusammen und wie? Der Prozess wurde videografiert (Kamerafokus auf die Struktur-Legungen ohne die Proband*innen). Die Moderatorin übernahm das Positionieren der Figuren (Kegel als Repräsentanten der Proband*innen), das Legen der Strukturen (durch Pfeile für die Richtung von Handlungen) und das Festhalten von Konzepten/Begriffen auf Moderationskärtchen (stellvertretend für die Handlungen und ihre Effekte). Dies geschah begleitend zu den Schilderungen. Zudem versicherte sich die Moderatorin kontinuierlich durch Fragen, dass die Abbildung und schriftliche Fixierung dem Gesagten inhaltlich entsprach (Verständnissicherung).

Jede Person bekam die Möglichkeit, Kegel in verschiedenen Größen und Farben zu platzieren, die sie selbst (große Kegel), sowie die Kooperationspartner*innen (kleine Kegel) und Institutionen repräsentieren (vgl. Abb. 1). Während der Erläuterungen zu dem individuellen Handlungsfeld wurden Konzepte und Verbindungen von der Moderatorin festgehalten. Die Konstruktion wurde in der gemeinsamen Diskussion, Erweiterung und Bezugnahme auf das,

[8] Diese wurden nach Einschätzung der jeweiligen Schulverwaltungsbehörde ausgewählt und eingeladen.

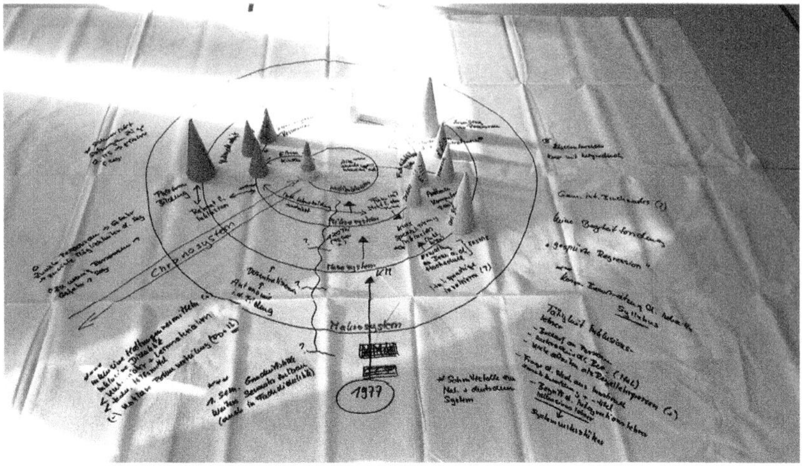

Abb. 1 Erste Kartografie der Struktur-Lege-Technik/Netzwerkanalyse in Bozen

was bereits von den Vorgänger*innen platziert wurde, vervollständigt. Somit visualisierten die entstandenen Kartografien die Interkonnektivität, Interaktion und Prozesse zwischen den Ebenen, Institutionen und einzelnen Schlüsselpersonen. Die erstellten Mehrebenen-Kartierungen der Governance-Strukturen wurden abschließend gemeinsam analysiert.

Die so entstandenen Kartografien zeigen, welche Einzelpersonen und/oder Institutionen als Schlüsselakteure in die Steuerung inklusiver Bildung involviert sind, auf welcher Systemebene sie aktiv sind und wie sie zueinander in Verbindung stehen (Dlugosch, 2018; Dlugosch & Langner, 2015; Merz-Atalik & Beck, 2020).

4 (Vorläufige) Ergebnisse der Partizipativen Mehrebenen-Netzwerk-Analysen (PMNA)

Die Erkenntnisse wurden aus der Reflexion der audiografisch festgehaltenen Dialoge der Round-Table-Meetings sowie der Kontrastivierung der Netzwerkanalysen durch die Forscher*innen gewonnen und anschließend im Rahmen eines erneuten Meetings mit allen Beteiligten (Anschlusskonferenz im Dezember 2018) diskutiert (Abb. 2).

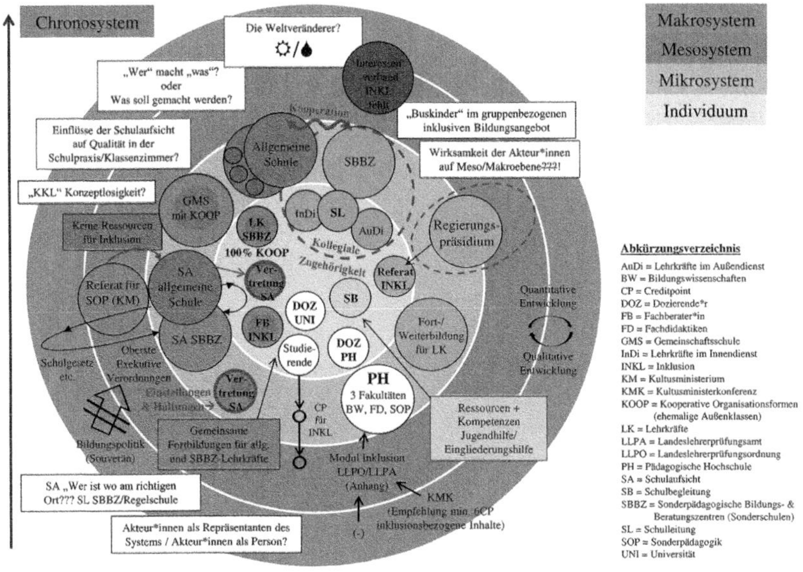

Abb. 2 Kartografie Mehrebenenanalyse Tübingen. (Eigene Grafik)

4.1 Tübingen (Baden-Württemberg)

Für die Schulverwaltungsregion Tübingen in Baden-Württemberg (Deutschland) konnte *‚multiple Konfusion und Verunsicherung bei Akteuren‘* festgestellt werden. Diese entstanden aus Sicht der Akteure u. a. durch die Aufgabe der Umsetzung inklusiver Bildung im Rahmen des weiterhin segregierten Bildungssystems. Das führte dazu, dass sich die Akteure an verschiedenen Stellen mit Widersprüchlich keiten, Widerständen und Begrenzungen konfrontiert sahen. So bspw. die ehemalige Schulleitung eines SBBZ:

> „Ich war eine Zeit lang in der Schulleitung [an einem SBBZ] und habe damals gedacht, also wenn mein Herzblut so Richtung Inklusion geht, kann ich intern nicht mehr leiten.“ (Ehemalige Schulleitung eines SBBZ)

Diese scheinen nicht nur durch eine widersprüchliche Auftragsklärung, sondern auch durch die mangelhafte Ressourcenausstattung und -steuerung für die inklusive Bildung bestimmt, die als Überforderung wahrgenommen wurden:

> „Also es gibt auch ganz viele junge Akteure oder Lehrkräfte die sehr offen wären, nehme ich im Moment wahr, die wirklich die Offenheit hätten [...] zu sagen: Ja klar, das mache ich! Und dann aber eben die Ressourcenfrage eventuell so hemmend, als Hemmfaktor reinkommt, also auch unklare Situationen, vielleicht auch Überforderung zum Teil, aber auch klar, dass da eine Entwicklung, eine positive auch da ist." (Vertreter*in Staatliches Schulamt)

Zudem schienen *uneindeutige Verantwortungsbereiche und Koordinationsabläufe* die Konfusion und Verwirrung zu verstärken. So ergaben sich im Tübinger Governance-Netzwerk deutliche Unsicherheiten in der Verantwortungsklärung sowie der Koordination jeweils:

a. auf den hierarchisch geordneten Systemebenen des Steuerungsnetzwerkes (horizontal),
b. zwischen den Systemebenen (vertikal) aber auch
c. innerhalb der einzelnen Institutionen.

Zum Beispiel in Bezug auf die Zugehörigkeit(en) von den Akteuren zu verschiedenen Subsystemen – erkennbar an den mehrfarbigen Kegeln (vgl. Abb. 1 und 3). Im Verlauf des Lege-Prozesses wurde es bei der Strukturlegung in Tübingen erforderlich, einigen Kegeln mehrere *farbige Hüte* aufzusetzen, stellvertretend für die Anbindung an mehrere Institutionen oder die Verortung der Funktionsstelle in mehreren Institutionen[9].

So äußerte sich die Schulleitung einer GMS zu Fragen der Dienstaufsicht bzw. Tätigkeitsfeldern im Kollegium (z. B. Vertretung im Krankheitsfall einer mit einem Teildeputat von dem SBBZ an ihre Schule abgeordneten sonderpädagogischen Lehrkraft) wie folgt:

> „Das fängt bei Vertretungssituationen an, das fängt bei Standards wie Förderplänen oder ähnliches geht das weiter, wo dann auch bei den Kolleginnen und Kollegen der allgemeinen Schulen teilweise ganz große Unsicherheiten herrschen, [...] wie hab ich jetzt umzugehen mit diesen Kindern? Auch in Schulfächern wo jetzt der oder die SonderpädagogIn nicht mit dabei ist." (Schulleitung SBBZ)

Und eine Lehrkraft fasste diese Erfahrungen wie folgt zusammen:

---

[9]Z.B. bei Sonderpädagog*innen, welche von SBBZ an die GMS abgeordnet waren und damit verschiedene Aufträge wahrnahmen oder von Mitarbeiter*innen der Schulaufsicht, die mehreren Referaten zuarbeiteten.

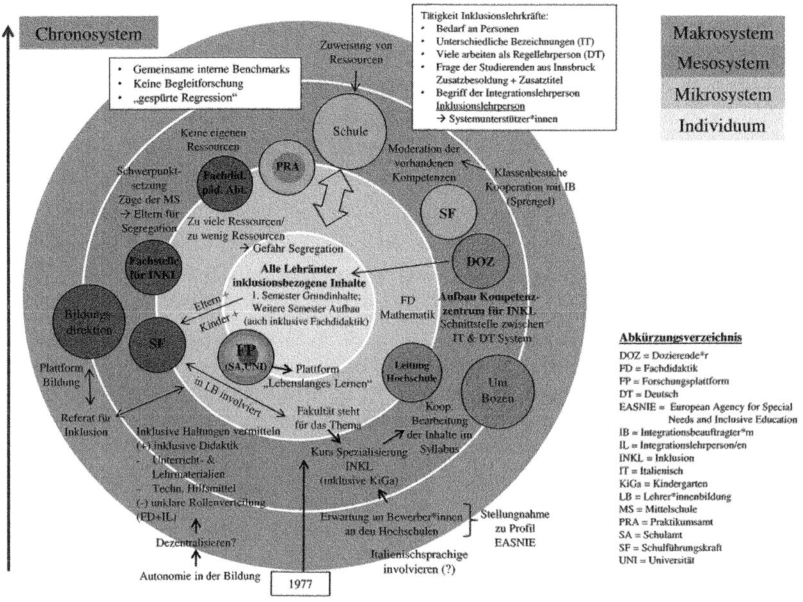

Abb. 3 Kartografie Mehrebenenanalyse Bozen. (Eigene Grafik)

> „wir schaffen konsequent nach dem KKL-Prinzip und das bedeutet *k*onsequent *k*onzept*l*os.“ (Lehrkraft GMS; Herv. d. Verf.)

Aber auch seitens der Schulaufsicht wurden Koordinations- und Organisationseffekte problematisiert:

> „So dass wir die Schulleiter der SBBZ fragen, in inklusiver Bildung, wer geht mit fünfzehn Stunden an die allgemeine Schule? Das ‚Wer‘ entscheidet der Schulleiter des SBBZ und bei kooperativer Organisationsform noch viel intensiver. Da kriegen wir es gar nicht mit, nicht einmal die Quantität [der abgeordneten Sonderpädagogen Stunden].“ (Vertreter*in Staatliches Schulamt)

„Genauso [wenig] die qualitative Ausgestaltung.“ (Vertreter*in Regierungspräsidium)

Die Erhebung gab Hinweise darauf, dass es sich bei der inklusiven Schulreform in Baden-Württemberg aus Sicht der Akteure um einen eigeninitiativen, wenig durch die Politik unterstützten Bottom-Up-Prozess handelt. Aktuelle Entwicklungen wurden diesbezüglich zudem in dem RTM weitgehend auf persönlichem Engagement und der Nutzung (bzw. Schaffung) von Handlungsspielräumen derselben diskutiert. Das mit der Schulgesetzänderung 2015 eingeführte Elternwahlrecht stelle sich als ungenügender Impuls für die inklusive Bildungsreform heraus, da es einerseits an konzeptionellen und langfristigen Zielvorgaben durch die Makroebene fehle bzw. die Ressourcenausstattung und -steuerung nicht ausreichend geklärt sei. Es sei vieles von der persönlichen Motivation und dem außerordentlichen Engagement einzelner Akteure abhängig. Dies galt scheinbar für Lehrkräfte und Schulleitungen ebenso wie für die Schulaufsicht:

> „Das musste man einfach machen, weil an meinem SBBZ das sehr stark persönlich getrennt ist, also da gibt es wirklich die Spezialisten, die KlassenlehrerInnen sind im SBBZ und es gibt auch die Leute, die gesagt haben: Ja ich will diese Arbeit in der Inklusion, an der und der Schule machen. Ich kann mir das für mich vorstellen und ja, kann man schon sagen, verzichte dann auf diese Position im SBBZ." (Schulleitung SBBZ)
>
> „Mein Einfluss ist Null. Und ich sage einmal, im Grunde genommen ist es sogar noch schlimmer. Wir versuchen Inklusion zu machen trotzdem. Trotzdem was von oben kommt." (Vertreter*in Staatliches Schulamt)
>
> „in einer kooperativen Organisationsform, wir nennen es nicht mehr so, wir haben eine gemeinsame Klassenlehrerschaft und manchmal teilt sich die Klasse in zwei oder auch mehr Gruppen. Das muss man gar nicht mehr so benennen." (Lehrkraft GMS)

Einige Akteure berichten von der Notwendigkeit der Rekontextualisierung gesetzlicher Vorgaben im Sinne einer *neuen schulischen Ordnung,* die *in einer alten Protagonistenkonstellation* umgesetzt werden soll. So waren Sonderpädagog*innen herausgefordert, in externen inklusiven Bildungsangeboten (abgeordnet an allgemeine Schulen) zu arbeiten, obwohl deren Beschäftigungsstelle weiterhin das SBBZ war. Man unterschied in der Folge an der Schule zwischen „Innendienst und Außendienst-Lehrpersonen (Indis und Audis)".

> „Das war am Anfang als das aufkam schon ein teilweise nicht ganz einfacher Entscheidungsprozess, aber zumindest was mein SBBZ angeht, sind eigentlich die Leute, die in der Inklusion arbeiten, tatsächlich die, die wollen das auch, eine ganz große Mehrheit." (Schulleitung SBBZ)

Und teilweise wurden die Verantwortlichkeiten für Schüler*innengruppen in der inklusiven Schule weiterhin nach den traditionellen Professionskonzepten wahrgenommen.

> „Also es gibt tatsächlich allgemeine Schulen, da wird das ganz klar gesagt: Die Inklusionskinder das sind deine Kinder und man zeigt auf die Sonderpädagogen, die

haben sich da gefälligst darum zu kümmern und es gibt aber auch Schulen, wo das in der Zwischenzeit konzeptionell anders gesehen wird, dass das eine gemeinsame Aufgabe ist und viele Dinge sind nach wie vor sehr ungeklärt." (Schulleitung SBBZ)

Dies hat unter anderem die *Neuschöpfung von Begrifflichkeiten* sowie die *Rekonstruktion einzelner Rollen im nicht modifizierten System* zur Folge.

„Bei uns heißen die *Indis* und *Audis*. Die Indis, das sind die [Sonderpädagogiklehrkräfte], die im SBBZ arbeiten und die Audis, das sind die, die mit dem Auto in der Gegend rumfahren und Inklusion an der [allgemeinen Schule], also die im Außendienst arbeiten." (Schulleitung SBBZ)

„Die sechs Kinder, die am SBBZ verortet sind, nennen wir und das ist ein blöder Begriff, aber uns ist nichts Besseres eingefallen, die *Buskinder*, weil die Busse diese Kinder bringen, so ist es nach wie vor, sonst könnten wir nicht, das ist eine sehr ländliche Schule, könnten wir diese Gruppe so gar nicht zusammen stellen und das ist ein Punkt, den ich sehr spannend finde." (Lehrkraft GMS)

Besonders prägnant sowohl während der Diskussion als auch in den Abbildungen der Netzwerkanalysen zeigte sich die *Trennung nach ‚allgemein' und ‚sonder'*, welche das gesamte System durchzieht (vom Mesosystem zum Mikrosystem). Diese *institutionelle Spaltung bestimmt das Interdependenzmanagement und die Koordination* verschiedener Aufgabenbereiche der Akteure, indem die Aufgaben hierarchisch innerhalb der segregierten Zuständigkeiten nach unten delegiert werden.

„Also die Strukturen sind da ja sehr fachbezogen, bei den Schulämtern wird es so langsam aufgebrochen und an den Schulen dürfte es eigentlich gar nicht mehr vorkommen, aber [...] wenn Anfragen sind, wenn Eltern kommen, ist der Wunsch, dass das alles über die zuständigen [schultypenspezifischen] Referenten geht. Von oben [...] kommen die Dinge aber immer vom Fachreferat, in die einzelnen Bereiche." (Vertreter*in Schulverwaltung)

Inklusion wird nicht zuletzt durch die enge Perspektive (Integration von Schüler*innen mit Behinderungen), durch die Zuständigkeit und Verantwortung der Disziplin Sonderpädagogik (bspw. im Schulgesetz und der Verordnung über sonderpädagogische Bildungsangebote Baden-Württemberg) zum Terrain der Sonderpädagogik (Merz-Atalik, 2018). Dies wird selbst von den Sonderpädagog*innen problematisiert.

„Das Grundproblem ist aber überall tatsächlich dieses, dass man gegen die Haltung anarbeiten muss, dass Inklusion die Aufgabe der Sonderpädagogen ist." (Schulleitung SBBZ)

4.2 Bozen (Südtirol, Italien)

Während die Rolle der für Inklusion verantwortlichen Lehrkräfte in Tübingen mit vielen Unklarheiten in Verbindung stand und mit dem Begriff ‚Weltveränderer' hinterfragt wurde, schien während der Diskussion in Bozen wesentlich Einigkeit über das Aufgabenprofil der Inklusionslehrpersonen zu herrschen. Diese wurden konsensuell mit dem Begriff ‚Systemunterstützer*innen' betitelt. In Südtirol wurde bereits damals ein universitärer Lehrgang für allgemeine Lehrkräfte angeboten, durch welchen sie sich zu Integrationslehrpersonen qualifizieren konnten.

Die Mehrebenenanalyse in Südtirol zeigte, dass *starke und klare Zielvorgaben auf der Makroebene* vorhanden waren (zum Beispiel durch das Schulgesetz zur inklusiven Beschulung und den Lehrplan für die Lehrerausbildung, usw.). Dennoch waren sich die Teilnehmer*innen am RTM bewusst, dass die letztendliche Umsetzung der Vorgaben auch vom Engagement der verantwortlichen Personen abhängt bzw. von der individuellen Nutzung von Handlungsspielräumen (ähnlich wie in Deutschland):

> „und ja da haben wir einerseits die Syllabi[10], als etwas wo wir versuchen von oben herab gewissermaßen zu steuern und wenn wir hier Vorgaben machen. Aber auch hier sind wir natürlich auch wieder an Personen erst einmal darauf angewiesen was die dann auch wirklich davon umsetzen." (Vertreter*in Universität)
>
> „Und so sind unsere Syllabi auch nicht formuliert. Wir lassen Spielräume und diese Spielräume werden von Einigen dann mehr oder weniger auch im Sinne der Inklusion genutzt." (Vertreter*in Universität)
>
> „Aus meiner Erfahrung hat sich aber gezeigt, dass das auch fällt und steht mit dieser Person. Also wenn diese Person vor Ort ist und jederzeit Ansprechperson ist, ist das besser umzusetzen gerade auch im Ländlichen wo viele Schulstellen verteilt sind. Also bevor man eine Mail schreibt oder angerufen wird ist einfach die Person vor Ort wichtig." (Schulführungskraft)

Es zeichnete sich stringent eine weitaus größere *Klarheit in Bezug auf das Handeln der Akteure auf der Steuerungsebene (Universität, Bildungsdirektion, Schulleitung)* ab. Inklusion wurde übereinstimmend als gemeinsames Projekt aller beteiligten Personen, Ebenen und Institutionen verstanden. Steuerungsprozesse

[10] Studienordnungen.

wurden von den Akteuren auf verschiedenen Ebenen des Systems gemeinsam ausgehandelt und eingeleitet. So lassen die nationalen Vorgaben im Bereich Lehrerbildung durchaus Handlungsspielräume.

> „wie soll ich sagen, beides, weil letztendlich das Gesetz sieht diese Ausbildung vor, umgekehrt haben wir in Südtirol die Möglichkeit uns vom italienischen System abzukoppeln und ein eigenes, einen eigenen Ausbildungsweg vorzuschlagen. Wenn Sie das jetzt von oben herab und bottom-up sehen." (Vertreter*in Universität)

Trotzdem die *Implementierung neuer, auf institutionelle Inklusion ausgerichteter Strukturen,* wie einer Fachstelle Inklusion, der Schulpraxisbeauftragten an der Universität und der Fachdidaktischen Abteilung im Schulamt, als positive Einflussfaktoren für die gelingende Umsetzung der inklusiven Schulreform erkannt wurden, zeigte sich in den RTM, dass die *Umsetzung der Reformleitlinien teilweise auf der Ebene einzelner Akteure (zum Beispiel der Lehrkräfte) noch unbefriedigend* war. Kritisch reflektierend wurden verschiedene Herausforderungen und Entwicklungsbedarfe im Gespräch identifiziert.

> „Je höher [Klassenstufe] wir gehen desto schwieriger wird es. Da geht es mehr in die Richtung Fachunterricht und da muss ich als Integrationslehrer mich einbringen. Ich denke da haben wir Nachholbedarf und da bin ich jetzt einfach froh dass diese Spezialisierung für Integration startet wo wir wieder Experten in die Schulen bekommen die auch ein neues eine neue Dynamik hineinbringen die neuen Ansätze hineinbringen und vor allem auch Qualität der Integration und Inklusion wieder an die Schulen bringen. Ich denke das ist wieder einen Schritt nach vorne, den wir mit dieser Ausbildung gewinnen können." (Vertreter*in Deutsche Bildungsdirektion)
>
> „Ich sehe das ja irgendwo auch aus der Praxis jetzt heraus als Schulführungskraft [...]. Weil da ist es ja meine Aufgabe einmal die Rahmenbedingungen zu schaffen und einmal auch die Ressourcenverteilung [...] Das heißt ich habe auch die ja auch die Verantwortung auszuwählen [...] aber in der Mittelschule sind wirklich viele Lehrpersonen die sehr Fachlehrpersonen sind und von der Haltung her nicht immer das mitbringen, was man sich eigentlich wünscht als Schulführungskraft, die Inklusion oder Integration sehr wichtig findet." (Schulführungskraft)

Im Gegensatz zum System des teilnehmenden Schulamtsbezirkes aus Deutschland wird die Begleitung inklusiver Beschulung in Südtirol von der Schulleitung in Zusammenarbeit mit dem Integrationsbeauftragten der Schulbehörde durchgeführt. Zielvorgaben werden auch auf inneren Ebenen durch internationale Maßstäbe (der Makroebene) festgelegt. Inklusive Strukturen durchziehen das System (von Makro- zur Mikroebene; alle Institutionen) und werden priorisiert. Es dominiert das Verständnis, dass alle Akteur*innen eine bedeutende Rolle für den Erfolg spielen und sie dafür zu professionalisieren sind, so bspw. auch die Lehrenden an der Hochschule.

> „An der Universität schreiben wir alle Lehraufträge aus mit dem Hinweis wir befolgen ein inklusives System. Und die Dozenten, sich darauf bewerben sollten, ob sie es dann tun ist eine andere Frage. Aber sie werden zumindest mit dem Begriff konfrontiert und wissen dass das unser Anliegen ist.“ (Vertreter*in Universität)
>
> „Also nicht nur danach der Integrationslehrgang, sondern alle Lehrpersonen oder unsere Absolventen bekommen diese inklusive Grundhaltung automatisch mit im Studiengang.“ (Vertreter*in Universität)

An mehreren Stellen der Diskussion wurde deutlich, dass Personen in ihrer beruflichen/fachlichen Rolle mit ihrer privaten Perspektive im Einklang stehen, wohingegen die Akteure in Tübingen den Eindruck vermittelten, oftmals gegen Systemstrukturen anarbeiten zu müssen.

> „Eigentlich nur die, dass die Sachen von denen ich überzeugt bin absolut gefördert werden. [...] Also gegen meine Überzeugung unterstütze ich natürlich nichts.“ (Vertreter*in Universität)
>
> „die kollegiale Hospitation [...] eben auch als Evaluationsinstrument ansetzen könnte [...] Und die Verantwortung allen Lehrpersonen im Klassenrat für die Schüler für alle Schüler zu wecken. Das ist auch so etwas was als Schulführungskraft meiner Meinung nach eine große Priorität darstellen sollte. Und die auch gesetzlich verankert ist.“ (Schulführungskraft)

Anstatt einer Trennung in als ‚sonder‘ und ‚allgemein‘ gekennzeichnete Bereiche, scheinen die Beteiligten in Südtirol vor allem durch die Trennung in italienisch-, deutschsprachige und landinische Sektoren herausgefordert zu sein. Diese wird jedoch auch als Ressource angesehen.

> „da gibt es jetzt auch nicht immer aber in einigen Situationen nicht die Unterscheidung Integrationslehrer Klassenlehrer sondern da gibt es einfach den gemeinsamen Unterricht. Wir gehen in die Klasse und arbeiten gemeinsam mit den Schülern.“ (Vertreter*in Deutsche Bildungsdirektion)

5 Fazit

Es konnte mit der Pilotstudie aufgezeigt werden, dass sich die entwickelte Methode der *Partizipativen Mehrebenen-Netzwerk-Analysen (PMNA)*, auf Basis einer adaptierten Form einer Struktur-Lege-Technik, grundsätzlich eignet, um wesentliche Erkenntnisse über die Strukturen der Steuerung von inklusiver Bildung, zu den Akteursnetzwerken, den Interdependenzen im Netzwerk und der Koordination der verschiedenen Akteure im Mehrebenensystem zu gewinnen. Die Methode wird in der ersten Phase des Projektes GovInEd (Governance Inklusive Education; Cooperative Partnership/Erasmus+ KA2 Partnerschaften für Zusammenarbeit) in 2022 weiterentwickelt, unter anderem, um sie für digitale Round-Table-Meetings einsetzen zu können. Mithilfe der Methode sollen Basisinformationen gewonnen werden, die es ermöglichen, im internationalen Dialog zwischen den beteiligten Partnerländern und Akteuren (aus Deutschland, Italien, Österreich und Spanien) Wissen über die Steuerung von inklusiver Bildung zu generieren, zu vergleichen, Konsequenzen für die Governance abzuleiten und diese zur Information und zur Professionalisierung von Akteuren zugänglich zu machen (in Form eines Curriculums für ein Aus- und Fortbildungsmodul sowie einer Webplattform/OER). Die Methode als auch deren Anwendung in einem internationalen Projekt können wichtige Beiträge zum Dialog zwischen Schulverwaltungsregionen in Europa über effektive Governance-Strategien bei der inklusiven Bildungsreform leisten.

Literatur

Bronfenbrenner, U. (1981). *Die Ökologie der menschlichen Entwicklung. Natürliche und geplante Experimente.* Unter Mitarbeit von Kurt Lüscher und Agnes von Cranach (1. Aufl.). KlettCotta.

Dietrich, F., & Heinrich, M. (2014). Kann man Inklusion steuern? Perspektiven einer rekonstruktiven Governanceforschung. In M. Lichtblau, D. Blömer, A. K. Jüttner, K. Koch, & M. Grüger (Hrsg.), *Forschung zu inklusiver Bildung. Gemeinsam anders lehren und lernen* (S. 26–46). Klinkhardt.

Dlugosch, A. (2018). Zum Prozessieren inklusiver Bildungssysteme: Akteure, Strukturen, Netzwerke. In E. Feyerer, W. Prammer, F. Prammer-Semmler, C. Kladnik, M. Leibetseder, & R. Wimberger (Hrsg.). *System. Wandel. Entwicklung* (S. 55–73). Julius Klinkhardt.

Dlugosch, A., & Langner, A. (2015). Netzwerke inklusiver Konstellationen (NiK) – ein Erhebungs-und Reflexionsinstrument für die „Umsetzung" von „Inklusion"? *Zeitschrift für Inklusion.* https://inklusion-online.net/index.php/inklusion-online/article/view/264/250. Zugegriffen: 18. Juli 2022.

Feuser, G. (1989). Allgemeine integrative Pädagogik und entwicklungslogische Didaktik. *Behindertenpädagogik, 28*(1), 4–48.

Hinz, A., & Kruschel, R. (2012). Educational Governance als ‚Diagnose-Instrument' für die Analyse eines Projekts zur Etablierung inklusiver Entwicklungen. *Zeitschrift für Inklusion,* (3). https://inklusion-online.net/index.php/inklusion-online/article/view/55/55. Zugegriffen: 18. Juli 2022.

Kussau, J., & Brüsemeister, T. (2007). *Governance, Schule und Politik: Zwischen Antagonismus und Kooperation*. VS.

Merz-Atalik, K. (2001). *Interkulturelle Pädagogik in Integrationsklassen. Subjektive Theorien von Lehrern im gemeinsamen Unterricht von Kindern mit und ohne Behinderungen*. Leske und Budrich.

Merz-Atalik, K. (2018). Von einem Versuch „der Integration der Inklusion in die Segregation"?!. *Zeitschrift Für Inklusion,* (4). https://inklusion-online.net/index.php/inklusion-online/article/view/508/371. Zugegriffen: 18. Juli 2022.

Merz-Atalik, K., & Beck, K. (2020). Governance inklusiver Bildung: Modelle, Strukturen und Netzwerke der inklusiven Bildungsreform im internationalen Vergleich (Südtirol/Italien und Baden-Württemberg/Deutschland). In T. Dietze, D. Gloystein, A. Piezunka, L.Röbenack, G. Schäfer, & M. Walm (Hrsg.), *Inklusion – Partizipation – Menschenrechte: Transformationen in der Teilhabegesellschaft? 10 Jahre UN-Behindertenrechtskonvention – Eine interdisziplinäre Zwischenbilanz* (S. 210–218). Klinkhardt.

Merz-Atalik, K., & Hudelmaier-Mätzke, P. (2016). Vergangenheits-, Gegenwarts- und Zukunftsorientierung als „Behinderungen" auf dem Weg zu einem inklusiven Bildungssystem – mit exemplarischen Bezügen zu einer Studie im Land Luxemburg. In U. Böing & A. Köpfer (Hrsg.), *Be-Hinderung der Teilhabe. Soziale, politische und institutionelle Herausforderungen inklusiver Bildungsräume?* (S. 128–144). Klinkhardt.

Powell, J. J. W., & Merz-Atalik, K. (2019). Die Notwendigkeit inklusiver Bildung für die Erneuerung der Governancekonzepte: Deutschland und Luxemburg im Vergleich. In J. Budde, A. Dlugosch, P. Herzmann, L. Rosen, J. Panagiotopoulou, T. Sturm, & M. Wagner-Willi (Hrsg), *Inklusionsforschung im Spannungsfeld von Erziehungswissenschaft und Bildungspolitik* (S. 71–98). Budrich.

Preuß, B. (2018). *Inklusive Bildung im schulischen Mehrebenensystem. Behinderung, Flüchtlinge, Migration und Begabung*. Springer.

Rürup, M. (2012). Inklusive Bildung als Reformherausforderung. Zur Perspektive der Educational Governance Forschung. *Zeitschrift für Inklusion,* (4). https://inklusion-online.net/index.php/inklusion-online/article/view/74. Zugegriffen: 18. Juli 2022.

Scheele, B. (1992). *Struktur-Lege-Techniken als Dialog-Konsens-Methodik*: Ein Zwischenfazit zur Forschungsentwicklung bei der rekonstruktiven Erhebung Subjektiver Theorien. Aschendorff.

Scheele, B., & Groeben, N. (1988). *Dialog-Konsens-Methoden zur Rekonstruktion Subjektiver Theorien: Die Heidelberger Struktur-Lege-Technik (SLT)*. Tübingen.

UN-Ausschuss für die Rechte von Menschen mit Behinderungen. (2015). *Abschließende Bemerkungen über den ersten Staatenbericht Deutschlands. Übersetzung der Monitoring-Stelle zur UN-Behindertenrechtskonvention des Deutschen Instituts für Menschenrechte.* https://institut-fuer-menschenrechte.de/fileadmin/Redaktion/Publikationen/Weitere_Publikationen/CRPD_Abschliessende_Bemerkungen_ueber_den_ersten_Staatenbericht_Deutschlands.pdf. Zugegriffen: 18. Juli 2022.

UN-Committee on the Rights of Persons with Disabilities. (2015). *Concluding observations on the initial report of Germany.* https://digitallibrary.un.org/record/811105/files/CRPD_C_DEU_CO_1-EN.pdf. Zugegriffen: 18. Juli 2022.

UN-Committee on the Rights of Persons with Disabilities. (2016). *Concluding observations on the initial report of Italy.* https://digitallibrary.un.org/record/1310650/files/CRPD_C_ITA_CO_1-EN.pdf. Zugegriffen: 18. Juli 2022.

Merz-Atalik, Kerstin, hat seit 2004 eine Professur für Pädagogik bei Behinderung und Benachteiligung/Inklusion, an der Pädagogischen Hochschule Ludwigsburg (in Baden-Württemberg). Sie forscht und lehrt zu Fragen der inklusiven Bildung (u. a. Lehrerbildung, Didaktik, International Vergleichende Bildungswissenschaft, Governancetheoretische Zugänge), hat internationale Forschungs- und Entwicklungsprojekte geleitet oder begleitet. Südtirol und das Bildungssystem ist ihr vertraut durch Forschungsarbeiten (in den 90er Jahren zur inklusiven Bildung an Sekundarschulen), Lehraufträge an der Universität Bozen, Exkursionen mit Studierenden und EU-Projekten (TdiverS; GovInEd).

Kontakt: merz-atalik@ph-ludwigsburg.de

Beck, Katja, ist Doktorandin und akademische Mitarbeiterin an der Pädagogischen Hochschule Ludwigsburg sowie der Professional School of Education (PSE) Stuttgart-Ludwigsburg. Ihre Arbeitsschwerpunkte sind Inklusion, Governance, Lehrer*innenbildung und diversitätssensible Pädagogik & Didaktik.

Kontakt: katja.beck@ph-ludwigsburg.de

Rekontextualisierung der Inklusiven Norm auf den intermediären Ebenen des Schulsystems. Eine vergleichende Betrachtung anhand von zwei Schulentwicklungsprojekten

Andreas Hinz und Robert Kruschel

1 Einleitung

Das Bundesland Schleswig-Holstein im Norden Deutschlands bietet mit seiner historischen Entwicklung (Kruschel & Pluhar, 2017) augenscheinlich günstige Voraussetzungen für Steuerungsmaßnahmen mit dem Ziel der Implementation Inklusiver Bildungsstrukturen und -konzepte (Erdsiek-Rave, 2010): Kurz vor Inkrafttreten der UN-Behindertenrechtskonvention (UN-BRK) (2009) steht es mit einer geringen Separationsquote von 3,1 % (Bund: 4,9 %) sowie einem hohen Integrationsanteil von 41,9 % (Bund: 18,4 %) im bundesweiten Vergleich quantitativ im Spitzenfeld (Klemm, 2010, S. 33). Doch auch qualitativ werden z. B. mit der Entwicklung der Förderschule zu systemisch arbeitenden Förderzentren und ihrer ambulanten und subsidiären Ausrichtung, landesweiten Unterstützungsangeboten wie der Beratungsstelle Inklusive Schule (BIS) oder der flächendeckenden Einführung der Gemeinschaftsschule maßgebliche Schritte gegangen (vgl. ausführlich Kruschel in diesem Band).

A. Hinz
Martin-Luther-Universität Halle-Wittenberg, Halle (Saale), Deutschland
E-Mail: andreas.hinz@paedagogik.uni-halle.de

R. Kruschel (✉)
Universität Leipzig, Leipzig, Deutschland
E-Mail: robkru@icloud.com

R. Kruschel und K. Merz-Atalik (Hrsg.), *Steuerung von Inklusion!?*, Educational Governance 52, https://doi.org/10.1007/978-3-658-40103-0_9

Dass Akteure in Schleswig-Holstein nicht erst nach Inkrafttreten der UN-BRK aktiv werden, sondern bereits im Vorfeld die globale Norm Inklusiver Bildung aufnehmen und rekontextualisieren, zeigt z. B. der Umstand, dass das Sozialministerium des Bundeslandes seit 2006 Gespräche mit Wohlfahrtsverbänden führt, in denen es seine Gedanken zum Thema vorstellt und ein Thesenpapier unter dem Leitgedanken Inklusion präsentiert (Dillenberg, 2007, S. 1). Daraus entsteht ein Gesamtkonzept, das „im Dialog Inklusion einer breiten Öffentlichkeit vor][...]stellt" (MSGFJS, 2008, S. 2) und leitend für die Arbeit des Ministeriums wird.

Auch im Bildungsbereich existiert bereits einige Jahre vor dem Inkrafttreten der UN-BRK mit der Denkfabrik Inklusive Bildung ein kollektiver Akteur, der durch netzwerkartige Handlungskoordination verschiedener Akteure der Zivilgesellschaft, Politik und Bildungsadministration geprägt ist und das Ziel verfolgt, gemeinsam über Inklusive Bildung nachzudenken (Denkfabrik inklusive Bildung, 2009, S. 1 f.).

Der vorliegende Beitrag geht der Frage nach, wie in diesem Bundesland, in dem sich Akteure bereits vor der Ratifizierung der UN-BRK (2009) der Thematik widmen, die globale Norm ‚Inklusive Bildung' im Schulsystem weiter rekontextualisiert wird. Mithilfe einer vergleichenden governance-theoretischen Analyse von zwei Implementationsprojekten, die in loser Beziehung zueinander stehen, aber doch eigenständige Impulse darstellen, werden zentrale Modi der Handlungskoordination zwischen den (nicht) beteiligten Akteuren aufgezeigt und die sich daraus ergebenden Effekte und – auf abstrahierender Ebene – zu beobachtende Governance-Regime (Altrichter et al., 2011, S. 237; vgl. ausführlich Kruschel in diesem Band) dargestellt.

Um sich der aufgeworfenen Fragestellung zu nähern, werden in den ersten beiden Teilen des Beitrags die zwei Implementationsprojekte vorgestellt und aus Governance-Perspektive analysiert. Daran anschließend erfolgt ein systematischer Vergleich der zwei Impulse. Die sich daraus ergebenden zentralen Schlüsse werden im Fazit dargestellt.

2 Schulentwicklung in einer Region in Schleswig-Holstein

Im Jahr 2008 werden vor dem Hintergrund der bevorstehenden Inkraftsetzung der UN-BRK zwei Schulrät*innen aktiv und initiieren in ihren beiden Schulamtsbereichen, dem Kreis Schleswig-Flensburg und der Stadt Flensburg, inklusionsorientierte Schulentwicklungsaktivitäten, die bis 2010 andauern.

2.1 Grundzüge des Projekts

Die Startsituation dieses Projekts, das keinen offiziellen Namen hat und fast tendenziell informell agiert, besteht darin, dass die beiden Schulrät*innen mit der Zuständigkeit für den Kreis Schleswig-Flensburg und die Stadt Flensburg (im Folgenden Schleswig-Flensburg-Projekt, SFP) solchen Schulen ein Angebot machen wollen, die – noch vor dem Inkrafttreten der UN-BRK – auf dem Weg zur Inklusion weitere Schritte gehen wollen (Hinz, 2011; Hinz & Jesumann, 2010). Dafür nutzen sie Mittel aus dem Landesprojekt EVIT (Evaluation im Team) und holen sich Rückendeckung durch die zuständige Referentin im Kultusministerium. Zudem gewinnen sie zwei externe Personen aus der Martin-Luther-Universität Halle-Wittenberg als wissenschaftliche Partner*innen im Kontext von Entwicklungsprozessen mit dem Index für Inklusion (Boban & Hinz, 2003).

Geplant ist ein zweiphasiger Ablauf, der zunächst in einer Sondierungsphase mit Informationsveranstaltungen besteht und dann in eine Arbeitsphase mit wenigen Schulen münden soll (Hinz, 2011, S. 215). Die Sondierung startet mit einer Konferenz mit den Leitungen der vorhandenen regionalen Förderzentren (FZen). Das mag angesichts dessen, dass Inklusion zentral auf allgemeine Schulen und erst sekundär auf Förderschulen zielt, merkwürdig wirken. Doch dies hat Logik: Zum einen sind sie – zunehmend als Schulen ohne Schüler*innen (s. o.) – Koordinations- und „Dienstleistungsstellen" (Kruschel, 2021, S. 278), über die die Schulaufsicht viele Steuerungsimpulse für pädagogische Entwicklungsarbeit und Innovationen als Angebote initiiert, die die Schulen dann im regionalen Verbund aufnehmen können. Zum anderen ist die Einbindung von deren Leiter*innen in den Entwicklungsprozess wichtig. Vorbereitet wird die Sondierungsphase also mit einer Beratungssitzung der Leitungen aller regionalen Förderzentren, bei der vor allem ihre Rolle thematisiert wird – eine Praxis, die von den Initiator*innen als „eine funktionierende und wirkungsvolle Form der Systemsteuerung für die Schulämter" gesehen (Hinz & Jesumann, 2010, S. 232) und auch auf Landesebene gepflegt wird (Kruschel, 2021, S. 423). Zudem findet eine zweitägige Dienstberatung aller Schulleitungen allgemeiner Schulen (außer Gymnasien, für die diese Schulaufsicht nicht zuständig ist) statt, bei der es um Bedarfe und Perspektiven angesichts der anstehenden bildungspolitischen Steuerungsimpulse geht. Die Sondierungsphase selbst findet in fünf hierfür gebildeten Regionen statt (Hinz, 2011, S. 216). Dabei handelt es sich zum einen um halbtägige öffentliche Treffen für Kolleg*innen des jeweiligen FZ und aller mit ihm kooperierenden allgemeinen Schulen (außer Gymnasien) und zum anderen um ganztägige schulinterne Fortbildungsveranstaltungen, die auch Perspektiven für die zukünftige Rolle der FZen einschließen. Dabei werden der

Index für Inklusion und die mit ihm verbundene Idee von Inklusion sowie mögliche Arbeitsformen vorgestellt.

Entgegen der Erwartung der Schulrät*innen melden sehr viele Schulen Interesse an, in derartige, von externen Moderator*innen begleitete Prozesse einzusteigen. So wird es notwendig, eine Steuergruppe mit Vertreter*innen der Schulämter, der FZen und den externen Berater*innen zu bilden (Hinz, 2011, S. 216) und eine neue Gesamtstruktur des Projekts zu entwickeln. Die Projektstruktur enthält den Kreis bzw. die Stadt mit der zentralen Steuergruppe sowie fünf Regionen mit ihren jeweiligen Steuergruppen, die mit den einzelnen Schulen vernetzt sind. Die zentrale Steuergruppe wird durch ein Kompetenzteam für die Sicherung der inhaltlichen Qualität der Prozesse und ggf. der Qualifizierung ergänzt.

So entsteht – nach dem das Bildungsministerium gerade durch den FDP-Politiker Klug übernommen worden ist –, die Notwendigkeit, auch finanziell zu überlegen, wie ein solcher Impuls in größerem Rahmen sinnvoll realisiert werden könnte. Die im Hintergrund involvierte Referentin aus dem Ministerium bringt eine Anfrage an den Minister auf den Weg – mit der Antwort, dass dies nicht im Koalitionsvertrag stände und daher nicht finanzierbar sei (Hinz, 2011, S. 217 f.; Kruschel, 2021, S. 489 f.).

Mit dieser Absage und der gleichzeitigen Lawine von Interessenbekundungen gerät das Projekt in eine problematische Situation, denn für eine solche Breite an Entwicklungsarbeit sind nicht die entsprechenden Mittel vorhanden; sie können auch nicht kurzfristig eingeworben werden. Damit ist es in eine eher zufällige Dynamik gestürzt: Die ursprünglich eingesetzten Mittel reichen nur noch aus, um die externen Moderator*innen aus Halle bis zum Ende der Sondierungsphase einzubinden. Die sehr pragmatische Lösung ist letztlich, dass jeweils Schulleitungen aus benachbarten Schulen die dadurch ‚mehr oder minder externe' Moderation übernehmen und so wachsende regionale Netzwerke bilden (Hinz, 2011, S. 218). Es mangelt jedoch an einer zentralen Koordination, die den Überblick hätte, welche Schulen in welcher Zahl und mit welchen inhaltlichen Ergebnissen auf der Basis des Index für Inklusion arbeiten. So „kommt es zu einem schleichenden Auslaufen der Handlungskoordination zwischen den Akteuren" (Kruschel, 2021, S. 490) – und ihre Ergebnisse bleiben vage.

2.2 Analyse der Governance-Mechanismen und Rekontextualisierungsprozesse durch die Akteure

Wie bereits aus der bisherigen Schilderung hervorgeht, sind es die beiden Schulrät*innen, also die untere Schulaufsicht, auf die der Entwicklungsimpuls zurückgeht. Sie sichern sich in der Hierarchie des Ministeriums (Referatsleitung, obere Schulaufsicht) ab und holen externe Partner*innen aus der Wissenschaft (Universität Halle) ins Boot. Koordiniert wird der Prozess durch eine Steuergruppe, der über die Schulrät*innen und die Wissenschaftler*innen hinaus jeweils eine weitere Mitarbeiterin der Schulämter angehört. Eingebunden in den Prozess sind darüber hinaus die Leitungen der regionalen FZen, in deren Häusern die regionalen Treffen stattfinden. Nicht eingebunden sind dagegen weitere Akteur*innen aus dem Ministerium, vor allem die Leitung sowie die fachlich zuständigen Unterstützungsdienste wie die Beratungsstelle Inklusive Schule (BIS). Damit ist dieses Projekt auf der regionalen Ebene angesiedelt (ein Kreis und eine Stadt) und es wird vor allem von intermediären Akteuren des Mehrebenensystems bearbeitet.

Die Erwartung der Initiator*innen betrifft zwei Aspekte: eine breite Information über Inklusion, ihre Bedeutung und mit ihr verbundene Perspektiven sowie die Arbeit mit wenigen Schulen, quasi als Beispiel gebende Leuchttürme.

Im Hintergrund steht die persönliche Überzeugung der Initiator*innen, dass Schule sich mit der Inklusion in der Richtung einer ‚Schule für alle' zu bewegen hat und sie sich dazu stärker vernetzen muss – auf jeden Fall mit den regionalen FZen, aber auch mit anderen Partner*innen im Umfeld. Wie weit hier auch biographische Aspekte eine Rolle spielen, bleibt offen: Eine der beiden Schulrät*innen war eine der ersten Lehrerinnen im Modellversuch mit Integrationsklassen in den 1980er Jahren (Kruschel, 2021, S. 252–256). Relativ wahrscheinlich erscheint jedoch, dass viele Akteur*innen – entgegen den Intentionen des Index und der externen Akteur*innen – Inklusion als Integration von behinderten und nichtbehinderten Kindern verstehen und insofern die Koordination zwischen Schul- und Sonderpädagogik intensiviert werden soll. Womöglich ist es jedoch einer der Effekte dieser Sondierungsphase, dass hier eine Veränderung eintritt und – wie auch später bei InPrax (s. u.) deutlich werden wird (Hinz & Kruschel, 2017, S. 291; S. 496) – Inklusion angemessen breiter verstanden wird.

Als zentrale Handlungskoordinationen finden Verhandlungen innerhalb der Steuergruppe statt, also zwischen den Schulämtern und den externen Begleiter*innen; dabei werden gemeinsam sinnvoll erscheinende Schritte entwickelt, die dann in einer Schulleitungskonferenz mit den Leitungen der FZen und nachfolgend mit allen Schulleitungen allgemeiner Schulen diskutiert und in der Sondierungsphase auch entsprechend umgesetzt werden. In weiten Bereichen – wenngleich nicht uneingeschränkt bei manchen FZ-Leitungen – basieren diese Verhandlungen auf gemeinsam getragenen Überzeugungen und offenbar auf langfristig angelegten Gewohnheiten eines kooperativen Umgangs miteinander, der Möglichkeitsräume für Entwicklung schafft ohne sie zu verordnen – wobei schon deutlich wird, dass die Schulrät*innen in Richtung auf eine ‚Schule für alle' gehen möchten.

Beobachtete Effekte dieses Prozesses zu definieren, ist in diesem teils eher naturwüchsig ablaufenden Projekt nicht ganz einfach. Ein von den Initiator*innen intendierter Effekt dürfte in einer Schärfung des Verständnisses von Inklusion liegen – im Sinn eines menschenrechtsbasierten Abbaus von diskriminierenden Barrieren jeglicher Art für das Lernen und die Partizipation in der Schule. Sicherlich nicht intendiert ist das große Interesse von Schulen an der Partizipation an entsprechenden Entwicklungsprozessen, ebenso wenig die tendenziell naturwüchsig und angesichts ausbleibender Bereitstellung von Finanzmitteln durch das Ministerium zum Nulltarif stattfindende Arbeitsphase mit gegenseitiger Moderation durch Schulleitungen oder andere vertraute Personen in regionalen Netzwerken. Das Interesse der Schulen gestaltet sich allerdings auch in den Einzugsbereichen der FZen recht unterschiedlich, was u. U. Rückschlüsse auf die Transparenz von deren internen Gesprächskulturen sowie auf ihre Akzeptanz in allgemeinen Schulen zulässt.

3 Landesweites Schulentwicklungsprojekt in Schleswig-Holstein – InPrax

Das Bildungsministerium initiiert im August 2011 das landesweit ausgerichtete Schulentwicklungsprojekt ‚Inklusion in der Praxis' (InPrax). In der öffentlichen Darstellung rahmt die Landesregierung diesen Schritt als Element der Umsetzung der UN-BRK im schulischen Bildungsbereich.

3.1 Grundzüge des Projekts

Das seit 2009 vom FDP-Minister Klug geführte Bildungsministerium bleibt lange Zeit passiv in Bezug auf die Umsetzung der UN-BRK und lässt keine Steuerungsimpulse in diesem Kontext erkennen. Angeregt durch einen wissenschaftlichen Vortrag – und möglicherweise auch vor dem Horizont nahender Neuwahlen – beauftragt der Minister die zuständige Referentin mit der Etablierung eines landesweiten inklusionsorientierten Projekts. Diese nutzt ihre erweiterten Verfügungsrechte, um eine auf der Ebene des Bundeslandes angesiedelte Form des Projekts zu etablieren, das bereits in seinem Norden mit ihrer Begleitung gelaufen war (s. o.). Sie erhält dafür die notwendigen Verfügungsfähigkeiten in Form finanzieller Mittel, die sie damals nicht hatte einwerben können (Kruschel, 2021, 489 ff.).

Ziel des Projekts InPrax ist es, „die Schulen auf dem Weg zu mehr Inklusion zu unterstützen und Impulse zu setzen" (IQSH, 2012, S. 1). Zu diesem Zweck werden Lehrer*innen durch die Montag Stiftung Jugend und Gesellschaft (MSJG) zu Moderator*innen für inklusive Schulentwicklungsprozesse qualifiziert, die anschließend den Schulen regional zur Verfügung stehen. Die Moderator*innen sollen in enger Abstimmung mit den Schulrät*innen arbeiten und sind für interessierte Schulen anforderbar (Hinz & Kruschel, 2017, S. 15 ff.).

Das Projekt startet nach einer Planungsphase im Spätsommer schließlich Anfang November 2011 und läuft mit einer Moderator*innengruppe bis Sommer 2014. InPrax wird anschließend in Regelstrukturen überführt. Die wissenschaftliche Begleitung des Projekts bis zum Ende der offiziellen Projektlaufzeit wird durch Wissenschaftler der Universität Halle geleistet (Hinz & Kruschel, 2017).

Mit Ende des Projekts im Sommer 2014 wird die Bewertung seiner Effekte widersprüchlich gesehen. Bezüglich der Reichweite erreicht es 10 % aller Schulen des Bundeslandes und damit die gesetzten Ziele der Verantwortlichen; dennoch zeigen diese sich teilweise enttäuscht von der – wenn auch regional stark unterschiedlichen – Nutzung. Sowohl Moderator*innen als auch Schulrät*innen und Verantwortliche berichten hingegen auf der qualitativen Ebene von klaren Fortschritten in den Schulen und einem erkennbaren Einfluss des Projekts auf die Qualitätsentwicklung pädagogischer Einrichtungen (Hinz & Kruschel, 2017, S. 295). Diese Sicht wird von den verantwortlichen Vertreter*innen des Bildungsministeriums geteilt: Die Veränderungen sind nach ihrer Darstellung nicht in der Breite sichtbar, sondern eher im Bereich von Haltung und Einstellungen zu sehen. Es wird also versucht, Rekontextualisierungsprozesse nicht nur auf der Mesoebene des Systems zu erreichen, sondern eben auch jene, die beim einzelnen Individuum, der Mikroebene starten (Kruschel, 2021, S. 496 f.). In der Wahrnehmung des Projekts durch Akteure im Bildungssystem herrscht jedoch erstaunlich viel Unkenntnis über die Existenz des Projektes, was ein Indiz für die begrenzte Bekanntheit von InPrax ist (Kruschel, 2021, S. 496 f.).

3.2 *Analyse der Governance-Mechanismen und Rekontextualisierungsprozesse durch die Akteure*[1]

Bei InPrax handelt es sich nicht um ein originäres Instrument kontextorientierter Steuerung, bei dem die Bedingungen für Schulen verändert werden, sondern

[1] Die folgenden Ausführungen basieren wesentlich auf einer ausführlicheren Analyse (Kruschel, 2021, 489–504).

vielmehr um einen Impuls, der Schule unter den existierenden und sich nicht verändernden Bedingungen darin unterstützen soll, sich inklusionsorientiert weiterzuentwickeln. Er ist eine Art Brücke, um die normativen Implikationen der UN-BRK an die Mesoebene weiterzureichen und dort (begleitete) Rekontextualisierungsprozesse anzustoßen. Um diesen Prozess zu legitimieren, zeigt das Bildungsministerium mit dem Projekt InPrax zudem, dass es ‚etwas dafür tut', es also aktiv ist, und sendet ein ‚Signal', damit nun auch die Schulen aktiv werden sollen.

Zwar handelt es sich bei InPrax um einen Impuls, der auf die hierarchische Anweisung des Bildungsministers zurückzuführen ist. Die Konkretisierung des Projekts, also das Füllen der Anweisung mit Leben – die Rekontextualisierung des ministeriellen Steuerungsimpulses – wird durch die zuständige Referentin vorgenommen, die dabei zum einen auf die Erfahrungen im Norden des Bundeslandes zurückgreift, aber zum anderen auch ihren persönlichen Überzeugungen folgt. Im Laufe der Projektzeit nimmt das Bildungsministerium dann eine beobachtende und weniger beeinflussende Position ein, „doch wird – zumindest auf der Vorderbühne des Projekts – nicht klar, inwiefern es tatsächlich involviert ist" (Hinz & Kruschel, 2017, S. 283). Die Aufgabe der konkreten Steuerung von InPrax – und damit die Verantwortung für die Rekontextualisierung für die weiteren Ebenen – liegt dann beim Institut für Qualitätsentwicklung an Schulen Schleswig-Holstein (IQSH) und insbesondere bei der Beratungsstelle Inklusive Schule (BIS).

Von der Anlage des InPrax-Projekts her nimmt die Schulaufsicht eigentlich eine Schlüsselrolle ein, denn den Schulrät*innen kommt sowohl die Aufgabe zu, Lehrer*innen aus den Einzelschulen als Moderator*innen für InPrax zu gewinnen, als auch Schulen für die Teilnahme am Projekt, also die Forderung nach Unterstützung, zu motivieren. Die 15 individuellen Akteur*innen der für Inklusion zuständigen Schulrät*innen gestalten dabei diese vom Bildungsministerium zugedachte Handlungskoordination mit den Moderator*innen und anderen Akteuren sehr unterschiedlich. Teilweise sind enge, verhandelnde und unterstützende Kooperationsbeziehungen zu beobachten, teilweise haben die Schulrät*innen in der Anfangsphase gar keine Kenntnis des Projekts und zeigen daher auch keine Aktivität (Hinz & Kruschel, 2017, S. 40 ff.). Es fehlt ihnen dafür schlicht an Informationen. Diesen Umstand beobachtet auch die Projektleitung und steuert mit hierarchischem Vorgehen im Laufe des Projekts gegen, indem eine verpflichtende Tätigkeitsvorausplanung zwischen Moderator*innen und Schulrät*innen eingeführt wird. Die Einführung dieses verbindlichen Koordinationsinstruments schränkt die Verfügungsrechte der Schulrät*innen ein, formalisiert die Handlungskoordination zwischen diesen beiden Akteuren und belässt sie dadurch weniger auf der informellen Ebene. Der stärkere Einbezug der Schulrät*innen erfolgt mit der Intention des Bildungsministeriums, die Nachfrage am Projekt zu vergrößern und damit den im Projekt intendierten ‚Erfolg' der Beteiligung von 10 % der Schulen des Landes zu erreichen. Dieser Impuls zeigt die gewünschte Resonanz, da in verschiedenen Landkreisen daraufhin eine engere verhandelnde, manchmal sogar netzwerkartige Handlungskoordination entsteht (Hinz & Kruschel, 2017, S. 253).

Dennoch wird am Ende der Projektlaufzeit deutlich, wie stark der Wille zur Gestaltung einer kooperativen Handlungskoordination von geteilten ‚kulturellen' Überzeugungen abhängt. Haben Moderator*innen und Schulrät*innen ein ähnliches Verständnis von Inklusion und sehen sie zudem beide eine Notwendigkeit der Entwicklung in diesem Bereich, so findet eine Umsetzung von InPrax weitgehend wie vom Ministerium gedacht statt. Der vom *principal* (Bildungsministerium/IQSH) vergebene Auftrag wird vom *agent* (Schulrät*in) aufgenommen und entsprechend der lokalen Bedingungen und eigenen Überzeugen rekontextualisiert. Hier zeigen sich aber gleichzeitig die Grenzen des Principal-Agent-Modells (Schreyögg & Geiger, 2016, S. 309): Einige Schulrät*innen setzen aus unbekannten Gründen andere Prioritäten und/oder erkennen im InPrax-Projekt keinen Nutzen und bedienen sich daher des ‚shirking'[2]. Sie nutzen den fehlenden Überblick sowie die geringen Möglichkeiten der Kontrolle des Principals und setzen den InPrax-Auftrag nur ‚halbherzig' oder gar nicht um, indem sie sich der Gestaltung einer Handlungskoordination mit den Moderator*innen entziehen (exit option) und/oder wenige Schulen für die Teilnahme am Projekt bewegen. Die gewünschte Rekontextualisierung der Inklusiven Norm im Top-Down-Prozess bricht in diesen Fällen teilweise in der intermediären Ebene einfach ab.

Erwähnenswert ist zudem an dieser Stelle, dass für die Rekontextualisierung des InPrax-Impulses auf der Mesoebene des Schulsystems nicht zwingend die wohlwollende Haltung der Akteure auf der intermediären Ebene – den Schulrät*innen – nötig ist, wie angenommen werden könnte. Vielmehr zeigen die empirischen Ergebnisse (Schreyögg & Geiger, 2016, S. 260 f.), dass eine enge Zusammenarbeit zwischen Moderator*innen und Schulrät*innen nicht zwangsläufig zu einer hohen Annahme des Projekts bei den Schulen führt – und andersherum. Moderator*innen kommen selbst dann in die Begleitung von Schulen, wenn die Akteure der intermediären Ebene diesen Prozess nicht unterstützen

---

[2] Shirking: Der agent versucht, die Belohnung des principal mit möglichst geringem Aufwand zu erhalten, also die Leistungserbringung einfacher zu gestalten als ursprünglich vereinbart.

und sich der Handlungskoordination entziehen. Sie werden dann eigenaktiv und nutzen die begrenzten Verfügungsrechte, die sie im Rahmen des InPrax-Projekts vom Ministerium erhalten haben, um eigenmächtig Schulen für die Teilnahme zu gewinnen und Schulentwicklungsprozesse zu unterstützen. Hier werden dann Schulen aktiv, die eine Handlungsnotwendigkeit sehen.

Auch die Handlungskoordination zwischen der Projektsteuerung von InPrax und den Schulrät*innen ist bemerkenswert: Die Mehrheit der Schulrät*innen gibt an, so gut wie keine Kommunikation und daher auch nur wenig Handlungskoordination mit der Projektsteuerung gehabt zu haben. Wenn Handlungskoordination feststellbar ist, dann ist diese fast nur auf dem Niveau der Beobachtung vorzufinden. Auch ist den Schulrät*innen nicht klar, welcher Akteur innerhalb der Steuergruppe ihr Ansprechpartner ist. Rückblickend wird dieser fehlende stärkere Einbezug sowohl von den individuellen Akteuren der Projektsteuerung als auch von Schulrät*innen als Versäumnis gesehen. Die Schulrät*innen als zentrale Akteure der intermediären Ebene waren daher nur über die Verbindung zu den Moderator*innen in das Projekt involviert.

Die Unbestimmtheit des Inklusionsbegriffs führt zu weiteren interessanten Effekten bei der Rekontextualisierung der UN-BRK unter Berücksichtigung der Perspektive des Principal-Agent-Modells: Die InPrax-Moderator*innen bemängeln teilweise, dass sie im Rahmen dieser Qualifizierung ein weites Inklusionsverständnis erwerben, aber dieses aus ihrer Sicht nicht von Mitgliedern der Steuergruppe von InPrax und damit staatlichen Akteuren getragen wird – unterschiedliche und nicht ausdiskutierte Positionen und kulturelle Überzeugungen werden sichtbar. Dem Auftraggeber fehlt die Überwachungsmöglichkeit zu überprüfen, was die MSJG als agent genau in der Qualifizierung vermittelt, was wiederum zu Widersprüchen zwischen den Äußerungen staatlicher Akteure und damit ggf. der Vorgesetzten der Moderator*innen sowie den Ausführungen der MSJG führt. Artikulieren Erstere beispielsweise, dass sich der Projektauftrag auf den gemeinsamen Unterricht behinderter und nicht behinderter Kinder beschränkt, versteht hingegen der Akteur der Zivilgesellschaft Inklusion stets als Teilhabe aller Kinder und Jugendlicher. Als nicht intendierter Effekt dieses von den Moderator*innen wahrgenommenen Widerspruchs zwischen den zwei Akteuren wird ‚voice', also Protest erzeugt. Dies führt schlussendlich dazu, dass der Projektauftrag auf alle Schüler*innen und auf schulübergreifende Aktivitäten ausgeweitet – und damit auch eine größere Passung zum Index für Inklusion hergestellt wird.

Zusammenfassend kann festgestellt werden, dass Inklusion durch die UN-BRK und die anschließende Rekontextualisierung des Bildungsministeriums als ein – aus Sicht der Schulen teilweise – neues Thema auf die Agenda bildungspolitischer Ziele gesetzt wird. InPrax wird von den Schulen wahrgenommen, aber die Zielstellung des Projekts scheint mitunter nicht deckungsgleich mit den nächsten Zonen der Entwicklung von Schulen, die teilweise eher mit Teambildungs- und/oder Selbstfindungsprozessen beschäftigt sind. Um sich dann der ungewollten Handlungskoordination zu entziehen, reagieren einige Schulen mit Protest oder begeben sich erst gar nicht in die freiwillige Interdependenzbeziehung, indem sie die Ressourcen InPrax z. B. nach einer Vorstellung nicht weiter nutzen. Trotz aller Schwierigkeiten gelingt jedoch eine Verankerung von Projektressourcen im Unterstützungssystem des Bildungssystems – also auf intermediärer Ebene –, sodass in den Folgejahren von dort weitere Rekontextualisierungsprozesse unterstützt werden können.

4 Vergleichende Analyse und Fazit

In der gebotenen Kürze lassen sich verschiedene Punkte nennen, bei denen teils unterschiedliche, teils sehr ähnliche Konstellationen bestehen (vgl. Abb. 1):

- Die *Startbedingungen* der beiden Projekte sind durchaus unterschiedlich: Während das SFP bottom-up entsteht, fast informell mit (zu) geringer Ausstattung von Akteuren auf der intermediären Ebene realisiert wird und den Impuls der UN-BRK antizipiert, erscheint InPrax als von Akteuren der Makro-Ebene strategisch top-down angelegtes und von Überzeugungstäter*innen in ihrem Sinne genutztes Vorhaben, das formalisiert mit umfangreichen Verfügungsfähigkeiten ausgestattet wird und sich explizit auf die Umsetzung der UN-BRK bezieht.
- Auch in der beabsichtigten *Wirkungsbreite* unterscheiden sich beide Projekte deutlich: Das SFP ist in seiner Begrenzung auf einen Landkreis und eine Stadt regional angelegt und plant die Qualifizierung durch die externen Moderator*innen. Sie wird erst später im Rahmen des auf das gesamte Bundesland ausgelegten Projekts InPrax realisiert.
- Beide Projekte weisen ähnliche *Steuerungszugänge* auf, indem sie keine verbindlichen Vorgaben zur Art und Weise der Umsetzung machen, sondern durch die Vergabe erweiterter Verfügungsrechte an Akteure auf der Mesoebene Möglichkeitsräume eröffnen, die jedoch im Kontext eines normativen Horizonts kommuniziert werden.
- Als *Bezugsmaterial* hat der Index für Inklusion bei beiden einen hohen Stellenwert, allerdings wird er bei dem SFP durchgängig mit breitem Inklusionsverständnis verwendet, während er bei InPrax deutlich weniger konturiert erst zunehmend mit weitem Verständnis genutzt wird.

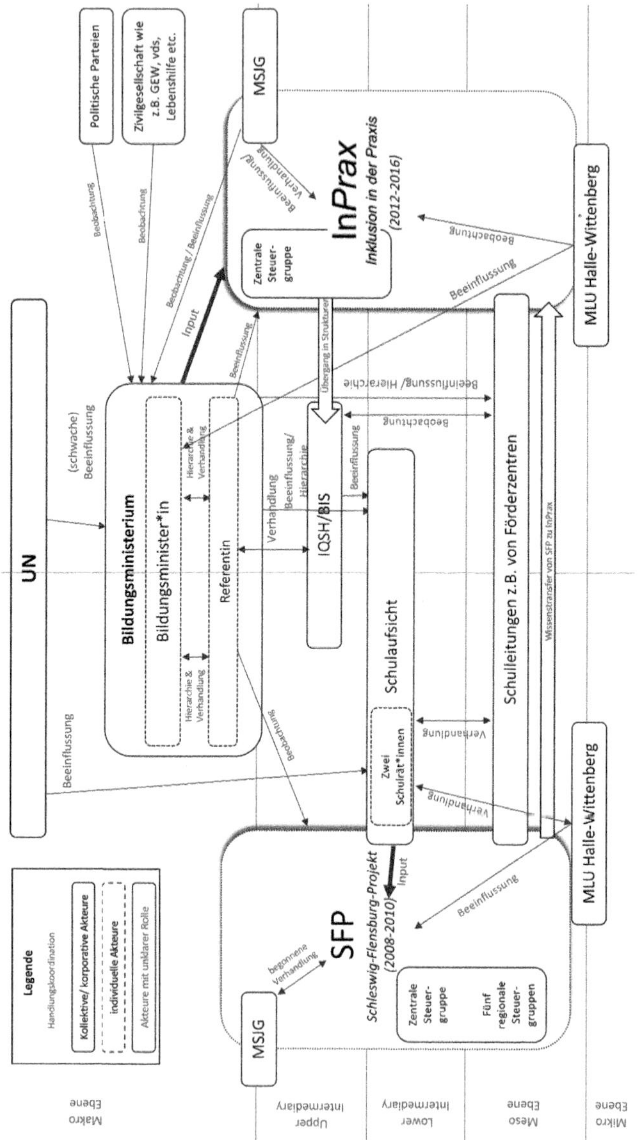

Abb. 1 Akteurskonstellation und Handlungskoordination in beiden Projekten im Vergleich. (Eigene Grafik)

Insgesamt wird deutlich, dass trotz gleicher Absichten gleicher und unterschiedlicher Akteure sehr unterschiedliche *Governance-Regime* vorliegen:

- Bezüglich der zu beobachtenden *Akteurskonstellationen* ist festzustellen, dass die zentralen Akteure auf unterschiedlichen Ebenen des Mehrebenensystems zu finden sind. So holen beim SFP intermediäre Akteure als Initiator*innen Hilfe durch Externe und moralische Unterstützung durch die Arbeitsebene des Bildungsministeriums ein. InPrax wird dagegen auf der Makroebene initiiert, die sich jedoch zunehmend zurückzieht und die Steuerung an die intermediäre Ebene delegiert. In beiden Projekten sind Vertreter der Universität Halle als externe Wissenschaftler involviert, die Partizipation der Montag Stiftung wird im SFP nur begonnen und im Rahmen von InPrax realisiert. In beiden Projekten übernehmen freiwillige Akteur*innen der Mesoebene die Moderation. Während zwei Schulrät*innen bei SFP die Initiative ergreifen, ist die Rolle der Schulaufsicht bei InPrax regional stark unterschiedlich ausgeprägt; in einigen Kreisen äußerst marginal.
- Bezüglich der *Intentionen aus Steuerungsperspektive* versprechen sich die Initiator*innen vom SFP vor allem inhaltliche Schritte an Schulen in Richtung Inklusion, während die Initiator*innen von InPrax teils dieselbe Intention teilen, teils aber auch ihren Impuls eher legitimatorisch-strategisch als Umsetzung der UN-BRK rahmen. Beide agieren kontextgesteuert und verändern weder die Ressourcen der Schulen noch die normativen Rahmenbedingungen (Schulgesetze, Verordnungen).
- Auch bei der *Rekontexualisierung der Norm Inklusive Bildung* gibt es eine interessante Konstellation: Bei beiden Projekten werden vorhandene inklusive Überzeugungen mithilfe des Index für Inklusion gestärkt, jedoch gilt dies bei SFP durchgängig, während es bei InPrax bei anfänglich eher sonderpädagogischer Anlage erst nach massiver Beeinflussung durch Akteure der Meso-Ebene erfolgt. Beide Projekte verfolgen dabei einen pragmatischen Ansatz, der auf die Schaffung von Möglichkeitsräumen vor Ort zielt und keine grundlegende Kritik am Schulsystem enthält.
- Die *zentralen Handlungskoordinationen* unterscheiden sich dagegen deutlich: Bei SFP dominiert Vernetzung, die teils fast informell an vorhandene Kooperationsstrukturen und -kulturen anschließt, dagegen startet InPrax mit deutlich anweisender Hierarchie, die aber zum einen abnimmt, indem sie größere Freiräume für Aktivitäten zulässt, und zum anderen zunimmt, indem sie die Kooperationsgestaltung zwischen Akteuren verbindlicher festlegt.
- Bei den intendierten und transintentionalen Effekten erscheint das SFP insofern widersprüchlich, als es nach unerwartet starker Dynamik abflaut – und

dann transintentional zu InPrax führt. InPrax realisiert die Unterstützung von Schulen und ergänzt somit die vorhandenen Unterstützungsstrukturen sowohl auf individueller als auch auf Schul- und regionaler Ebene, dagegen wird die breite landesweite Nutzung nicht in erhofftem Maße erreicht. Nicht intendiert ist die Überführung eines Teils der InPrax-Strukturen in reguläre Systeme.

Auffällig ist, dass beide – so unterschiedliche – Governance-Regime an die der Vergangenheit (Kruschel, 2021, Kap. 5) anschließen, indem sie auf das Schaffen von Möglichkeitsräumen statt genauer Zielvorgaben setzen, wodurch die Umsetzung der Impulse abhängig von den Reaktionen der Adressat*innen wird. Schlussendlich zeigt die vorliegende Analyse am Beispiel zweier Impulse im Kontext des Schleswig-Holsteinischen Schulsystems, dass die Rekontextualisierung des internationalen Steuerungsimpulses der UN-BRK auch regional stark unterschiedlich verlaufen kann. Akteure unterschiedlicher Ebene können Impulse mit Bezug auf die UN-BRK setzen, die das gleiche Ziel verfolgen, aber doch auf sehr unterschiedlichen Intentionen basieren. Es handelt sich nicht zwingend um einen Prozess, der ‚von oben nach unten' durchdelegiert werden muss. Vielmehr kann er – einer der Grundannahmen der Governance-Forschung folgend – von unterschiedlichsten Akteuren im Mehrebensystem des Schulsystems ausgehen und Handlungskoordination anderer Akteure auf anderen Ebenen auslösen. Die Ausstattung mit entsprechenden Verfügungsrechten und -fähigkeiten ist förderlich, um langfristig planen zu können, doch zeigt sich auch, dass selbst in deren Ermangelung wichtige Impulse gesetzt werden können, die ‚im besten Fall' inklusionsorientierte, nicht intendierte Effekte nach sich ziehen. Das SFP als Impuls von engagierten Akteur*innen der intermediären Ebene hat InPrax überhaupt erst möglich gemacht und somit bedeutende transintentionale und vor allem bundeslandweite Effekte nach sich gezogen. Ermöglicht wurde dies durch die verhandelnde informelle Handlungskoordination, die von einer geteilten *inklusiven* Wertebasis geprägt war.

Literatur

Altrichter, H., Heinrich, M., & Soukup-Altrichter, K. (2011). Governance-Regime der Schulprofilierung. In H. Altrichter, M. Heinrich, & K. Soukup-Altrichter (Hrsg.), *Schulentwicklung durch Schulprofilierung? Zur Veränderung von Koordinationsmechanismen im Schulsystem* (S. 217–239). VS.

Boban, I., & Hinz, A. (Hrsg.) (2003). *Index für Inklusion. Lernen und Teilhabe in Schulen der Vielfalt entwickeln*. Martin-Luther-Universität Halle-Wittenberg.

Denkfabrik inklusive Bildung. (2009). *Positionspapier inklusives Bildungssystem.* [nicht mehr online abrufbar].

Dillenberg, R. (2007). *Auf dem Weg zur Inklusion. Lebenshilfe Landesverband Schleswig-Holstein.* [nicht mehr online abrufbar].

Erdsiek-Rave, U. (2010). Ein System unter Druck. Aufgaben für die Politik. In A. Hinz, I. Körner, & U. Niehoff (Hrsg.), *Auf dem Weg zur inklusiven Schule. Barrieren überwinden – inklusive Pädagogik entwickeln* (S. 311–318). Lebenshilfe.

Hinz, A. (2011). Eine Region Schleswig-Holsteins auf dem inklusiven Weg. In P. Flieger & V. Schönwiese (Hrsg.), *Menschenrechte – Integration – Inklusion. Aktuelle Perspektiven aus der Forschung* (S. 213–218). Klinkhardt.

Hinz, A., & Jesumann, C. (2010). Eine Region macht sich verstärkt auf den inklusiven Weg – der Kreis Schleswig-Flensburg und die Stadt Flensburg. In A. Hinz, I. Körner, & U. Niehoff (Hrsg.), *Auf dem Weg zur Schule für alle. Barrieren überwinden – inklusive Pädagogik entwickeln* (S. 228–238). Lebenshilfe.

Hinz, A., & Kruschel, R. (2017). *Entwicklung schulischer Inklusion auf Landesebene. Eine Untersuchung am Beispiel eines Unterstützungssystems in Schleswig-Holstein.* Klinkhardt.

IQSH (Institut für Qualitätsentwicklung an Schulen Schleswig-Holstein). (2012). *Inklusion in der Praxis* (Flyer).

Klemm, K. (2010). *Gemeinsam lernen. Inklusion leben. Status Quo und Herausforderungen inklusiver Bildung in Deutschland.* Bertelsmann Stiftung.

Kruschel, R. (2021). *Die UN-Konvention über die Rechte von Menschen mit Behinderungen als Steuerungsimpuls für das Schulsystem Schleswig-Holsteins – eine explorative Untersuchung aus Governance-Perspektive. Unveröffentlichte Dissertation.* Martin-Luther-Universität Halle-Wittenberg.

Kruschel, R., & Pluhar, C. (2017). Der lange, aber kontinuierliche Weg in Richtung Inklusion – Die Umsetzung der UN-Behindertenrechtskonvention im Schulsystem Schleswig-Holsteins. *Zeitschrift für Inklusion Online, 2.* https://inklusion-online.net/index.php/inklusion-online/article/view/420/323. Zugegriffen: 20. Juli 2022.

MSGFJS (Ministerium für Soziales, Gesundheit, Familie, Jugend und Senioren des Landes Schleswig- Holstein). (2008). Politik für Menschen mit Behinderung. Entwicklung eines Gesamtkonzepts des Ministeriums für Soziales, Gesundheit, Familie, Jugend und Senioren des Landes Schleswig-Holstein.

Schreyögg, G., & Geiger, D. (2016). *Organisation: Grundlagen moderner Organisationsgestaltung. Mit Fallstudien* (6., vollständig überarbeitete und erweiterte Auflage). Springer Gabler.

Hinz, Andreas, war 1999 bis 2020 Professor für Allgemeine Rehabilitations- und Integrationspädagogik an der Martin-Luther-Universität Halle-Wittenberg und zuständig für inklusive Bildung in der Lehrer*innenbildung, davor 12 Jahre Mitglied Wissenschaftlicher Begleitungen integrativer Grundschulversuche in Hamburg. Seine Arbeitsschwerpunkte sind Inklusionsforschung, v. a. über Bildung und Beschäftigung, demokratische Bildung, dialogische Diagnostik und Zukunftsplanung.

Kontakt: andreas.hinz@paedagogik.uni-halle.de

Homepage: www.inklusionspaedagogik.de

Kruschel, Robert, ist Erziehungswissenschaftler und Lehrer. Von 2018 bis 2022 war er Wissenschaftlicher Mitarbeiter im Institut für Förderpädagogik der Universität Leipzig. Seine Forschungsschwerpunkte sind Governance und Steuerung von Inklusion im Bildungssystem, inklusionsorientierte und sozialraumorientierte Schulentwicklung sowie Demokratische Bildung.

Kontakt: robkru@icloud.com

Inklusionsbezogene Steuerungsprozesse auf Ebene der Schulaufsicht – Erfahrungen aus zwei Bildungsregionen im internationalen Vergleich (Bozen in Südtirol und Tübingen in Baden-Württemberg)

Kerstin Merz-Atalik, Martin Schüler und Hansjörg Unterfrauner

1 Kontextualisierung: Entwicklung der inklusiven Bildung in den Schulregionen Bozen (Südtirol) und Tübingen (Baden-Württemberg)

Für den Vergleich wurden zwei – im Hinblick auf den Stand der Umsetzung eines inklusiven Bildungssystems – sehr unterschiedlich entwickelte deutschsprachige Regionen in Europa ausgewählt. Für beide gilt die UN-Konvention über die

K. Merz-Atalik (✉)
PH Ludwigsburg, Ludwigsburg, Deutschland
E-Mail: merz-atalik@ph-ludwigsburg.de

M. Schüler
Staatliches Schulamt Tübingen, Tübingen, Deutschland
E-Mail: martin.schueler@ssa-tue.kv.bwl.de

H. Unterfrauner
Deutsche Bildungsdirektion Südtirol, Bozen, Italien
E-Mail: hansjoerg.unterfrauner@schule.suedtirol.it

R. Kruschel und K. Merz-Atalik (Hrsg.), *Steuerung von Inklusion!?*, Educational Governance 52, https://doi.org/10.1007/978-3-658-40103-0_10

Rechte von Menschen mit Behinderungen (UNCRPD[1]) sowie die Forderung nach dem Aufbau eines inklusiven Bildungssystems (Art. 24) als Referenzrahmen. In Italien waren die gesetzlichen Regelungen zu einer *integrativen Beschulung* von Schüler*innen mit Behinderungen bereits im Jahr 1977 und damit weit vor der Ratifizierung der UNCRPD (in Italien in 2009) gesetzt, während in Baden-Württemberg im Schulgesetz erst in 2015 die Sonderschulpflicht abgeschafft wurde (in Folge der Ratifizierung der UNCRPD in 2009). Während in Südtirol nahezu ein Inklusionsanteil[2] von 100 % erreicht wird (keine segregierten Sonderschulen; gemeinsames Lernen aller Schüler*innen, unabhängig vom Leistungsstand in Grund- und Mittelschule sowie in fachbezogenen Oberschulen und Schulen der Berufsbildung), werden in Baden-Württemberg (im Weiteren BW) bereits nach Klassenstufe 4 alle Schüler*innen nach dem Leistungsniveau in unterschiedliche Schultypen der Sekundarstufe (inklusive Sonderschulen) selektiert. Zum Schuljahr 2021/22 wechselten von den rund 92.300 Viertklässler*innen 44 % auf ein Gymnasium, 33 % auf eine Realschule, 13,4 % auf eine Gemeinschaftsschule und 5,7 % auf eine Werkreal-/Hauptschule (Kultusministerium Baden-Württemberg, 2022).

Baden-Württemberg wies im Schuljahr 2018/19 nur einen Anteil von 36 % der Schüler*innen mit sonderpädagogischem Förderbedarf auf (Klemm, 2021), welche an Regelschulen beschult werden (die Mehrheit wird an Sonderpädagogischen Bildungs- und Beratungszentren, sogenannten SBBZ,[3] beschult). In den vergangenen zehn Jahren ist die Segregationsquote[4] entgegen dem Bundestrend sogar weiter gestiegen (von 4,5 % in 2008/09 auf 4,8 % in 2018/19; Kultusministerium Baden-Württemberg, 2022). Damit hat sich das Bundesland von „dem in der UN-Konvention formulierten Ziel in den Jahren seit 2008/09 also tendenziell ent-

[1] Es wird der englischsprachige Original-Titel der Konvention bevorzugt. Der deutschsprachige Titel *Behindertenrechts*konvention impliziert, dass es sich um spezifische Rechte von der als ‚Behinderte' bezeichneten Gruppe handeln würde. Es handelt sich jedoch um allgemeine Menschenrechte, die auch für jene Gültigkeit beanspruchen, die von Behinderung betroffen sind (subjektorientierte Perspektive). Dies ist bedeutsam vor dem Hintergrund einer diskursanalytischen Perspektive: das wir das, worüber wir sprechen, dadurch hervorbringen, dass wir in bestimmter Weise darüber sprechen (in Anlehnung an Foucault; Weisser, 2005).

[2] Schüler*innen mit sonderpädagogischem Förderbedarf im Gemeinschaftsschulsystem.

[3] Nur in Baden-Württemberg wurden die Sonderschulen in Sonderpädagogische Bildungs- und Beratungszentren (SBBZ) umbenannt, in allen anderen Bundesländern heißen sie Förderschulen oder Förderzentren.

[4] Der Anteil der an SBBZ beschulten Kinder an der Gesamtschülerschaft.

fernt“ (ebd., S. 46). BW ist eines von 3 Bundesländern[5], welches mit 32 % die geringste Quote von Regelschulen aufweist, die bereits Schüler*innen mit dem Etikett sonderpädagogischer Förderbedarf unterrichten (Autorengruppe Bildungsberichterstattung, 2018, S. 106). Im Bundesländervergleich weist BW einen unterdurchschnittlichen Rückgang der Zahl der Schüler*innen an Sonderschulen auf (mit 92,9 % im Vergleich zu 2008/09; Bundesdurchschnitt Rückgang auf 80,8 %), wohingegen die Gesamtschüler*innenzahl im selben Zeitraum auf 83,7 % gesunken ist (Klemm, 2021). Das Bundesland hat die größte direkte Einschulungsquote an Sonderschulen im Bundesländervergleich sowie die höchste Quote in Förderschulkindergärten (Autorengruppe Bildungsberichterstattung, 2018; Merz-Atalik, 2018). Vergleichsweise spät wurde 2015 mit der Schulgesetzreform in BW die Sonderschulpflicht abgeschafft, jedoch ist das Regel-Ausnahme-Verhältnis weiterhin zugunsten der Sonderschulen angelegt:

> „§15 (2) Die sonderpädagogische Beratung, Unterstützung und Bildung findet in den allgemeinen Schulen statt, soweit Schüler mit Anspruch auf ein sonderpädagogisches Bildungsangebot kein sonderpädagogisches Bildungs- und Beratungszentrum besuchen“ (SchG BW[6]).

Die Eltern haben seitdem ein „konditioniertes Wahlrecht zwischen den beiden Schulformen“ (Klemm, 2021), welches z. B. in BW für den gemeinsamen Unterricht an Regelschulen durch einen Ressourcenvorbehalt[7] und durch eine sehr stark divergierende Ressourcenausstattung der beiden Systeme (Merz-Atalik, 2018) eingeschränkt ist. Im Schulgesetz hat die damalige Landesregierung[8] ‚gruppenbezogenen, inklusiven Bildungsangeboten‘ den Vorrang gegeben und das Inklusionsverständnis auf den gemeinsamen Unterricht von Kindern mit und ohne Behinderungen eingeschränkt (siehe SchG BW; Merz-Atalik, 2018). Damit ist „die Angebotsstruktur restriktiv gestaltet“ (Klemm, 2021, S. 84) und es wird nicht, wie in der Mehrheit der deutschen Bundesländer (13 von 16; Autorengruppe Bildungsberichterstattung, 2018), dem inklusiven Unterricht der Vorrang gegeben.

In Südtirol (im Weiteren ST) hingegen gehen alle Kinder in Grund- und Mittelschulen des Wohneinzugsgebietes und die Integration von Kindern mit

[5] Neben Rheinland-Pfalz und Bayern.

[6] Schulgesetz für BW (SchG) nach Landesrecht BW, aktuelle Ausgabe i. d. F. v. 01.08.1983.

[7] § 15, Abs. 6: wenn die „personellen und sächlichen Voraussetzungen erfüllt sind“.

[8] Koalition von Grüne und SPD.

Beeinträchtigungen wurde letztendlich durch das staatliche Rahmengesetz 104/1992 qualifiziert (Brugger, 2016). In Folge schloß sich die autonome deutschsprachige Region den zentralen Vorgaben der italienischen Regierung an, die bereits ab 1977 „die flächendeckende Einführung der Integration von Schülern und Schülerinnen mit einer Behinderung in die Regelklasse“ (Brugger, 2016, o.S.) vorsah. Damit blickt die Region auf mittlerweile über 40 Jahre inklusive Schulentwicklung zurück. Im Landesgesetz Nr. 7 vom 14.7.2015 ist ein ‚Recht auf ein inklusives Bildungssystem‘ (Art. 6) im Einklang mit der UNCRPD verankert. Dennoch finden auch hier noch vielfältige Diskurse statt, wie man die inklusive Bildung weiterentwickeln kann und es lassen sich sowohl Momente von Inklusion als auch von Exklusion erkennen (Peterlini, 2018).

2 Einordnung des Experteninterviews in das Design einer internationalen, kooperativen Partnerschaft (Erasmus Plus)

Im Kontext der Einwerbung eines EU-Projektes[9] wurden im Jahr 2018 Mehrebenen-Netzwerkanalysen zu Akteurskonstellationen und Governanceprozessen im Zusammenhang mit inklusiver Bildung in den Schulaufsichtsregionen Bozen und Tübingen durchgeführt (Merz-Atalik & Beck, 2020; Beck & Merz-Atalik in diesem Band). Die Erkenntnisse aus der vergleichenden Studie wurden im Rahmen einer Fact-Finding-Konferenz (in Tübingen) allen beteiligten Akteur*innen aus den beiden Ländern vorgestellt und diskutiert. Im Folgejahr 2019 sollten weitere Mehrebenen-Netzwerkanalysen in anderen europäischen Regionen (Spanien, Österreich) erfolgen. Der Verlauf des Forschungsprojektes wurde jedoch durch die Coronapandemie und deren Auswirkungen erheblich beeinträchtigt. Mit dem im Folgenden dokumentierten Expert*inneninterview wird der Forschungsprozess wieder aufgenommen. Das Interview stellt einen wesentlichen Baustein im Mixed-Methods-Design zur Erfassung von Governanceprozessen der inklusiven Bildungsreform im internationalen Vergleich dar:

- Visuelle Kartografien partizipativer Mehrebenen-Netzwerkanalysen (Merz-Atalik & Beck, 2020; Beck & Merz-Atalik in diesem Band)

[9] Governance Inclusive Education/GovInEd: Kooperative Partnerschaft von 4 europäischen Schulverwaltungsregionen und 5 Hochschulen unter ErasmusPlus KA220-HED-36A3C7C9.

- Qualitative Auswertung von Audiodaten der partizipativen Mehrebenen-Netzwerkanalysen
- weitere qualitative Expert*innen-Interviews mit diversen Akteur*innen (bzw. Akteursgruppen), die in die Steuerung und Durchführung der inklusiven Bildung eingebunden sind.

Die Datenerhebungen insgesamt stellten Vorarbeiten zur Einwerbung von GovInEd (Cooperative Partnerschaft/ EU-Projekt) dar, welches im Januar 2021 (Partner*innen: Hochschulen und Schulaufsichtsregionen aus Deutschland, Italien, Österreich und Spanien) unter der Koordination der PH Steiermark startete.

3 Inklusionsbezogene Steuerungsprozesse aus der Perspektive der Direktoren in Schulamt (D) und Bildungsdirektion (I)

Das Experteninterview mit den beiden Direktoren sollte die bei der Schulaufsicht angesiedelten Aufgaben, Verfügungsrechte, Rollen- und Handlungserwartungen im Zusammenhang mit der inklusiven Schulentwicklung fokussieren. Zudem war es das Ziel, im Hinblick auf einen inklusionsorientierten Transformationsprozess einerseits aus der Sicht der Schulaufsicht erfolgreiche (Aspekte/Bedingungen/ Voraussetzungen oder anderes) sowie andererseits evtl. bestehende „Fehlkonfigurationen oder strategische Schwachstellen“ (nach Fend, 2008) aufzudecken.

3.1 Offizielle Zuständigkeiten der Schulaufsicht – Erfahrungen mit Diskrepanzen zwischen Rollenselbst- und Fremdzuschreibungen

Zur Ermöglichung der Einordnung von Aussagen der Experten in die jeweiligen regionalen (bzw. nationalen) Kontextbedingungen, wurden eingangs wesentliche Rahmenbedingungen beschrieben. Nun sollen zunächst die Aufgabenbereiche der Vertreter in der Schulaufsicht dargestellt werden: Welche offizielle Aufgaben- und Rollenzuschreibung für die inklusive Bildung kommt ihnen und der Institution zu? Welche Aufgaben übernehmen sie in ihrem alltäglichen Handeln? Interviewpartner waren die beiden Ko-Autoren dieses Beitrages Hansjörg Unterfrauner (Inspektor Bildungsdirektion Bozen; im Weiteren HU) und Martin Schüler (Schulamtsdirektor Tübingen; im Weiteren MS), die in einem gemeinsamen Gruppeninterview befragt wurden.

2017 wurde die *deutsche Bildungsdirektion Bozen (ST)* reorganisiert. Diese für alle Schulen verantwortliche Institution (darunter die ‚Landesdirektion Grundschule, Mittelschule und Oberschule' für die staatlichen Schulen) sichert die Abstimmung mit politischen Vorgaben, koordiniert die Gesamtentwicklung des Bildungssystems und ist verantwortlich für die Bereitstellung von Ressourcen und deren Einsatz an allen Schulen (segregierte Sonderschulen gibt es nicht). Im Landesgesetz Nr. 7 (14.7.2015) werden die Gemeinden und das Land verpflichtet, die Rahmenbedingungen für das inklusive Bildungssystem zu sichern (Art. 7). Zudem wurde mit einem Beschluss vom 11.12.2018 festgelegt, dass die mit dem Landesgesetz Nr. 7 eingerichtete landesweite Arbeitsgruppe Inklusion u. a. auch die Aufgabe „(e) der Unterstützung der Arbeitsgruppen zur Inklusion auf Ebene der einzelnen Bildungsdirektion und auf Bezirksebene" hat.

HU beschreibt das Verhältnis zwischen Bildungsdirektion und Schule für ST wie folgt:

> „Die Schulen sind autonome Körperschaften, d. h. sie sind verantwortlich für den ganzen Bildungsprozess, organisieren das vor Ort autonom und hier gibt es eben auch ein bestimmtes Spannungsfeld, weil natürlich autonome Schulen ihre Ziele in einem Dreijahresplan verwirklichen und umsetzen und auf der anderen Seite wir als Bildungsdirektion nationale Vorgaben anpassen und die Schulen in der Umsetzung unterstützen. […] Auf der anderen Seite ist Individualisierung und Personalisierung des Lernens in unseren lokalen Gesetzen überall verankert. Wir sind verpflichtet, eine inklusive Schule umzusetzen […] auch […] im Autonomiegesetz und […] anderen Gesetzen. Also Inklusion ist bei uns in allen gesetzlichen Grundlagen verankert." (HU)

Die UNCRPD-konforme Ausrichtung der schulgesetzlichen Vorgaben in Südtirol und die darin eindeutig gesetzten Verantwortlichkeiten für die inklusive Bildung (durch Bildungsdirektion und Schulpraxis) regeln die Verantwortlichkeiten und Zuständigkeiten der Akteur*innen auf der zentralen, regionalen und lokalen Steuerungsebene sowie für die Einzelschule und die Lehrpersonen – im Vergleich zum Schulgesetz in BW – sehr transparent und eindeutig (Südtiroler Landesverwaltung 2021). Zwischen Schulaufsicht (Strukturen und Ressourcenzuteilung) und Zuständigkeit für die Rahmenbedingungen für inklusive Bildung (Qualitätssicherung) gibt es in Bozen eine institutionelle und personelle Rollenkongruenz.

> „[…] ich bin automatisch als Inspektor für den Bereich ‚Inklusion' auch Leiter des Referats ‚Inklusion'. D. h. einmal habe ich die Funktion, Stellenpläne zu verwalten, d. h. ich weise den Schulen Ressourcen zu. Das ist meine Kompetenz als Inspektor. Und auf der anderen Seite habe ich auch die unterstützende Funktion mit meinem Team und meinem Referat, wo wir Tendenzen auf nationaler Ebene beobachten, in

> Südtirol spezifische Umsetzungsmaßnahmen einbringen und versuchen, auch neue Entwicklungen zur Inklusion umzusetzen." (HU)

In BW regelt das Schulgesetz § 33 die Aufgaben der Schulaufsicht. Demnach gibt es das Ministerium für Kultus, Jugend und Sport (oberste Schulaufsichtsbehörde), das Regierungspräsidium (obere Schulaufsichtsbehörde) und das Schulamt (untere Schulaufsichtsbehörde). Die Schulaufsichtsbehörden in ihrer jeweiligen Zuständigkeit haben die Aufgabe der Fach- und Dienstaufsicht, d. h. auch eine Verantwortung für die Ressourcen der Schulen, im Klassenzimmer und im Unterricht für die inklusive Bildung. Es gibt eine schultypenspezifische Zuordnung der Institutionen: das Regierungspräsidium hat Fach- und Dienstaufsicht über Gymnasien, berufliche Schulen und Sonderpädagogische Bildungs- und Beratungszentren (SBBZ) mit Internat und das Schulamt für die restlichen Schularten. Nach Altrichter (2011) können sich partiell unterschiedliche Aufgabenwahrnehmungen ergeben im Hinblick auf Rollenselbst- und -fremdbeschreibungen von Akteur*innen, z. B. zwischen mittlerer Schulaufsicht und Ministerium (in Anlehnung an Knoke und Hofsommer, 2011), welche die Interaktion als auch die Implementation von Reformen beeinträchtigen und zu vielfältigen nachhaltigen Konflikten führen können. Diskrepanzen in Rollenselbst- und -fremdbeschreibungen sind auch zwischen anderen Steuerungs- und Entscheidungsebenen im Mehrebenensystem (z. B. zwischen Schulamt und Eltern, Schulleitungen oder Lehrkräften) oder zwischen Akteur*innen auf einer Ebene (z. B. zwischen Schulamtsdirektor*innen mit unterschiedlichen Zuständigkeiten) möglich. Diskrepante Erwartungen können Barrieren für die Steuerungs- und Transitionsprozesse und damit für Innovationen darstellen. Im Gegensatz zur deutschsprachigen Bildungsdirektion in Bozen agieren die Vertreter*innen des Schulamtes (Ressourcenzuteilung) nach den Erfahrungen von MS eher mit den Schulleitungen, die für die Umsetzung in den Schulen Verantwortung zeigen, und haben weniger direkte Einblicke in die Klassenzimmer und den Unterricht.

> „Wir agieren im Rahmen [der] Schulaufsicht v. a. mit den Schulleitungen, die wiederum [...] mit den Lehrkräften in den Klassenzimmern agieren. [...] die Aufgaben im Zusammenhang mit Inklusion sind relativ klar geregelt: [...] heißt natürlich auch immer, dass es Offenheiten hat, aber prinzipiell ist im Schulgesetz ausgesagt, dass alle Schulen die Aufgaben der Umsetzung von inklusiver Bildung haben." (MS)

Während der Vertreter aus Bozen in Bezug auf seine Auftragsklärung auf die umfassenden gesetzlichen Ausführungen in der Provinz (Autonome Provinz Bozen, Südtirol) rekurriert, bezieht sich der Schulamtsdirektor aus Tübingen deutlich stärker auf bundesweite Gesetzgebungen und internationale völkerrechtliche Verpflichtungen als Referenzrahmen für seine Tätigkeit.

> „Und meiner Ansicht nach [...] ist es für mich auch definiert dadurch, dass ich meinen Eid als Landesbeamter auf Grundgesetz und Landesverfassung geschworen habe, auch durch die UN-Konvention, weil nun mal Bundestag, [...], Bundesrat die UN-Konvention über die Rechte von Menschen mit Behinderung ratifiziert ha[ben]." (MS)

Während sich in Südtirol die Frage nach der Schulzuweisung bereits seit mehr als 40 Jahren nicht mehr stellt, fällt diese letztendlich (unter Beachtung des Elternwahlrechtes) in Tübingen der Schulaufsicht und dem Schulamt zu. Nach einer Beratung der Eltern, über

> „mögliche Lernangebote bei festgestelltem ‚Anspruch auf ein sonderpädagogisches Bildungsangebot' [...] haben wir auch ganz klar die Aufgabe des Vorschlags und ggf. der Zuweisung einer Schule." (MS)

Die Schulaufsichtsbehörde in BW hat zudem

> „die Möglichkeit, im Einvernehmen mit den beteiligten Schulträgern kooperative Formen des gemeinsamen Unterrichts anzubieten, Formen, in denen Schülerinnen und Schülern ohne und mit einem sonderpädagogischen Förderbedarf aus allgemeinen Schulen und aus sonderpädagogischen Bildungs- und Beratungszentren [...] nur ausgewählte gemeinsame Unterrichtsangebote und gemeinsame Aktivitäten angeboten werden." (Klemm, 2021, S. 23)

Klemm (2021) sieht darin eine Konterkarierung des Inklusionsgedankens. Dadurch ist zugleich die Rolle der Schulaufsicht implizit durch die bildungspolitischen Vorgaben im Bundesland – im Vergleich zu den Konzepten eines inklusiven Bildungssystems der UN (UN General Comments Nr. 4, 2016) – enorm eingeschränkt. Es gibt keinen konkretisierten ministeriellen Auftrag für den Transformationsprozess zu einem inklusiven Bildungssystem. Das Schulamt versucht, den Prozess so zu gestalten, dass „allen Erziehungsberechtigten, Schulen und Netzwerkpartnern genüge getan wird" (MS). Damit wird die Rolle als eigenverantwortlich handelnder Begleiter der Schulentwicklung (Beck 2018), aber auch als Mediator im Hinblick auf divergierende Interessen der Akteur*innen sowie der Institutionen sehr viel stärker betont als in Südtirol, wo sich die Bildungsdirektion als auch das Referat für Inklusion als ein Unterstützungssystem im Netzwerk (genannt wurden u. a. psychopädagogische Beratung mit dezentral organisierten Psycholog*innen und Pädagog*innen) verstehen. So führt MS für seine Tätigkeit in BW aus:

> „Auf die Frage, welche Erwartungen gibt es denn an das, was ich tue, hätte ich reflexartig geantwortet, da gibt es so unterschiedliche Erwartungen von den unterschiedlichen Akteur*innen, dass das meine Aufgabe so interessant macht in meinem Beruf. Also, ich habe die Erwartung von Eltern, die die Beschulung für ihr Kind mit einer Beeinträchtigung an einer allgemeinen Schule wünschen, dass das gefälligst gut zu funktionieren hat. Ohne größere Probleme soll ich doch bitte eine Schule finden, die das gut für ihr Kind macht. Dann habe ich die Erwartung von den Eltern der Kinder ohne Behinderung an diesen Schulen, dass dieses doch bitte nicht zu Beeinträchtigungen der Leistungen ihrer Kinder führen soll. Dann habe ich die Erwartungen von den Schulen, d. h. für mich immer von den Lehrkräften und den Schulleitungen, dass doch bitte die einzelnen Personen, die da agieren, nicht überfordert werden, dass sie ihre Aufgaben, die zugegebenermaßen sehr vielfältig und sehr groß zum Teil auch sind, erledigen können. Und die Aufgaben reichen eben von, ich soll ein Kind auf die weiterführende Schule wie das Gymnasium vorbereiten oder soll es auf ein Abitur vorbereiten, bis zu, ich soll ein Kind mit Herausforderungen im Bereich des Verhaltens im Klassenzimmer behalten. Dann gibt es Forderungen von der Politik, von der obersten Schulverwaltungsbehörde, das soll doch bitte laufen, so dass es irgendwie läuft." (MS)

Der Schulamtsdirektor aus Tübingen hebt außerdem die Kommunikation mit den Trägern von außerschulischen Förder- und Unterstützungssystemen als Herausforderung hervor (z. B. Trägern von Schulbegleitung, Gebäudefragen und Bauamt, Sozialamt in Bezug auf Eingliederungshilfe). Während also in Südtirol alle Akteur*innen im Bildungssystem eine weitgehend gemeinsame Verantwortlichkeit mit einer klaren Zielstellung tragen (Ausnahme: Zuweisung von Personalressourcen in Abschn. 3.2), scheint in Tübingen der Weg zu dieser Selbstverständlichkeit im Akteurnetzwerk der Governance noch beschritten werden zu müssen.

3.2 Akteur*innen und Akteurskonstellationen mit hoher Bedeutung für den Transformationsprozess

Welche Akteur*innen werden von den Experten als bedeutsam im Hinblick auf ihren Einfluss auf die Transformationsprozesse im schulischen Mehrebenensystem (Altrichter & Heinrich, 2007) zur inklusiven Bildung gesehen? Für Südtirol hebt HU die nationalen Vorgaben aus Rom (Legislative; Makroebene), die Umsetzung und Unterfütterung durch die Bildungsdirektion (Exekutive; Intermediäre Ebene) sowie die Führungskräfte und Lehrpersonen (Meso- und Mikroebene) hervor und betont die Relevanz der Lehrerbildung (Mesoebene):

„[...] so sollten eigentlich Inklusionslehrer*innen aus der Lehrerausbildung herauskommen und somit auch den inklusiven Unterricht gestalten, dass wir eigentlich die Integrationslehrer*innen[10] gar nicht mehr brauchen." (HU)

Dahingegen betont der Schulamtsdirektor aus Tübingen, dass die Eltern nach wie vor eine herausragende Rolle haben und daneben die Lehrkräfte:

„[...] die Lehrkräfte in den Klassenzimmern, [...]: Man fühlt sich zum Teil überfordert mit den Aufgaben, die da sind, meldet dann sehr klar den Eltern zurück: ‚Ihr Kind ist meiner Ansicht nach als Lehrkraft hier bei mir im allgemeinen Klassenzimmer nicht richtig am Platz, es sollte auf eine andere Schule'." (MS)

Offener Widerstand würde hingegen selten formuliert.

„[...] das traut sich niemand zu sagen, ‚Inklusion ist nicht gut'. Das würde nie jemand sagen." (MS)

In Tübingen scheint es sich bei der inklusiven Bildung eher um eine Bottom-Up-Reform zu handeln, die entscheidend durch Transformationsimpulse wie das Elternwahlrecht und die Bereitschaft von Lehrkräften bestimmt ist. Es gibt zwar keinen aktiven Widerstand, jedoch werden klare Eigeninteressen verfolgt und es zeigen sich deutliche interessengeleitete Re-Konstruktionen von inklusiver Bildung (wie bspw. die gruppenbezogenen Lösungen, die u. a. eine höhere Deputatszuweisung von sonderpädagogischem Lehrpersonal an Klassen ermöglichen). In Bozen handelt es sich dahingehend eindeutig eher um eine Top-Down-Reform, da die Vorgaben durch die italienische Landesregierung letztendlich konsequent eingefordert wurden.

3.3 Koordination und Kooperation mit individuellen und kooperativen Akteur*innen

Altrichter beschreibt „Bildungsreformen als komplexe Konstellationen individueller und kooperativer Akteur*innen mit je eigenen Interessen und Einflusspotenzialen" (2011, S. 121) und als „längerfristiges Unternehmen mit schwer vorhersagbaren Ergebnissen" (2011, S. 121). Organisationssoziologisch werden bspw. sogenannte Pfadabhängigkeiten von Institutionen (Campbell, 2004;

[10] Zusatzqualifikation für Regellehrkräfte in Südtirol.

Blanck et al., 2013; Powell et al., 2020) beschrieben, wo historisch gewachsene und tradierte Strukturen oder Kulturen in den Institutionen z. B. zum Selbsterhalt unverändert – sozusagen pfadtreu – fortgesetzt werden (bspw. segregierte Schulangebote), indem die Steuerungsimpulse systemkonform bzw. -erhaltend rekonstruiert werden.

Eine Ursache für die Zunahme der Segregationsquote in BW könnte bspw. sein, dass man die inklusive Bildung „zum Terrain der Sonderpädagogik" (Merz-Atalik, 2018, o.S.) gemacht hat. Die Inklusion stellt eine Gefahr für die segregierten Sonderschulen dar und so nutzen sie den Auftrag und die Freiräume im Rahmen ihrer Verantwortung aus der Schulgesetzgebung zum Erhalt des eigenen Systems. Auch einzelne Akteur*innen innerhalb der Systeme und Institutionen weisen häufig einen hohen Grad an Resistenz gegenüber Innovationen auf und teilweise entstehen sogar oppositionelle „Widerstandsfronten" (Dlugosch & Langner, 2016). Als Folge einer mangelhaften Konturierung und Konkretisierung der Zielsetzungen kann es zu individuellen Re-Konstruktionen des inklusiven Bildungsauftrages im Rahmen von tradierten Handlungskonzepten (Merz-Atalik & Hudelmaier-Mätzke, 2016) kommen.

Altrichter (2011) stellte u. a. zwei Merkmale heraus:

1. Die Bedeutung der unterschiedlichen Akteur*innen sowie deren Interessen und Einflusspotentiale
2. Die Langfristigkeit und Unvorhersagbarkeit von Bildungsreformen.

Daraus ergeben sich folgende Fragen: Welche Akteur*innen sind im Transformationsprozess der inklusiven Bildungsreform besonders einflussreich (gewesen)? Welche Interessen waren hier vordergründig erkennbar und wie haben diese Interessen und Einflusspotenziale konkret Wirkungen auf den Verlauf und den Stand der inklusiven Schulreform gehabt?

HU beschreibt ein solches Beispiel für die interessengeleitete Einflussnahme von Akteur*innen auf sein Handeln in ST:

> „Und momentan geht es ganz stark in die Richtung, du gibst mir die Diagnose und ich gebe dir Ressourcen. Und die Inklusion wird so verstanden: Ja, wenn ich die Ressourcen bekomme, dann kann ich auch Inklusion machen und wenn ich die Ressourcen nicht bekomme, dann funktioniert es halt nicht." (HU)

Gleichzeitig formuliert er, dass es in der Kompetenz der Bildungsdirektion liegt (im Sinne von Verfügungsrecht), einen alternativen Ansatz zu entwickeln. In Absprache mit der Landesdirektorin soll dem auftretenden Etikettierungs-

Ressourcen-Dilemma entgegengewirkt werden, indem eine stärkere systembezogene Ressourcenzuweisung erfolgt:

> „[…] nicht mehr direkt Diagnosen-gesteuert zu arbeiten, sondern […] – aufgrund der Informationen, die ich von der Schule bekomme – ihnen Ressourcen zuzuweisen, aber ihnen auch die Verantwortung wieder zurückzugeben: Du bekommst diese Ressourcen, aber mit den Ressourcen musst du vor Ort die inklusive Schule gestalten. Welche Strukturen du schaffst, welche Möglichkeiten du dir entwickelst, das liegt jetzt bei der Schulführungskraft gemeinsam mit dem Kollegium und der ganzen Schulgemeinschaft." (HU)

Ziel einer alternativen Vorgehensweise wäre es, die dahinter liegende Delegation der Verantwortung für den Erfolg der inklusiven Bildung an die Bildungsdirektion (durch die Verantwortung für die zusätzlichen Personalressourcen) aufzubrechen und die Schulen in ihrer Eigenverantwortung zu stärken.

Ähnliche Verantwortungszuschreibungen erlebt das Schulamt in Tübingen, indem man reflexartig bei zu geringen Ressourcen an den Regelschulen auf das Angebot der weiterhin bestehenden Sonderpädagogischen Bildungs- und Beratungszentren verweist, „da ist das Kind ja sicherlich besser beschult als bei uns" (MS). So strebt der Vertreter auch in Tübingen eine stärkere, an Sozialindizes orientierte Ressourcenverteilung an. Darin lässt sich also eine Gemeinsamkeit in den Erfahrungen der Schulaufsicht in beiden Ländern erkennen.

3.4 Professionalisierung und Qualifizierung von Lehrkräften und Fachkräften

Aus der Sicht der beiden Vertreter der Schulaufsicht hat die Lehrerausbildung eine bedeutsame Rolle für die erfolgreiche Implementation der inklusiven Bildung. Während es in Südtirol Kooperationsstrukturen zwischen Bildungsdirektion und Universität im Hinblick auf die Ausgestaltung der Erstausbildung für Lehrkräfte gibt und man gemeinsam an der Weiterentwicklung der Lehrerbildung zur Inklusion arbeitet, scheint dies in Baden-Württemberg nur bedingt ein aktives Kooperationsverhältnis zu sein. In ST sind neben der Bildungsdirektion auch die Lehrkräfte aus der Praxis eingebunden in die Lehrerausbildung an der Universität:

> „*Wir* haben jetzt eine neue Lehrerausbildung Südtirol-spezifisch entwickelt, die sehr […] innovativ ist, […] wo […] die Inhalte zu Pädagogik und Didaktik über die Universität vermittelt werden, . […] am Nachmittag […] findet die Verbindung zu den

> einzelnen Fächern statt mit erfahrenen Lehrpersonen. Das heißt die Inhalte, die am Vormittag wissenschaftlich mitgegeben wurden, sollen am Nachmittag dann auf ihr Fach umgesetzt werden und in der Woche danach gibt es dann die Reflexion [...]. Und das, denke ich, bringt sehr viel." (HU)

In Baden-Württemberg ist die untere Schulaufsicht seit kurzem nicht mehr für die Fortbildungen verantwortlich, so ist die Zuständigkeit für Lehrer*innenfortbildungen

> „[...] in die Hände des sog. ZSL übergegangen – Zentrum für Schulqualität und Lehrerbildung. Wir haben da formal keine Aufgaben mehr, im Alltag begleiten und beraten wir Schulleitungen, Netzwerkpartner, Eltern sehr intensiv bei der Umsetzung von inklusiver Bildung. Fortbildung ganz formal ist allerdings wie gesagt in den Händen des ZSL mit seinen jeweiligen Regionalstellen." (MS)

In Südtirol hingegen wird die Lehrer*innenfortbildung zentral durch die regionale Bildungsdirektion organisiert und dies, als auch die inklusive Ausrichtung, werden für wichtig erachtet.

> „[...] das sehr wichtig ist, [...] das Referat ‚Fortbildung' der Pädagogischen Abteilung in der deutschen Bildungsdirektion. Dort wird die ganze Lehrer*innenfortbildung organisiert. [...] Diese werden dann zentral gesammelt und angeboten, immer mit dem Fokus auf die inklusive Schule. D. h., eigentlich sollte jedes Fortbildungsangebot diesen Fokus [...] haben: Wie kann ich die vorgestellten Inhalte in einer inklusiven Schule umsetzen, auf unterschiedlichen Niveaus, mit Differenzierungsmaßnahmen usw.?" (HU)

3.5 Monitoring und Qualitätsentwicklung inklusiver Bildung als Aufgabe der Schulaufsicht?

Entscheidungen, die die Entwicklung des Bildungssystems betreffen, liegen in Deutschland bei den 16 Kultusministerien der Bundesländer. Daraus ergeben sich erhebliche Differenzen in den Konzepten der inklusiven Schulentwicklung, im quantitativen und qualitativen Maße der Umsetzung sowie in der Ausstattung und den Rahmenbedingungen (Rackles, 2021; Merz-Atalik & Beck, 2022). Voraussetzung für einen Qualitätssicherungsprozess, der durch die mittlere (bzw. obere) Schulaufsicht (intermediäre Ebene) gesteuert wird, sollten klar definierte Qualitätsstandards sein, die auf wissenschaftlichen Erkenntnissen beruhen und mit der Schulpraxis abgestimmt sind.

Diese sind im Hinblick auf die inklusive Bildung in Italien zentralistisch durch die Landesregierung in Rom vorgegeben (Makroebene) und in Südtirol im Schulgesetz explizit ausformuliert. In Baden-Württemberg hingegen besteht kein bundesweiter Referenzrahmen für die gesetzliche Auslegung als auch für die Qualität inklusiver Bildung. Dadurch ergeben sich für die Schulaufsicht in den beiden Regionen auch unterschiedliche Referenzrahmen für ihre Tätigkeit (vgl. Abschn. 3.1). In beiden Regionen finden externe Evaluationen statt, die den Stand der inklusiven Bildung in der Schulpraxis direkt (Bozen) oder indirekt (Tübingen, Umgang mit Heterogenität) mit erfassen.

> „[…] flankierend zur Bildungsdirektion gibt es die externe Evaluation, die unabhängig alle Schulen in regelmäßigen Abständen besucht. Sie haben standardisierte Fragebögen […]. Es gibt einen Qualitätsrahmen, […] Und ein Bereich, den sie auch überprüfen und beobachten, ist die Heterogenität. […] einmal erheben sie das über Fragebögen. Sie gehen dann zu Schulen und machen Unterrichtsbesuche, besuchen mehr oder weniger alle Klassen an den Schulen, […]. Und dann gibt es noch Lehrer-Interviews, Schüler-Interviews und Eltern-Interviews. Und diese ganzen Informationen werden gesammelt und zu Berichten zusammengefasst. Und diese Berichte werden sowohl der Schulamtsleiterin, also der Landesdirektorin, übergeben als auch der Schule zurückgespielt." (HU)

Die Bildungsdirektion ist in Bozen aktiv in den Prozess der Ableitung von Interventionen und Reformen aus der Evaluation eingebunden:

> „Wir haben 2019 eine Rückmeldung des ersten Zyklus erhalten, bei dem eine Gesamtauswertung aller besuchten Schulen gemacht wurde und unter anderem der Bereich der Heterogenität […] genauer angeschaut wurde. […] diese Daten haben wir zur Verfügung. […] da gilt es jetzt, aus diesen Daten […] Maßnahmen abzuleiten. Wo wird auf die Heterogenität eingegangen? […] da gilt es […] diese Daten zu analysieren und […] an den Schrauben zu drehen, zum Beispiel was den Bereich der Fortbildungen anbelangt. Wie können wir die Schulen unterstützen? Auf der anderen Seite aber auch: Was können wir zentral an Maßnahmen setzen, damit Schulen sensibler mit dem Thema umgehen und auch wirklich auf diese Situationen eingehen." (HU)

Der Bildungsdirektor verweist hier auf die in seiner Zuständigkeit liegenden Maßnahmen zur Verbesserung (Fortbildung, Sensibilisierung für Heterogenität, Unterstützung der Schulen) und benennt konkrete Handlungskonzepte seitens der Schulaufsicht. Dahingegen scheint der Regelkreislauf des Qualitätsmanagements (i. d. R. Evaluation, Analyse, Planung von Maßnahmen, Umsetzung von Maßnahmen, erneute Evaluation) an dem Beispiel der externen Evaluation in Tübingen weitgehend ungeschlossen zu sein.

„[...] wir hatten in Baden-Württemberg eine externe Schulevaluation. [...] Eltern-Interviews, Schulleitungs-Interviews, man war auch in den Klassenzimmern, das hatten nicht wir als Schulaufsicht gemacht, sondern das hat eine andere Institution gemacht. [...] Der Schritt, der dann fehlte und weswegen man das dann auch irgendwie eingestampft hat: Was macht man mit diesen Informationen? Man hat [...] gesagt: ‚[...]es gibt organisatorisch eigenständige Schulen. Hier habt ihr die Informationen. Jetzt macht was draus'. Empfunden wurde es von vielen Schulen als Gängelei. [...] An der Stelle, wo man toll war, hat man das nach draußen groß präsentiert, wo man nicht so gut war: ‚[...] blöd, aber so ist es halt'." (MS)

Die Verantwortung für die aus der Analyse folgenden Maßnahmen und Interventionen in BW verblieb also weitgehend auf der Ebene der Schulpraxis (Mikroebene). In einem neu aufgelegten Evaluationszyklus im Rahmen einer Qualitätsoffensive scheint man die Problematik zwar erkannt zu haben, jedoch ist die Umsetzung im Sinne der Prozessgestaltung wenig konturiert:

„[...] die Qualitätsoffensive, die jetzt gerade läuft. [...] wir sollen dann, [...] da ist jetzt unsere Rolle nochmal versucht worden, klarer zu beschreiben, als Schulaufsicht mit den Schulen Zielvereinbarungsgespräche machen. [...] Und natürlich ist man in gewisser Hinsicht aus der ersten Phase ein bisschen ernüchtert, weil wie gestaltet man so Prozesse wirklich gut, so dass wirklich am Schluss dabei hinten was raus kommt, dass Unterricht wirklich besser wird? Das ist eine richtig große Aufgabe." (MS)

4 Fazit

Es zeigt sich, dass in Südtirol Aufgaben und Rollen für die inklusive Schulentwicklung wie Qualifizierung, Qualitätssicherung, Monitoring/Inspektion sowie Ressourcenzuweisung zentral und bildungsstufenübergreifend als *Querschnittsaufgabe* an der Bildungsdirektion angebunden sind, sowie eigenständige *zentrale institutionelle Strukturen* (z. B. das Referat Inklusion) dafür geschaffen wurden. Die Schulen haben durch ihre weitgehende Autonomie (Landesgesetz vom 29.06.2000, Nr. 12[11]) im Hinblick auf die Umsetzung der inklusiven Bildung eine verbindliche Verantwortung, die durch das Landesgesetz formal vorgegeben ist.

[11] Art. 2 (Autonomie der Schulen) (1) Den Schulen wird Rechtspersönlichkeit zuerkannt. Sie besitzen im Sinne der Bestimmungen dieses Gesetzes Autonomie in den Bereichen Didaktik, Organisation, Forschung, Schulentwicklung, Schulversuche, Verwaltung und Finanzen.

Dabei erhalten sie durch die Bildungsdirektion Unterstützung, z. B. im Hinblick auf die Lehrer*innenfortbildung. Steuerungsimpulse im Zusammenhang mit der inklusiven Schulentwicklung, wie Beratung und systemische Begleitung, sind in Bozen (ST) im Gegensatz zu Tübingen (BW) zentral in der Bildungsdirektion angesiedelt. Dadurch sind das Transformationsmanagement, die Ressourcensteuerung sowie die Qualitätsentwicklung und das Monitoring institutionell direkt verknüpft.

In Tübingen (Baden-Württemberg) scheinen hingegen die unterschiedlichen Ebenen im schulischen Mehrebenensystem der Steuerung (Schulpolitik, Schulaufsicht, Schulleitung, Lehrerbildung …) im Hinblick auf ihre Aufgaben und Rollen wenig koordiniert und vernetzt. Transparente gemeinsame Strategien, um Prozessqualitäten (z. B. wie im Landesgesetz von Südtirol) für eine inklusive Bildungsreform zu entwickeln, liegen nicht vor. Die Akteurskonstellationen scheinen streng hierarchisch im Top-Down-Modus gegliedert und wenig aufeinander bezogen. Die *Aufgaben und Rollen* sind in Baden-Württemberg auf den unterschiedlichen Steuerungsebenen *hierarchisch-vertikal geordnet* (oberste, mittlere und untere Schulaufsicht; Schulamt und Regierungspräsidium). Die Aufgaben im Hinblick auf die inklusionsorientierte Transformation des Bildungswesens, wie Professionalisierung, Qualitätssicherung, Monitoring/Inspektion, Ressourcen(um)steuerung etc., sind so *jeweils vertikal auf der Makroebene (Policy), der intermediären Ebene (Schulaufsicht) und der Mesoebene (Institutionen) gelagert.* Die strukturelle Ordnung des Schulamtes in Referate entsprechend der Schultypen (Grundschulen, Werkrealschulen, Realschulen, Gemeinschaftsschulen, Sonderschulen) – horizontale Gliederung nach Zuständigkeiten – wurde bisher vor dem Hintergrund der inklusiven Bildungsreform nicht tangiert. Dies trifft gleichsam für die Referate auf der Makroebene (Ministerium) oder anderen intermediären Ebenen (z. B. in der Lehrer*innenbildung an den Universitäten und Pädagogischen Hochschulen) zu. Insbesondere in dieser *horizontalen Gliederung in schulstufen- und schultypenspezifische Zuständigkeiten* auf allen vertikalen Steuerungsebenen lässt sich eine Barriere für Transformationsprozesse vermuten (Merz-Atalik & Beck, 2020). So ist davon auszugehen, dass sich Abstimmungs-, Koordinations- und Kooperationserfordernisse durch die horizontale Gliederung innerhalb der Governanceebenen deutlich potentieren. Dies wird z. B. darin deutlich, dass auf den unteren Ebenen weiterhin um einen Konsens gerungen wird (vgl. Abschn. 3.1; Rollenerwartungen an die Schulaufsicht). Die Entscheidungen der oberen Schulaufsichtsebene müssen so horizontal zwischen den schultypenspezifisch segregierten Ressorts – z. B. innerhalb der einzelnen Ebenen (z. B. für SBBZ oder die diversen Regelschulen) – jeweils neu ausgehandelt werden.

Im Rahmen des Interviews haben beide Direktoren ihre Auffassung deutlich gemacht, dass die *Verankerung der Inklusion als Querschnittsaufgabe* eine – wenn nicht sogar neben den Einstellungen und Haltungen der Akteur*innen – die entscheidenste Ausgangsbedingung für die inklusive Bildungsreform ist. Aufgaben und Verantwortlichkeiten im Mehrebenensystem der Steuerung (z. B. zwischen Makroebene, intermediärer und Mesoebene) sollten für alle Institutionen und alle Akteur*innen des Bildungssystems eindeutig im Sinne der inklusiven Bildung geregelt, aufeinander bezogen und transparent sein.

Die *organisatorische und fachliche Kooperation zwischen Schulaufsicht, Schulpraxis und Hochschulen in Forschung und Lehrerbildung zur Inklusion* beschränkt sich in Baden-Württemberg aktuell auf die Versorgung der Lehramtsstudierenden mit Platzierungen für die schulpraktischen Studien. Systematische Kooperationen im Hinblick auf die Erstausbildung in den Lehrämtern für inklusive Schulpraxis sowie die weitere Professionalisierung (Fort- und Weiterbildung) sind nicht angelegt. Die Hochschulen sind nur punktuell (z. B. über Referent*innen) in die Lehrer*innenfortbildung eingebunden. Vielmehr liegen die beiden Themen ‚inklusive Schulentwicklung' und ‚Lehrer*innenbildung für Inklusion' in zwei getrennten ministeriellen Resorts: dem Kultus- sowie dem Wissenschaftsministerium. Dies erfordert wiederum eine erhebliche Koordinationsleistung und Konsensprozesse.

Das erst vor einigen Jahren in Südtirol eingerichtete ‚Kompetenzzentrum für Inklusion im Bildungsbereich' (an der Universität Bozen) scheint ein bedeutsamer Faktor für Qualifizierung und Qualitätsentwicklung für Inklusion zu sein. Das Zentrum wurde durch das Landesgesetz 7 (14.06.2015[12]) angeregt und ist ein Kompetenzzentrum für Forschung, Netzwerkarbeit und wissenschaftlichen Austausch zu inklusiver Bildung. Die Forschungsaktivitäten sollen

> „dazu beitragen: Erkenntnisse und Befunde des italienischen und Südtiroler inklusiven Bildungsbereichs in den internationalen wissenschaftlichen Diskurs einzubringen; die Inklusionsentwicklung an Kindergärten und Schulen in Südtirol durch praxisrelevante Forschung zu stärken" (vgl. Homepage des Zentrums).

Die Akteur*innen in Bildungsdirektion, Universität und Schulpraxis kooperieren im Kompetenzzentrum. Hier wird auch der Austausch über Fortbildungstätigkeiten über alle drei Bildungsdirektionen (italienisch, deutsch, ladinisch) hinweg gesteuert.

---

[12] „Ziel dieses Gesetzes ist es, die Chancengleichheit von Menschen mit Behinderungen in allen Bereichen des Lebens zu fördern und zu gewährleisten." (Art. 1, Abs. 1).

Forschungsfragen, -ansätze und -projekte werden in Kooperation zwischen Forscher*innen, Schulaufsicht und Akteur*innen aus den Schulen entwickelt. Dazu wird der regelmäßige Austausch mit den Bildungsdirektionen gepflegt. Es existiert zudem ein prominent mit internationalen Expert*innen besetzter Beirat, der die Arbeit evaluiert.

Für beide Regionen haben die Experten der Schulaufsicht jedoch auch maßgebliche übereinstimmende Entwicklungsbereiche ausgemacht. Dazu zählt einmal die *unterschiedliche Zuständigkeit für die multiprofessionellen Personalressourcen* in den Schulen: So sind die sogenannten ‚Mitarbeiter*innen für Integration' (unterstützendes Personal zur Integration von Schüler*innen mit Behinderungen an den Schulen) in ST beim Land angesiedelt und nicht der Bildungsdirektion in Bozen unterstellt. Ebenso verhält es sich mit den aus den Mitteln der Eingliederungshilfe finanzierten sogenannten ‚Schulbegleiter*innen' in Baden-Württemberg, welche nicht im Resort der Schulverwaltung liegen und durch die Eltern beantragt werden müssen.

Ein weiteres Feld sei das in beiden Regionen immer noch auftretende *Etikettierungs-Ressourcen-Dilemma* und der damit zusammenhängende, aus der Praxis geäußerte, stetig ansteigende Bedarf an zusätzlichen Personalressourcen. Die beiden Bildungsdirektoren sind sich jedoch einig, dass dieses nur durch die Aufhebung des individuumbezogenen zugunsten eines vollständig systemischen Ressourcenansatzes zu lösen sei. Dazu müssten seitens der Schulaufsicht zukünftig systembezogene Kriterien für die Steuerung von Ressourcen entwickelt werden. Die Zuweisung von verlässlichen Kontingenten an die Schulen, gebunden an die Verantwortung, diese Ressourcen inklusionsorientiert einzusetzen, scheint aus der Sicht der beiden eine der nächsten Herausforderungen für die Weiterentwicklung der Steuerungsebene in der Schulaufsicht zu sein.

Literatur

Altrichter, H. (2011). Wie steuert sich ein Schulsystem? Annäherungen an einen Begriff mit Konjunktur. In A. Durdel et al. (Hrsg.), *Steuerung im Bildungswesen. Zur Zusammenarbeit von Ministerien, Schulaufsicht und Schulleitungen* (S. 121–132). VS.

Altrichter, H. & Feyerer, E. (2012). Auf dem Weg zu einem inklusiven Schulsystem? Die Umsetzung der UN-Konvention in Österreich aus der Sicht der Governance-Perspektive. *Zeitschrift für Inklusion,* (4). www.inklusion-online.net/index.php/inklusion-online/article/view/73. Zugegriffen: 28. Mai 2022.

Altrichter, H., & Heinrich, M. (2007). Kategorien der Governance-Analyse und Transformationen der Systemsteuerung in Österreich. In H. Altrichter, T. Brüsemeister, & J. Wissinger (Hrsg.), *Educational Governance*. VS.

Autorengruppe Bildungsberichterstattung. (2018). *Bildung in Deutschland 2018 – Ein indikatorengestützter Bericht mit einer Analyse zu Wirkungen und Erträgen von Bildung.* Unter Federführung des Deutschen Instituts für Internationale Pädagogische Forschung (DIPF).

Beck, K. (2018). *Inklusive Schulentwicklung in Baden-Württemberg – Eine qualitative Untersuchung aus Mehrebenenperspektive. Wissenschaftliche Arbeit im Rahmen des 1. Staatsexamen Sonderpädagogik an der Pädagogischen Hochschule Ludwigsburg* [unveröffentlicht].

Blanck, J., Edelstein, B., & Powell, J. W. (2013). Persistente schulische Segregation oder Wandel zur inklusiven Bildung? Die Bedeutung der UN-Behindertenrechtskonvention für die Reformprozesse in deutschen Bundesländern. *Swiss Journal of Sociology, 39*(2), 267–292.

Brugger, E. (2016). Die Integration von Kindern und Jugendlichen mit einer Behinderung in einem inklusiven Bildungssystem am Beispiel Italien – Südtirol. *Zeitschrift für Inklusion,* (1). www.inklusion-online.net/index.php/inklusion-online/article/view/333. Zugegriffen: 28. Mai 2022.

Campbell, J. L. (2004). *Institutional change and globalization.* Princeton University Press.

Dlugosch, A., & Langner, A. (2016). Koordination von ‚Inklusion'. Erste Ergebnisse einer explorativen Studie im Bundesland Tirol. In V. Moser & B. Lütje-Klose (Hrsg.), *Schulische Inklusion. Zeitschrift für Pädagogik.* Beiheft. 62. Beltz Juventa. Fachportal Pädagogik.

Fend, H. (2008). *Schule gestalten.* Systemsteuerung, Schulentwicklung und Unterrichtsqualität.

Klemm, K. (2021). *Inklusion in Deutschlands Schulen. Entwicklungen – Erfahrungen – Erwartungen.* Beltz Juventa.

Kultusministerium Baden-Württemberg. (2022). *Übergänge auf weiterführende Schulen zum Schuljahr 2021/2022.* https://km-bw.de/,Len/startseite/service/uebergaenge-auf-weiterfuehrende-schulen-zum-schuljahr-2021-22. Zugegriffen: 28. Mai 2022.

Merz-Atalik, K. (2018). Von einem Versuch „der Integration der Inklusion in die Segregation"?!. *Zeitschrift Für Inklusion,* (4). www.inklusion-online.net/index.php/inklusion-online/article/view/508 (August 2021). Zugegriffen: 28. Mai 2022.

Merz-Atalik, K., & Beck, K. (2020). Governance inklusiver Bildung: Modelle, Strukturen und Netzwerke der inklusiven Bildungsreform im internationalen Vergleich (Südtirol/Italien und Baden-Württemberg/Deutschland). In T. Dietze, D. Gloystein, A. Piezunka, L. Röbenack, G. Schäfer & Walm, M. (Hrsg.), *Inklusion – Partizipation – Menschenrechte: Transformationen in der Teilhabegesellschaft? 10 Jahre UN-Behindertenrechtskonvention – Eine interdisziplinäre Zwischenbilanz* (S. 210–218). Julius Klinkhardt.

Merz-Atalik, K., & Beck, K. (erscheint 2022). (Dis-)Kontinuitäten in der inklusiven Schulreformentwicklung – Entwicklungslinien in Baden-Württemberg und Südtirol im Vergleich. In O. König (Hrsg.), *Transformatives Inklusionsmanagement.* Julius Klinkhardt.

Merz-Atalik, K., & Hudelmaier-Mätzke, P. (2016). Vergangenheits-, Gegenwarts- und Zukunftsorientierung als „Behinderungen" auf dem Weg zu einem inklusiven Bildungssystem – mit exemplarischen Bezügen zu einer Studie im Land Luxemburg. In U. Böing & A. Köpfer (Hrsg.), *Be-Hinderung der Teilhabe. Soziale, politische und institutionelle Herausforderungen inklusiver Bildungsräume?* (S. 128–144). Klinkhardt.

Peterlini, H. K. (2018). Die Normalisierung des Anders-Seins: Phänomenologische Erfahrungsprotokolle und Reflexionen zur gelebten Inklusion im italienischen Schulsystem am Beispiel von Südtiroler Schulen. *Zeitschrift für Inklusion*, (1). www.inklusion-online.net/index.php/inklusion-online/article/view/406. Zugegriffen: 28. Mai 2022.

Powell, J. W., & Merz-Atalik, K. (2020). Die Notwendigkeit inklusiver Bildung für die Erneuerung der Governancekonzepte: Deutschland und Luxemburg im Vergleich. In J. Budde, A. DlugoschP, L. Herzmann, J. Rosen, T. Panagiotopoulou, & M.-W. Sturm (Hrsg.), *Inklusionsforschung im Spannungsfeld von Erziehungswissenschaft und Bildungspolitik* (S. 71–98). Verlag Barbara Budrich.

Rackles, M. (2021). *Policy Paper 06/2021. Inklusive Bildung in Deutschland. Beharrungskräfte der Exklusion und notwendige Transformationsimpulse*. Mark Rackles Consulting.

Südtiroler Landesverwaltung. (2021). Rechtliche Grundlagen. www.provinz.bz.it/bildung-sprache/didaktik-beratung/inklusion/recht.asp (August 2021) Zugegriffen: 28. Mai 2022.

UN United Nations. (2016). General Comments Nr. 4. In der deutschsprachigen Übersetzung des Deutschen Instituts für Menschenrechte Berlin: Allgemeine Bemerkung Nr. 4 zum Recht auf inklusive Bildung. www.gemeinsam-einfach-machen.de/SharedDocs/Downloads/DE/AS/UN_BRK/AllgBemerkNr4.pdf?__blob=publicationFile&v=4 (November 2016). Zugegriffen: 28. Mai 2022.

Weisser, J. (2005). *Behinderung, Ungleichheit und Bildung. Eine Theorie der Behinderung*. Transcript.

Kerstin Merz-Atalik, hat seit 2004 eine Professur für Pädagogik bei Behinderung und Benachteiligung/Inklusion, an der Pädagogischen Hochschule Ludwigsburg (in Baden-Württemberg). Sie forscht und lehrt zu Fragen der inklusiven Bildung (u. a. Lehrerbildung, Didaktik, International Vergleichende Bildungswissenschaft, Governancetheoretische Zugänge), hat internationale Forschungs- und Entwicklungsprojekte geleitet oder begleitet. Südtirol und das Bildungssystem ist ihr vertraut durch Forschungsarbeiten (in den 90er Jahren zur inklusiven Bildung an Sekundarschulen), Lehraufträge an der Universität Bozen, Exkursionen mit Studierenden und EU-Projekten (TdiverS; GovInEd).

Kontakt: merz-atalik@ph-ludwigsburg.de

Martin Schüler, ist Schulamtsdirektor am Staatlichen Schulamt Tübingen.

Kontakt: martin.schueler@ssa-tue.kv.bwl.de

Hansjörg Unterfrauner, ist seit 2019 Inspektor für den Bereich Inklusion an der deutschen Bildungsdirektion und Leiter des Referats Inklusion der Pädagogischen Abteilung.

Kontakt: hansjoerg.unterfrauner@schule.suedtirol.it

Zivilgesellschaftliches Engagement anstelle von Bewusstseinsbildung durch die Politik: Der Online-Inklusionskongress

Bettina Krück

1 Warum ist zivilgesellschaftliches Engagement überhaupt nötig?

Im Jahr 2009 ratifiziert Deutschland die UN-Behindertenrechtskonvention und verpflichtet sich damit, „sofortige, wirksame und geeignete Maßnahmen zu ergreifen", die „das Bewusstsein für Menschen mit Behinderung [...] schärfen und die Achtung ihrer Rechte und ihrer Würde [...] fördern" und „Klischees und Vorurteile gegenüber Menschen mit Behinderungen [...] bekämpfen" (United Nations, 2009, Artikel 8.1). Insbesondere sollen zu diesen Maßnahmen „die Einleitung und dauerhafte Durchführung wirksamer Kampagnen zur Bewusstseinsbildung in der Öffentlichkeit" (United Nations, 2009, Artikel 2.a) gehören sowie „die Förderung einer respektvollen Einstellung gegenüber den Rechten von Menschen mit Behinderungen auf allen Ebenen des Bildungssystems" (United Nations, 2009, Artikel 2.b).

Eltern, die heutzutage ihr Kind mit Behinderung inklusiv beschulen möchten, merken davon – je nach Bundesland und Region – wenig bis gar nichts. In Gesprächen müssen sie sich – häufig ungefragt – Äußerungen und Ratschläge anhören, die ihren Wunsch nach inklusiver Beschulung infrage stellen oder gar ins Lächerliche ziehen. So kann es sein, dass eine unverbindliche Gesprächsanfrage bei der wohnortnahen Grundschule folgendermaßen abgeschmettert wird:

B. Krück (✉)
Inklusionskongress, Kehl, Deutschland
E-Mail: mail@bettina-krueck.de

R. Kruschel und K. Merz-Atalik (Hrsg.), *Steuerung von Inklusion!?*, Educational Governance 52, https://doi.org/10.1007/978-3-658-40103-0_11

„Wenn Ihr Kind behindert ist, kann es doch sowieso nicht alleine zur Schule gehen. Warum wollen Sie es denn dann hier anmelden?" Der äußerst lesenswerte Blog ‚Zwischen Inklusion und Nixklusion' veröffentlicht hierzu regelmäßig sehr einprägende kurze Geschichten (Ehrhardt & Jakob, o. J.).

Gleichzeitig erleben Eltern, dass ihr Kind ‚begutachtet' wird und ihm Kompetenzen bescheinigt oder abgesprochen werden, die vermeintlich für eine gelingende Inklusion notwendig sind. So entsteht bei vielen Eltern ein falsches Bild: Das Kind müsse bestimmte Kriterien erfüllen, damit eine inklusive Beschulung überhaupt infrage kommt. Daher wird – auch in Beratungsgesprächen – immer wieder von einem ‚Antrag auf inklusive Beschulung' gesprochen, anstatt von der simplen Meldung eines Bedarfs. So ist der gesamte Prozess der Schulfindung überschattet von einem immensen Druck, der auf Familien lastet: Ist mein Kind ‚fit' genug für die Inklusion? Wenn nicht, wessen Schuld ist es? Wie können wir als Eltern unseren Wunsch nach Inklusion aufrechterhalten, wenn unser Umfeld oder die beratenden Personen dies für falsch oder gar eine ‚Zumutung' halten?

Oftmals kennen Eltern ihre Rechte und die ihrer Kinder nicht und haben häufig auch nicht die Ressourcen, sich damit vertraut zu machen und sich über das Schulgesetz ihres Bundeslandes zu informieren. Die erforderliche selbstständige Information über das Recht auf inklusive Bildung und seine Umsetzung erfordert einen großen Zeitaufwand zusätzlich zu anderen zeit- und kraftraubenden Aktivitäten, wie sich mit der Krankenkasse, der Pflegekasse und dem Thema Eingliederungshilfe zu beschäftigen oder die Pflege des Kindes mit Behinderung sowie die Informationen zu medizinischen Diagnosen. In vielen Fällen wissen Eltern zunächst nicht, wo und wie sie sich zum Thema schulische Inklusion informieren, wen sie ansprechen können und welche Schritte auf dem Weg zu einer inklusiven Beschulung notwendig sind. Gerade im ländlichen Raum gibt es (noch) nicht überall Elterninitiativen, die sich für gemeinsames Lernen engagieren und sich untereinander austauschen und beraten. Eltern, die sich zum ersten Mal mit dem Thema beschäftigen, stellen schnell fest, dass es in vielen Bundesländern auf der einen Seite einen vorgezeichneten Weg ins Sondersystem gibt, bei dem die nächsten Schritte und Rahmenbedingungen glasklar sind. Auf der anderen Seite, also auf dem Weg in eine Regelschule, gibt es in vielen Regionen zuallererst viele offene Fragen, die von der Schulwahl über die Beförderung und Begleitung des Kindes bis hin zu der Frage reichen, ob die Familie die Ressourcen hat, neue – inklusionsorientierte – Wege einzuschlagen (Krück, 2020). So tauschen sich viele Eltern zunächst in den überregionalen sozialen Netzwerken mit anderen Eltern aus, die in einer ähnlichen Situation sind. Aufgrund der Bildungshoheit der Bundesländer ist dieser Austausch aber nur bedingt hilfreich. Außerdem vertrauen Eltern auf die Beratung durch Lehrkräfte

(z. B. die*den Kooperationslehrer*in der nächstgelegenen Grundschule) und Fachkräfte der Kindertagesstätte. Dabei sind auch diesen die Rahmenbedingungen für Inklusion und die Rechte der Kinder nicht immer vollumfänglich bekannt und bewusst.

Dazu kommen noch die Darstellung der Inklusion in den Medien als (gescheitertes) Schreckgespenst sowie tradierte Vorstellungen vom Schulalltag in den Köpfen der Elternschaft und so mancher Lehrkräfte. Die Annahme, das Kind mit Behinderung müsse es schaffen, mehreren Stunden (Frontal-)Unterricht und dem regulären Lernstoff zu folgen, hält sich oftmals sehr hartnäckig und es fehlt an konkreten Beispielen, wie ein Schulalltag aussehen kann, der an die Bedürfnisse des Kindes angepasst ist und ihm die idealen Rahmenbedingungen gibt.

Solange Eltern und Fachkräfte davon ausgehen, dass ein Kind bestimmte Fähigkeiten mitbringen muss, um ‚erfolgreich' (was auch immer dies bedeuten mag) inklusiv beschult zu werden, sind wir von Inklusion noch weit entfernt.

Diese Mischung aus Unwissen und mangelndem Bewusstsein für Kinder mit Behinderung und ihre Rechte hat mich schließlich dazu motiviert, im März 2019 den ersten Online-Inklusionskongress zu organisieren. Ich selbst habe es – trotz meiner sehr privilegierten Ausgangslage – als sehr mühsam und zermürbend empfunden, mich zu informieren und eine inklusive Beschulung für meinen Sohn zu organisieren und durchzusetzen. Gerade in ländlichen Regionen fehlt es oftmals an Mitstreiter*innen und an Möglichkeiten, sich mit anderen auszutauschen, die ähnliche Wege gegangen sind. Dabei waren es gerade die Gespräche mit erfahrenen Eltern sowie die Positiv-Beispiele, die ich beispielsweise in Workshops und Vorträgen kennengelernt habe, die mich ermutigt haben, diesen Weg weiterzugehen. Daraus entstand der Wunsch, auch andere Eltern behinderter Kinder zu informieren, aber vor allem zu motivieren und ihnen zu zeigen, dass und wie Inklusion funktionieren kann.

2 Der Online-Inklusionskongress

Das Format der Online-Kongresse war dazu perfekt geeignet, denn die Funktionsweise ist denkbar einfach: Die Teilnehmenden melden sich per E-Mail an und erhalten während des Kongresses täglich eine E-Mail mit den Links zu Interviews oder Vorträgen, die vorab aufgenommen wurden. Diese Beiträge stehen für eine gewisse Zeit zur Verfügung, bevor die nächsten Gespräche freigeschaltet werden. Die Teilnahme ist in der Regel kostenlos, wer möchte, kann im Anschluss an den Kongress den virtuellen Tagungsband erwerben, der alle Beiträge als Videosequenzen sowie im Audio- und Textformat enthält.

Die Vorteile dieses Formats liegen auf der Hand: Eltern, insbesondere von Kindern mit Behinderung, sind meistens zeitlich sehr eingespannt. Gerade sie haben aufgrund ihrer zahlreichen Aufgaben und Herausforderungen kaum die Möglichkeit, Seminare und Fortbildungen zu besuchen und sind darauf angewiesen, dass sie in ihrem Umfeld gut beraten werden. Wenn dies aber vor Ort nicht geleistet werden kann, müssen Angebote geschaffen werden, die möglichst niedrigschwellig sind. Das Online-Format bietet hier die Möglichkeit, sich kostenlos sowie zeitlich und örtlich unabhängig zu informieren. Es entstehen außerdem Schnittstellen zwischen den verschiedenen Lebenswelten – Eltern können sich Vorträge von Forscher*innen anhören oder einer Diskussion unter Lehrkräften und Schulleitungen folgen. Forschende und Pädagog*innen wiederum erhalten Einblick in die Lebensrealität von Eltern. Zusätzlich bieten das Internet und die sozialen Netzwerke im Rahmen des Kongresses die Möglichkeit zu einer dauerhaften Vernetzung, zum Austausch und vor allem zum gegenseitigen Mutmachen.

Eltern können so beim Kongress erleben, dass und wie Inklusion funktioniert, ein positives Bild davon gewinnen und einen Eindruck erhalten, welche Schwierigkeiten sie eventuell erwarten – aber auch, welche Lösungen andere dafür gefunden haben. Sie werden darin bestärkt, für die Rechte ihrer Kinder einzustehen und sie spüren, dass sie mit ihrem Wunsch nach Inklusion nicht alleine dastehen.

Durch die verschiedenen Expert*innen, die beim Kongress zu Wort kommen, erleben sie oftmals ganz neue Sichtweisen auf Inklusion – aber auch auf Menschen mit Behinderung. Sie hören erwachsene Menschen – mit und ohne Behinderung – ihre Erfahrungen in der Schulzeit reflektieren, was sie geprägt hat, welche Wünsche sie damals hatten und heute noch ans Bildungssystem haben.

3 Rezeption und Entwicklung des Kongresses

Dem ersten Online-Inklusionskongress folgten noch drei weitere, wobei sich die Zahl der angemeldeten Teilnehmer*innen von ca. 3600 im Jahr 2019 auf über 8000 im März 2021 erhöhte. Spannenderweise hat sich im Laufe der Zeit gezeigt, dass nicht nur Eltern ein großes Bedürfnis nach Informationen, Austausch und Bestärkung haben, sondern dass gerade auch Lehrkräfte und Schulbegleitungen dieses Online-Angebot sehr dankbar annehmen. Beim Kongress im März 2021 bestand das Kongresspublikum schätzungsweise zu je einem Drittel aus Eltern, in Schule Beschäftigten (vorrangig Lehrkräfte, Schulbegleitungen und Schulleitungen) sowie Menschen, die sich aus anderen Gründen heraus für Inklusion interessieren und engagieren.

Ihnen allen gemeinsam sind die größtenteils äußerst positiven Rückmeldungen zum Kongress. Sehr viele Teilnehmer*innen ziehen ihren eigenen Aussagen nach sehr viel Kraft und Mut aus den Interviews und den positiven Beispielen. Das Feedback von vielen Eltern lässt sich sinngemäß wie folgt zusammenfassen: ‚Jetzt weiß ich, dass und wie Inklusion funktionieren kann. Ich weiß, dass nicht mein Kind sich anpassen muss, sondern dass die Schule die richtigen Rahmenbedingungen schaffen muss. Ich weiß, wie Unterricht heute aussehen kann und was ich für mein Kind einfordern kann.' Lehrkräfte hingegen schätzen vor allem die konkreten Impulse und die Perspektivwechsel, die sich durch die Beiträge ergeben: Wie erleb(t)en Schüler*innen mit Behinderung ihre Schulzeit? Welche Hürden haben Familien zu bewältigen? Was berichten Lehrkräfte, die schon lange in inklusiven Settings arbeiten? Insbesondere Inputs zu Aspekten wie Ableismus und diskriminierungsbewusster Sprache, aber auch fachliche Beiträge, zum Beispiel zur Unterstützten Kommunikation oder auch zu rechtlichen Grundlagen, werden von Pädagog*innen sehr geschätzt und deren Fehlen in der klassischen Lehrerbildung bemängelt.

Besonders eindrücklich erleben gerade Lehrer*innen die Erfahrungsberichte: Erwachsene Menschen mit Behinderung erzählen von ihrem Weg durch das (Sonder-)Schulsystem. Davon, wie sie ihre Schulzeit erlebt haben, welche Arten von Bevormundung und Diskriminierung ihnen begegnet sind und wie ihre Bildungslaufbahn sie geprägt hat.

Hier zeigt sich sehr deutlich, dass die Bundesrepublik Deutschland ihrem Auftrag der Bewusstseinsbildung, insbesondere auch im Bildungssystem, bisher nur unzureichend nachgekommen ist. Menschen, die heute im Bildungsbereich tätig sind, haben – mangels eigenem Kontakt zu Menschen mit Behinderung – in vielen Fällen nur theoretische Anknüpfungspunkte zum Thema Inklusion. Unter diesem fehlenden Bewusstsein leiden dann wiederum Kinder mit Behinderung und ihre Eltern, denn ihnen fehlt dadurch nicht nur die qualifizierte Beratung, sondern vor allem auch die Unterstützung und Bestärkung vor Ort.

4 Fazit und Ausblick

Ein häufiger Kritikpunkt am Online-Inklusionskongress ist die angeblich durchgehend positive Darstellung der Inklusion. Tatsächlich findet sich unter den Interviewpartner*innen bewusst niemand, der die grundsätzliche Richtigkeit und Notwendigkeit eines inklusiven Bildungssystems anzweifelt. Was allerdings durchaus thematisiert wird, sind die häufig unzureichenden Rahmenbedingungen und die strukturellen Schwierigkeiten, die alle Beteiligten – Schüler*innen, Eltern und Lehrkräfte – an den Rand ihrer Kräfte führen. Daneben werden aber auch immer wieder Lösungsvorschläge aufgezeigt, wie in kleinerem Rahmen, zum Beispiel schulintern, Inklusion besser gelingen kann. Oder auch, was sich auf gesellschaftlicher und politischer Ebene verändern sollte, um die Umsetzung der UN-Behindertenrechtskonvention wirklich voranzubringen.

Die Tatsache, dass ich als Mutter eines Kindes mit Behinderung einen solchen Kongress organisiere und dieser bei Eltern, Lehrkräften und Schulbegleitungen gleichermaßen auf ein so großes Interesse trifft, dass diese in ihrer Freizeit am Kongress teilnehmen, um sich weiterzubilden, zeigt den enormen Bedarf an Wissen auf, der bei allen Gruppen vorhanden ist.

Es zeigt aber auch sehr deutlich, wie sehr es bisher an genau solchen Angeboten fehlt. Es fehlen positive Berichte über Inklusion und inklusive Praxis, es fehlen klischeefreie Berichte über Schüler*innen mit Behinderung und ebenso niedrigschwellige Informationsangebote für Eltern. Diese sind oftmals schon durch die Auseinandersetzungen mit Krankenkassen und Behörden so ausgelaugt, dass für den Kampf für inklusive Bildung keine Kraft bleibt.

Es fehlt also, kurz gesagt, an der Umsetzung von Art. 8 der UN-Behindertenrechtskonvention: der geforderten Bewusstseinsbildung. Diese ist für Eltern genauso wichtig wie für Menschen, die im Bildungsbereich arbeiten, und bildet die Grundlage dafür, dass die Inhalte der UN-Behindertenrechtskonvention künftig nicht nur umgesetzt, sondern auch mit Leben gefüllt werden.

So bitter die Tatsache auch ist, dass diese Aufgabe der Bewusstseinsbildung bisher auf politischer Ebene nur unzureichend wahrgenommen wird, so schön ist es auch zu sehen, wie gestärkt die unterschiedlichsten Personen nach dem Online-Inklusionskongress daran gehen, ihr Umfeld Schritt für Schritt inklusiver zu machen.

Literatur

Ehrhardt, K., & Jakob, K. (2021, 29. Oktober). *Zwischen Inklusion und Nixklusion. Jeden Montag eine neue Geschichte.* www.kirstenmalzwei.de. Zugegriffen: 24. Juli 2022.

Krück, B. (2020). Inklusion und Partizipation – auch für Eltern?! In I. Boban & A. Hinz (Hrsg.), *Inklusion und Partizipation in Schule und Gesellschaft* (S. 200–209). Beltz.

United Nations. (2009). Die UN-Behindertenrechtskonvention. Übereinkommen über die Rechte von Menschen mit Behinderung. www.behindertenbeauftragter.de/DE/AS/rechtliches/un-brk/un-brk-node.html. Zugegriffen: 24. Juli 2022.

Bettina Krück, ist Inklusionsaktivistin, Lehrkraft für Deutsch als Fremdsprache (DaF) und Mutter zweier Kinder, eines davon mit Behinderung. Seit 2019 veranstaltet sie die Online-Inklusionskongresse und weitere Online-Veranstaltungen mit dem Schwerpunkt inklusive Bildung.

Homepage: www.inklusionskongress.de & www.bettina-krueck.de

Kontakt: mail@bettina-krueck.de

Blicke in die Mesoebene

Inklusion in der Einzelschule ‚steuern'? Strategien schulischer Leitungskräfte zur Integration schulischer Inklusion in die Segregation

Benjamin Badstieber

1 Einleitung: Inklusionsorientierte Transformationsanliegen und institutionalisierte Beharrungskräfte

Nicht erst seit der Ratifizierung der UN-BRK (United Nations, 2006) und den darauf zurückzuführenden Schulrechtsänderungen in den Bundesländern (Mißling & Ückert, 2015) verweisen Beiträge und Studien auf Verkürzungen mit Blick auf die Debatte und Praxis schulischer Inklusion (Budde & Hummrich, 2015; Feuser, 1982; Hinz, 2013). So bleiben die Forderungen und Fragen nach den (noch verbleibenden) Optionen einer flächendeckenden Transformation schulischer Bildung auch nach mehr als 40 Jahren integrations- bzw. inklusionsorientierter Bemühungen (Schnell, 2003) aktuell. Im Anschluss an eine Phase bildungspolitischen Engagements bzw. Aktionismus und einer großen, auch medialen Aufmerksamkeit läuft die Ausgestaltung schulischer Inklusion Gefahr von den Rufen nach Reformen anderer Provenienz (z. B. Digitalisierung, „Aufholen der Corona-Lücken") verdrängt oder gar weitergehend konterkariert zu werden, ohne ihren Anspruch nach einer grundlegenden Verwandlung derzeitiger Formen des schulischen Lehrens und Lernens selber je eingelöst haben zu dürfen (vgl. Amrhein & Badstieber, 2021). Wie in vorherigen Reformversuchen (van Ackeren et al., 2015) führen auch die vermeintlich inklusionsorientierten

B. Badstieber (✉)
Universität Duisburg-Essen, Essen, Deutschland
E-Mail: benjamin.badstieber@uni-due.de

R. Kruschel und K. Merz-Atalik (Hrsg.), *Steuerung von Inklusion!?*, Educational Governance 52, https://doi.org/10.1007/978-3-658-40103-0_12

bildungspolitischen Maßnahmen bisher nicht zu einer grundlegenden Transformation des bestehenden mehrgliedrigen segregativen Schulsystems.

Die Widersprüchlichkeit zur Realisierung inklusiver Bildung in einem im höchsten Maße segregativen Bildungssystem (Feuser, 2016) stellt davonausgehend insbesondere die professionellen Akteure in den Einzelschulen vor enorme und letztlich notwendigerweise in Teilen unlösbare Herausforderungen. Unter dem verstärkten Handlungsdruck der – im Gegensatz zu bildungspolitischen Entscheidungen – unaufschiebbaren tagtäglichen Beschulung einer zunehmend heterogenen Schüler*innenschaft sind die dortigen Akteure (Schulleitende, Lehrkräfte, Pädagog*innen, Eltern, Schüler*innen etc.) angehalten, nicht nur die Fragen nach einer pädagogisch-didaktisch sinnvollen Bearbeitung schulischer Inklusion innerhalb der derzeitigen Bedingungen zu beantworten. Sie müssen auch die damit einhergehenden Widersprüche und Belastungen ausbalancieren (Amrhein, 2014). Bereits ein kurzer Blick ins Feld zeigt, dass trotz dieser überaus widrigen Umstände seit den 1980er Jahren integrations- bzw. inklusionsorientierte Veränderungsprozesse auf Ebene der Einzelschule initiiert wurden und auch im Nachgang der Ratifizierung der UN-BRK neu entstanden sind (Müller, 2018a, b). So haben die Akteure offensichtlich mitunter höchst unterschiedliche Strategien zur Bearbeitung des Auftrages der „Integration der Inklusion in die Segregation" (Feuser, 2016) gefunden.

Vor dem Hintergrund der hier skizzierten Ausgangslage identifiziert und systematisiert der vorliegende Beitrag die unterschiedlichen im Feld zu findenden Umsetzungsstrategien der Ausgestaltung schulischer Inklusion auf Ebene der Einzelschule. Fokussiert wird dabei die Akteursgruppe der Schulleitenden, der im nationalen wie internationalen Raum eine – wenn nicht sogar die – zentrale Führungsfunktion zugesprochen wird und deren Deutungs- und Handlungspraxis auch im Kontext schulischer Inklusion als Kristallisationspunkte einzelschulischer Handlungsbemühungen angesehen werden dürfen (Ainscow et al., 2012; Badstieber & Moldenhauer, 2016). Wie Schulleitende auf Ebene der Einzelschule die Aufträge der Inklusion und die damit verbundenen Anforderungen ausdeuten und bearbeiten (rekontextualisieren), ist weitestgehend nicht bzw. nur in Ansätzen bekannt (Badstieber et al., 2018; Scheer, 2020) und wurde im Rahmen meiner Dissertation am Beispiel der Sekundarstufe des Bundeslandes Nordrhein-Westfalen durch eine umfangreiche empirische Untersuchung herausgearbeitet (Badstieber, 2021). Ziel dieses Beitrages ist es, nach einer kurzen Skizzierung der theoretischen und methodischen Positionierungen der Arbeit die Ergebnisse der empirischen Analyse hier zusammenfassend wiederzugeben. Dabei werden nicht nur übergreifende, offensichtlich für alle Schulleitenden bedeutsame Widerspruchskonstellationen und berufstypische Rekontextualisierungsstrategien sichtbar, sondern vor allem auch ein vertieftes Verständnis für die Spezifikation der mitunter höchst unterschiedlichen empirischen Erscheinungsformen inklusionsorientierter Veränderungsprozesse auf Ebene der Einzelschule eröffnet. Im Fazit soll es darum gehen, mögliche Schlussfolgerungen zur ‚Steuerung' inklusionsorientierter Veränderungsbemühungen in aller Kürze zu skizzieren.

2 Schulleitende als zentrale Rekontextualisierungsinstanzen – theoretische und methodische Überlegungen

Ausgehend von den Erkenntnissen über die Problematiken einer plandeterminierten Steuerung und der Eigendynamiken schulischer Veränderungsprozesse (Altrichter & Maag Merki, 2016) wurde insbesondere in Anlehnung an die Arbeiten Fends (2008a, b) und sozialwissenschaftliche Theoretisierung (etwa in Anlehnung an Giddens (1997)) das komplexe Zusammenwirken der Akteure im Bildungswesen im Zuge schulischer Veränderungsprozesse theoretisch konzeptioniert – so auch im Kontext schulischer Inklusion (Altrichter & Feyerer, 2011). Dabei werden die zahlreichen im Bildungswesen agierenden Individuen in unterschiedlichen, für sie typischen Akteurskonstellationen (siehe Gasterstädt und Kistner in diesem Band) verortet und ihr dortiges Handeln im dualistischen Zusammenspiel zu den organisationalen und institutionellen Strukturen, d. h. Regeln und Ressourcen, betrachtet. Die Schulleitenden können dabei – sicherlich hier nur ansatzweise – in einer bedeutsamen Schnittstellenfunktion auf Ebene der Einzelschule positioniert werden, in der es in besonderem Maße darum geht, die bildungspolitischen und -verwaltungsorganisatorischen Vorgaben auf der einen Seite und die Anforderungen schulisch-unterrichtlichen Lernens und Lehrens auf der anderen Seite in ihrer jeweiligen Organisation zu harmonisieren (Badstieber et. al, 2018). Die Schulleitenden handeln dabei in bzw. gegenüber spezifischen Ressourcen- und Regelungszusammenhängen, die ihre Position und Funktion als Schul-Leitende (!) im Kontrast zu anderen Akteuren (etwa den Lehrkräften) als solche konstituieren und dabei ihr Handeln und Denken gleichzeitig bis zu einem gewissen Grad in eine berufsspezifische Ausrichtung „konditionieren" (Warwas, 2012, S. 12). Mit den spezifischen Handlungsbedingungen ihrer Schule, den dortigen Akteuren sowie ihren eigenen individuellen Erfahrungen und persönlichen Dispositionen ergeben sich gleichzeitig immer schon differente Ausgangsvoraussetzungen für ihr Handeln und Denken (Fend, 2008a, S. 147 ff.).

Damit entstehen je nach Einzelschule unterschiedliche Möglichkeiten bzw. Notwendigkeiten, die an sie gestellten Anforderungen auszudeuten und zu bearbeiten. So gilt es gerade für die Schulleitenden, denen im Zuge sogenannter „neuer Steuerungsmodelle" (Brauckmann, 2014) vermehrt Aufgaben der Schul- und Profilentwicklung zugesprochen werden, an sie und ihre Schule gerichtete Innovationsanforderungen zu konkretisieren (Fend, 2008a, S. 174 ff.). Von den Schulleitenden – wie auch anderen Akteuren – werden dabei gerade im Falle grundlegender und in sich widersprüchlicher Handlungsanforderungen – wie im Kontext schulischer Inklusion – Rekontextualisierungsstrategien verwendet, um die interpretationsbedürftigen Anforderungen unter Berücksichtigung der multifaktoriellen Bedingungen ihres jeweiligen situativen Handlungskontextes in einen kohärenten Zusammenhang zu bringen (Amrhein, 2011; Trumpa & Janz, 2014). Sie müssen auf unterschiedliche Strategien zurückgreifen, um die neuen Innovationsimpulse und Anordnungen für ihre jeweilige Schule anschlussfähig zu machen. Den theoretischen wie empirischen Erkenntnissen nach verfügen die Schulleitenden über Möglichkeiten und Fähigkeiten zur bewussten und expliziten Reflexion dieser Prozesse (‚reflexives Bewusstsein') und damit zu ihrer kreativen Bearbeitung. Gleichzeitig realisieren sich die Interpretationen der neuen Anforderungen und ihre Bewältigung unter Rückgriff auf die bestehenden Strukturen und Routinen mitunter unhinterfragt (‚praktischen Bewusstseins') (Giddens, 1997, S. 54 ff.).

Ziel meiner Dissertation (Badstieber, 2021) war es dementsprechend, zum einen die expliziten berufsbezogenen Sichtweisen der Schulleitenden bezüglich der Forderungen schulischer Inklusion und ihrem Selbstverständnis zu untersuchen, als auch das handlungsrelevante implizite Wissen der Schulleitenden zu rekonstruieren. Dabei sollte es darum gehen, mittels typologisierender Verfahren unter der Berücksichtigung normierender und diversifizierender Kontextfaktoren Gemeinsamkeiten als auch Unterschiede in den Rekontextualisierungsstrategien der Schulleitenden systematisch aufzeigen zu können (Badstieber, 2021). Dazu wurden in einem Mixed-Methods-Design Schulleitende der Sekundarstufe I im Bundesland Nordrhein-Westfalen zunächst mittels einer quantitativ ausgerichteten halb-standardisierten Fragebogenerhebung zu ihrem expliziten Verständnis von schulischer Inklusion und zu ihrem Selbstverständnis befragt (n = 195). Anschließend wurden entlang problemzentrierter Expert*inneninterviews und der dokumentarischen Methode der Textinterpretation die Handlungspraxis und das implizite handlungsleitende Wissen der Schulleitenden im Kontext der Ausgestaltung schulischer Inklusion bzw. des Gemeinsamen Lernens an zwölf ausgewählten Fallschulen rekonstruiert.

3 Ergebnisdarstellung und -diskussionen

3.1 Widerspruchskonstellationen und systemkonforme Rekontextualisierungsnotwendigkeiten auf Ebene der Einzelschule

Die Ergebnisse der in diesem Artikel nur andeutbaren Analysen zeigen, dass Schulleitende eine bedeutsame und gleichzeitig widerspruchsvolle Rolle in schulischen Veränderungsprozessen mit dem Anspruch Inklusion einnehmen (Ryan, 2012). Zwar sehen sich die Schulleitenden den Analysen nach „[e] ntsprechend der bildungspolitischen Willensbekundungen" (Wagner, 2012, S. 143) und den bestehenden Erkenntnissen der Schul(leitungs)forschung (Pfeiffer, 2010) explizit als aktiv gestaltende Führungspersonen und bewältigen in ihrer Handlungspraxis komplexe Leitungs- bzw. Führungsaufgaben. Gleichzeitig sind ihnen jedoch mit Blick auf eine umfassende Transformation ihrer Schule mitunter enge Grenzen gesetzt und sie nehmen in der Abwägung widersprüchlicher und unzureichender Möglichkeiten einer hinreichenden Handlungsermächtigung ihrerseits auf Ebene der Einzelschule nicht (nur) eine transformatorische, sondern auch systemstabilisierende Funktion gegenüber den Forderungen schulischer Inklusion ein. So machen die Analysen der quantitativen und qualitativen Daten deutlich, dass alle Schulleitenden die Forderung nach schulischer Inklusion nicht (ausschließlich) entlang der heterogenen Bedarfe aller Schüler*innen in einer letztlich menschrechtsbasierten-pädagogischen Orientierung bearbeiten können. Sie müssen ihr Schulleitungshandeln vielmehr entlang eines offensichtlich bestehenden Ressourcenmangels im Bildungssektor (SLV NRW & Rössler, 2012), der einheitlich formalisierten Ordnung administrativer Vorgaben (Avenarius, 2010) sowie entlang leistungsbezogener Klassifizierungen und Auslesekulturen (Radtke, 2004), auch in einer vorrangig ökonomischen, administrativen und meritokratischen Logik, durchdenken. Fragen etwa nach Möglichkeiten der Rekrutierung von ausreichendem und hinreichend professionalisiertem Personal sowie zeitlicher Kapazitäten, nach einer ordnungsgemäßen und mit dem Schulgesetz zu vereinbarenden Aufnahme, Verteilung und Beschulung der Schüler*innen und/oder nach einer leistungsbezogenen Attestierung von Bildungsabschlüssen erschweren und/oder überlagern offensichtlich in allen Fällen die Fragen nach einer inklusionspädagogischen Ausgestaltung der Schule für alle Schüler*innen. So müssen offensichtlich alle Schulleitenden in ihrem expliziten und impliziten Wissen um bestehende organisationale und institutionelle Zwänge die Forderungen und gegebenenfalls eigenen Ambitionen nach einer inklusionsorientierten Innovation des Bestehenden: 1) in ökonomischer Hinsicht möglichst effizient und ressourcensparend, 2) in administrativer Hinsicht möglichst ordnungsgemäß und berechenbar-planvoll und 3) in meritokratischer Hinsicht entsprechend der weiterhin bestehenden leistungsbezogenen Klassifizierungs- und Ausleselogiken funktional an die bestehenden Kulturen, Strukturen und Praktiken ihrer Schule anpassen.

Alle Schulleitenden beschreiben und bearbeiten damit, wenn auch in deutlich unterschiedlicher Intensität (siehe unten), systemimmanente Widersprüche und einhergehende Widerstände im Kollegium bzw. in der Schulleitung selbst, deren Ursachen vorrangig außerhalb ihres Verantwortungsbereiches liegen. Zur Auflösung dieser ambivalenten Anforderungen greifen die Schulleitenden im Sinne Fends (2008a, b) entsprechend auch nach der Ratifizierung der UN-BRK und den damit verbundenen Gesetzesänderungen auf teilweise bereits bekannte Rekontextualisierungsstrategien zurück (Amrhein, 2011; Trumpa & Janz, 2014). Sie setzen so auch die auf Ebene der Bildungspolitik und ihrer Verwaltung sukzessive vollzogene Anpassung des Anliegens schulischer Inklusion an die bestehenden Systembedingungen in einer tendenziell systemkonformen Ausrichtung auf Ebene der Einzelschule fort. Dies wird etwa deutlich, indem sie Inklusion im Sinne des Gemeinsamen Lernens (GL) auf Fragen der Integration von Schüler*innen mit Förderbedarf verkürzen, nur Schüler*innen mit bestimmten Förderbedarfen an ihrer Schule aufnehmen und die Ausgestaltung schulischer Inklusion an sozusagen ‚freiwillige' Akteure in bestimmte, meist sonderpädagogische, Fachbereiche und Klassen delegieren. So werden mit Referenz auf den wissenschaftlichen Diskurs um Inklusion (Feuser, 1982; Hinz, 2013; Budde & Hummrich, 2015) auch im bzw. durch das Schulleitungshandeln Verkürzungen des Anspruches nach einer inklusionsorientierten Transformation (re-)produziert und schulische Inklusion als Additum im Sinne eines Lernens von ausgewählten Schüler*innen mit ausgewählten sonderpädagogischen Förderbedarfen in ausgewählten Klassen rekontextualisiert.

3.2 Handlungs- und Deutungsspielräume und Differenzen einzelschulischer Rekontextualisierungen auf Ebene der Einzelschule

In der Kontrastierung und Typisierung der in der empirischen Untersuchung analysierten Fälle wird trotz dieser Widersprüchlichkeiten und bestehenden Abhängigkeitsverhältnisse ein Handlungs- und Deutungsspielraum seitens der Schulleitenden sichtbar. Schulleitende geben, wie die Ergebnisse deutlich machen, vor dem Hintergrund ihrer individuellen Erfahrungen und Dispositionen sowie den lokalen Bedingungen ihrer Einzelschule den oben angedeuteten Orientierungen unterschiedlich Gewicht. Dementsprechend akzentuieren sie bei der Bearbeitung des Auftrages schulischer Inklusion menschrechtlich-pädagogische, ökonomische, administrative und/oder meritokratische Fragestellungen mit unterschiedlicher Intensität und in unterschiedlicher Art und Weise. In diesem Zuge wird nicht nur sichtbar, dass der Auftrag schulischer Inklusion und die damit verbundenen Forderungen auf Ebene der Einzelschule verschiedentlich mit Bedeutung belegt werden. Vielmehr wird auch deutlich, dass die von Seiten der Bildungspolitik und Bildungsadministration offerierten Strukturangebote und -anforderungen unterschiedliche Räume „für strategische Manöver" (Warwas, 2012, S. 14) eröffnen, um die systemkonforme Rekontextualisierung auf Ebene der Einzelschule entweder mehr oder weniger systemerhaltend zu forcieren oder doch durch ein potenziell systemveränderndes Leitungshandeln zu ergänzen. Als zentrales Ergebnis der Arbeit konnten folgende, hier nur andeutbare, vier typische Konstellationen identifiziert werden.

Konstellation 1: Problematisieren und delegieren innerhalb belastend und widersprüchlich erlebter Systemvorgaben[1]

Es ließ sich eine Gruppe von Schulleitenden identifizieren, die offensichtlich mit Blick auf Inklusion in tendenziell erschwerenden situativen Bedingungen agieren (Schulform Gymnasium oder Ähnliches, Schule ohne Vorerfahrung mit GL, etc.) und tendenziell über ungünstige individuelle Erfahrungen und persönliche Dispositionen (keine/negativ-konnotierte Unterrichtserfahrungen im GL, negative ‚Einstellung', etc.) verfügen. Davon ausgehend deuten diese Schulleitenden die Forderung schulischer Inklusion sehr deutlich im Sinne einer von außen an sie herangetragenen und störenden Verpflichtung zur Aufnahme und Unterrichtung einzelner Schüler*innen mit sonderpädagogischem Förderbedarf. Inklusion bzw. das Gemeinsame Lernen werden hier als grundlegend problematische und potenziell belastende Vorgabe durch den Gesetzgeber wahrgenommen und entsprechend möglichst systemerhaltend bearbeitet. Dabei wird in den vertiefenden qualitativen Analysen eingehend sichtbar, dass ausgehend von einer vorrangig den meritokratischen Logiken des Schul- und Bildungssystems verpflichteten Berufsauffassung (Gehde et al., 2016) die Sinnhaftigkeit und auch die praktische

[1] Die Reihenfolge der Darstellung wurde gegenüber der Dissertationsschrift hier verändert.

Umsetzbarkeit schulischer Inklusion bzw. des Lernens in (leistungs-)heterogenen Klassen ganz grundlegend infrage gestellt werden kann. Eine grundlegend skeptische und widerständige Haltung gegenüber der Öffnung der Schule für eine heterogene Schüler*innenschaft wird hier legitimiert und (relativ) offen vertreten. Das Schulleitungshandeln richtet sich dementsprechend darauf, die teilweise unhintergehbare Verpflichtung zur Aufnahme und Unterrichtung von Schüler*innen mit sonderpädagogischem Förderbedarf möglichst störungsfrei zu bearbeiten und dabei potenzielle – aus Sicht der Schulleitenden bedrohlich wirkende – Veränderungen des weiteren Schul- und Unterrichtsbetrieb sowie eine potenzielle Umdeutung des dezidiert segregativen Charakters schulischer Bildung an ihrer Schule möglichst abzuwenden. Dies wird vor allem durch den Versuch deutlich, die Verantwortung möglichst umfassend weg von der eigenen Person (etwa an die Sonderpädagog*innen), von der eigenen Schule (etwa doch zur Förderschule) sowie an andere Stellen bzw. an eine kleine ‚Enklave' in der eigenen Schule zu delegieren. Eine systemverändernde Rekontextualisierung der Forderung nach Inklusion erscheint hier nicht sinnstiftend, sondern eher bedrohlich und so werden die ohnehin bestehenden systemkonformen Rekontextualisierungstendenzen hier noch einmal deutlich verstärkt.

Konstellation 2: Pragmatisch-administrativ Handeln innerhalb der bestehenden Systemvorgaben

In Abgrenzung und im Kontrast ließ sich eine weitere Gruppe von Schulleitenden identifizieren, die tendenziell innerhalb weniger grundlegend problematisch wahrgenommener Bedingungen (z. B. Schulform eher Gesamtschule, jedoch zumeist ohne Vorerfahrung mit GL, etc.) eine ‚nüchterne' Position gegenüber den Forderungen schulischer Inklusion und den bildungspolitischen Verpflichtungen zur Aufnahme von Schüler*innen mit sonderpädagogischem Förderbedarf einnimmt. Wie in der Analyse der Daten deutlich wird, wird hier der Auftrag schulischer Inklusion in einer vorrangig administrativen Orientierung eher technisch und reaktiv entlang der bildungspolitischen und administrativen Vorgaben bearbeitet. Inklusion wird hier weitestgehend im Sinne des administrativen Auftrages zur Aufnahme ausgewählter Schüler*innen mit sonderpädagogischem Förderbedarf an ihrer Schule in das eigene System überführt (Köpfer, 2015). Sichtbar wird hier weder eine (emotionale) Identifikation noch eine ablehnende Haltung zum Auftrag. Vielmehr bleiben die vonseiten der Bildungspolitik und -administration vorgegebenen Zielsetzungen etwas ‚Äußerliches', die mit Blick auf pädagogische, menschenrechtliche Fragestellungen etc. tendenziell unhinterfragt als sachlich zu vollziehende Vorgänge eingeschätzt und bearbeitet werden. Die zentrale Rekontextualisierungsstrategie der Schulleitenden besteht den qualitativen Ergebnissen nach offenbar darin, den Auftrag letztlich akzeptierend, entlang der von außen vorgegebenen administrativ-organisatorischen (Minimal-) Anforderungen, abzustecken und in diesem Rahmen pragmatisch zu bearbeiten. Dabei versuchen die Schulleitenden vor allen Dingen, die organisatorischen Abläufe im Schul- und Unterrichtsbetrieb störungsfrei und planbar zu optimieren (Warwas, 2012, S. 158). Die Forderungen nach Inklusion bzw. Gemeinsamem Lernen erweisen sich hier bis auf organisatorische Widersprüche in ihrer, durch die Bildungspolitik und Bildungsadministration bereits vorgenommen, systemkonformen Auslegung als offensichtlich pragmatisch umsetzbar.

Konstellation 3: (Transformatorisches) Gestalten innerhalb belastend erlebter Systemvorgaben

Bei einer weiteren Gruppe von Schulleitenden, die vor allem offensichtlich unter besonders belastenden Ressourcenbedingungen die Forderungen ausgestalten, wird insbesondere eine weitestgehend ökonomische Orientierung im Kontext der Ausgestaltung schulischer Inklusion sichtbar. Die Ausgangsvoraussetzungen und der Auftrag zur Ausgestaltung schulischer Inklusion erweisen sich hier insbesondere insofern als ambivalent, als dass die Einführung und Umsetzung schulischer Veränderungsprozesse generell und die Unterstützung benachteiligter und von (Be-)Hinderung betroffener Schüler*innen im Speziellen Ressourcen (vor allem Zeit und Personal) an sich binden und die Ressourcenlage die Schule auch in ihrer jetzigen Konstitution bereits an die Grenze der Belastbarkeit zu führen scheint (Berkemeyer & Böse, 2017). Im Kontext der qualitativen Thematisierung schulischer Inklusion geht es damit vor allem auch darum abzuwägen, ob und wie pädagogische Ambitionen möglichst ressourcenschonend und effizient bewältigt werden können. Hier kommt insbesondere der Attestierung von sonderpädagogischen Förderbedarfen insofern eine zentrale, wenn gleich auch ambivalente Funktion zu, als dass darüber neue (sonder-)pädagogische Ressourcen zu generieren sind und gleichzeitig zunehmend prekäre Verhältnisse an den Schulen ‚zementiert' werden (Ressourcen-Etikettierungs-Dilemma). Die zentrale Rekontextualisierungsstrategie besteht in diesem Spannungsfeld darin, einerseits eine pädagogisch ambitionierte Bearbeitung des Auftrages zu leisten und sich damit über die rein administrativen Fragen hinaus mit den Möglichkeiten einer inklusiven Beschulung zu beschäftigen, um sich dadurch auch langfristig als Schule (für Schüler*innen aber auch für Lehrer*innen) attraktiv zu machen. Gleichzeitig geht es auf der anderen Seite darum, die ohnehin angespannte Ressourcenlage in einer immer wiederkehrenden ökonomischen Orientierung auf Inklusion bzw. das Gemeinsame Lernen ‚aufzufangen'. Der Auftrag zur Ausgestaltung schulischer Inklusion erweist sich in diesem Sinne pädagogisch anschlussfähig, aber gleichzeitig mit Blick auf einen möglichen ressourcenbezogenen ‚Turnaround' (Berkemeyer & Böse, 2017) als bedrohlich.

Konstellation 4: (Transformatorisches) Gestalten innerhalb widersprüchlich erlebter Systemvorgaben

Unter im Vergleich zu den anderen Konstellationen offensichtlich – wenn auch nicht ausreichenden – aber eher günstigeren situativen Bedingungen und vor allem eigenen, überaus positiv konnotierten Erfahrungen und Haltungen ließ sich letztlich eine Gruppe von Schulleitenden identifizieren, die den Auftrag schulischer Inklusion offenbar deutlich über die Forderungen zur Beschulung von Schüler*innen mit sonderpädagogischem Förderbedarf hinaus in einer transformatorischen Perspektive zu rekontextualisieren versucht. Inklusion und das Gemeinsame Lernen werden hier als Herausforderung, aber gleichzeitig potenzielle Chance zur weiterführenden Innovation ihrer Schule wahrgenommen und bearbeitet. Ausgehend von einem Selbstverständnis eines auch motivational und emotional involvierten, pädagogischen Unterstützers der (be_nachteiligten und be_hinderten) Schüler*innen und einem „[u]ncompromising commitment to inclusive education" (Kugelmass & Ainscow, 2004, S. 139) versuchen die Schulleitenden doch ein Stück weit, den vermeintlich konstitutiven Rahmen, d. h. vor allem die meritokratische Ausrichtung, die ökonomische Ressourcenknappheit und die administrativen Regularien mit Blick auf die individuellen Bedarfe der Schüler*innen umzudeuten. Bestehende Widersprüche und wahrgenommene Mängel in den bildungspolitischen und administrativen Vorgaben werden nicht im Sinne einer Delegitimation des Anliegens schulischer Inklusion ausgedeutet, sondern nach Möglichkeit im Sinne der heterogenen Schüler*innenschaft aufgelöst. Dabei agieren die Schulleitenden mitunter auch widerständig, entgegen der aus ihrer Sicht teilweise ungeeigneten bildungspolitischen und administrativen Vorgaben. Die zentrale Rekontextualisierungsstrategie dieser Schulleitenden besteht offensichtlich darin, den nun auch verpflichtenden Auftrag zur Ausgestaltung schulischer Inklusion bzw. des Gemeinsamen Lernens zu nutzen, um sich selbst, das Kollegium und die Schule im Hinblick auf die heterogenen Bedarfe der Schüler*innen weitergehend ‚kompetent' zu machen. Dementsprechend geht es insbesondere darum, den Möglichkeitsraum vor allem auch in pädagogisch-professionellen und schulkulturellen Fragestellungen (Aufbau multiprofessioneller Teams, Erarbeitung (binnen-)differenzierender Lernkonzepte, Leitbildentwicklung) im Sinne eines „transformational leadership" (Hallinger, 2003) auszuweiten und bereits bestehende Vorhaben auf Ebene der Einzelschule durch die schulrechtliche Verankerung des Anspruches auf Gemeinsames Lernen nun noch nachdrücklicher einzufordern. Die Forderungen schulischer Inklusion erweisen sich hier in einer transformatorischen Konnotation als subjektiv sinnvolle bzw. sinnstiftende Forderung.

4 Fazit

Die hier nur zusammenfassend darstellbaren Ergebnisse der Analysen geben einen systematischen Überblick über die verschiedentlichen Problematiken und Möglichkeiten der Ausgestaltung inklusionsorientierter Transformationen auf Ebene der Einzelschule und liefern diesbezüglich weiterführende Impulse für die Wissenschaft und Schule respektive der Unterstützung schulischer Leitungskräfte (Amrhein & Badstieber, 2021; Badstieber, 2021). Neben grundlegenden Herausforderungen schulischer Reformprozesse wird mit Blick auf die Ausgestaltung schulischer Inklusion dabei ein von Grund auf ‚schwieriges' Verhältnis des Reformanliegens gegenüber den bestehenden Logiken und Funktionalitäten institutionalisierter Bildung und damit letztlich auch gegenüber den bestehenden gesellschaftlichen Verhältnissen sichtbar. Sich als Schulleitende*r für die Ausgestaltung schulischer Inklusion in einer transformatorischen Perspektive zu engagieren bedeutet den Analysen folgend, auch in einen permanenten Widerspruch und ggf. einen Widerstand zu den bestehenden Kulturen, Strukturen und Praktiken inner- und außerhalb von Schule zu gehen. Notwendige Voraussetzung ist dabei offensichtlich ein in allererster Linie der Pädagogik, d. h. den Lebens,- Lern- und Entwicklungsbedürfnissen aller (be_nachteiligten bzw. be_hinderten) Schüler*innen verpflichtetes und damit letztlich notwendigerweise engagiert-opportunistisches Handeln (Stähling et al., 2011; Stähling, 2013). Dieses setzt ein entsprechendes Professionsverständnis und eine entsprechende Professionskultur voraus, die sich einer gezielten ‚Steuerung' und unmittelbaren ‚Beeinflussung' etwa auf bildungspolitischer Ebene entziehen. So wird in den Ergebnissen mit Blick auf den in diesem Sammelband fokussierten Aspekt der ‚Steuerung' sichtbar, dass die Ermöglichung schulischer Inklusion eben nicht (nur) in der Lösung ‚technischer' Fragestellungen etwa zur Handlungskoordination liegt, wie es der Begriff der ‚Steuerung' mitunter nahelegt, sondern in höchstem Maße von den pädagogischen und gesellschaftspolitischen Überzeugungen der Akteure und pädagogisch-professionellen bzw. schulkulturellen Fragestellungen bestimmt ist (Jantzen, 2015). Gerade wenn inklusionsorientierte Schulentwicklungsprozesse eine grundlegende Transformation bestehender Formen der Institutionalisierung von Schule erfordern, ist den Ergebnissen nach insbesondere ein Schulleitungshandeln gefragt, das auf Basis einer beharrlichen (inklusions-)pädagogischen Haltung und eines auch persönlich hohen Engagements mögliche Szenarien nach einer vermehrten Beteiligung der bisher benachteiligten Schüler*innen antizipiert und auch durchsetzt. Um die Schulleitenden in dieser Aufgabe weitergehend zu ‚empowern', bedarf es vermehrt einer dialogischen Ausrichtung des ‚Steuerungsapparates' und der Entscheidungsfindung (Röken, 2011) sowie einer entsprechenden Unterstützungsstruktur bzw.- kultur (vgl. Köpfer in diesem Band). In diesen müssten die schulleitungsseitigen Überlegungen zu inklusions*pädagogischen(!)* Transformationen der Einzelschule als zentraler Gegenstand und Ausgangspunkt für entsprechende Reformen der meritokratischen und administrativen Vorgaben sowie der ökonomischen Ressourcenangebote auf administrativer und bildungspolitischer Ebene gesehen werden (Imhäuser, 2012).

Literatur

Ainscow, M., Dyson, A., Goldrick, S., & West, M. (2012). Making schools effective for all: Rethinking the task. *School Leadership & Management, 32*(3), 197–213. https://doi.org/10.1080/13632434.2012.669648.

Altrichter, H., & Feyerer, E. (2011). Auf dem Weg zu einem inklusiven Schulsystem? *Zeitschrift für Inklusion,* (4). https://www.inklusion-online.net/index.php/inklusion-online/article/view/73/73. Zugegriffen: 24. Aug. 2022.

Altrichter, H., & Maag Merki, K. (2016). Steuerung der Entwicklung des Schulwesens. In H. Altrichter & K. Maag Merki (Hrsg.), *Handbuch Neue Steuerung im Schulsystem* (S. 1–28). Springer VS.

Amrhein, B. (2011). *Inklusion in der Sekundarstufe: Eine empirische Analyse.* Julius Klinkhardt.

Amrhein, B. (2014). Am und im Widerspruch arbeiten – Wege aus dem professionellen Unbehagen in inklusiven Bildungsreformen. *Friedrich Jahresheft* (S. 17–20).

Amrhein, B., & Badstieber, B. (2021). *Mit Schulleitung gesunde, inklusive Schule gestalten. Handlungsempfehlungen und Reflexionsimpulse für Schulentwicklungsprozesse.* DGUV Information 202–111. publikationen.dguv.de/widgets/pdf/download/article/3797. Zugegr iffen: 24. Aug. 2022.

Avenarius, H. (2010). Schulverfassung II (Schulleitung, Lehrerkonferenz, Schulkonferenz). In H. Avenarius & H.-P. Füssel (Hrsg.), *Schulrecht. Ein Handbuch für Praxis, Rechtsprechung und Wissenschaft* (8. Aufl., S. 147–160). Carl Link.

Badstieber, B. (2021). *Inklusion als Transformation?! Eine empirische Analyse der Rekontextualisierungsstrategien von Schulleitenden im Kontext schulischer Inklusion.* Dissertation. Klinkhardt.

Badstieber, B., Köpfer, A., & Amrhein, B. (2018). Schulleitungen im Kontext inklusiver Bildungsreformen. In T. Sturm & M. Wagner-Willi (Hrsg.), *Handbuch schulische Inklusion* (S. 235–250). Budrich.

Badstieber, B., & Moldenhauer, A. (2016). Schulleitungshandeln in inklusionsorientierten Schulentwicklungsprozessen. In U. Böing & A. Köpfer (Hrsg.), *Be-Hinderung der Teilhabe. Soziale, politische und institutionelle Herausforderungen inklusiver Bildungsräume* (S. 209–219). Klinkhardt.

Berkemeyer, N., & Böse, S. (2017). Picking up the pieces? Zur Rolle der Schulleitung beim Turnaround – Ansätze und empirische Erkenntnisse. In V. Manitius & P. Dobbelstein (Hrsg.), *Schulentwicklungsarbeit in herausfordernden Lagen* (S. 85–103). Waxmann.

Brauckmann, S. (2014). *Zwischen erweiterten Rechten und Pflichten. Schulmanagement, 18*(3), 22–24.

Budde, J., & Hummrich, M. (2015). Inklusion aus erziehungswissenschaftlicher Perspektive. *Erziehungswissenschaft, 26*(51), 33–41.

Fend, H. (2008a). *Neue Theorie der Schule. Einführung in das Verstehen von Bildungssystemen* (2. Aufl.). VS Verlag.

Fend, H. (2008b). *Schule gestalten. Systemsteuerung, Schulentwicklung und Unterrichtsqualität* (1. Aufl.). VS Verlag.

Feuser, G. (1982). Integration = die gemeinsame Tätigkeit (Spielen/Lernen/Arbeit) am gemeinsamen Gegenstand/Produkt in Kooperation von behinderten und nichtbehinderten Menschen. *Behindertenpädagogik, 21*(2), 85–105.

Feuser, G. (2016). Die Integration der Inklusion in die Segregation. In U. Böing & A. Köpfer (Hrsg.), *Be-Hinderung der Teilhabe Soziale, politische und institutionelle Herausforderungen inklusiver Bildungsräume* (S. 26–43). Julius Klinkhardt.

Gehde, H., Köhler, S. M., & Heinrich, M. (2016). *Gymnasialer Lehrerhabitus unter Transformationsdruck. Rekonstruktionen zur Inklusion*. Monsenstein und Vannerdat OHG.

Giddens, A. (1997). *Die Konstitution der Gesellschaft: Grundzüge einer Theorie der Strukturierung* (3. Aufl.). Campus.

Hallinger, P. (2003). Leading educational change: Reflections on the practice of instructional and transformational leadership. *Cambridge Journal of Education, 33*(3), 329–351.

Hinz, A. (2013). Inklusion – von der Unkenntnis zur Unkenntlichkeit!? – Kritische Anmerkungen zu einem Jahrzehnt Diskurs über schulische Inklusion in Deutschland. *Zeitschrift für Inklusion, 1*. inklusion-online.net/index.php/inklusion-online/article/view/26. Zugegriffen: 24. Aug. 2022.

Imhäuser, K. H. (2012). Verfahren zur Einführung von Inklusion und Bildungsgerechtigkeit. In K. Reich (Hrsg.), *Inklusion und Bildungsgerechtigkeit : Standards und Regeln zur Umsetzung einer inklusiven Schule* (S. 123–146). Beltz.

Jantzen, W. (2015). *Inklusion als Paradiesmetapher? Zur Kritik einer unpolitischen Diskussion und Praxis*. Vortrag beim Inklusionspädagogischen Wochenende in Dorum 2015 vom 13.-15.3.2015. „Inklusion in Selektion? Wege – Widerstände – Visionen". userpages.uni-koblenz.de/~proedler/autsem/ipame.pdf. Zugegriffen: 24. Aug. 2022.

Köpfer, A. (2015). Rekonstruktion von Handlungspraktiken professioneller Akteur/-innen im Kontext inklusiver Schulentwicklung am Beispiel Schulleitender. *Zeitschrift für Inklusion,* (4). inklusion-online.net/index.php/inklusion-online/article/view/326. Zugeg riffen: 24. Aug. 2022

Kugelmass, J., & Ainscow, M. (2004). Leadership for inclusion: A comparison of international practices. *Journal of Research in Special Educational Needs, 4*(3), 133–141.

Mißling, S., & Ückert, O. (2015). Das Recht auf inklusive Bildung in der Schule. Stand der Umsetzung von Art. 24 UN-BRK in der deutschen Schulgesetzgebung nach fünf Jahren. *Recht der Jugend und des Bildungswesens, 62*(1), 63–78.

Müller, F. J. (2018a). *Blick zurück nach vorn – WegbereiterInnen der Inklusion.* (Bd. 1). Psychosozial-Verlag.

Müller, F. J. (2018b). *Blick zurück nach vorn – WegbereiterInnen der Inklusion.* (Bd. 2). Psychosozial-Verlag.

Pfeiffer, H. (2010). Schule in erweiterter Verantwortung aus erziehungswissenschaftlicher Sicht. In T. Bohl, W. Helsper, H.G. Holtappels & C. Schelle (Hrsg.), *Handbuch Schulentwicklung. Theorie – Forschungsbefunde – Entwicklungsprozesse – Methodenrepertoire.* (S. 19–25). Klinkhardt UTB.

Radtke, F.O. (2004). Die Illusion der meritokratischen Schule. Lokale Konstellationen der Produktion von Ungleichheit im Erziehungssystem. In *IMIS-Beiträge, 23* (S. 143–178). imis.uni-osnabrueck.de/fileadmin/4_Publikationen/PDFs/imis23.pdf#page=143. Zugegriffen: 24. Aug. 2022.

Röken, G. (2011). *Demokratie-Lernen und demokratisch-partizipative Schulentwicklung als Aufgabe für Schule und Schulaufsicht: Wie kann ein Lernen über, durch und für Demokratie in der Schule mit Unterstützung der Schulaufsicht in der Schule gelingen?* Monsenstein & Vannerdat.

Ryan, J. (2012). *Struggling for Inclusion: Educational leadership in a Neo-Liberal world.* Information Age Pub.

Scheer, D. (2020). *Schulleitung und Inklusion: Empirische Untersuchung zur Schulleitungsrolle im Kontext schulischer Inklusion.* Springer.

Schnell, I. (2003). *Geschichte schulischer Integration: Gemeinsames Lernen von SchülerInnen mit und ohne Behinderung in der BRD seit 1970.* Juventa.

SLV NRW, & Rössler, M. (Vorsitzende). (2012). *Stellungnahme der Schulleitungsvereinigung NRW zu „Erstes Gesetz zur Umsetzung der VN-Behindertenrechtskonvention in den Schulen“* (9. Schulrechtsänderungsgesetz). neu.slv-nrw.de/fileadmin/user_upload/Stellung_9_Schulrechtsaenderungsgesetz2012.pdf. Zugegriffen: 24. Aug. 2022.

Stähling, R. (2013). Inklusion als Kernprogramm einer „Schule für alle“. Eine Grundschule wird zu einer Schule von 1–13. *Pädagogik, 65*(9), 31–33.

Stähling, R., Wenders, B., & Wenders, D. (2011). *Ungehorsam im Schuldienst. Der praktische Weg zu einer Schule für alle.* Schneider.

Trumpa, S., & Janz, F. (2014). „Ich mach“ mir die Welt, wie sie mir gefällt!“ Rekontextualisierungen und Verantwortungsübernahme im Implementierungsprozess der Inklusion“. In S. Trumpa, S. Seifried, E. K. Franz, & T. Klauß (Hrsg.), *Inklusive Bildung: Erkenntnisse und Konzepte aus Fachdidaktik und Sonderpädagogik* (S. 61–78). Beltz Juventa.

United Nations. (2006). *CRPD – Convention on the Rights of Persons with Disabilities.* un.org/development/desa/disabilities/convention-on-the-rights-of-persons-with-disabilities/convention-on-the-rights-of-persons-with-disabilities-2.html. Zugegriffen: 24. Aug. 2022.

van Ackeren, I., Klemm, K., & Kühn, S. M. (2015). *Entstehung, Struktur und Steuerung des deutschen Schulsystems. Eine Einführung* (3. Aufl.). VS Verlag.

Wagner, C. (2012). Triangulative Fallstudien zu Führung und Qualitätsmanagement in beruflichen Schulen. *Empirische Pädagogik, 26*(1), 142–159.

Warwas, J. (2012). *Berufliches Selbstverständnis, Beanspruchung und Bewältigung in der Schulleitung.* VS Verlag.

Badstieber, Benjamin, ist Akademischer Rat an der Universität Duisburg-Essen. Seine Arbeitsschwerpunkte sind Transformationsforschung in Schule unter Berücksichtigung von Heterogenität und Differenz, professionelle Rollen im Kontext Inklusion, De- & Rekonstruktion im Förderschwerpunkt emotionale und soziale Entwicklung.

Kontakt: benjamin.badstieber@uni-due.de

Schulleitungen gestalten strategisch und kooperativ mit ihren Teams sowie dem schulischen Umfeld inklusive Schulen – empirische Befunde, theoretische Rahmung, pragmatischer Praxis-Check

Stephan Gerhard Huber und Anna Zoss

1 Einleitung

Inklusion ist seit einigen Jahren ein zentrales Thema in der Bildungspolitik der deutschsprachigen Länder. Umgang mit Vielfalt, Integration, Diversity Management, Heterogenität und Differenz sind Schlagwörter, die in diesem Zusammenhang immer wieder genannt werden. Pädagogische Führungskräfte, besonders Schulleitungen, aber natürlich auch die Steuergruppen und Fachschaften in den Schulen sowie die Schulaufsichten in ihrer Unterstützung und Vernetzung von Schulen, sind zentrale Akteure in der Entwicklung der Qualität von Bildung und damit bei der Förderung von Bildungsbiografien aller Schüler*innen. Eine an den Bedürfnissen der oder des Einzelnen angepasste Partizipation zu ermöglichen, zu verbessern und damit ein Mehr an Bildungsqualität zu erreichen, ist zentrales Ziel. Verschiedene Forschungsbefunde zeigen, dass Schulleitungen eine wichtige Rolle einnehmen bei der Sicherung und Weiterentwicklung der Qualität schulischer Arbeit und somit auch bei der Entwicklung einer Schule hin zu einer inklusiven Bildungsorganisation.

S. G. Huber (✉) · A. Zoss
PH Zug, Zug, Schweiz
E-Mail: stephan.huber@phzg.ch

A. Zoss
E-Mail: anna.zoss@phzg.ch

R. Kruschel und K. Merz-Atalik (Hrsg.), *Steuerung von Inklusion!?*, Educational Governance 52, https://doi.org/10.1007/978-3-658-40103-0_13

Pädagogisch- oder inklusionsorientierte Strategien der Schulentwicklung aufzugreifen, weiterzuentwickeln, auf die spezielle Einzelschule anzupassen und sie dann umzusetzen, deren Implementation zu planen, zu koordinieren und zu evaluieren im Sinne eines kontinuierlichen Verbesserungsprozesses, sind wichtige Komponenten pädagogischer Führung.

Im folgenden Beitrag sollen zunächst Ergebnisse der Schulqualitäts- und Schulentwicklungsforschung im Hinblick auf die Bedeutung von Schulleitung aufgezeigt und Schulleitende als Gestaltende inklusiver Schulen beschrieben werden. Danach werden das Handlungsmodell inklusiver Schulgestaltung (basierend auf Huber, 2005, 2012 und Huber & Schneider, 2020) sowie Empfehlungen zur Analyse der eigenen Schulsituation präsentiert, die auch im Rahmen eines Praxis-Checks nutzbringend sein können. In einem abschließenden Fazit wird das Erfordernis der Balance zwischen Bewahren, Optimieren, Innovieren in einer inklusiven Schulentwicklung thematisiert.[1]

2 Perspektiven auf Inklusion in der Gestaltung von Schule

Grundlegend kann mit einer doppelten Perspektive auf ‚inklusive Bildung' folgende Frage formuliert werden:

Wie kann schulische Arbeit den Wandel hin zu einer inklusiven Bildung (Unterricht, Erziehung und Beratung) begleiten und im Rahmen des Bildungsauftrags Schüler*innen mit ‚besonderen Bedürfnissen' individuell und zielgerichtet unterstützen? In der Differenzierung bedeutet das:

1. Wie sind Bildungsprozesse zu gestalten, damit Inklusion bestmöglich realisiert werden kann? (Ebene Bildungsprozesse)
2. Wie ist die Schule als Organisation zu gestalten bezüglich Personal, Aufbau und Ablauf der Organisation, Vernetzung mit außerschulischen Partnern sowie im Qualitätsmanagement, damit inklusive Bildungsprozesse gefördert werden können? (Ebene Organisation)

Daran anknüpfend entfächern sich weitere Fragen und Perspektiven, nach den Ressourcen und Anforderungen auf Systemebene, darunter zur Lehrer*innenbildung, der Ausbildung, der Fort- und Weiterbildung, der Unterstützungsan-

[1] Der Beitrag bezieht sich in Auszügen auf Huber (2013), Huber, Sturm und Köpfer (2017) und Huber (2022).

gebote zur Professionalisierung von einzelnen Akteuren und Teams und zur Qualitätsentwicklung von Organisationseinheiten, Organisationen und Netzwerken. Diese verschiedenen Bereiche werden in diesem Beitrag nicht bearbeitet.

3 Schulleitungshandeln und Inklusion

Die Gestaltung einer inklusiven Schule fordert ihre professionellen Akteure heraus, wobei Schulleitungen eine „Schlüsselgröße" sind (Criblez et al., 2012; Scheer et al., 2014; Amrhein, 2014; Sturm et al., 2015). Die Etablierung und Umsetzung inklusiver Bildung stellt eine herausfordernde, grundlegende Entwicklungsaufgabe für Schulen dar.

Schulleitungen mit ihren Kollegien sind verantwortlich für die Handlungskoordination schulischer Arbeit und damit für deren Sicherung und Weiterentwicklung. Es gibt analytische, planerische, kommunikative und strategisch-kontrollierende Arbeiten. Im Zentrum steht die Frage nach Bildung und qualitativ hochwertigen Lehr-Lern-Arrangements. Um diese zu sichern und weiterzuentwickeln, spielen Fragen des Personals, der Organisation und des Umfelds der Schule eine wichtige Rolle. Als „Responsible Leaders" (Huber & Schneider, 2019; Huber, 2020) agieren Schulleitungen und alle, die im Rahmen der Schulentwicklung an der Schule Verantwortung übernehmen, im Erzeugen von Handlungskoordination strategisch: Ziele und Maßnahmen werden identifiziert, verfolgt und umgesetzt. Strategisches Handeln im Sinne der BIO-Strategie (Huber, 2020) umfasst die Integration der drei Aspekte Bewahren, Optimieren, Innovieren: Bisher Erfolgreiches und Sinnvolles wird bewahrt, Neues und Wichtiges innoviert und das, was schon gemacht wird, wird verbessert im Sinne der Effektivität, oder im Aufwand reduziert im Sinne der Effizienz, und somit optimiert (Huber, 2021, S. 66–74).

Schulleitende stehen, wie oben ausgeführt, neuen, erweiterten Anforderungen gegenüber (Huber & Schneider, 2007; Oelkers, 2009; Huber, 2011, 2013;). Sie stehen in Bezug auf inklusive Schulentwicklung unter hohem Innovations- und Erwartungsdruck (Amrhein, 2014). Dabei zeigt sich, dass Inklusion primär als neue Teilaufgabe im Sinne einer notwendigen Outputsteuerung von Schule verstanden werden kann, im Zuge derer adaptive Transformationsprozesse innerhalb der Schule stattfinden müssen, für die eine professionelle Rollengestaltung und Unterstützungs- und Qualifikationsbedarfe zu erwarten sind.

Aufgaben von Schulleitung gemäß Merz-Atalik (2014b) sind in diesem Zusammenhang:

- an der Schulkultur und am Leitbild der Schule arbeiten,
- den Elternwunsch nach inklusiver Beschulung ernst nehmen,
- langfristig Strukturen für inklusive Kulturen an den Schulen schaffen,
- inklusive Haltungen entwickeln und im Schulprogramm oder Leitbild verankern,
- inklusionsorientiertes Schüler-Assessment und Lernbegleitung aufbauen,
- Ressourcen sichern und Personalentwicklung betreiben.

Schulleitungshandeln – auch im Kontext von Inklusion – hängt stark mit der Persönlichkeit und dem Führungsstil zusammen. Individuen mit hoher Ambiguitätstoleranz haben einen Vorteil in Zeiten großer Veränderungen, da sie weniger risiko-aversiv sind (Wilkinson, 2006).

Schulleitung ist ein wesentliches Bindeglied sowohl bei staatlichen Reformmaßnahmen als auch bei schuleigenen Innovationsbemühungen, wenn es darum geht, Schulentwicklungsprozesse – auch in Bezug auf Inklusion – zu initiieren, sie zu unterstützen, zu begleiten und das Erreichte zu institutionalisieren und dadurch zu einem Teil der Schulkultur werden zu lassen (damit ‚Errungenes' nicht verloren geht, sobald das Engagement einzelner Personen im Kollegium wegfällt). So haben Schulleitungen insbesondere die Aufgabe, langfristige Strukturen für inklusive Kulturen zu schaffen, inklusive Haltungen zu entwickeln und diese im Schulprogramm oder -leitbild zu verankern (Merz-Atalik, 2014b) und die Einstellung der Lehrpersonen und die der Eltern positiv zu beeinflussen (Ainscow, 2013; Ainscow et al., 2013). Professionelles Handeln (im schulischen Kontext) ist von motivationalen Orientierungen und selbstregulativen Fähigkeiten abhängig (Baumert & Kunter, 2006). Einstellung und Selbstwirksamkeit sind somit zentral für das erfolgreiche Handeln der schulischen Akteure bei der Umsetzung von inklusivem Lernen (Bosse et al., 2016).

Hinter einer wirksamen Schule, die ihre Arbeit stärker inklusionsorientiert ausgestaltet, steht also eine entsprechend wirksame Schulleitung. Die Argumentationskette, die mit der Aussage Rutters von 1979 beginnt „Schools matter, schools do make a difference" (Schule spielt eine Rolle für die Entwicklung der Schüler*innen, Schule macht einen Unterschied), kann so berechtigterweise fortgesetzt werden: „School leaders matter, they are educationally significant, school leadership does make a difference" (Huber, 1997; Schulleitung spielt eine Rolle, sie ist pädagogisch bedeutsam, Schulleitung wirkt sich auf die Qualität einer Schule aus). Schulleiter*innen werden also als Schlüsselfiguren in ihren Schulen bezeichnet, mit dem Vermögen, Schulentwicklungsprozesse entscheidend voranzubringen, aber genauso auch zu blockieren; sie gelten als zentrale ‚Change Agents' und tragen die Verantwortung für den Veränderungsprozess der Einzelschule (Fullan, 1991, 1992,

1998; Schratz, 1998). Obgleich man von einer direkten Beziehung zwischen Schulleitungshandeln und Schüler*innenleistung nicht ausgehen kann, lässt sich auf eine indirekte, durch die Auswirkung des Schulleitungshandelns auf Schulkultur und Selbstverständnis der Lehrkräfte, auf deren Einstellungen und Verhalten sowie auf deren Motivation, schließen. Dies wirkt sich wiederum auf die Unterrichtspraxis und damit auf die Qualität von Unterricht und Erziehung bzw. auf die Qualität von Lehren und Lernen aus (Leithwood & Montgomery, 1986; van de Grift, 1990; Sammons et al., 1995). Gray (1990) betont ebenfalls, dass die zentrale Bedeutung pädagogischer Führung eine der klarsten Aussagen der Schulwirksamkeitsforschung sei.

Die Bedeutung und die Möglichkeiten von Schulleitungen im Kontext inklusiver Schulentwicklung sind empirisch in ihrer Verbindung bisher kaum bearbeitet; es hat sich noch kein kontingenter Forschungsbereich etabliert, vielmehr bestehen zwei parallele Diskursstränge zu Schulleitung und zu Inklusion. Erste verbindende Betrachtungen liegen aus dem angloamerikanischen und deutschen Forschungskontext vor[2].

Integration respektive Inklusion wird – in Folge der bildungspolitischen Reformen, die der Ratifizierung der UN-BRK folgten – zunehmend über die Sonderpädagogik hinaus, v. a. in der Schulpädagogik, diskutiert (z. B. Merl & Winter, 2014; Reich, 2012); noch Anfang des Jahrtausends kritisierte Tervooren (2001), dass sich lediglich ein Teil der Erziehungswissenschaft mit der Thematik auseinandersetzt. Fragen der gemeinsamen Beschulung von Kindern und Jugendlichen mit und ohne Behinderungen resp. ‚besonderem Bildungsbedarf' werden seit Gründung der Hilfsschulen diskutiert (Bless, 2007; Ellger-Rüttgardt, 2008). In den 1970er Jahren intensivierte sich der wissenschaftliche Diskurs innerhalb des deutschsprachigen Raums, v. a. motiviert durch zahlreiche Schulversuche zum Gemeinsamen Unterricht, in empirischer (z. B. Schuck et al., 1998; Haeberlin et al., 2003) und theoretischer Hinsicht (z. B. Reiser et al., 1986; Feuser, 1995). Während in Deutschland und Österreich v. a. Elterninitiativen die Einrichtung integrativer Schulen einforderten (Schnell, 2003), konstatiert Bless (2007, S. 11) für die Schweiz „pragmatische […] Gründe". Der erziehungswissenschaftliche Diskurs hat sich vor der Folie empirischer Erkenntnisse, bildungspolitischer Rahmenbedingungen (Moser, 2010) sowie einer zunehmenden sozialwissen-

[2] Bei der Rezeption von Befunden aus dem Ausland ist der Kontext zu reflektieren. Die Handlungskompetenz (insbes. im Sinne von Steuerung/Management) der Schulleitungen, z. B. in England oder den USA, ist beispielsweise – vereinfacht betrachtet – ausgeprägter (OECD, 2008). Vor diesem Hintergrund haben die Erkenntnisse für die Schweiz nur begrenzte Aussagekraft.

schaftlichen Fundierung der Sonder- bzw. Integrationspädagogik (Eberwein, 1998; Feuser, 1995) als auch des internationalen, englischsprachigen Diskurses zu Inclusive Education (z. B. Ainscow, 2008; Slee & Allan, 2009) differenziert bzw. weiterentwickelt. Im Zentrum dieses Diskurses stehen

- Gestaltungsnotwendigkeiten der Kooperation zwischen Sonder- und Regellehrpersonen (z. B. Lütje-Klose & Willenbring, 1999),
- didaktische Konzeptionen integrativen Unterrichtens, Erziehens und Beratens (z. B. Feuser, 1995),
- die Entwicklung der Schulleistungen, die in integrativen Settings höher (‚leistungsschwache' Schüler*innen) bzw. nicht beeinträchtigt (ihre Peers) sind (Rouse & Florian, 2006),
- die ‚soziale Integration' der Schulklasse (Haeberlin et al., 2003),
- der Einfluss der Klassenzusammensetzung auf das Schüler*innenverhalten (Müller & Bless, 2011) und
- Einstellungen der Lehrkräfte zur Integration wie zur Arbeit im Team (Forlin, 2010; Moser, 2012).

Der englischsprachige Diskurs sowie internationale, bildungspolitisch relevante Dokumente (v. a. die Salamanca Erklärung (UNESCO, 1994) und UN-BRK (UN, 2006)) begründen den terminologischen Wechsel von Integration zu Inklusion.

Einige Studien untersuchen Haltungen von Schulleitungen zu Inklusion. Ainscow et al. (2013) geben z. B. einen Überblick zur Entwicklung effektiver Inklusionsstrategien durch Schulleitungen. Die Einführung von Inklusion und die Förderung einer inklusiven Schulkultur hänge stark von der Schulleitung ab, die wiederum die Einstellung von Lehrkräften (und der Eltern) beeinflusse, die sich auf schulische Leistungen beeinträchtigter Schüler*innen auswirkt (Ainscow, 2013). Eine entsprechende Einstellung und ein entsprechendes Verhalten aller in der Schule agierenden Professionellen seien Grundbedingungen für höhere Schulleistungen, insbesondere jener Schüler*innenmilieus, die als gefährdet gelten, die klassen- und bildungsgangbezogenen Ziele und Erwartungen nicht zu erfüllen. Subjektive Theorien zu der Leistungsfähigkeit unterschiedlicher Gruppen von Schüler*innen sollten zugänglich gemacht und kritisch hinterfragt werden (Ainscow et al., 2013).

Die Studie „Effective Leadership in Schools" (Harris & Chapman, 2002) zeigt, dass Beziehungspflege im Kollegium, Möglichkeit für Dialog, kooperative Personalentwicklung und ein demokratischer Führungsstil relevante Faktoren für inklusive Bildung sind (Harris & Chapman, 2002, S. 6 f.). Untersuchungen, die an den Prämissen der Effektivitätsforschung anknüpfen, orientieren sich an einem Verständnis einer wirksamen, leistungsorientierten und inklusiven Schulentwicklung (Ainscow 2008; Ainscow et al., 2006, 2012).

Kullmann et al. (2014) spezifizieren dies in einem gemeinsamen, schulischen Verständnis des wertschätzenden Umgangs mit Vielfalt, verbunden mit einer Dekategorisierung, also dem Verzicht auf äußere Differenzierung. Die Studie „Integration geistig behinderter Sonderschülerinnen und -schüler in Regelklassen der Zentralschweiz" (Joller-Graf & Tanner, 2011) untersucht unter anderem die Rollenzuschreibungen und Erwartungen an Schulleitende inklusiver Schulen durch schulische Akteure (Eltern, schulische Heilpädagogen und Heilpädagoginnen, Lehrpersonen). Die qualitative Interviewstudie zeigt, dass die Schulleitenden als zentral erachtet werden, v. a. in der Außenkommunikation und ihrer Haltung hinsichtlich Integration (Joller-Graf & Tanner, 2011, S. 86). Es ist also nicht nur das Wirken nach innen, in der Schule, sondern auch nach außen. Aber auch hier zeigt sich, dass es wohl eine Frage der Haltungen ist. Wie diese Studien gehen auch andere Untersuchungen den Einstellungen und Haltungen von Schulleitungen vertieft nach und greifen in gewisser Hinsicht Aspekte aus der Perspektive ‚technischer' und ‚kultureller' Transformationen in Bezug auf Schule auf, unklar bleibt, wie die Einstellungen bzw. die Bereitschaft zu verändern sind, ob dies durch ‚technische' Veränderungen oder eher durch gesamtgesellschaftliche Entwicklungsprozesse bzw. deren Reflexion erfolgt (Kullmann et al., 2014; Savolainen et al., 2012).

Richtungsweisende Studien des Projekts „Improving the Quality of Education for All" (IQEA) wurden in den 1980/90er Jahren in Großbritannien (Ainscow et al., 2004) durchgeführt mit dem Ergebnis, dass Unterstützungsbedarfe im Kontext inklusiver, bildungsgerechter(er) Schulentwicklung einzelschulisch, auf Grundlage einer schulspezifischen Analyse (zu Schulgröße, Einzugsgebiet, Finanzierung) zu bestimmen sind (Ainscow et al., 2012).

Diese Erkenntnisse sind die Basis für die Entwicklung des „Index for Inclusion" (Booth & Ainscow, 2011), an den auch der Aargauer Index für Inklusion (Landwehr, 2012) anknüpft. Dieselben Wissenschaftler*innen führten die „Economic and Social Research Council" (ESRC)-Längsschnittstudie (1999–2003) durch, die Schulen untersuchte, die Inklusion in sozial benachteiligten Räumen umsetzen (Ainscow et al., 2004). Neben einer kooperationszugewandten Haltung von Schulleitungen und deren Beratungsmöglichkeiten wurde die Kooperation zwischen Schulen als Erfolgsfaktor erkannt.

Waldron et al. (2011) gehen in den USA in einer Interview- und Beobachtungsfallstudie (Schulleitende, Administration, Unterrichtsbeobachtung) der Frage nach, welche Rolle Schulleitende bei der Entwicklung inklusiver Schule haben. Zentrales Ergebnis ist, dass Schulleitende die Lehrpersonen durch Informationssteuerung, Datenbereitstellung und Leitbildentwicklung unterstützen und so zur Leistungsentwicklung aller Schüler*innen in inklusiven Bildungsprozessen beitragen können (Waldron et al., 2011, S. 58 f.).

Während die konkreten Handlungspraktiken von Schulleitenden inklusiver Schulen bislang nicht systematisch erforscht sind, gibt es im Forschungsdiskurs erste Ergebnisse zu den Gestaltungsspielräumen der Akteursgruppe: Zum Beispiel zeigt Lyra (2012) auf Basis des Prozesses der „Theorie U“ (Scharmer, 2007), dass die Bereitschaft zur Gestaltung von Entwicklungsprozessen steigt, wenn die „Akteure im Bildungsbereich [...] in einen kollektiven Prozess der Gegenwartsgestaltung einbezogen werden“ (Lyra, 2012, S. 59). Für Schulleitungen bedeutet dies, dass ihre Einstellung und ihre Bereitschaft mit bildungspolitisch ermöglichten schulischen Gestaltungsspielräumen korrelieren. Ryans (2012) Studie untersucht anhand von Einzelfällen das professionelle Handlungsdilemma von Schulleitungen, inklusive Praktiken innerschulisch bei den beteiligten Personengruppen (Lehrpersonen, Schüler*innen, Eltern etc.) zu fördern und gleichzeitig ihnen gegenüber exkludierende gesetzliche Richtlinien – bedingt durch eine neoliberale und kapitalistisch geprägte Gesellschaftsform – durchzusetzen (Ryan, 2012, S. 61).

In Deutschland gibt es Untersuchungen, die der Frage nach den potenziellen Gestaltungsmöglichkeiten in formaler Hinsicht und den konkreten Realisierungen innerhalb der ambivalenten Anforderungen an Schulleitungen nachgehen (vgl. Vergleich zwischen Baden-Württemberg/Südtirol: Badstieber & Amrhein, 2016; Merz-Atalik, 2014a; Scheer et al., 2014). In allen drei qualitativ ausgerichteten Projekten stellen (Expert*innen-)Interviews mit Schulleitungen einen zentralen Bestandteil dar. Im schleswig-holsteinischen Projekt ‚InPrax‘ (Inklusion in der Praxis) (Hinz & Kruschel, 2014, S. 288) werden Unterstützungssysteme zur Entwicklung inklusiver Schulstrukturen und Pädagogik entwickelt und mithilfe eines mixed method Designs unter theoretischer Perspektive der Educational Governance evaluiert. Ein Zwischenergebnis zeigt, dass in dem Entwicklungsprozess nicht nur unterschiedliche, zueinander relative professionelle Rollen, sondern auch „geteilte kulturelle Überzeugungen“ (Hinz & Kruschel, 2014, S. 294) des Ausfüllens der Rollen, vorliegen.

Für die Schweiz sind diese Zusammenhänge bisher nicht vergleichbar systematisch erforscht; jedoch zeigen unterschiedliche Studien (Joller-Graf & Tanner, 2011; Buholzer et al., 2014; Urton et al., 2014) einen signifikanten Einfluss wertschätzender Haltung der Schulleitung auf Arbeitszufriedenheit und Selbstwirksamkeitsempfinden von Lehrkräften; also sind auch hier die Schulleitungen eine relevante, zugleich kaum erforschte Größe bei der Umsetzung von Inklusion. Weiter wird – z. B. in der Studie von Maag Merki & Emmerich (2014) – das schulische Spannungsfeld von Selektion und Unterstützung thematisiert. In einer vergleichenden Fallstudie wird der Umgang mit diesem Spannungsfeld in Primarschulen in sozial benachteiligten Räumen des Kantons Zürich mittels der Dokumentarischen Methode der Interpretation rekonstruiert. Schulleitungen sind darin eine Akteursgruppe neben anderen und werden vornehmlich in Bezug auf ihre administrative Tätigkeit betrachtet. Eine grundständige Aufarbeitung der Rolle, der Handlungsspielräume und der Gestaltungsmöglichkeiten von Schulleitungen im Kontext inklusiver Schulentwicklung in der (deutschsprachigen) Schweiz steht noch aus.

4 Handlungsmodell Schulgestaltung und Inklusion

Die vorangegangenen Überlegungen und Befunde zeigen die bedeutsame Rolle von Schulleitung in der inklusiven Schulentwicklung. Dabei werden zentrale Handlungsbereiche von Schulleitung adressiert – und zwar nicht nur in Bezug auf das Handeln und dessen Wirkung nach innen, innerschulisch, sondern auch in der Wirkung in die Bildungslandschaft, in die Region. Die Handlungsbereiche werden in Abb. 1 illustriert und sind wiederholt beschrieben (Huber, 2005, 2012; Huber & Schneider, 2020).

Die Aspekte der Qualität von Inklusion (und der damit verbundenen Handlungspraktiken) seien hier angedeutet:

- *Unterrichten:* u. a. Lehr- und Lernressourcen, Schüler*innen- und Kompetenzorientierung, Veränderung der Lernsettings und -kultur, Diagnostik und individuelle Förderung, selbstorganisiertes Lernen, Aufgaben- und Prüfungsformate.
- *Erziehen:* u. a. Verantwortungsübernahme, Regeln, Normen, Werte sowie Verhalten, z. B. hinsichtlich Anerkennung von sich selbst und anderen, Wertschätzung, Respekt und Achtsamkeit.
- *Beraten:* u. a. (digitale) Möglichkeiten der Lernberatung, Beratungskonzepte, interne und externe Kommunikationskonzepte für Kinder mit Unterstützungsbedarf im Hinblick auf Kommunikation.

Den übergreifenden Rahmen bilden die schulleitungsspezifischen Dimensionen Personal, Organisation, Bildungslandschaft und Qualitätsmanagement:

- *Personal* wird z. B. im Hinblick auf kontinuierliche Professionalisierung des Kollegiums, multiprofessionelle Kooperationen und professionelle Lerngemeinschaften, inklusive Kooperationsformen und Unterstützungsmechanismen für die Umsetzung inklusiver Lehr-Lern-Arrangements in der Praxis behandelt.

Abb. 1 Handlungsmodell Schulgestaltung. (Eigene Darstellung)

- *Organisation* von Schule und Unterricht, u. a. im Hinblick auf die technische Ausstattung und Gesamtarchitektur zur Unterstützung von inklusiven Bildungsprozessen und Handeln, die Anpassung von Strukturen und Prozessen zur inklusiven Bildung, Wissensmanagement, die Nutzung von digitalen Möglichkeiten in der Organisation und Verwaltung von Schule, Entwicklung eines schulischen Konzeptes zur inklusiven Schulentwicklung.
- *Bildungslandschaft,* u. a. durch die Zusammenarbeit mit Schulträger und Schulaufsicht sowie weiteren (außerschulischen) Partnern.
- *Qualitätsmanagement* umfasst die Sicherung und Weiterentwicklung all der oben skizzierten Handlungsbereiche. Es ist von zentraler Bedeutung für das Schulleitungshandeln, um die avisierten kontinuierlichen Entwicklungsprozesse hin zu inklusiver Bildung anzulegen (schulische Innovations-

und Inklusionsprozesse anregen, gestalten und steuern, Sensibilisierung der Fachpersonen für Diversität und Vielfalt, Fortbildungskonzepte zur Professionalisierung des Kollegiums entwickeln u. v. m.).

Die Sensibilisierung im Umgang mit Heterogenität und Vielfalt auf allen Ebenen von Schule und Bildung und der kreative Austausch innerhalb und über die verschiedenen Ebenen hinweg haben eine wichtige Bedeutung. Dies geschieht mit dem Ziel, das Lernen insgesamt und damit die Schüler*innen bestmöglich zu fördern. Sensibilisierung und Anerkennung von Vielfalt und Diversität sind auf die spezifischen Handlungsbereiche von Schulleitung – Personal, Organisation, Bildungslandschaft und Qualitätsmanagement (als umfassende Klammer) – zu übertragen und mit ihnen zu verzahnen. Beim Prozess hin zum inklusiven Unterricht, Erziehen und Beraten steht die Aufklärung im Fokus, also das Verständnis dafür, was Inklusion bedeutet und wie mit Inklusion kritisch und kompetent umzugehen ist. Wichtige Aspekte im Umgang mit Inklusion im Bildungskontext sind darüber hinaus auch, Vor- und Nachteile inklusiver didaktischer Settings anlass- und situationsbezogen zu bewerten, auswählen und adäquat einsetzen zu können. All dies mündet in einer schulspezifischen Gesamtstrategie für die Weiterentwicklung der schulischen Qualität hinsichtlich des Wandels hin zu inklusiver Bildung, die die individuellen Rahmenbedingungen und schulspezifischen Machbarkeiten berücksichtigt und ggf. erweitert.

Ainscow und Kollegen (2013) kommen zum Schluss, dass Inklusion weniger von der Einführung von bestimmten Techniken oder organisationalen Arrangements abhängt als von sozialen Lernprozessen. Eine zentrale Strategie in Bezug auf Letzteres ist die Ermutigung zum Ausprobieren von neuen Verfahren und zur Zusammenarbeit innerhalb der Schule[3].

5 Das Richtige richtig tun – klare Prioritäten setzen, zielorientiert und effizient Maßnahmen umsetzen

Inklusion ist keine Aufgabe oder Herausforderung, der sich allein Mitarbeitende und Schulleitungen stellen müssen – sie wird zur Aufgabe für das gesamte schulische System und die Gesellschaft insgesamt. In diese gesamtgesellschaftliche Aufgabe sollten alle Akteure, insbesondere auch die Politik in der

[3] Auf der Webseite www.bildungsmanagement.net/integration-inklusion/ finden sich eine Checkliste zur Analyse der Situation an Schulen sowie Empfehlungen für die Praxis.

Ressourcenallokation und Schaffung von strategischen Eckpunkten und Rahmenbedingungen, eingebunden werden.

Inklusive Bildung muss integrativ im Rahmen der Diskussion um die Sicherung und Weiterentwicklung der Qualität schulischer Arbeit verstanden werden. Im Mittelpunkt steht dabei immer die Frage nach dem Nutzen: Welchen Nutzen hat das, was wir tun, bzw. haben die Maßnahmen für die Förderung und die Unterstützung der Kinder und Jugendlichen?

5.1 BIO-Strategie

Die Ideen für solche Maßnahmen sind an jeder Einzelschule sicher vielfältig. Ihnen stehen stets unterschiedliche Kontextbedingungen mit jeweils eigenen Realisierbarkeiten gegenüber. Vor diesem Hintergrund ist es die Aufgabe von pädagogischen Führungskräften, allen voran der Schulleitung, Handlungsmöglichkeiten auszuloten und Lösungen zu entwickeln – Bewährtes zu bewahren, die bisherige Praxis zu optimieren und neue Praxis zu innovieren. Das Schulleitungshandeln ist schulkontextbezogen. Es braucht dabei eine auf die jeweilige Schule zugeschnittene Strategie, damit die Maßnahmen nicht unverbunden und ohne gegenseitige Bezüge nebeneinanderstehen, sowie eine Balance, damit letztlich auch Machbarkeiten und Akzeptanz der Maßnahmen gewährleistet sind (Huber, 2021). Diese müssen einhergehen mit einer differenzierten Analyse, einer differenzierten Zielsetzung hinsichtlich dieser drei Aspekte sowie der Zuordnung von Maßnahmen, um diese Ziele im schulspezifischen Kontext effektiv und effizient zu erreichen. Zudem ist im Rahmen dieser BIO-Strategie eine ressourcenorientierte Gewichtung vorzunehmen mit dem Fokus auf Nachhaltigkeit oder auf Innovation. Bei allen Zielen aus dem Bereich Innovation folgen irgendwann Optimierungen, die – wenn sie nicht abgeschafft werden –, in ein Bewahren übergehen. Der Dreischritt ist in Abb. 2 dargestellt.

5.2 Responsible Leadership

Inklusive Schulentwicklung richtet sich damit neben bildungspolitischen und schulaufsichtlichen Vorgaben sehr stark an der jeweiligen Einzelschule aus und erlaubt und erfordert schulstandortspezifische Strategien – von der Schulleitung immer wieder eingefordert, vom Kollegium unterstützt und von der Schulgemeinschaft mitgetragen. Der Schulleitung kommt hierbei eine entscheidende Bedeutung zu. Ihr Führungshandeln als Responsible Leaders (Huber 2020) lässt sich zusammenfassend durch folgende Merkmale beschreiben:

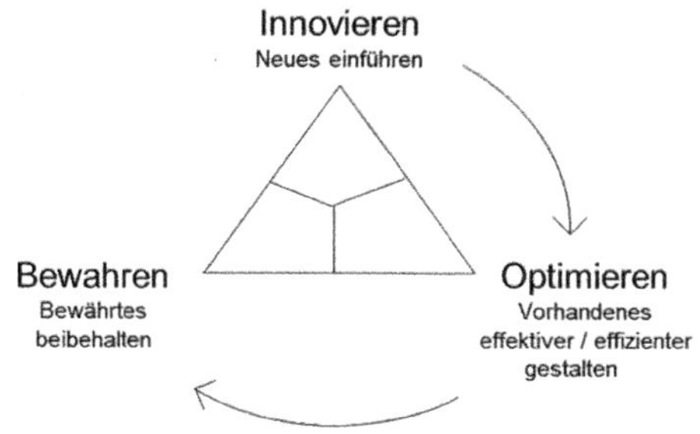

Abb. 2 Integration der drei Aspekte Bewahren, Optimieren, Innovieren. (Eigene Darstellung)

- *Analytisches Handeln:* Schulleitungen nehmen in der inklusiven Schulentwicklung eine umsichtige und sorgsame Analyse des jeweils zu beurteilenden Gegenstands bzw. der zu beurteilenden Situation vor, dem eine kritische, kriterienorientierte Beurteilung folgt. Sie beziehen verschiedene Perspektiven unterschiedlicher Akteursgruppen mit ein.
- *Moralisches Handeln:* Schulleitungen haben Mut, auch kritische Positionen einzunehmen. Sie sind in der Lage, diese Positionen an geeigneter Stelle der Sache verpflichtet zu vertreten. Ihr moralisches Handeln fußt auf einem Wertekodex, der sowohl selbstreflexiv entwickelt als auch innerhalb der Organisation immer wieder neu ausgehandelt und justiert wird.
- *Kooperatives Handeln:* Schulleitungen handeln kooperativ. Sie beziehen relevante Akteure und Akteursgruppen in ihr Handeln und ihre Entscheidungen mit ein. Ihre Führung basiert auf wechselseitigem Vertrauen, Unterstützung, Solidarität und Partnerschaft bei der Gestaltung der Beziehungen zwischen ihnen und den Mitarbeitenden.
- *Handeln als Modell:* Schulleitungen bleiben auch in ihrer auf Leitung ausgerichteten Funktion pädagogischen Werten wie Mündigkeit, Anerkennung von Diversität und Vielfalt, Selbsttätigkeit oder Kooperation verpflichtet. Ihr Führungshandeln ist damit auch Modell dafür, wozu die inklusive Schule erziehen will.
- *Strategisches Handeln:* Schulleitungen betreiben professionelles, also qualifiziertes, systematisches und zielgerichtetes Management in Bezug auf alle Maßnahmen, die zur Gestaltung und Optimierung einer inklusiven Schule und von schulischen Prozessen beitragen. Auf Grundlage des Ziels, auf jeder Ebene, also jener der einzelnen Lehrkraft bzw. des Unterrichts, der gesamten Schule als Handlungseinheit und der Gesamtstruktur des Bildungssystems, dafür günstige Bedingungen zu schaffen und zu etablieren, bedeutet strategisches Handeln, je nach Organisation und Bedingungen hierbei, eigene Gewichtungen vorzunehmen.

Schulleitungen und ihre Teams gestalten schulkontextbezogen und strategisch in Balance zwischen den Ansprüchen einerseits und den Realitäten andererseits unter Einbindung des schulischen Umfelds inklusive Schule. Schulleitungshandeln ist dabei professionell, profund und persistent, also mit Know-how gründlich, hartnäckig und kontinuierlich an der Weiterentwicklung der Qualität von Inklusion verpflichtet. In der Zusammenarbeit wird ähnlich der Didaktik für Unterricht und Erziehung die Zielsetzung und damit der Nutzen als Know-why deutlich kommuniziert und im Verständnis der Schulteams weiterentwickelt. Schulisches Handeln ist dabei zwar stets an Best Practice orientiert, aber aus Sicht der schulischen Organisation immer Next Practice, – mit dem Vorteil, dass Ansprüche kleiner werden und realistischer, aber ein Qualitätsprozess sich an den anderen reiht und dadurch einer kontinuierlichen Verfolgung bedarf.

Literatur

Ainscow, M. (2008). Teaching for diversity. The Next Big Challenge. In F. M. Connelly, M. Fang He, & J. Phillion (Hrsg.), *The sage handbook of curriculum and instruction* (1. Aufl, S. 240–258). SAGE Publications.

Ainscow, M (2013). Developing more equitable education systems: Reflections on a three-year improvement initiative. In V. Farnsworth & Y. Solomon (Hrsg.), *Reframing educational research: Resisting the what works agenda. Adington* (S. 34–54). Routledge.

Ainscow, M., Booth, T., & Dyson, A. (2004). Understanding and developing inclusive practices in schools: A collaborative action research network. *International Journal of Inclusive Education, 8*(2), 125–139.

Ainscow, M., Booth, T., & Dyson, A. (2006). Inclusion and the standards agenda: Negotiating policy pressures in England. *International Journal of Inclusive Education, 10*(4–5), 295–308.

Ainscow, M., Dyson, A., Goldrick, S., & West, M. (2012). Making schools effective for all: Rethinking the task. *School Leadership & Management: Formerly School Organisation, 32*(3), 197–213.

Ainscow, M., Dyson, A., & Weiner, S. (2013). From exclusion to inclusion. A review of international literature on ways of responding to students with special educational needs in schools. *Reading, England: CfBT Education Trust* (UK) (S. 13–30).

Amrhein, B. (2014). Inklusive Bildungslandschaften: Neue Anforderungen an die Professionalisierung von Schulleitungen. In S.G. Huber (Hrsg.), *Jahrbuch Schulleitung 2014* (S. 253–267). Carl Link.

Badstieber, B., & Amrhein, B. (2016). Mit Schulleitung gesunde, inklusive Schule gestalten. *DGUV Forum. Fachzeitschrift für Prävention, Rehabilitation und Entschädigung, 10,* 20–22.

Baumert, J., & Kunter, M. (2006). Stichwort: Professionelle Kompetenz von Lehrkräften. *Zeitschrift für Erziehungswissenschaften, 9,* 469–520. https://doi.org/10.1007/s11618-006-0165-2.

Bless, G. (2007). *Zur Wirksamkeit der Integration. Forschungsüberblick, praktische Umsetzung einer integrativen Schulform, Untersuchungen zum Lernfortschritt.* Haupt.

Booth, T., & Ainscow, M. (2011). *Index for Inclusion: Developing learning and participation in schools.* CSIE.

Bosse, S., Henke, T., Jäntsch, C., Lambrecht, J., Vock, M., & Spörer, N. (2016). Die Entwicklung der Einstellung zum inklusiven Lernen und der Selbstwirksamkeit von Grundschullehrkräften. *Empirische Sonderpädagogik, 8*(1), 103–116. https://doi.org/10.25656/01:11857.

Buholzer, A., Joller-Graf, K., & Tanner, M. (2014). Auf dem Weg zur inklusiven Schule. In: S.G. Huber (Hrsg.), *Jahrbuch Schulleitung 2014. Befunde und Impulse zu den Handlungsfeldern des Schulmanagements. Schwerpunkt Inklusion – Umgang mit Vielfalt* (S. 268–274). Carl Link.

Criblez, L., Imlig, F., & Montanaro, I. (2012). *Bildungsbericht Nordwestschweiz 2012.* bildungsraum-nw.ch. Zugegriffen: 24. Aug. 2022.

Eberwein, H. (1998). Sonder- und Rehabilitationspädagogik – eine Pädagogik für „Behinderte“ oder gegen Behinderungen? Sind Sonderschulen verfassungswidrig? In H. Eberwein & A. Sasse (Hrsg.), *Behindert sein oder behindert werden? Interdisziplinäre Analysen zum Behinderungsbegriff* (1. Aufl, S. 66–95). Luchterhand.

Ellger-Rüttgardt, S. (2008). *Geschichte der Sonderpädagogik. Eine Einführung.* Reinhardt.

Feuser, G. (1995). *Behinderte Kinder und Jugendliche. Zwischen Integration und Aussonderung.* Wissenschaftliche Buchgesellschaft.

Forlin, C. (Hrsg.). (2010). *Teacher education for inclusion. Changing paradigms and innovative approaches. 1. publ.* Routledge.

Fullan, M. (1991). *The new meaning of educational change.* Cassell.

Fullan, M. (1992). *What's worth fighting for in headship.* Open University Press.

Fullan, M. (1998). Leadership for the 21st century. Breaking the bonds of dependency. *Educational Leadership, 55*(7), 6–10.

Gray, J. (1990). The quality of schooling: Frameworks for judgements. *British Journal of Educational Studies, 38*(3), 204–233.

Haeberlin, U., Bless, G., Moser, U., & Klaghofer, R. (2003). *Die Integration von Lernbehinderten. Versuche, Theorien, Forschungen, Enttäuschungen, Hoffnungen* (4. Aufl.). Haupt.

Harris, A., & Chapman, C. (2002). *Effective leadership in school facing challenging circumstances: Final report.* NCSL.

Hinz, A., & Kruschel, R. (2014). Unterstützungssysteme für inklusive Schulentwicklung – ein Beispiel aus Schleswig-Holstein. In S. G. Huber (Hrsg.), *Jahrbuch Schulleitung 2014.*

Huber, S. G. (1997). *Headteachers' views on headship and training: A comparison with the NPQH.* School of Education, University of Cambridge.

Huber, S. G. (2005). Anforderungen an Schulleitung: Überlegungen aufgrund der Veränderungen in den Bildungssystemen vieler Länder. In A. Bartz, J. Fabian, S. G. Huber, C. Kloft, H. Rosenbusch, & H. Sassenscheidt (Hrsg.), *PraxisWissen SchulLeitung (10.23).* Wolters Kluwer.

Huber, S. G., & Schneider, N. (2007). Anforderungen an Schulleitung: Was wird in den Ländern von pädagogischen Führungskräften in der Schule erwartet? In A. Bartz, J. Fabian, S. G. Huber, C. Kloft, H. Rosenbusch, & H. Sassenscheidt (Hrsg.), *PraxisWissen SchulLeitung (10.24).* Wolters Kluwer.

Huber, S. G. (2011). Die Rolle von Schulleitung und Schulaufsicht in der Schulentwicklung. In H. Altrichter & C. Helm (Hrsg.), *Akteure & Instrumente der Schulentwicklung* (S. 75–88). Pestalozzianum.

Huber, S. G. (2012). Schulleitung – eine Einführung. In S. G. Huber (Hrsg.), *Jahrbuch Schulleitung 2012. Befunde und Impulse zu den Handlungsfeldern des Schulmanagements* (S. 1–8). Wolters Kluwer.

Huber, S. G. (2013). Qualität und Entwicklung von Schule: Die Rolle von schulischen Führungskräften. In S. G. Huber (Hrsg.), *Handbuch Führungskräfteentwicklung. Grundlagen und Handreichungen zur Qualifizierung und Personalentwicklung im Schulsystem* (S. 5–11). Wolters Kluwer.

Huber, S. G., Sturm, T., & Köpfer, A. (2017). Inklusion und Schulleitung – Schulleitende als Gestaltende inklusiver Schulen. In B. Lütje-Klose, S. Miller, S. Schwab & Streese, B. (Hrsg.), *Inklusion: Profile für die Schul- und Unterrichtsentwicklung in Deutschland, Österreich und der Schweiz. Beiträge zur Bildungsforschung* (Bd. 2, S. 43–54). Waxmann.

Huber, S. G., & Schneider, N. (2019). *Verantwortung für Bildung. Ansprüche, Realität, Möglichkeiten. b:Sl Beruf Schulleitung* (S. 7–10). Allgemeiner Schulleitungsverband Deutschlands e. V. (ASD), 1, 14. Jahrgang.

Huber, S. G., & Schneider, N. (2020). Qualitätsmanagement: Die Qualität von Schule entwickeln – ein Überblick. In S.G. Huber (Hrsg.), *Handbuch für Steuergruppen. Grundlagen für die Schulentwicklung und das Schulmanagement* (4. Aufl., S. 147–192). Carl Link.

Huber, S. G. (2020). Responsible Leaders entwickeln Schule in der Balance von Bewahren, Optimieren Innovieren. In S.G. Huber (Hrsg.), *Jahrbuch Schulleitung*. Carl Link.

Huber, S. G. (2021). Schule neu erfinden oder nach dem Spuk wie vorher? Empfehlungen zur Arbeit mit der BIO-Strategie – Schulentwicklung in der Balance von Bewahren, Optimieren. *Innovieren. Schule Verantworten, 1*(1), 66–74. https://doi.org/10.53349/sv.2021.i1.a74.

Huber, S. G. (2022). Schule in der Digitalität gestalten – Zentrale Prämissen, kritische Perspektiven, thematischer Überblick. *Schule Verantworten, 1*(2), 14–30. https://doi.org/10.53349/sv.2022.i1.a187.

Joller-Graf, K., & Tanner, S. (2011). *Integration geistig behinderter Sonderschülerinnen und -schüler in Regelklassen der Zentralschweiz. Forschungsbericht der Pädagogischen Hochschule Zentralschweiz*. Hochschule Luzern.

Kullmann, H., Lütje-Klose, B., Textor, A., Berard, J., & Schitow, K. (2014). Inklusiver Unterricht – (Auch) eine Frage der Einstellung! Eine Interviewstudie über Einstellungen und Bereitschaften von Lehrkräften und Schulleitungen zur Inklusion. *Schulpädagogik heute, 5*(10).

Landwehr, N. (2012). *Instrumente zur Schulevaluation und zur Schulentwicklung. Bewertungsraster zu den schulischen Integrationsprozessen an der Aargauer und der Solothurner Volksschule*. Department Bildung, Kultur und Sport, Abteilung Volksschule, Aarau.

Leithwood, K. A., & Montgomery, D. J. (1986). *Improving principal effectiveness: The principal profile*. OISE Press.

Lütje-Klose, B., & Willenbring, M. (1999). „Kooperation fällt nicht vom Himmel" Möglichkeiten der Unterstützung kooperativer Prozesse in Teams von Regelschullehrerin und Sonderpädagogin aus systemischer Sicht. *Behindertenpädagogik, 38*(1), 2–31.

Lyra, O. (2012). *Führungskräfte und Gestaltungsverantwortung*. Klinkhardt.

Maag-Merki, K., & Emmerich, M. (2014). *Context-sensitive school development: A case study on adaptive-compensatory strategies of primary schools*. Vortrag CESE-Conference, Freiburg im Breisgau.

Merl, T., & Winter, J. (2014). Qualitative Befunde zur Inklusion in der Schule. In E.K. Franz, S. Trumpa, & I. Esslinger-Hinz (Hrsg.), *Inklusion: Eine Herausforderung für die Grundschulpädagogik* (S. 47–60). Schneider.

Merz-Atalik, K. (2014a). *Handlungsspielräume von Schulleitungen und Schulämtern im Hinblick auf die Professionalisierung der schulischen Praxis im Vergleich zwischen Südtirol (Italien) und Baden-Württemberg (Deutschland).* Vortrag DGfE – Sektionstagung Sonderpädagogik Humboldt-Universität zu Berlin.

Merz-Atalik, K. (2014b). »Den Hut aufsetzen..., auf der Hut sein... und alle unter einen Hut bringen!« Erwartungen an und Herausforderungen für Schulleitungen im Rahmen der inklusiven Schulentwicklung. In B. Maring & D. Bognar (Hrsg.), *Inklusion an Schulen* (S. 82–93). Carl.

Moser, V. (2010). Heterogenität als bildungspolitische Orientierung sonderpädagogischer Professionsentwicklung. Historische Hypotheken und aktuelle Ambivalenzen. In S. L. Ellger-Rüttgardt & G. Wachtel (Hrsg.), *Pädagogische Professionalität und Behinderung: Herausforderungen aus historischer, nationaler und internationaler Perspektive* (S. 105–115). Kohlhammer.

Moser, V. (2012). *Die inklusive Schule: Standards für die Umsetzung.* Beltz.

Müller, C. M., & Bless, G. (2011). Zur Entwicklung von dissozialem Verhalten in Abhängigkeit der Schulklassenzusammensetzung – Die Studie FRI-PEERS. *VHN, 2,* 161–162.

OECD (2008). *Improving school leadership. Volume 1: Policy & practice.* OECD.

Oelkers, J. (2009). *Führung und Management von Schulen.* Vortrag im Parkhotel Waldau am 25. September 2009.

Reich, K. (2012). *Inklusion und Bildungsgerechtigkeit.* Beltz.

Reiser, H., Klein, G., Kreie, G., & Kron, M. (1986). Integration als Prozeß. *Sonderpädagogik, 16*(3, 4), 115–122, 154–160.

Rouse, M., & Florian, L. (2006). Inclusion and achievement: Student achievement in secondary schools with higher and lower proportions of pupils designated as having speciall educational needs. *International Journal of Inclusive Education, 10*(6), 481–493.

Rutter, M., Maughan, B., Mortimore, P., & Ouston, J. (1979). *Fifteen thousand hours.* Open Books.

Ryan, J. (2012). *Struggeling for Inclusion. Educational leadership in a neoliberal world.* Information Age Publishing.

Sammons, P., Hillman, J., & Mortimore, P. (1995). *Key characteristics of effective schools: A review of school effectiveness research.* OFSTED.

Savolainen, H., Engelbrecht, P., Nel, M., & Malinen, O.-P. (2012). Understanding teachers' attitudes and self-efficancy in inclusive education: Implications for preservice and in-service teacher education. *European Journal of Special Needs Education, 27,* 51–68.

Scharmer, C. O. (2007). *Theory U: Leading from the future as it emerges.* The Society for Organizational Learning.

Scheer, D., Laubenstein, D., & Lindmeier, C. (2014). Die Rolle von Schulleitung in der Entwicklung des inklusiven Unterrichts in Rheinland-Pfalz. *Zeitschrift für Heilpädagogik, 65*(4), 147–155.

Schnell, I. (2003). *Geschichte schulischer Integration.* Beltz.

Schratz, M. (1998). Schulleitung als change agent: Vom Verwalten zum Gestalten von Schule. In H. Altrichter, W. Schley, & M. Schratz (Hrsg.), *Handbuch zur Schulentwicklung* (S. 160–189). Studienverlag.

Schuck, K. D., Rauer, W., Hinz, A., Katzenbach, D., Wocken, H., & Wudtke, H. (1998). *Die Integrative Grundschule im sozialen Brennpunkt. Ergebnisse eines Hamburger Schulversuchs*. Hamburger Buchwerkstatt.

Slee, R., & Allan, J. (2009). Excluding the included: A reconsideration of inclusive education. In P. Hick & G. Thomas (Hrsg.), *Inclusion and diversity in education: Developing inclusive schools and school systems* (Ausg. 2, S. 366–383). SAGE.

Sturm, T., Köpfer, A., & Huber, S. G. (2015). Schulleitungen Gestaltende einer inklusionsfähigen Schule – Begriffsklärung und Stand der Forschung. In S.G. Huber (Hrsg.), *Jahrbuch Schulleitung 2015* (S. 193–210). Carl Link.

Tervooren, A. (2001). Pädagogik der Differenz oder differenzierte Pädagogik? Die Kategorie Behinderung als integraler Bestandteil von Bildung. In A. Tervooren, J. Hartmann, B. Fritzsche, & A. Schmidt (Hrsg.), *Dekonstruktive Pädagogik. Erziehungswissenschaftliche Debatten unter poststrukturalistischen Perspektiven* (S. 201–216). Springer.

UN. (2006). The UN-Convention on the rights of persons with disabilities. www.un.org/disabilities/documents/convention/convoptprot-e.pdf. Zugegriffen: 24. Aug. 2022.

UNESCO. (1994). *Die Salamanca Erklärung und der Aktionsrahmen zur Pädagogik für besondere Bedürfnisse.* Salamanca, Spanien. unesco.at/bildung/basisdokumente/salamanca_erklaerung.pdf. Zugegriffen: 24. Aug. 2022.

Urton, K., Wilbert, J., & Hennemann, T. (2014). Der Zusammenhang zwischen der Einstellung zur Integration und der Selbstwirksamkeit von Schulleitungen und deren Kollegien. *Empirische Sonderpädagogik, 6*(1), 3–16.

Van de Grift, W. (1990). Educational leadership and academic achievement in elementary education. *School Effectiveness and School Improvement, 1*(3), 26–40.

Waldron, N. L., McLeskey, J., & Redd, L. (2011). Setting the direction: The role of the principal in developing an effective, inclusive school. *Journal of Special Education Leadership, 24*(2), 51–60.

Wilkinson, D. (2006). *The ambiguity advantage: What great leaders are great at.* Palgrave Macmillan.

Stephan Gerhard Huber, ist Leiter des Instituts für Bildungsmanagement und Bildungsökonomie IBB der Pädagogischen Hochschule Zug, Inhaber des Exzellenz-Lehrstuhls Leadership, Quality Management and Innovation, Abteilung für Bildungsforschung, Linz School of Education, Johannes Kepler Universität Linz an der JKU in Linz und Dozent an den PHs OÖ, NÖ, LU, SZ, ZH, WG sowie Adjunct Professor am Institute for Education Research der Griffith University in Brisbane sowie Senior Research Fellow an der Education University of Hong Kong. Er leitet das Schul-Barometer für Deutschland, Österreich und die Schweiz (www.Schul-Barometer.net), die World School Leadership Study, den Young Adult Survey Switzerland (www.chx.ch/YASS) und das World Education Leadership Symposium (WELS.EduLead.net).

Kontakt: stephan.huber@phzg.ch, stephan.huber@jku.at oder Huber@Bildungsmanagement.net

Anna Zoss, ist wissenschaftliche Mitarbeitende am Institut für Bildungsmanagement und Bildungsökonomie (IBB) der Pädagogischen Hochschule Zug.

Kontakt: anna.zoss@phzg.ch

Etablierung von Unterstützungsstrukturen für Inklusion an armenischen und georgischen Schulen – eine (steuerungs-)kritische Analyse zur Ambivalenz von Assistenz und Delegation

Andreas Köpfer

1 Einführung

Wird im Kontext Schule von Inklusiver Bildung gesprochen, so wird damit das komplexe Verhältnis von Ein- und Ausschluss, insbesondere mit Blick auf marginalisierte Schüler*innengruppen, aufgerufen und hieran eine Transformationsnotwendigkeit hin zu verstärkter Teilhabe und Partizipation geknüpft (Ainscow, 2021). Das Verhältnis als komplex zu beschreiben rührt daher, dass zum einen die schulischen Teilhabe- und Selektionsprozesse in ein vielschichtiges Gefüge von Leistungs- und Verhaltenserwartungen eingebettet sind und sich zum zweiten unterschiedliche fachliche wie politische Interessen am Anspruch des programmatisch wie normativ aufgeladenen Reformvorhabens ‚Inklusiver Bildung' festmachen.

Die bereits in der Salamanca-Erklärung (UNESCO, 1994) verankerte Transformationsnotwendigkeit der Allgemeinen Schule, um den Bedürfnissen aller Schüler*innen gerecht zu werden, führte, durch die UN-Behindertenrechtskonvention auf Rechtsebene verankert, in den vergangenen Jahren zu einer überwiegend bildungspolitisch gesteuerten Einführung und verstärkten Wahrnehmung

A. Köpfer (✉)
PH Freiburg, Freiburg, Deutschland
E-Mail: andreas.koepfer@ph-freiburg.de

R. Kruschel und K. Merz-Atalik (Hrsg.), *Steuerung von Inklusion!?*, Educational Governance 52, https://doi.org/10.1007/978-3-658-40103-0_14

von Inklusiver Bildung/Inclusive Education im internationalen Kontext (Köpfer et al., 2021). Die Steuerung des Reformvorhabens Inklusiver Bildung verläuft jedoch in den jeweiligen nationalen Bildungs- und Schulsystemen vor dem Hintergrund der jeweiligen sozialen, politischen, ökonomischen und kulturellen Rahmenbedingungen höchst divergent.

Während häufig Bildungssysteme und Kulturen der Bildung aus dem globalen Norden Gegenstand empirischer Analysen sind, bleiben u. a. der globale Süden sowie Bildungssysteme der post-sowjetischen Staaten oder Asien weitestgehend unterbeleuchtet. In diesem Artikel wird der Blick auf die Kaukasus-Region gerichtet und entlang von empirischen Daten aus einer explorativen Interviewstudie mit unterschiedlichen Akteuren aus georgischen und armenischen Schulen die Verankerung des Anspruchs Inklusiver Bildung am Beispiel des Aufbaus von (personellen, paraprofessionellen) Unterstützungsstrukturen analysiert.

Als theoretische Bezugsebene werden Positionen aus den sogenannten *critical disability studies* herangezogen. Diese interdisziplinäre Denkrichtung fasst Strömungen zusammen, die Behinderungen und Benachteiligungen nicht essentialistisch, sondern in erster Linie als Resultat gesellschaftlicher und organisationaler Bedingungen fassen (Goodley et al., 2017; Meekosha & Shuttleworth, 2009). In diesem Sinne steht eine transformative Perspektive auf inklusive Bildung in engem Zusammenhang mit einer solchen veränderten Sicht auf Behinderung, die ihre Analyseperspektive auf ableistische Erwartungen innerhalb von leistungsselektiven (Bildungs-)Systemen richtet und danach fragt, wie Benachteiligungen in Bildungsorganisationen z. B. qua Nicht-Passungen von Lernangebot, professionellem Akteurshandeln, Lernumgebung etc. hervorgebracht werden.

2 Inklusive Bildung in der Kaukasusregion – im Fokus: Armenien und Georgien

Im Folgenden werden mit Armenien und Georgien zwei Länder ins Zentrum gerückt, die 1991 von der Sowjetunion unabhängig wurden und dem Europäischen Wirtschaftsraum, genauer gesagt der Europäischen Nachbarschaftspolitik (ENP), beigetreten sind. In beiden Ländern haben sich die Bildungssysteme, die Sichtweisen auf Behinderungen und die Förderung von Kindern mit besonderen Bedürfnissen in institutionellen Bildungseinrichtungen in den vergangenen Jahrzehnten verändert. Geprägt von der Tradition der Defektologie wurden nach und nach konstruktivistische Vorstellungen von Behinderung eingeführt (Florian & Becirevic, 2011). Hallett und Kollegen (2019) weisen jedoch auf die kulturelle und soziale Komplexität der Geschichte der Länder hin und kritisieren die reduzierte Idee, westliche Theorien über Behinderung und Inklusion zu übertragen. Während die Leitidee zur Etablierung inklusiver Regelschulen in einigen, überwiegend Ländern des globalen Norderns in den 1960er Jahren begann und in den 1970er und 1980er Jahren zunahm, konnten andere Länder, darunter die Republik Armenien, den Grundsatz der Einschulung aller Kinder in Regelschulen gesetzlich oder politisch erst später verankern. 2004 wurden in Armenien Sonderschulen als Teil des allgemeinen Schulsystems anerkannt und es wurden u. a. systematischere Diagnoseformen implementiert. Heute haben sich beide Länder, Armenien und Georgien, das Ziel gesetzt, das Regelschulsystem bis 2025 vollständig inklusiv zu gestalten (Anapiosyan et al., 2014). Dies scheint ein ehrgeiziges Ziel zu sein, da eine große Zahl von Schüler*innen mit Behinderungen immer noch zu Hause unterrichtet wird und keinen Zugang zu Schulen hat (18 %, Anapiosyan et al., 2014). Darüber hinaus zeigen Studien in Georgien (Kavelashvili, 2017) und in Armenien (Soorenian, 2018), dass Lehrkräfte und Schulleitende eine eher zurückhaltende Einstellung zur Inklusion haben und die Notwendigkeit multiprofessioneller Teams und individueller Unterstützung in den Schulen betonen (Tchintcharauli & Javakhishvili, 2017). Bislang wurden unterschiedliche inklusionsorientierte Entwicklungsprojekte angesetzt – z. B. das CAFIE-Projekt (Flieger, 2020) in Armenien zur Förderung inklusiver Schul- und Unterrichtsentwicklung (unter Anwendung des Index für Inklusion) –, die das Ziel haben, Unterstützungsstrukturen und Ressourcen für Vielfalt an Schulen aufzubauen.

Auch der Aufbau von paraprofessionellen Unterstützungsstrukturen spielt eine zunehmende Rolle. So werden in Armenien und Georgien in einem Modellversuch sogenannte ‚Special Needs Assistants' (SNA) eingeführt. Das Rollendesign sieht unterschiedliche Tätigkeitsschwerpunkte vor, die auf die spezifische Assistenz eine*r Schüler*in mit erhöhtem Unterstützungsbedarf ausgerichtet sind. SNA werden u. a. eingestellt,

> „a) to assist school authorities/teachers, special teachers, b) to support children with the most significant and immediate additional care needs including significant medical, physical, sensory, communication, therapeutic and behavioral needs., c) to reinforcing good behavior on the child's part and acting as a positive role model for the child, d) to support to use audiological and assistive technology equipment." (SNA Concept/CI Georgia, 2021)

3 Implementierung von Unterstützungsstrukturen am Beispiel von Schulassistenz – Rollendesign und Forschungsbefunde

Die Verankerung des Anspruchs Inklusiver Bildung wird im internationalen Kontext vor dem Hintergrund unterschiedlicher Steuerungsmaßnahmen vollzogen, die u. a. auch den Aufbau von schulinternen Unterstützungsstrukturen zum Ziel haben (Köpfer & Óskarsdóttir, 2019). Einen bedeutsamen Anteil daran hat die Konzeption (para)professioneller Rollen mit Blick auf multiprofessionelle Kooperation. Im Folgenden wird eine personelle Unterstützungs- bzw. Assistenzrolle exemplarisch ins Zentrum gerückt, die, in internationaler Hinsicht, häufig mit dem Aufbau von schul- und unterrichtsbezogener Unterstützung in Verbindung gebracht wird: Paraprofessionelle Assistenz. Internationale Studien zeigen auf, dass die Anzahl von Schulbegleitungen sich – bei unterschiedlicher konzeptioneller Ausrichtung zwischen child support und teacher support – deutlich erhöht hat (Devecchi et al., 2012; Dworschak, 2016; Takala, 2007). Wenngleich also mit unterschiedlichen Bezeichnungen versehen (z. B. Schulassistenz, Teacher Assistant, Teaching Assistant etc.) und mit unterschiedlicher, wenig formalisierter Qualifikation (Butt & Lowe, 2012) ausgestattet, wird mit der Installation von paraprofessionellen Rollen das Ziel verbunden, Partizipationsmöglichkeiten von Schüler*innen, denen ein erhöhter Unterstützungsbedarf zugeschrieben wird, zu erhöhen. Dabei finden diverse Diskursstränge zusammen: Zum einen die aus dem Diskurs um selbstbestimmtes Leben entstammende Forderung nach De-Institutionalisierung segregierender Bildungseinrichtungen und begleiteter Selbstbestimmung (Feuser, 2006; Langner, 2009), die aus dem Bereich inklusiver Schul- und Unterrichtsentwicklung stammende Idee des Aufbaus multiprofessioneller Teams sowie die bildungspolitisch wohlwollend aufgenommene Tendenz einer mittels prekärer und für das Bildungssystem kostengünstiger Assistenz ausgestatteten Flexibilisierung personenbezogener Unterstützungsmaßnahmen.

Wenngleich, wie bereits benannt, die Anzahl an Schulbegleitungen in internationaler Hinsicht rasant steigt, weisen empirische Studien ein tendenziell ambivalentes Bild auf. So konnten Sharma und Salend (2016) in ihrem Studienreview eine grundsätzliche Ambivalenz von Teilhabemöglichkeit und sozialer Stigmatisierung identifizieren, die mit Schulassistenz einhergeht (vgl. dazu auch Blatchford et al., 2012; Butt & Lowe, 2012). Darüber hinaus konnten Studien im internationalen Kontext Erkenntnisse dahingehend hervorbringen, dass die Handlungspraxis von Schulassistenz als Einzelförderung (mit Pull-Out) zu vermindertem Lernzuwachs bei Schüler*innen (Blatchford et al., 2012) und zu verminderter Interaktion zwischen Schüler*innen und den Lehrkräften (Giangreco et al., 2010; Sharma & Salend, 2016) führt. Jedoch fungiert Schulassistenz auch als vermittelnde Rolle zwischen unterschiedlichen Akteursgruppen im Unterricht und in der Pause (Blasse, 2017) sowie auch, bei ‚Multilingual Teaching Assistants' in Schulen in Großbritannien, als sprachliche ‚Übersetzer*innen' (Fritzsche & Kakos, 2021). Gesamthaft können Teacher Assistants also als ‚In-Betweens' (Pluquailec, 2018) bezeichnet werden, also als eine „zwischen den Stühlen" (Blömer-Hausmanns, 2014, S. 226) befindliche Rolle, für die Unklarheit hinsichtlich der Positionierung und Verantwortlichkeit innerhalb eines multiprofessionellen Teams der Schule (Egilson & Traustadottir, 2009) herrscht.

Bislang gibt es wenige (internationale und kulturvergleichende) Analysen zu Schulassistenzhandeln. Erste Rekonstruktionen zeigen ein (para-)professionelles Selbstverständnis präferierter Einzelfallhilfe auf. So konnte beispielsweise eine kulturvergleichende Studie zu Kanada, Deutschland und Großbritannien herausarbeiten (Fritzsche & Köpfer, 2021), dass trotz unterschiedlicher rechtlicher und schulischer Rahmenbedingungen alle Konzeptionen von Schulassistenz (z. B. als Schulbegleitung, Teacher Assistant, Teaching Assistant mit unterschiedlichen Tätigkeitsspektren und Zuständigkeitsbereichen) in der praktischen Ausgestaltung der Rolle ein hohes Maß an Autonomiebestreben der Schulassistenz besitzen.

4 Exploratives Projekt ‚Support and Assistance in inclusive schools in Georgia and Armenia'

Im Folgenden wird auf ein empirisches Projekt Bezug genommen, das im Frühjahr 2021 unter globalen Pandemiebedingungen digital durchgeführt wurde. Das Projekt ‚Support and Assistance in inclusive schools in Georgia and Armenia', gefördert von Caritas International, stellt ein qualitativ ausgerichtetes Teilprojekt im Rahmen des Projekts ‚Inklusive Entwicklungschancen für Kinder und Jugendliche in Armenien und Georgien' (BMZ) dar. In diesem Teilprojekt wurde eine explorative empirische Interviewstudie (Februar 2021–Juli 2021) mit Schulleitenden, Lehrpersonen, Resource Team, Eltern und Schulassistent*innen aus Partnerschulen in den Regionen Shirak (Armenien) und Tiflis (Georgien) durchgeführt. In inhaltlicher Hinsicht hatte die Studie zum Ziel, die Unterstützungs- und Assistenzverständnisse bei der Einführung von ‚Special Needs Assistants' an armenischen und georgischen Schulen zu rekonstruieren und hierdurch empirisch gestützte Erkenntnisse über die Verankerung(-smöglichkeiten) inklusionsbezogener Unterstützungsstrukturen zu erhalten.

An der Kollaboration waren acht Partnerschulen und sechs Universitäten/Hochschulen aus den beiden Ländern beteiligt. Das Projektdesign sah eine Verbindung inklusionsbezogener Lehre in Form von Studierenden-Workshops zu Schulassistenz und Inklusiver Bildung vor, die zugleich die Vorbereitung, Durchführung und Auswertung von problemzentrierten Interviews (Witzel, 2000) mit unterschiedlichen Akteur*innen in armenischen und georgischen Partnerschulen beinhaltete. Die Auswertung fand auf Basis der konstruktivistischen Grounded Theory Methodology (Charmaz, 2014) statt und wurde in gemeinsamen Workshops mit Studierenden diskutiert, kommunikativ validiert, dokumentiert (Köpfer & Felthaus, 2021) und publiziert (Köpfer & Tan, 2022).

5 Ergebnisse und grundlegende Ambivalenzen

Die folgenden Kernkategorien, die im Auswertungsprozess ermittelt wurden, repräsentieren in der Handlungspraxis der ‚Special Needs Assistants' (SNA) verankerte Ambivalenzen, die Hinweise darauf geben, wie die Einführung der paraprofessionellen Rolle als Maßnahme inklusiver Schul- und Unterrichtsentwicklung aufgenommen und im bestehenden Schul- und Unterrichtssystem eingesetzt wurde. Sie werden im Folgenden kurz und mittels exemplarischer Interviewsequenzen präsentiert:

Zum einen zeigt sich entlang der Kernkategorie ‚Erwartung planvoller pädagogischer Anleitung', dass das Handeln der SNAs zwischen erforderlicher Selbstständigkeit und durch die Sonderpädagog*innen vorbereiteter Anleitung zur Differenzierung und Individualisierung changiert. Zum einen wird also ein durch die Sonderpädagog*in gesteuertes System der programmatischen Aufgabenvorbereitung aufgesetzt, in das sich die SNA als exekutives, wenngleich wenig professionalisiertes Glied einreihen. Zum anderen wird von den SNA eine größtmögliche Flexibilität sowie die Kompetenz der (didaktisch-methodischen) Aufbereitung und Vermittlung individualisierter Lernangebote erwartet. Diese Ambivalenz drückt sich zum Beispiel in folgender Interviewsequenz aus:

> „Sometimes we get instructions (.) – sometimes we assistants have to think of something in order child is not left without function when we (.) haven't received any materials from special education teacher or tutor. In such cases, when we already *know* what the child can do and what *program* is written for her, we offer different activities. But in most cases special education teacher tells us today we have to do this and this activity for the child. This agreement usually happens (.) before the class starts." (SNA 1; 48/f; Z. 23–28)

Diese unsichere Erwartung an das pädagogische Handeln der SNA drückt sich dann in der Folge in einem Autonomiebedürfnis aus, welches sich in Bezug zum Unterricht, aber auch über die unterrichtlichen Situationen hinaus, entwickelt. Die Handlungsstrategien der SNA entwickeln sich also in die Richtung, dass proaktiv Materialien und Förderansätze eingefordert werden, um die Unterstützungspraxis eigenständig – bzw. in Abstimmung mit der*dem Resource Teacher – zu prozessieren. Die Ablösung vom Unterricht ist dabei eine notwendige Konsequenz aus der Herausbildung autonomer Handlungsstrategien:

> "The problems are that there should be more material, more books and @ information@. There should also be more (.) approaches how to work with the child. Because it is not easy especially in the classroom which has some rules and you aren't *free*." (SNA 6; 29/f; 62–65)

Die Tendenz zur autonomen Gestaltung von Unterstützung und Förderung zeigt sich darüber hinaus auch in der Kommunikation mit den Eltern. SNA scheinen hier die Funktion einer Vermittlungsstelle für die Lernprozesse an der Schnittstelle von Schule und Familie zu besetzen bzw. abzudecken, die zuvor nicht proaktiv hergestellt wurde:

> „And – what is *most* important at the end (1) when I finish working with my child I always tell the parents what material we used during the = lesson because I want them to work (.) on this new material at home and I know how important it is if the child continues working on the new material at home in the – in the natural environment it is *easier* for him to just acquire new skills – and to just step forward in the development" (SNA 6; 29/f; 5–12)

Zugleich zeigt sich, dass diese Funktion nicht anspruchsarm ist, da SNA höchst unterschiedlich als Kommunikationsinstanz adressiert werden. Dies reicht von einer hilfe- und expertisesuchenden Vereinnahmung der SNA durch die Eltern bis hin zu einer Aufoktroyierung von Lern- und Bildungsvorstellungen der Eltern auf die SNA. Mal werden sie also als pädagogisch-fachliche Expert*innen wahrgenommen, mal als ‚Auszubildende' für die Unterstützungsbelange der Eltern. Insbesondere an armenischen Schulen zeigt sich, dass die Eltern und Erziehungsberechtigten die SNA durchaus als Konkurrent*innen für die bislang von ihnen selbst ausgeführten Pflege- und Assistenztätigkeiten wahrnehmen und ein solcher Ablösungsprozess nicht reibungslos verläuft.

Die Rolle bzw. Position des ‚In-Between', also der Verbindungsstelle zwischen unterschiedlichen Akteuren, wird den SNAs auch innerhalb der Schule – zwischen Klassenraum und Förderraum sowie zwischen Lehrperson und

Sonderpädagog*in – zugewiesen. Die Assistenzrolle wird dabei also sukzessive an der Schnittstelle von Klassenraum und Förderraum installiert und reguliert die Pull-Out-Praktiken, die bereits zuvor Bestandteil der unterrichtlichen und kooperativen Praxis von Regellehrperson und Sonderpädagog*in waren. In diesem Sinne fungiert die SNA als Vehikel für eine strukturierte und kontrollierte Pull-Out Praxis zwischen Unterricht (im Klassenraum) und Einzelförderung (im Resource Room):

> „I work with the child (.) I attend class with the child then we move to resource room – this means special teacher is there and we start exchange information how was child during the lesson? What was the challenge during the lesson? What material we = worked on? (1) This is a process of information exchange special educator listens to me. We also *exchange* if the child had challenging behavior during the lesson and (.) how the child was involved. Of course, we have also attendance schedules like a timetable about the attendance and we can reschedule according to the child.“ (SNA 5; 24/f; 32–42)

In den Interviews wird deutlich, dass die Rolle der SNA Eingang findet in eine bestehende Struktur und Kultur der schulisch-unterrichtlichen Förderung von Schüler*innen mit zugewiesenen Behinderungen. In dieser drückt sich ein Primat der speziellen Förderung in Förderräumen für Schüler*innen mit Förderbedarf aus – im Verhältnis zum Unterricht im Klassenraum, an dem phasenweise teilgenommen wird. Die SNA kommen hierbei als Vermittlungsstelle und Reflexionsinstanz für die Teilhabe am Unterricht zum Einsatz – insbesondere mit Blick auf Verhalten, Lernmaterial und soziale Integration – und übernehmen eine planvoll strukturierende, aber gleichzeitig auch kontrollierende Funktion.

6 Diskussion – Zwischen Unterstützung und Delegation

Die kurze Darstellung der Einführung von paraprofessionellen Unterstützungsrollen in der Kaukasusregion (Georgien und Armenien) zeigt, dass Assistenz und pädagogische Unterstützung als grundlegende Handlungsfelder für die programmatische Umsetzung und Steuerung von inklusiver Bildung in Schulen angesehen werden können. Im Zuge bildungspolitischer Steuerung wird Unterstützung und Assistenz an Schulen gefördert, gleichzeitig werden in diesem laufenden Umsetzungsprozess Ambivalenzen zwischen besonderer Unterstützung und Separation sichtbar – ein Prinzip, das beispielsweise in der Studie ‚Techniken der Behinderung‘ von Pfahl (2011) als die paradoxe Gleichzeitigkeit von besonderer Zuwendung und Separation beschrieben wurde. So können paraprofessionelle Assistent*innen als Vermittler*innen zwischen Lehrkräften, Sonderpädagog*innen und Eltern fungieren (Blasse, 2017), damit die Unterstützung für das jeweilige Kind gegeben ist. Auf der anderen Seite können sie aber auch die Tendenz zu Delegations- und Pull-Out-Praktiken forcieren, einem internationalen (räumlichen) Phänomen in inklusiven Schulen, das z. B. von Roger Slee (2019) als „exclusion in inclusion" bezeichnet wird und vor allem aufgrund der ableistischen Ausgestaltung des Unterrichts zutage tritt (Buchner, 2017). Assistent*innen können diese Tendenz durch ihr Streben nach Autonomie verstärken, wie sich in der Auswertung der explorativen Studie zu Armenien und Georgien sowie auch kulturvergleichend betrachtet in weiteren Ländern, u. a. Kanada, UK und Deutschland (vgl. hierzu Fritzsche & Köpfer, 2021), zeigte. Ebenso können sie auch die Ansprüche an die Transformation von (geschlossenen, frontalen) Unterrichtsstrukturen und -kulturen unterstützen. Das Autonomiebestreben, so kann aus der explorativen Studie geschlossen werden, verläuft dabei ohne transformatorischen Anspruch an die geschlossene und frontal ausgerichtete Unterrichtsgestaltung. Dadurch kann infrage gestellt werden, inwiefern durch die Einführung von SNA in georgischen und armenischen Schulen eine Steuerung zu Inklusion oder eher zur Separation angestoßen wird – also zu einer Verstärkung der Diskrepanz von klassenraumbezogenem Unterricht und separativer und unterrichtsunabhängiger Förderung (u. a. Jantzen, 1976).

Vor diesem Hintergrund ergeben sich weiterführende Desiderate und Implikationen für eine international vergleichende Inklusionsforschung (Köpfer et al., 2021) mit Blick auf Steuerung und Verankerung von Unterstützungsstrukturen und Assistenz an Schulen. Wie sich an der Ambivalenz von Inklusion und Separation entlang der paraprofessionellen Rolle von SNA zeigt, ist es notwendig, nicht die personellen Unterstützungsrollen in ihrer konzeptionellen Ausformung als inklusionsbezogen anzuerkennen, sondern die Spannungsfelder zu beleuchten, die handlungspraktisch zutage treten und sich in der kontinuierlichen Ausformung und Schließung von Handlungsspielräumen und -routinen äußern (zu Schulassistenz s. auch Chambers, 2015). Hierbei rücken der Einfluss von Kontextbedingungen und die (schul-)kulturell verankerten Praktiken der Hervorbringung und des Umgangs mit Heterogenität in den Blick, die die Handlungsmöglichkeiten von SNA eröffnen/einschränken. Dies könnten, wie in der vorangegangenen empirischen Exploration, die geschlossenen Unterrichtsstrukturen sein, in die die SNA als Regulativ für Teilhabe/Delegation implementiert werden – oder auch die personelle und (para-)professionelle Ausgestaltung des multiprofessionellen Teams, die Adaption des Unterrichtsmaterials etc. So können in ambivalenzbehafteten Handlungssituationen Prozesse von Teilhabe und Marginalisierungen und ihre sukzessive Materialisierung in ‚Inklusionsbedingungen' (z. B. für die Teilhabe am Unterrichtsgeschehen durch die zusätzliche Unterstützung durch eine*n Special Needs Assistant) weiter analysiert und ergründet werden.

Literatur

Ainscow, M. (2021). Inclusion and equity in education: Responding to a global challenge. In A. Köpfer, J. J.W. Powell & R. Zahnd (Hrsg.), *International Handbook of Inclusive Education* (S. 75–88). Budrich.

Anapiosyan, A., Hayrapetyan, G., & Hovsepyan, S. (2014). *Approximation of inclusiveeducation in Armenia to international standards and practices.* https://osf.am/wp-content/uploads/2015/09/Policy-Paper_Inclusive-Education_AAnapiosyan.pdf. Zugegriffen: 28. Aug. 2022.

Blasse, N. (2017). Vielfältige Positionen von Schulbegleitung im Unterricht. In M. Laubner, B. Lindmeier & A. Lübeck (Hrsg.), *Schulbegleitung in der inklusiven Schule* (S. 107–117). Beltz.

Blatchford, P., Russel, A., & Webster, R. (2012). *Reassessing the impact of teaching assistants.* Routledge.

Blömer-Hausmanns, S. (2014). Integrationshilfe – eine Baustellenbesichtigung. *Gemeinsam leben, 22*(4), 226–229.

Buchner, T. (2017). Markierungen und Platzierungen. Die Produktion von ‚Integrationskindern' über verräumlichte Praktiken an Regelschulen. *Zeitschrift für Inklusion, 1*(4). https://inklusion-online.net/index.php/inklusion-online/article/view/435. Zugegriffen: 26. Aug. 2022.

Butt, R., & Lowe, K. (2012). Teaching assistants and class teachers. Differing perceptions, role confusion and the benefits of skills-based training. *International Journal of Inclusive Education, 16*(2), 207–219.

Caritas International (Georgia) (2021). *Concept. Special Needs Assistants.* Unveröff.

Chambers, D. (2015). The changing nature of the roles of support staff. In D. Chambers (Hrsg.), *Working with teaching assistants and other support staff for inclusive education* (S. 3–25). Emerald.

Charmaz, K. (2014). *Constructing Grounded Theory.* Sage.

Devecchi, C., Dettori, F., Doveston, M., Sedwick, P., & Jament, J. (2012). Inclusive classrooms in Italy and England: The role of support teachers and teaching assistants. *European Journal of Special Needs Education, 27*(2), 171–184.

Dworschak, W. (2016). Welche Schülerinnen und Schüler erhalten eine Schulbegleitung? Eine Analyse im Förderschwerpunkt geistige Entwicklung. In T. Sturm, A. Köpfer & B. Wagener (Hrsg.), *Erziehungswissenschaft im Spannungsfeld zwischen Inklusion und Ökonomisierung* (S. 211–220). Klinkhardt.

Egilson, S., & Traustadottir, R. (2009). Assistance to students with physical disabilities in regular schools: Providing inclusion or creating dependency. *European Journal of Special Needs Education, 24,* 21–36.

Feuser, G. (2006). Integration und Selbstbestimmung. Advokatorische Assistenz für Menschen mit Autismus-Syndrom und/oder geistiger Behinderung. Vortrag im Rahmen der Impulsveranstaltung „Integration und Selbstbestimmung" in St. Gallen. https://georg-feuser.com/wp-content/uploads/2019/06/Int-Ad-Assis-Druck.pdf. Zugegriffen: 28. Aug. 2022.

Flieger, P. (2020). Report on an Inclusive Education Project in Armenia. *Behinderung und internationale Entwicklung, 31*(1), 12–17.

Florian, L., & Becirevic, M. (2011). *Challenges for teachers' professional learning for inclusive education in Central and Eastern Europe and the Commonwealth of Independent States.* https://doi.org/10.1007/s11125-011-9208-4

Fritzsche, B., & Köpfer, A. (2021). (Para-)professionalism in dealing with structures ofuncertainty – a cultural comparative study of teaching assistants in inclusion-oriented classrooms. *Disability & Society, 37*(1), 1–21.

Fritzsche, B., & Kakos, M. (2021). Multilingual Teaching Assistants in the UK: Translator in the Field of Inclusive Education. In A. Köpfer, J. J.W. Powell & R. Zahnd (Hrsg.), *International Handbook of Inclusive Education* (S. 453–469). Barbara Budrich.

Giangreco, M. F. (2010). One-to-One Paraprofessionals for Students With Disabilities in Inclusive Classrooms: Is Conventional Wisdom Wrong? *Intellectual and Developmental Disabilities, 48*(1), 1–13.

Goodley, D., Lawthom, R., Liddiard, K., & Runswick, K. (2017). Critical Disability Studies. In B. Gough (Hrsg.), *The Palgrave Handbook of Critical Social Psychology* (S. 491–505). Palgrave Macmillan UK.

Hallett, F., Allan, D., & Hallett, G. (2019). Reconsidering Inclusion: Western theory and post-Soviet reality. *Disability Studies Quarterly, 39,* 2.

Jantzen, W. (1976). Zur begrifflichen Fassung von Behinderung aus der Sicht des historischen und dialektischen Materialismus. *Zeitschrift für Heilpädagogik, 27*(7), 428–436.

Kavelashvili, N. (2017). Inclusive Education Georgia. *Izzivi prihodnosti/Challenges of the Future, 2*(2), 89–101.

Köpfer, A., & Tan, R. (2022, in press). Between support and stigmatization – international comparative perspectives on paraprofessional practices in inclusive schools. In E. J. Done & H. Knowler (Hrsg.), *International Perspectives on Exclusionary Pressures in Education: How Inclusion became Exclusion.* Palgrave Macmillan/Springer.

Köpfer, A., & Felthaus, M. (2021). *Project Report: Notions of Support and Assistance in Inclusive Schools in Armenia and Georgia.* Caritas International (unveröff.).

Köpfer, A., & Óskarsdóttir, E. (2019). Analysing Support in Inclusive Education Systems – a Comparison of Inclusive School Development in Iceland and Canada since the 1980ies focusing on Policy and In-School Support. *International Journal of Inclusive Education (Special Edition, edited by Mel Ainscow and Roger Slee) 23,* 7–8, 876–890.

Köpfer, A., Powell, J. J.W., & Zahnd, R. (2021). *International Handbook of Inclusive Education.* Barbara Budrich.

Langner, A. (2009). *Behindertwerden in der Identitätsarbeit.* Springer VS.

Meekosha, H., & Shuttleworth, R. (2009). What's so 'Critical' about Critical Disability Studies? *Australian Journal of Human Rights, 15*(1), 47–75.

Pfahl, L.D. (2011). *Techniken der Behinderung.* Transcript.

Pluquailec, J. (2018). Affective economies, autism, and 'challenging behaviour': Socio-spatial emotions in disabled children's education. *Emotion, Space and Society, 29*(2), 9–14.

Sharma, U., & Salend, S. (2016). Teaching Assistants in Inclusive Classrooms: A Systematic Analysis of the International Research. *Australian Journal of Teacher Education, 41*(8), 118–134.

Slee, R. (2019). Belonging in an age of exclusion. *International Journal of Inclusive Education, 23*(9), 909–922.

Soorenian, S. (2018). Disabled people's inclusion in education: A global perspective. *Disability & Society, 5*(33), 810–814.

Takala, M. (2007). The work of classroom assistants in special and mainstream education in Finland. *British Journal of Special Education, 34*(1), 50–57.

Tchintcharauli, T., & Javakhishvili, N. (2017). Inclusive education in Georgia: Current trends and challenges. *British Journal of Special Education, 4*(44), 465–483.

UNESCO. (1994). *Die Salamanca Erklärung und der Aktionsrahmen zur Pädagogik für besondere Bedürfnisse.* https://unesco.de/sites/default/files/2018-03/1994_salamanca-erklaerung.pdf. Zugegriffen: 26. Aug. 2022.

Witzel, A. (2000). Das problemzentrierte Interview. *FQS, 1*(1). https://qualitative-research.net/index.php/fqs/article/view/1132/2520. Zugegriffen: 28. Aug. 2022.

Andreas, Köpfer ist Professor für Erziehungswissenschaft mit dem Schwerpunkt Inklusionsforschung, Institut für Erziehungswissenschaft, Allgemeine Erziehungswissenschaft und Philosophie, Pädagogische Hochschule Freiburg. Seine Forschungsschwerpunkte sind: Inklusive Bildung/Inclusive Education im internationalen Vergleich, Raum- und Bildungstheorien, Rekonstruktive Inklusionsforschung, Critical Autism Studies.

Kontakt: andreas.koepfer@ph-freiburg.de

Professionalisierung von Lehrkräften für den inklusiven Sportunterricht – eine governancetheoretische Perspektive

Heike Tiemann

1 Einführung

2009 in Deutschland in Kraft getreten, ist die UN-Behindertenrechtskonvention (UN-BRK) seitdem geltendes Recht. Artikel 24 der UN-BRK formuliert das Recht aller Menschen auf inklusive Bildung und verpflichtet die Vertragsstaaten zum Aufbau eines inklusiven Schulsystems (Deutsches Institut für Menschenrechte, 2017). Für Deutschland bedeutet die UN-BRK die Notwendigkeit einer Umgestaltung des Bildungssystems, in der sich auch die Berufsbilder und Handlungsfelder aller Lehrkräfteprofessionen verändern müssen (Seitz, 2011). Dementsprechend ist eine auf Inklusion ausgerichtete Lehrkräftebildung ein bedeutender Faktor für das Gelingen inklusiver schulischer Bildung (Feyerer, 2020). Seitz und Haas (2015) betonen in diesem Zusammenhang, dass die Transformation zu einem inklusiven Schulsystem *nur* erfolgreich sein kann, wenn diese „in der Breite von entsprechend qualifizierten Lehrkräften ‚mit Leben gefüllt' wird" (S. 10). Mit Blick auf die Aus-, Fort- und Weiterbildung von Lehrkräften wird dieser Erkenntnis durch die Festschreibung in der gemeinsamen Empfehlung der Kultusministerkonferenz und Hochschulrektorenkonferenz (2015) für eine ‚Lehrerbildung für eine Schule der Vielfalt' Rechnung getragen.

H. Tiemann (✉)
Universität Leipzig, Berlin, Deutschland
E-Mail: heike.tiemann@uni-leipzig.de

R. Kruschel und K. Merz-Atalik (Hrsg.), *Steuerung von Inklusion!?*, Educational Governance 52, https://doi.org/10.1007/978-3-658-40103-0_15

Nach diesem Dokument benötigt eine Lehrkräftebildung, die Teilhabe und Bildungserfolg für alle als Ziel formuliert,

> „professionelle Kompetenzen, um besondere Begabungen oder etwaige Benachteiligungen, Beeinträchtigungen und andere Barrieren von und für Schülerinnen und Schüler zu erkennen und entsprechende pädagogische Präventions- und Unterstützungsmaßnahmen zu ergreifen." (Kultusministerkonferenz & Hochschulrektorenkonferenz, 2015, S. 2)

In der ersten Phase der Lehrkräfteausbildung sollen beispielsweise die Kompetenzen als Querschnittsaufgabe in den Bildungswissenschaften, Fachdidaktiken und Fachwissenschaften im lehramtsbezogenen Studium für alle Lehramtstypen vermittelt werden.

Die Forderung nach struktureller und inhaltlicher Verbesserung des gesamten Prozesses der Lehrkräftebildung für eine inklusive Pädagogik bildet sich auch im Nationalen Aktionsplan 2.0 der Bundesregierung (Bundesministerium für Arbeit & Soziales, 2016) zur Umsetzung der UN-Behindertenrechtskonvention ab: „Förderziel ist insbesondere die Fortentwicklung der Lehrerbildung in Bezug auf die Anforderungen der Heterogenität und Inklusion" (Bundesministerium für Arbeit & Soziales, 2016, S. 51). Laut UN (2022) kommt den nationalen Aktionsplänen eine wirkungsvolle Rolle zu: „[…] action plans can play an important role in coordinating and guiding the implementation of the Convention on the Rights of Persons with disabilities (CRPD) by highlighting areas which will be prioritized at the national level." (UN, 2022). Aus governancetheoretischer Perspektive[1] können sie, ebenso wie die Empfehlung der Hochschulrektoren- und Kultusministerkonferenz von 2015, auf der Makroebene (der politischen Steuerung des Schulsystems) als potenzielle Steuerungsimpulse hinsichtlich der Umsetzung der Behindertenrechtskonvention gedeutet werden. Aufgrund der Kulturhoheit der Länder formulieren solche bundeslandübergreifenden Impulse

---

[1] Diesem Beitrag zugrunde gelegt wird das von Maag Merki und Altrichter (2015) dargelegte Verständnis von Educational Governance als Forschungsansatz einer interdisziplinären Bildungsforschung. Im Zentrum des Erkenntnisinteresses stehen „das Zustandekommen, die Aufrechterhaltung und die Transformation sozialer Ordnung und sozialer Leistungen im Bildungswesen unter der Perspektive der Handlungskoordination zwischen verschiedenen Akteurinnen und Akteuren in komplexen Mehrebenensystemen […]" (Maag Merki & Altrichter, 2015, S. 396).

jedoch keinen verbindlichen Handlungsbedarf auf Länderebene. Von diesbezüglich sehr unterschiedlichen Rekontextualisierungsprozessen innerhalb der Länder ist auszugehen. Aus dem Blickwinkel von Akteuren der Mesoebene – der Universitäten – wird die oben genannte Empfehlung zur ‚Lehrerbildung für eine Schule der Vielfalt' (Kultusministerkonferenz & Hochschulrektorenkonferenz, 2015) kritisch diskutiert, ist doch „weiterhin ungeklärt, in welcher Form und in welchem Umfang inklusionsorientierte Themen in die Lehrkräftebildung implementiert werden bzw. werden sollten (Frohn & Moser, 2021, S. 1).

Trotz der hier nur kurz angerissenen Divergenzen zwischen den am Implementierungsprozess inklusiver Lehrkräftebildung beteiligten Ebenen, die das Problemfeld exemplarisch umreißen, können durchaus Veränderungen in der Lehrkräfteausbildung ausgemacht werden (Frohn & Moser, 2021). In diesem Kontext zeigt sich, dass Steuerung eben nicht linear von der Makroebene initiiert stattfindet. Vielmehr muss von einer „Mehrzahl von beteiligten Akteuren ausgegangen werden […], die in – für den jeweiligen Gestaltungsvorgang charakteristischen – (stabilen oder wechselnden) Akteurskonstellationen an der sozialen Koordination mitwirken […]" (Altrichter & Maag Merki, 2016, S. 9).

In diesem Zusammenhang werden also Steuerungsfragen thematisiert, die sich auf die soziale Gestaltung eines komplexen Systems – hier des Bildungssystems – beziehen. In einem solchen Sinne Governance als Forschungsansatz ins Zentrum zu stellen (dazu Schimank, 2009), hat in den letzten Jahren in den erziehungs- und bildungswissenschaftlichen Diskursen an Beachtung gewonnen (z. B. Altrichter & Maag Merki, 2016). In diesem Rahmen wurden mit unterschiedlichen Schwerpunktsetzungen sowohl die Umsetzung der UN-BRK (z. B. Feyerer & Altrichter, 2018; Merz-Atalik & Beck, 2020; Kruschel, 2022) als auch die Lehrkräftebildung fokussiert (z. B. Fend, 2008; Fussangel et al., 2016). Wenige Forschungsarbeiten lassen sich hingegen in Bezug auf Governanceforschung ausmachen, die sich mit Fragen der Lehrkraftebildung für den inklusiven Unterricht beschäftigen (z. B. Frohn & Moser, 2021). Ein erhebliches Forschungsdefizit besteht ebenso hinsichtlich Studien, die die Professionalisierung von Sportlehrkräften untersuchen und einen Governance-Forschungsansatz zugrunde legen. Demzufolge verändert sich die Beurteilung des Forschungsstandes nicht in Bezug auf die Professionalisierung für den inklusiven Sportunterricht. Aus diesem Grund sollen mit dem vorliegenden Beitrag das Themenfeld der Professionalisierung von Lehrkräften für den inklusiven Sportunterricht aus einer governancetheoretischen Perspektive eröffnet und potenzielle Forschungsfragen exemplarisch herausgearbeitet werden. Zunächst jedoch sollen Anknüpfungspunkte des Konzepts ‚Governance' in der Sportwissenschaft aufgezeigt werden.

2 Anknüpfungspunkte im sportwissenschaftlichen Fachdiskurs

Innerhalb der Sportwissenschaft ist das Thema Governance besonders in der Sportpolitik, der Sportökonomie und im Sportmanagement sichtbar. Gerade in der letztgenannten sportwissenschaftlichen (Teil-) Disziplin konnte in den letzten Jahren ein verstärkter Fokus belegt werden: „Research on governance is an increasingly central topic within the sport management scholarly community" (Winand & Anagnostopoulos, 2019, S. 391) Eine Erklärung für die umfangreiche wissenschaftliche Beschäftigung mit dem Thema ist die Zahl an Skandalen, wie beispielsweise Bestechungs- und Korruptionsaffären bei den Olympischen Spielen oder der FIFA (Winand & Anagnostopoulos, 2019). In Folge dieser negativen Entwicklungen im Sport hat das Konzept der ‚Good Governance' zunehmend an Bedeutung gewonnen. Über ein Verständnis von guter Steuerung im Sinne von Effektivität und Effizienz hinaus, wird bei ‚Good Governance' auch die ethische Dimension von Governance stärker herausgestellt (van Ackeren et al., 2016). So hat der Deutsche Olympische Sportbund (DOSB) zum Beispiel Good Governance Regularien (2021) formuliert, in denen er unter anderem darauf hinweist, dass die zur Verfolgung der Verbandsziele notwendige Verbandssteuerung und das Verbandshandeln des DOSB an ethischen Maßstäben auszurichten sind, die sich wiederum an den vier Prinzipien von Good Governance orientieren: Integrität, Verantwortlichkeit und Rechenschaftspflicht, Transparenz, Partizipation und Einbindung.

Im sportpädagogischen Diskurs sind die nur selten gegebenen expliziten Bezüge zu governancetheoretischen Perspektiven in der Schulsportentwicklungsforschung verortet. Zu den in diesem Forschungsfeld aktuell diskutierten Themenschwerpunkten gehören neben dem außerunterrichtlichen Schulsport auch die schulsportliche Profilbildung (z. B. der Bewegten Schulentwicklung), die bewegungs- und sportorientierte Ganztagsschulforschung und die Lehrplanforschung (Balz & Stibbe, 2020). Verweise auf die Governanceperspektive finden sich in Bezug auf den letztgenannten Schwerpunkt (z. B. Serwe-Pandrick, 2013). Einen Governance Forschungsansatz explizit zugrunde legt Guardiera (2016) in ihrer Studie zur Reichweite und Wirkung eines staatlichen Lehrplanprogramms auf der Ebene schulinterner Lehrpläne (bezogen auf das Fach Sport) und Theobald (2018), der mit Blick auf die überfachlichen Kompetenzen im Sportunterricht Governance von Lerninhalten am Beispiel der Bildungsplanreform von 2016 in Baden-Württemberg untersucht.

Obgleich in Bezug auf das Themenfeld der Professionalisierung von Lehrkräften für den inklusiven Sportunterricht unter Berücksichtigung von

Educational Governance im deutschsprachigen Raum bisher noch nicht auf Forschungsergebnisse zurückgegriffen werden kann[2], gibt es eine Reihe von Steuerungsimpulsen in diesem Kontext und Hinweise darauf, welche Herausforderungen aber auch Wirkweisen auf diese Impulse zurückzuführen sind. Anhand derer können wiederum Annahmen und Fragen exemplarisch abgeleitet werden. Gesondert angesprochen werden die erste Phase der Professionalisierung, die der universitären Ausbildung und die dritte Phase der Fort- und Weiterbildung von Sportlehrkräften.

3 Professionalisierung angehender Sportlehrkräfte für den inklusiven Unterricht

In der Vergangenheit lassen sich unterschiedliche Steuerungsimpulse der Makroebene identifizieren, die auf die Professionalisierung von Lehrkräften für den inklusiven Unterricht abzielen und das Fach Sport explizit berücksichtigen. Im nationalen Kontext gehören dazu zentral die ‚Ländergemeinsamen inhaltlichen Anforderungen für die Fachwissenschaften und Fachdidaktiken in der Lehrerbildung' der Kultusministerkonferenz (2019). Diese Anforderungen beziehen sich „auf die Kompetenzen und somit auf Kenntnisse, Fähigkeiten, Fertigkeiten und Einstellungen, über die eine Lehrkraft zur Bewältigung ihrer Aufgaben im Hinblick auf das jeweilige Lehramt verfügen muss" (KMK, 2019, S. 3) und sollen somit einen Rahmen für das Fachstudium abbilden. Mit dem Verweis, gesellschaftliche Entwicklungen zu berücksichtigen, gehören zu den im Dokument explizit benannten Kompetenzen auch solche im Kontext von Diversität und Inklusion. In diesem Zusammenhang wird ein weites Verständnis von Inklusion zugrunde gelegt, welches neben der Kategorie Behinderung auch andere Dimensionen von Diversität einschließt, darunter „Sprache, soziale Lebensbedingungen, kulturelle und religiöse Orientierungen, Geschlecht sowie besondere Begabungen und Talente" (KMK, 2019, S. 4). Mit Blick auf die erste Ausbildungsphase werden für die verschiedenen Unterrichtsfächer Fachprofile präsentiert, die die im Studium zu erreichenden Kompetenzen und die dazu notwendigen einzelnen inhaltlichen Schwerpunkte beschreiben. In dem für das Fach Sport angelegten Profil ist eine konsequente Berücksichtigung des Themenfeldes

[2] In Bezug auf andere Sprachräume ist die aktuelle Recherche noch nicht beendet.

Inklusion, Diversität, Heterogenität[3] zu identifizieren. Bereits im „Fachspezifischen Kompetenzprofil" (KMK, 2019, S. 61) wird hervorgehoben, dass die Heterogenität der Lernenden im Sportunterricht besonders einzubeziehen ist. Differenzierungsmaßnahmen werden ebenso angesprochen wie differenzierte Zielsetzungen „im Sinne eines Erziehungs- und Bildungsanspruchs für alle Schülerinnen und Schüler, in der Absicht einer gleichberechtigten Teilhabe aller an Bewegungs-, Spiel- und Sportsituationen" (KMK, 2019, S. 61).

Als weiteren Impuls für die Professionalisierung von Sportlehrkräften auf der Hochschulebene, kann die ‚Qualitätsoffensive Lehrerbildung' (eine Bund-Länder-Vereinbarung; 2013 veröffentlicht durch die Gemeinsame Wissenschaftskonferenz) herangezogen werden. Im Rahmen dieses Programms werden durch das Bundesministerium für Bildung und Forschung seit 2015 Hochschulen in allen Bundesländern gefördert, mit dem Ziel einer nachhaltigen Verbesserung der Lehrkräftebildung. Explizit mitgedacht wird in dem Programm unter anderem sowohl die Fortentwicklung der Fachlichkeit, Didaktik und Bildungswissenschaften, als auch die der Lehrkräftebildung in Bezug auf die Anforderungen im Kontext von Heterogenität und Inklusion. Von den bisher geförderten Projekten greifen viele die letztgenannten Themen auf, darunter auch eine Reihe von Teilprojekten zur Sportlehrkräftebildung (z. B. Bringmann & Friedrich, 2019; Thiele & Tittlbach, 2019). Im Evaluationsbericht der Qualitätsoffensive (Ramboll, 2020) wird positiv hervorgehoben, dass es eine starke Dynamik bei der Entwicklung von spezifischen Lehrveranstaltungen, Curricula und Modulen gab, die im Kontext des Themenfeldes Heterogenität und Inklusion stehen. Der Bericht betont,

> „dass rund die Hälfte der Projekte angibt, diese positiven Veränderungen allein aufgrund der Förderung in der ‚Qualitätsoffensive Lehrerbildung' realisieren zu können und damit Verbesserungen im Lehrangebot zu schaffen, die ohne das Förderprogramm nicht möglich gewesen wären." (Ramboll, 2020, S. 67)

Die positive Einschätzung wird durch die Studie von Frohn und Moser (2021), Akteurinnen der Universität (HU Berlin, Goethe Universität Frankfurt), gestützt. Sie bestätigen auch, dass den Projekten der ‚Qualitätsoffensive Lehrerbildung' impulsgebende Funktion für Neuerungen in den Studiengängen zugeschrieben werden kann. Gleichzeitig erforschen sie die Sachlage differenzierter: Im

---

[3] Eine begriffliche Abgrenzung der drei Begriffe wird in dem Dokument nicht vorgenommen.

Rahmen einer Befragung der Zentren für Lehrkräftebildung in Deutschland nach der Gestaltung einer inklusionsorientierten Lehrkräftebildung kommen sie zu dem Ergebnis, dass die Entwicklung zur Umsetzung inklusionsbezogener Studieninhalte in den letzten Jahren einen starken Schub erfahren hat. Die Angebote zum Thema Inklusion waren oft im Bereich Bildungswissenschaft, seltener in der Fachdidaktik und nie in den Fachwissenschaften verortet. Auch Liebner und Schmaltz (2021) kommen in ihrer Untersuchung zu dem Ergebnis, dass ein Großteil der Inhalte zu Heterogenität und Inklusion in den Bildungswissenschaften stattfindet. Des Weiteren existieren zwischen den Hochschulen erhebliche Unterschiede in Umfang und inhaltlicher Ausrichtung der curricularen Verankerung inklusionsorientierter Inhalte (Liebner & Schmaltz, 2021; Frohn & Moser, 2021) Es gibt „eine große Bandbreite" (Frohn & Moser, 2021) in der Auslegung der Vorgaben und der Umsetzung in den Hochschulen. Deutlich kritischer wird der Stand der Lehrkräftebildung für die inklusive Schule von Trautmann (2017) beurteilt, der die inklusionsorientierte Lehrkräftebildung als „Flickenteppich" (S. 38) bezeichnet, und sich dabei auf Keuffer (2010) und Wittek und Walm (2014) bezieht – zwei Quellen, deren Analysen allerdings vor dem Start der Qualitätsoffensive Lehrerbildung vorgenommen wurden.

Obgleich Studien hinsichtlich der Professionalisierung angehender Sportlehrkräfte für den inklusiven Unterricht noch fehlen, bieten die genannten Forschungsergebnisse bereits eine erste mögliche Rahmung, die auf bestimmte Sachverhalte verweist, beziehungsweise zukünftige Forschungsfragen generiert. Erste noch nicht abgeschlossene Recherchen seitens der Autorin bezüglich der Verankerung der Themen Inklusion und Heterogenität in den Modulbeschreibungen der Sportlehramtsstudiengänge an den universitären Ausbildungsstätten in Deutschland passen zu den vorgenannten Ergebnissen. Die Professionalisierung von Sportlehrkräften zu diesen Themen findet fast überall in den Bildungswissenschaften statt, in denen eine curriculare Verankerung dementsprechend häufig gegeben ist. Die Fachwissenschaften sind kaum mit dem Thema betraut, wohingegen die Sportdidaktik-/Sportpädagogikmodule an den verschiedenen Standorten teilweise Kompetenzziele in Verbindung mit inklusivem Sportunterricht berücksichtigen. Nichtsdestotrotz lassen sich auch Curricula von bundesweiten Universitäten identifizieren, die ein Qualitätsoffensive-Lehrerbildungs-Teilprojekt mit dem Fokus auf Heterogenität und Inklusion hatten, dies jedoch nicht in nachhaltige curriculare Veränderungen mündeten.[4] Wie

[4] Dies trifft zum Beispiel auf die Universität Bayreuth (Stand August 2022) zu.

bereits von Frohn und Moser (2021) sowie Liebner und Schmaltz (2021) herausgearbeitet wurde, variieren die Auslegung der Vorgaben und die Implementation in den Hochschulen hinsichtlich der unterschiedlichen universitären Ausbildungsstätten auch in diesem Fach. Es ist anzunehmen, dass Akteure einer Ebene, hier der Fachdidaktiker*innen und Fachwissenschaftler*innen und der Bildungswissenschaftler*innen auf der Mesoebene, ihre individuellen Handlungsspielräume entsprechend ihrer Perspektiven und Eigeninteressen nutzen. In diesem Zusammenhang wäre auch die Rolle der Akteure zu klären und deren Agieren miteinander bzw. mit Akteuren anderer Ebenen. Notwendigerweise müssten die Spezifika des Faches Sport berücksichtigt werden. Diese beziehen sich beispielsweise darauf, dass Tätigkeitsbereiche von Akteuren, die in die didaktische Ausbildung von Sportstudierenden eingebunden sind, sehr voneinander abweichen. Sie sind in unterschiedlichem Maße in innovative Weiterentwicklungen im Rahmen der Lehrkräfteprofessionalisierung eingebunden. Während Akteure der Sportdidaktik als sportwissenschaftlicher Teildisziplin häufig an pädagogisch-didaktischen Forschungsprojekten größerer Reichweite beteiligt sind, sind Akteure z. B. in der sportpraktischen Ausbildung von Sportstudierenden – welche bezogen auf die Vermittlung einzelner Sportarten auch pädagogisch-didaktische Fragestellungen bearbeiten – häufig nicht an übergeordneten Projekten wie der Qualitätsoffensive Lehrerbildung ihres Hochschulstandortes beteiligt. Aus diesem Grund können sie möglicherweise nur bedingt teilhaben an bestimmten Fortentwicklungen, beispielsweise in Bezug auf die Umsetzung der Lehrkräftebildung für eine Schule der Vielfalt.

4 Fazit

In Bezug auf die fachdidaktische aber auch fachwissenschaftliche Ausbildung scheint es notwendig herauszuarbeiten, wie Sportstudierende ausgebildet werden können, damit diese dann dazu befähigt werden, einen Sportunterricht zu gestalten, in dem alle Schüler*innen einer Lerngruppe gleichberechtigt teilhaben können. Zukünftige governancetheoretisch gerahmte Forschung sollte zunächst systematisch evaluieren, wie die Vorgaben der Makroebene auf den verschiedenen Zwischenebenen aufgegriffen und rekonstruiert werden. In diesem Zusammenhang müssten die Rollen der in diesem Prozess relevanten Akteure auf den jeweiligen Ebenen ebenso herausgearbeitet werden wie deren Interaktion und Agieren im Verhältnis mit- beziehungsweise zueinander. Entscheidungswege sollten identifiziert werden bevor zu klären wäre, wie diese von der jeweiligen Steuerungsebene adressiert werden können. Der Blick sollte jedoch nicht nur auf die erste Phase der Lehrkräfteprofessionalisierung begrenzt bleiben. Auch die zweite und dritte Phase müssten in Bezug auf vergleichbare grundsätzliche Fragestellungen untersucht werden. Davon abzuleiten wären Analysen von Educational Governance-Prozessen, die die Verzahnung der Phasen betreffen.

Literatur

Altrichter, H., & Maag Merki, K. (Hrsg.). (2016). *Handbuch Neue Steuerung im Schulsystem.* Springer Fachmedien.

Balz, E., & Stibbe, G. (2020). Schulsportentwicklungsforschung. In E. Balz, C. Krieger, W. D. Miethling, & P. Wolters (Hrsg.), *Empirie des Schulsports* (S. 273–310). Meyer & Meyer.

Bringmann, T., & Friedrich, G. (2019). Professionalisierung der Sportlehrer*innenausbildung durch den Einsatz der Videofallbibliothek zum Inklusiven Sportunterricht. In M. Hartmann, R. Laging, & C. Scheinert (Hrsg.), *Professionalisierung in der Sportlehrer*innenbildung* (S. 248–274). Schneider.

Bundesministerium für Arbeit und Soziales. (2016). *Nationaler Aktionsplan 2.0 der Bundesregierung.*

Deutsches Institut für Menschenrechte. (2017). *Inklusive Bildung ist ein Menschenrecht. Position Nr. 10.*

DOSB. (2021). *Good Governance Regularien.* https://cdn.dosb.de/user_upload/www.dosb.de/uber_uns/Good-Governance/GG_Regularien_des_DOSB__Nov_2021_.pdf. Zugegriffen: 26. Aug. 2022.

Fend, H. (2008). Die Bedeutung von Bildungsstandards im Kontext von Educational Governance. *Beiträge zur Lehrerbildung, 26,* 292–303.

Feyerer, E., & Altrichter, H. (2018). Die Entwicklung eines inklusiven Schulsystems. Analyse von aktuellen Reformbestrebungen aus Governance-Perspektive. In E. Feyerer, W. Prammer, E. Prammer-Semmler, C. Kladnik, M. Leibetseder & R. Wimberger (Hrsg.), *System. Wandel. Entwicklung. Akteurinnen und Akteure inklusiver Prozesse im Spannungsfeld von Institution, Profession und Person* (S. 74–92). Klinkhardt.

Feyerer, E. (2020). Lehrer_innenfortbildung für eine inklusive Schule in Österreich. *Zeitschrift für Inklusion,* (4). www.inklusion-online.net/index.php/inklusion-online/article/view/574. Zugegriffen: 26. Aug. 2022.

Frohn, J., & Moser, V. (2021). Inklusionsbezogene Studienanteile in der Lehrkräftebildung: Zum Stand der Umsetzung anhand bildungspolitischer Entwicklungen und einer Befragung unter den Lehrkräftebildungszentren in Deutschland. *Zeitschrift für Inklusion,* (1). www.inklusion-online.net/index.php/inklusion-online/article/view/586. Zugegriffen: 26. Aug. 2022.

Fussangel, K., Rürup, M., & Gräsel, C. (2016). Lehrerfortbildung als Unterstützungssystem. In H. Altrichter & K. Maag Merki (Hrsg.), *Handbuch Neue Steuerung im Schulsystem* (S. 361–384). Springer.

Guardiera, P. (2016). Zur Reichweite und Wirkung eines staatlichen Lehrplanprogramms auf der Ebene schulinterner Lehrpläne. In K. Sportdidaktik (Hrsg.), *Lehrplanforschung – Analysen und Befunde* (S. 280–301). Meyer & Meyer.

Keuffer, J. (2010). Reform der Lehrerbildung und kein Ende? Eine Standortbestimmung. *Erziehungswissenschaft,* (40), 51–67. www.pedocs.de/volltexte/2010/2740/pdf/Keuffer_Josef_Reform_der_Lehrerbildung_2010. Zugegriffen: 26. Aug. 2022.

Kultusministerkonferenz & Hochschulrektorenkonferenz. (2015). *Lehrerbildung für eine Schule der Vielfalt.*

Kruschel, R. (2022). *Inklusion aus Governance-Perspektive. Die UN-BRK als internationaler Steuerungsimpuls für das Schulsystem Schleswig-Holstein.* Springer (im Druck).

Kultusministerkonferenz (Beschluss vom 16.10.2008 i. d. F. vom 16.05.2019). *Ländergemeinsame inhaltliche Anforderungen für die Fachwissenschaften und Fachdidaktiken in der Lehrerbildung.*

Liebner, S., & Schmaltz, C. (2021). Teacher Training for Inclusive Education in Germany: Status Quo and Curricular Implementation. In J. Goldan, J. Ambrecht, & T. Loreman (Hrsg.), *Resourcing inclusive education* (S. 133–145). Bingley.

Maag Merki, K., & Altrichter, H. (2015). Educational Governance. *DDS-Die Deutsche Schule, 107*(4), 396–410.

Merz-Atalik, K., & Beck, K. (2020). Governance inklusiver Bildung: Modelle, Strukturen und Netzwerke der inklusiven Bildungsreform im internationalen Vergleich (Südtirol/Italien und Baden-Württemberg/Deutschland). In T. Dietze, D. Gloystein, A. Piezunka, L. Röbenack, G. Schäfer, & M. Walm (Hrsg.), *Inklusion – Partizipation – Menschenrechte: Transformationen in der Teilhabegesellschaft? 10 Jahre UN-Behindertenrechtskonvention – Eine interdisziplinäre Zwischenbilanz* (S. 210–218). Klinkhardt.

Ramboll (2020). *Qualitätsoffensive Lehrerbildung. Abschlussbericht der Evaluation.* https://de.ramboll.com/-/media/files/rde/management-consulting/studien_handreichungen/qualittsoffensive-lehrerbildungabschlussbericht-der-evaluationbarrierefrei.pdf. Zugegriffen: 26. Aug. 2022.

Schimank, U. (2009). Planung – Steuerung – Governance: Metamorphosen politischer Gesellschaftsgestaltung. *Die Deutsche Schule, 101,* 231–239.

Seitz, S. (2011). Was Inklusion für die Qualifizierung von Lehrkräften bedeutet. Gewinn für LehrerInnen und SchülerInnen. *Journal für lehrerinnen- und lehrerbildung,* Heft 4, Schwerpunkt: Segregation – Integration – Inklusion, 50–54.

Seitz, S., & Haas, B. (2015). Inklusion kann gelernt werden! Weiterbildung von Lehrkräften für die Inklusive Schule. *VHN, 84*(1), 9. https://doi.org/10.2378/vhn2015.art02d.

Serwe-Pandrick, E. (2013). Lehrpläne und Schul(sport)entwicklung – eine governancetheoretische Betrachtung. In G. Stibbe & N. Schulz (Hrsg.), *Lehrpläne – Grundlagen, Entwicklungen, Analysen. Grundlagen, Entwicklungen, Analysen* (S. 45–54). Academia.

Theobald, U. (2018). *Überfachliche Kompetenzen im Sportunterricht. Governance von Lerninhalten am Beispiel der Bildungsplanreform 2016 in Baden-Württemberg.* Waxmann.

Thiele, F., & Tittlbach, S. (2019). Seminarkonzept zur Förderung der interkulturellen Kompetenz in der Sportlehrer*innenbildung – Entwicklung, Durchführung und Evaluation. In M. Hartmann, R. Laging, & C. Scheinert (Hrsg.), *Professionalisierung in der Sportlehrer*innenbildung* (S. 230–247). Schneider.

Trautmann, M. (2017). Lehrerbildung für die inklusive Schule. Eine Einschätzung zum Stand der Diskussion. In S. Greiten, G. Geber, A. Gruhn & M. Köninger (Hrsg.), *Lehrerausbildung für Inklusion. Fragen und Entwicklungen zur Hochschullehre* (S. 37–47). Waxmann.

United Nations (UN): Department of Economic and Social Affairs (2022). *Disability Strategies and Action Plans by Country/Area*. https://un.org/development/desa/disabilities/strategies.html. Zugegriffen: 26. Aug. 2022.

van Ackeren, I., Brauckmann, S., & Klein, E. D. (2016). Internationale Diskussions-, Forschungs- und Theorieansätze zur Governance im Schulwesen. In H. Altrichter & K. Maag Merki (Hrsg.), *Handbuch Neue Steuerung im Schulsystem* (S. 29–51.). Springer Fachmedien.

Winand, M., & Anagnostopoulos, C. (2019). *Research handbook on sport governance*. Elgar.

Wittek, D., & Walm, M. (2014). *Lehrer_innenbildung in Deutschland im Jahr 2014. Eine phasenübergreifende Dokumentation der Regelungen in den Bundesländern*. GEW Gewerkschaft Erziehung und Wissenschaft. https://gew.de/fileadmin/media/publikationen/hv/Hochschule_und_Forschung/Ausbildung_von_Lehrerinnen_und_Paedagogen/Zukunftsforum_Lehrer_innenbildung/Lehrer-Innenbildung_2014_A4_web.pdf. Zugegriffen: 26. Aug. 2022.

Heike Tiemann ist Professorin für Sportdidaktik an der Universität Leipzig. Ihre Arbeitsschwerpunkte sind Professionalisierung von Sportlehrkräften für den inklusiven Unterricht, Inklusion im schulischen und außerschulischen Sport, Digitale Medien im Sportunterricht, Soziologie des Behindertensports.

Kontakt: heike.tiemann@uni-leipzig.de

Inklusionsorientierte Schulentwicklung an der Schule Grumbrechtstraße (Hamburg) – Erfahrungen, Erfolge, Erfordernisse aus der Sicht eines Schulleiters

Arndt Paasch

1 Ein Versuch, Antworten zu geben auf die Frage nach der Steuerung schulischer Inklusion

Die Schule Grumbrechtstraße, deren Leiter ich seit 2015 bin, ist eine Schwerpunktschule Inklusion[1] im Stadtteil Heimfeld in Hamburg Harburg. Vor diesem Erfahrungshintergrund möchte ich in diesem Beitrag dreifach versuchen, Antworten auf die Fragestellung zu unternehmen, wie sich inklusionsorientierte Schulentwicklung steuern lässt. Dazu werde ich zunächst die Geschichte der Schule seit ihrer Errichtung aus der Perspektive der Inklusion skizzieren, dann zentrale Gelingensfaktoren ausführen und schließlich Herausforderungen und Handlungsbedarfe aus meiner Sicht formulieren.

[1] In Hamburg werden seit dem Schuljahr 2012/13 in Schwerpunktschulen ‚Inklusion', die zunächst noch als integrationserfahrene Schulen bezeichnet wurden, Plätze für Kinder mit einem speziellen sonderpädagogischen Förderschwerpunkt, nämlich geistige Entwicklung, körperlich-motorische Entwicklung, Sehen und Hören sowie Autismus, vorgehalten. Damit ist eine besondere personelle und i. d. R. auch räumliche Ausstattung verbunden.

A. Paasch (✉)
Schule Grumbrechtstraße Hamburg, Hamburg, Deutschland
E-Mail: arndtpaasch@aol.com

R. Kruschel und K. Merz-Atalik (Hrsg.), *Steuerung von Inklusion!?*, Educational Governance 52, https://doi.org/10.1007/978-3-658-40103-0_16

2 Anmerkungen zum Begriff Inklusion

Zuvor möchte ich jedoch mein subjektiv gefärbtes Verständnis des Begriffs Inklusion erläutern, weil ich es nicht für selbstverständlich halte, was darunter zu verstehen ist. Im Folgenden möchte ich dabei vier Aspekte näher betrachten.

- Mir ist der Ausdruck Inklusion zum ersten Mal im Kontext der Diskussionen um die Behindertenrechtskonvention begegnet. Ein befreundeter Lehrer wies mich damals darauf hin, dass es nicht mehr politically correct sei, von Integration zu sprechen. Mich erinnerte das an den Werbespruch ‚Raider heißt nun Twix, sonst ändert sich nix'. Den eigentlichen Wendepunkt, den dieser Begriff markiert, nämlich dass es nicht darum geht, irgendwelche Gruppen, insbesondere Menschen mit Behinderungen zu integrieren, sondern dass sie ein ganz selbstverständlicher Teil der Gemeinschaft sind, habe ich erst viel später erfasst. Auf jeden Fall wurde im pädagogischen Raum, zumindest im fortschrittlichen Teil davon, der Ausdruck positiv besetzt und ich fühlte mich an viele andere Neologismen und Modewörter erinnert, die ich in meiner Berufslaufbahn bereits erlebt hatte. Rasch wurde der Begriff zum Kampfbegriff und bis heute ist er das zum Teil geblieben. Die schulpolitischen Umsetzungsversuche in den einzelnen Bundesländern, die großenteils sowohl konzeptionell als auch finanziell erheblich zu wünschen übrig ließen, führten rasch zu einer Ideologisierung des Begriffs und in vielen Diskussionen wurde er zunehmend negativ konnotiert. Es wäre nicht das erste Mal, dass ein Begriff ‚verbrannt' würde. Ein für mich besonders erschreckendes Beispiel ist die Umbenennung von Pestalozzi-Schulen. Dabei handelte es sich zumeist um Schulen für Kinder mit dem sonderpädagogischen Schwerpunkt Lernen. Der Name des bedeutenden Pädagogen wurde im Laufe der Zeit so negativ assoziiert, dass Schulen ihr Image durch einen neuen Namen aufzubessern hofften.[2] Ich halte es für sehr wichtig, dass wir den Begriff Inklusion hüten wie einen Schatz und nicht ‚verbrennen' lassen, denn er stellt einen wichtigen und wirksamen Hebel zum Erhalt und zur Schaffung der Gleichberechtigung aller Schüler*innen dar. Dabei können wir den Auseinandersetzungen ganz

[2] So wurde beispielsweise die ‚Pestalozzi-Schule' in Schwerte 2008 in ‚Schule an der Ruhr, Förderschule der Stadt Schwerte für die Förderschwerpunkte Lernen, Sprache und soziale und emotionale Entwicklung' umbenannt. In Plettenburg wurde 2006 aus der ‚Pestalozzi-Schule, Sonderschule für Lernbehinderte' die ‚Vier-Täler-Schule, Förderschule der Stadt Plettenburg, Förderschwerpunkt Lernen'.

entspannt und zuversichtlich entgegensehen. Mit der Behindertenrechtskonvention der Vereinten Nationen ist der Zugang zu einem inklusiven Unterricht festgeschrieben, zumindest bezogen auf Menschen mit Behinderungen. Damit ist die einbeziehende Beschulung dem Zugriff von Bestrebungen, die auf eine Ausgrenzung abzielen, entzogen, selbst wenn es gelänge, für eine Absonderung politische Mehrheiten zu organisieren.

- Das Wort ‚Inklusion' weist eine eigentümliche Morphologie auf. Das Suffix -ion zeigt i. d. R. einen Verbalaspekt eines Nomens an, kennzeichnet also den Verlauf oder das Ergebnis einer Handlung. Noch deutlicher wird dies, wenn man das Verb ‚inkludieren' heranzieht. Es besitzt zwei Bedeutungen: ‚mit beinhalten' und ‚einschließen'. So verhält es sich auch bei dem Nomen. Inklusion wird regelhaft in zweifacher Weise benutzt. Zum einen kennzeichnet es den Zustand des Dazugehörens, das als ganz selbstverständlich betrachtet wird. Zum anderen wird der Begriff im Alltag häufig so verwendet, dass er den Prozess hin zu einem Zustand kennzeichnet, der ebenfalls als Inklusion benannt werden kann. Dieser Bedeutungsunterschied wird besonders ersichtlich, wenn im Schulalltag vom ‚Inkludieren' einzelner Kinder gesprochen wird oder, was auch häufig vorkommt, Schüler*innen mit einem sonderpädagogischen Förderschwerpunkt als ‚Inklusionskinder' bezeichnet werden, was aus meiner Sicht absurd ist. Inhaltlich aber markiert dies eine Problemstellung: Es geht eben nicht nur darum, die Dazugehörigkeit aller Schüler*innen zu postulieren und ausdrücklich zu begrüßen, sondern ihren besonderen Bedürfnissen gerecht zu werden und bestehende Benachteiligungen zu verringern.
- Während der Begriff für mich zunächst nur auf Menschen mit Behinderungen bezogen zu sein schien, begegnete er mir in der Folge in immer neuen Zusammenhängen, etwa wenn von der gesellschaftlichen oder speziell schulischen Situation von Menschen mit einem Migrationshintergrund, von geflüchteten Menschen, von kulturellen und religiösen Minderheiten oder von nicht binären Geschlechtsidentitäten die Rede war. Welches Merkmal diese Gruppen, die im Zusammenhang mit Inklusion genannt werden, eint, bleibt vage. Ist es das Abweichen von einer vermeintlichen Norm, der Minderheitenstatus oder die Diskriminierung? Für den schulischen Kontext scheint es mir wichtig festzuhalten, dass klar benannt werden muss, was die Schüler*innen, die zu den einzelnen Gruppen gehören, an konkreter Unterstützung benötigen.
- Der Inklusionsbegriff wird in aller Regel so verwendet, dass mit ihm die positive Vorstellung von Verschiedenheit verknüpft ist. Unterschiedlichkeit wird so per se als etwas Gutes, als eine Bereicherung verstanden. Diese

Betrachtungsweise bedarf meiner Auffassung nach einer Differenzierung. Ich denke, dass es zunächst einmal darum gehen muss, Diversität wahrzunehmen und zu akzeptieren. Vielfach werden Identitäten immer noch ‚übersehen' bzw. fühlen Menschen sich unter dem Druck, sie zu verheimlichen. So wissen viele Pädagog*innen nicht, ob rsp. dass Schüler*innen Roma-Kinder sind und welche besonderen Lebensumstände damit verbunden sein können. Viele Roma-Familien verbergen ihre Volkszugehörigkeit. Zugleich darf aber der Wille, alle Unterschiedlichkeit wertzuschätzen, nicht dazu führen, auftretende Schwierigkeiten zu verleugnen. So brauchen Mädchen das aktive Eintreten der Schule für Gleichberechtigung, die in ihren Elternhäusern nicht selbstverständlich ist. Darüber hinaus ist es pädagogisch keineswegs so, dass eine möglichst große Unterschiedlichkeit der Kinder erstrebenswert wäre. So versucht man zum Beispiel bei jahrgangsübergreifenden Klassen die Verschiedenheit so zu justieren, dass sie sich möglichst produktiv auf die Lernprozesse auswirkt. Keinesfalls ist es so, dass dies besser gelänge, je größer die Spreizung ist. Ebenso ist es aus meiner Sicht wenig sinnvoll, bei der Zusammenstellung von Lerngruppen nach dem Prinzip zu verfahren, Kinder mit möglichst unterschiedlichen Förderschwerpunkten zusammenzufassen.

3 Eine kurzgefasste Schulgeschichte unter der Perspektive der Steuerungsaufgabe Inklusion

Wenn wir vor dem Hintergrund dieses Begriffsverständnisses von Inklusion die inklusive Schulentwicklung an der Schule Grumbrechtstraße in den Blick nehmen, so ist unschwer zu erkennen, dass der derzeitige Stand das Ergebnis eines jahrzehntelangen Prozesses ist, der ohne diesen nicht zu verstehen ist. Die Geschichte der Schule lässt sich als eine Auseinandersetzung mit und eine Entwicklung zur Inklusion beschreiben.

Errichtet wurde die Schule 1962. Schon in der Architektur ist die Absicht erkennbar, den Rahmen für ein auf ein demokratisches und gleichberechtigtes Miteinander ausgerichtetes Unterrichtsleben zu schaffen. Viele kleine Gebäude und separate Gebäudeteile, in denen zwei bis vier Klassen untergebracht sind, bilden überschaubare Einheiten und stellen ein Gegenbild zur hierarchisch gegliederten, auf Vermassung abzielenden Architektur des Nationalsozialismus dar. Klassenräume, deren Grundform dem Quadrat angenähert ist und die über einen Gruppenraum verfügen, erlauben ein echtes Gruppengespräch, in dem sich alle Schüler*innen sehen können. Sie ermöglichen Gruppenarbeit und Differenzierung. Umgeben sind diese Häuser von einem weitläufigen begrünten

Schulgelände mit kleinen Erhebungen und Senken und mit abgegrenzten Ecken. Damit stellt es einen deutlichen Gegensatz zum ungestalteten Schulhof dar, der einem Exerzierplatz gleicht. Im ersten Schuljahr (1962/63) wurde an der Schule die Koedukation von Mädchen und Jungen wieder eingeführt, die im Dritten Reich abgeschafft worden war.

In den 60er- und 70er-Jahren kamen die Kinder der damals so bezeichneten Gastarbeiterfamilien hinzu. Es gab vielfältige Bestrebungen, diese Mädchen und Jungen in die Schulgemeinschaft zu integrieren, wobei das Erlernen der deutschen Sprache, auch in separaten Gruppen, im Vordergrund stand.

1984 war die Umwandlung von einer Grund- und Hauptschule, die bis zur Klasse 9 führte, zu einer reinen Grundschule mit Vorschule bis zum Jahrgang 4 abgeschlossen. Damit war die Schule Grumbrechtstraße nicht mehr Teil des gegliederten Schulsystems, wenn man von der Unterteilung in Regel- und Sonderschulen einmal absieht.

1987 wurde an der Schule Grumbrechtstraße die erste ‚Integrationsklasse' in Harburg eingerichtet. Erstmalig wurde explizit eine gemeinsame Beschulung von Kindern mit und ohne Behinderung umgesetzt. Die Klasse setzte sich entsprechend den damaligen Vorgaben aus 16 Kindern ohne und vier Kindern mit einem speziellen sonderpädagogischen Förderbedarf zusammen.[3] Die Ressourcenausstattung sah im ‚Schulversuch Integrationsklassen' zusätzlich zur Regelversorgung zehn Sonderschullehrer*innenstunden und eine Dreiviertelstelle Erzieher*in vor.

Vier Jahre später, in 1991 trat ein weiteres Integrationsmodell hinzu – die sogenannten ‚Integrativen Regelklassen' –, das die Integration von Kindern mit den Förderschwerpunkten Lernen, Sprache und emotional-soziale Entwicklung zum Ziel hatte. Zum ersten Mal sollte dabei auf die Zuschreibung eines sonderpädagogischen Förderstatus verzichtet werden. Damit wollte man einer möglichen Ausgrenzung entgegenwirken. Bei diesem Modell erhielt eine zweizügige Grundschule drei Sonderschullehrer*innenstellen und eine Erzieher*innenstelle zusätzlich.[4]

Das Nebeneinander der beiden Integrationsmodelle wurde jedoch vielfach als ungerecht erlebt, da die Integrationsklassen erheblich besser ausgestattet erschienen als die integrativen Regelklassen. Die Diskussionen innerhalb des

[3] Die Vorgaben für die Klassenzusammensetzung wurden in den folgenden Jahren mehrfach verändert.

[4] Dieser Schulversuch wurde wissenschaftlich begleitet. Die Ergebnisse sind nachzulesen in Hinz et al. (1998) sowie Katzenbach und Hinz (1999).

Kollegiums führten schließlich dazu, dass ab 1995 beide Klassentypen an der Schule Grumbrechtstraße zusammengeführt wurden, sodass die Ressourcen unabhängig von den Modellen eingesetzt wurden. Diese Veränderung war mit der Hoffnung verknüpft, auf diese Weise den größten Teil der Unterrichtsstunden mit zwei Pädagog*innen besetzen zu können, was jedoch in Abhängigkeit von der Ressourcenausstattung durch die Behörde im Laufe der Jahre in sehr unterschiedlichem Umfang der Fall war.

Im Schuljahr 1997/98 begannen die ersten Lerngruppen mit dem jahrgangsgemischten Unterricht. Damit wurde schulintern eine Differenz zwischen den Schüler*innen in den Lerngruppen gezielt hergestellt, weil man sich davon positive Effekte auf das Miteinander und das Lernen versprach. In den folgenden Jahren wurden im Kollegium zum Teil erhitzte Diskussionen über die Jahrgangsmischung und speziell einzelne Modelle geführt. Dabei stand die Frage im Vordergrund, wie viele Jahrgänge in einer Lerngruppe gemeinsam unterrichtet werden sollen. Schließlich verständigte man sich zum Schuljahr 2011/12 auf eine Kombination von jeweils zwei Jahrgängen (1 und 2, 3 und 4, 5 und 6). Die Vorschule wurde nicht (mehr) in die Jahrgangsmischung einbezogen.

Im Jahr 2005 fand ein Diskussionsprozess statt, bei dem die gesamte Schulgemeinschaft einbezogen wurde. An dessen Ende stand die Formulierung eines Schulethos, der in kurzen, klar verständlichen Sätzen eine gemeinsame Wert- und Handlungsorientierung für Kinder, Eltern und Mitarbeiter*innen bietet. Zu diesen Grundsätzen gehören Formulierungen wie ‚Du bist genauso viel wert wie ich.', ‚Ich bin anders als du.' und ‚Ich löse Streit mit Worten.'

Seit dem Schuljahr 2006/07 wird in Hamburg ein Sozialindex, der auf der Einteilung der Schulen in sechs abgestufte Belastungsgruppen beruht, zur Ressourcenverteilung herangezogen. Für die Schule Grumbrechtstraße, die dem zweitniedrigsten Faktor zugeordnet wurde, bedeutete dies eine Verbesserung der Personalversorgung. Dabei ist bis heute zu beobachten, dass die Zusammensetzung der Schülerschaft sehr heterogen ist. Zum einen ist das Einzugsgebiet eher als sozial belastet zu bezeichnen, zum anderen wählen viele bildungsnahe Eltern die Schule wegen ihres innovativen Konzeptes gezielt aus, auch wenn sie weiter von der Schule entfernt wohnen.

2008 begannen unter dem rot-grünen Senat die Diskussionen um die Einführung der sechsjährigen Grundschule. Die Schule Grumbrechtstraße hieß diese Veränderung von Anfang an willkommen und begann bereits zum Schuljahr 2009/10 als Starterschule mit der Umsetzung. Zu den wichtigsten Beweggründen zählte dabei die Hoffnung auf eine verbesserte Chancengerechtigkeit für Schüler*innen aus sozial belasteten und bildungsfernen Familien. Nach dem Scheitern dieses Reformvorhabens in einem Volksentscheid im Sommer 2010 beantragte die Schule gemeinsam mit drei weiteren Hamburger Schulen,[5] die Sechsjährigkeit im Rahmen eines Schulversuches zu erproben. Mittlerweile ist dieser auf zehn Jahre angelegte Schulversuch um fünf weitere verlängert worden und im aktuellen Koalitionsvertrag von SPD und Bündnis 90/Die Grünen ist eine Verstetigung festgeschrieben, sofern die Schulgemeinschaft dies wünscht.[6]

Im Jahr 2013 wurde die Schule Grumbrechtstraße nach einem Beschluss der Schulkonferenz zur gebundenen Ganztagsschule. Auch dies erfolgte mit der klaren Zielsetzung, die Bildungschancen von Kindern mit unterschiedlichen Problemlagen zu erhöhen.

2009 beschloss die Hamburger Bürgerschaft einstimmig, das uneingeschränkte Recht auf schulische Inklusion im Schulgesetz zu verankern. Damit wurde dem Beschluss der Behindertenrechtskonvention der Vereinten Nationen von 2006 Rechnung getragen. In den folgenden Jahren, die von der Behörde für Schule und Berufsbildung als sogenannte ‚pragmatische Jahre' bezeichnet wurden, veränderte sich am inklusiven Schulleben unserer Schule wenig. Erst nach und nach kristallisierte sich heraus, dass wir zu einer ‚Schwerpunktschule Inklusion'[7] wurden und damit für die Kinder mit einem speziellen sonderpädagogischen Förderbedarf im schulischen Umfeld zuständig waren. Hierzu werden die Förderschwerpunkte geistige Entwicklung, körperlich-motorische Entwicklung, Hören und Sehen sowie Autismusspektrum gezählt.

2015 setzte die Diskussion um die unterschiedlichen Modelle jahrgangsgemischten Lernens erneut ein, weil die Vorschulkinder nicht einbezogen waren und eine mangelnde Kontinuität aufgrund der jeweils nur zweijährigen Verbleibdauer beklagt wurde. Einen ersten Antwortversuch unternehmen wir derzeit durch ein Pilotprojekt. Dabei werden Vorschüler*innen und Erstklässler*innen in einer Klasse zusammengefasst, Kinder der Jahrgänge 2 bis 4 bilden eine

[5] Neben der Schule Grumbrechtstraße sind die Schule An der Burgweide, die Schule Rellinger Straße und die Schule Vizelinstraße sechsjährige Grundschulen.

[6] In dem Papier von 2020 ‚Zuversichtlich, solidarisch, nachhaltig – Hamburgs Zukunft kraftvoll gestalten, Koalitionsvertrag über die Zusammenarbeit in der 22. Legislaturperiode der Hamburgischen Bürgerschaft zwischen der SPD, Landesorganisation Hamburg und Bündnis 90/Die Grünen, Landesverband Hamburg' heißt es: „Die vier bestehenden Grundschulen, die bis zur 6. Klasse führen, bleiben erhalten, wenn es die Schulgemeinschaft will." (SPD und Bündnis 90/Die Grünen, 2020, S. 140)

[7] Mit der ‚Richtlinie zur Aufnahme von Schülerinnen und Schülern mit sonderpädagogischem Förderbedarf' wurde 2017 das Konzept und der Begriff der ‚Schwerpunktschule' offiziell eingeführt, der die Bezeichnung der integrationserfahrenen Schule ablöste (Behörde für Schule und Berufsausbildung der Freien und Hansestadt Hamburg, 2017).

Lerngruppe, und die Stufen 5 und 6 werden zusammen unterrichtet. Bis belastbare Evaluationsergebnisse vorliegen, wird es sicher noch einige Jahre dauern.

Aus diesem komprimierten Abriss der Geschichte der Schule Grumbrechtstraße unter dem Blickwinkel der Inklusion sind meiner Ansicht nach folgende Schlussfolgerungen für eine inklusionsorientierte Schulentwicklung abzuleiten:

- Die Entwicklung hin zu einer inklusiven Schule erstreckt sich über Jahrzehnte und sie ist niemals abgeschlossen. Es braucht viel Geduld und Beharrlichkeit, um Fortschritte zu erzielen. Zu diesen Prozessen gehören Rückschritte ebenso wie kontroverse Diskussionen. Ganz fraglos steht im Zentrum dieser Auseinandersetzungen die inklusive Haltung, die immer wieder thematisiert und um die stets neu gerungen werden muss.
- Die Inklusion ist von den schulpolitischen Entscheidungen geprägt und vollzieht sich im Rahmen eines gesellschaftlichen Diskurses, sie wird dadurch aber nicht bestimmt. Es besteht die Möglichkeit, eigenständige Akzente zu setzen und pädagogische Vorhaben wirksam umzusetzen.
- Inklusion lässt sich nicht auf die gemeinsame Beschulung von Kindern mit und ohne Beeinträchtigung reduzieren. Vielmehr geht es darum, alle Schüler*innen in ihrer Unterschiedlichkeit zu akzeptieren und dieser Verschiedenheit in der Schulpraxis gerecht zu werden.
- Inklusion stellt eine Querschnittaufgabe dar, die alle schulischen Bereiche erfasst. Inklusive Schulentwicklung ist nicht ein Teil der allgemeinen Schulentwicklung. Vielmehr muss Schulentwicklung in allen Aspekten inklusiv gedacht und gestaltet werden.

4 Gelingensfaktoren für schulische Inklusion

Heute sind viele Gelingensfaktoren für eine inklusive Schulpraxis in unserer Schule vorhanden:

- Wir arbeiten in multiprofessionellen Teams mit in der Arbeitszeit verankerten wöchentlichen Besprechungszeiten. Neben Regel- und Sonderschullehrer*innen, Diplom-Sozialpädagog*innen und Erzieher*innen sind bei uns auch Physio-, Ergo- und Lerntherapeut*innen sowie Logopäd*innen tätig, die sowohl in Fördersettings mit einzelnen Kindern als auch in einem therapieimmanenten Unterricht agieren. Dadurch wird ein mehrperspektivischer Blick auf die Kinder gewährleistet. Erst das im Team abgestimmte pädagogische

Handeln ermöglicht es, auch komplizierte und komplexe Herausforderungen zu bewältigen.

- Bei der Zusammensetzung der Lerngruppen gehen wir nicht starr nach sonderpädagogischen Förderschwerpunkten vor, sondern achten darauf, dass die Kinder zusammenpassen. Manchmal ist es sinnvoll, wenn Schüler*innen mit ähnlichen Besonderheiten in einer Klasse sind, um die Förderung besser koordinieren zu können. Manchmal ist es besser, eine gleichmäßige Verteilung auf verschiedene Lerngruppen anzustreben, z. B. bei Kindern mit einem herausfordernden Verhalten. Dazu bemühen wir uns, die Versorgung mit Pädagog*innen dem tatsächlichen Bedarf der Gruppen anzupassen.
- Wir verfügen über unterschiedlichste inklusive Fachexpertisen im Haus. Dies wird ganz wesentlich durch einen hohen Anteil von Sonderschullehrkräften gewährleistet, aber auch eine intensive Fortbildungsarbeit in diesem Bereich trägt dazu bei. Durch ein Einarbeitungskonzept, das mehrere Nachmittagsveranstaltungen umfasst, stellen wir sicher, dass neue Kolleg*innen mit den Grundlagen unseres schulischen Konzepts und unserer Arbeitsweise vertraut gemacht werden.
- Wir haben Abläufe, die sich auf die schulische Inklusion beziehen, wie z. B. diagnostische Verfahren oder die Beantragung von Schulbegleitungen, für die Kolleg*innen übersichtlich und transparent in Handreichungen (das sogenannte Grumbrechtstraßen-ABC und das Förderkonzept) gefasst.
- Unser schuleigenes Curriculum ist auf einen differenzierten und individualisierten Unterricht ausgerichtet. Zum einen arbeiten wir mit Basisplänen, die den Erwerb grundlegender Kompetenzen absichern sollen. Zum anderen legen wir großen Wert auf projektorientierten Unterricht, der ein fachvernetzendes und handlungsorientiertes Lernen am gemeinsamen Gegenstand in den Fokus stellt.
- Im Rahmen des Schulversuchs ‚Alles>>könner‘[8], an dem weitere 48 Hamburger Schulen teilnehmen, erteilen wir notenfreie, kompetenzorientierte Zeugnisse. Dabei sind die Kompetenzen der Kinder mit einem sonderpädagogischen Förderschwerpunkt, wenn nötig, an ihrem individuellen Förderplan ausgerichtet.
- In unserem gebundenen Ganztag haben die Schüler*innen mehr Zeit für Lernprozesse, sowohl für das ‚klassische‘, unterrichtliche, als auch für das informelle, ganzheitliche Lernen.
- Wir haben ein ausformuliertes und abgestimmtes Schulkonzept, das eine gemeinsame Grundlage und Orientierung für das pädagogische Handeln in

[8] Weiterführende Informationen zu diesem Schulversuch sind unter www.hamburg.de/alleskoenner/zu finden.

unserer Einrichtung bildet. Mit dem Schulethos, das auf gegenseitiger Wertschätzung beruht, haben wir ein gemeinsames Fundament, das eine Werthaltung für die Mitglieder der Schulgemeinschaft vorgibt.

- Neben den schulrechtlich vorgesehenen Gremien haben wir eine partizipative Struktur installiert, die sicherstellt, dass alle in Entscheidungsprozessen zu Wort kommen können. So gibt es beispielsweise ein Teamvertreter*innentreffen und eine Arbeitsgruppe Inklusion, in der alle Kolleg*innen zusammenkommen, die mit besonderen Aufgaben in den Bereichen Förderung und Forderung betraut sind.
- Wir nehmen die Schüler*innenmitwirkung ernst. In allen Klassen gibt es einen wöchentlich tagenden Klassenrat, der mit zunehmendem Alter immer umfassender von den Schüler*innen geleitet wird. Die Kinder bestimmen auch bei der Auswahl der Unterrichtsinhalte mit. So haben wir beispielsweise festgeschrieben, dass sie bestimmte Projektthemen selbst wählen dürfen.
- Wir haben eine ‚Arbeitsgruppe Inklusion' mit Elternbeteiligung eingerichtet, ‚die bunten Fische'. Hier werden sowohl grundsätzliche Fragen der inklusiven Beschulung diskutiert als auch konkrete Anliegen in Angriff genommen, etwa die Anschaffung eines Rolli-Karussells.
- Für den Arbeitsbereich der interkulturellen Koordination haben wir eine eigene Beförderungsstelle installiert. Diese befasst sich mit Unterstützung einer Arbeitsgruppe von Kolleg*innen, beispielsweise mit der Bewusstmachung und dem Abbau von vorurteilsbehafteten Verhaltensweisen oder mit den besonderen Belangen von Kindern aus Roma- und Sinti-Familien.
- Wir stärken das soziale Miteinander durch unsere Streitschlichter*innen, zu denen Schüler*innen der Jahrgänge 4 und 5 regelmäßig ausgebildet werden. In den Pausen gibt es Bewegungsangebote, die sich vor allem an Kinder richten, denen es schwerfällt, sich ohne Hilfe konfliktfrei zu beschäftigen.
- Wir bieten soziales Kompetenztraining und ähnliche Programme an, sowohl in einzelnen Lerngruppen als auch klassenübergreifend. Einzelne Klassen orientieren sich in ihrer Arbeit am Konzept des entwicklungspädagogischen Unterrichts.[9]
- Eine sogenannte Brückengruppe ist in Planung, in der Kinder, die ein herausforderndes Verhalten zeigen, stundenweise betreut und unterrichtet werden. Die methodische Basis bildet dabei der entwicklungspädagogische Unterricht,

---

[9] Weiterführende Informationen hierzu finden sich unter folgender Internetadresse: www.etep.org.

der durch sozialpädagogische und künstlerische Angebote ergänzt werden soll. Diese Gruppe stellt ausdrücklich keine Insel dar, sondern zielt darauf ab, die Teilhabe und Teilnahme in der Klassengemeinschaft zu gewährleisten. Leider steht das fertiggestellte Konzept im Widerspruch zu den Hygieneregeln, die während der vergangenen zwei Jahre galten, sodass wir erst jetzt an die Umsetzung gehen können.
- In unsere Bauvorhaben (Neubau 2017, Verwaltungsumbau 2019, Baumhaus 2020, Neubauplanung 2021, Freilufttheater 2021) flossen und fließen Erwägungen ein, welche Inklusionsaspekte berücksichtigt werden müssen.

So lässt sich heute konstatieren, dass es uns und ganz wesentlich unseren Vorgänger*innen gelungen ist, grundlegende Voraussetzungen und Strukturen an der Schule Grumbrechtstraße zu schaffen, damit Inklusion erfolgreich und selbstverständlich gelebt werden kann. So wenig aber Politik Schulentwicklung determinieren kann, so wenig kann Schulentwicklung die konkrete inklusive Praxis im Unterricht, im Umgang mit und zwischen den Kindern bestimmen. Sie kann lediglich den Rahmen setzen, der Inklusion ermöglicht.

5 Herausforderungen und Handlungsbedarfe für eine inklusionsorientierte Schulentwicklung

Die mangelnde Trennschärfe, Mehrdeutigkeit und innere Widersprüchlichkeit, die der Begriff Inklusion aus meiner Sicht aufweist bzw. die sich in seiner Verwendung zeigen, spiegeln sich aus meiner Perspektive in der schulischen Praxis wider. Damit möchte ich auch ausdrücklich auf mögliche Gefahren einer aus meiner Sicht falsch verstandenen Inklusion hinweisen. Zugleich können dadurch Probleme und damit Herausforderungen für die weitere Schulentwicklung gekennzeichnet werden, wie nachstehend näher ausgeführt werden soll.

Bereits im ersten Satz dieses Beitrages habe ich erwähnt, dass die Schule Grumbrechtstraße eine ‚Schwerpunktschule Inklusion' ist. In Hamburg ist die freie Schulwahl für Kinder mit einem speziellen sonderpädagogischen Förderschwerpunkt insofern eingeschränkt, als dass die Eltern sich zwischen einer speziellen Sonderschule und einer Schwerpunktschule entscheiden können. Für viele Verfechter*innen der Inklusion stellt diese Einschränkung eine völlig inakzeptable Benachteiligung dar. Auf der Ebene der Schulentwicklung unserer einzelnen Schule kann ich diese politische Diskussion zunächst einmal lediglich zur Kenntnis nehmen. In der Praxis unserer Schule erleben wir es vielfach als sehr positiv, wenn Kinder mit ähnlichen Besonderheiten zusammen in eine

Klasse gehen können. So ist es nicht nur organisatorisch oft eine Erleichterung, wenn zwei Kinder mit einem ähnlichen Förderbedarf in einer Klasse sind, häufig sind sie auch füreinander eine wichtige Bereicherung. Wir stellen aber auch fest, dass die öffentliche Diskussion um Inklusion dazu führt, dass immer stärker beeinträchtigte Kinder bei uns eingeschult werden. So nimmt beispielsweise der Anteil der Mädchen und Jungen mit einem frühkindlichen Autismus deutlich zu. Wir mussten in Einzelfällen die Erfahrung machen, dass wir Kindern, die z. B. sehr stark entwicklungsverzögert sind, nicht in der Lage sind zu sprechen, nicht über ein hinreichendes Regelverständnis verfügen und/oder kaum Interesse an ihren Mitschüler*innen zeigen, in unseren möglichen Settings nicht adäquat gerecht werden können. Dafür sind wir – bislang – weder personell noch räumlich noch sächlich hinreichend ausgestattet. Inklusion muss sich aber am Nutzen für das einzelne Kind erweisen. Insofern habe ich die Hoffnung, dass die Schulpolitik und unsere Schulentwicklung an dieser Stelle mit dem Anwahlverhalten von Eltern Schritt halten.

Inklusion bezieht sich nicht allein auf Schüler*innen mit einem sonderpädagogischen Förderbedarf. Konsequenterweise wurden so in den vergangenen Jahren, soweit ich sehe, immer weitere Gruppen in den Blick genommen. Dabei wird der Abbau von Vorurteilen und Diskriminierung gefordert. Diskussionen um eine Sprache, die politisch korrekt ist und auf geringschätzige und missachtende Formulierungsweisen verzichtet, werden mit Engagement und Vehemenz geführt. Immer neue Details treten dabei zutage, die das Bewusstsein für bestehende Vorurteile schärfen. So gibt es seit einiger Zeit sogenannte Hautfarbenbuntstifte zu kaufen, die im wahrsten Sinne des Wortes vor Augen führen, dass ‚hautfarben' vielfältiger ist und mehr bedeuten kann, als geläufig von der Mehrheitsgesellschaft damit assoziiert wird. Ich finde es begrüßenswert, dass inklusionsorientierte Pädagog*innen sich für die Akzeptanz diskriminierter Schüler*innengruppen einsetzen. Zugleich bin ich aber der festen Überzeugung, dass schulische Inklusion nur dann als erfolgreich bezeichnet werden kann, wenn sie der Erhöhung von Bildungsgerechtigkeit höchste Priorität einräumt. Ziel muss es sein, zu verbesserten Bildungschancen in Schule beizutragen, damit Kinder aus bildungsfernen und sozial belasteten Familien schulisch erfolgreich sein und einen höheren sozialen Status erlangen können. An der Schule Grumbrechtstraße sind unsere unterrichtlichen Anstrengungen ganz wesentlich darauf ausgerichtet, das Lernen so zu organisieren, dass Kinder die mit unzureichenden Vorerfahrungen und -fähigkeiten in die Schule kommen, diese Defizite ausgleichen können. Mit der sechsjährigen Grundschule verbessern wir für Kinder, die am Ende der Jahrgangsstufe 4 noch nicht ihre volle Leistungsfähigkeit im Hinblick auf die schulischen Anforderungen abrufen können, ihre Chancen im vertrauten Rahmen eine sichere Basis aufzubauen. Schulleistungsuntersuchungen bestätigen, dass vielen Kindern dies am Ende des sechsten Jahrgangs besser gelingt. Trotz nachweisbarer Erfolge bleibt in diesem Bereich noch viel zu tun.

Die heftigsten Kontroversen treten nach meiner Erfahrung im Rahmen der Inklusion bei der Beschulung von Kindern mit einem sonderpädagogischen Förderschwerpunkt in der emotional-sozialen Entwicklung auf oder, um es genauer zu formulieren, bei denen mit einem externalisierenden Verhalten. Es steht m. E. außer Frage, dass wir für diese Kinder noch viel mehr Handlungsmöglichkeiten, Angebote und Methoden entwickeln müssen. Dies gilt trotz erheblicher bereits erfolgter Anstrengungen auch für die Schule Grumbrechtstraße. Diese gesamte Thematik kann an dieser Stelle nicht ausführlich dargestellt werden. Vielmehr möchte ich lediglich auf einen Aspekt aufmerksam machen. Es ist im pädagogischen und noch mehr im sonderpädagogischen Alltag eine häufig auftretende Fragestellung, was ein Kind leisten kann, was von ihm erwartet werden kann, was ihm zuzumuten ist. Bei den Schüler*innen, um die es hier geht, betrifft es die Fähigkeit, ihr Verhalten steuern und kontrollieren zu können. Ich nehme in meiner Praxis wahr, dass Verhaltensweisen auftreten, die ich vor 20 Jahren nicht erlebt habe, z. B. dass Lehrkräfte von Schüler*innen körperlich angegangen werden. Zugleich stelle ich bei einer ganzen Reihe von Pädagog*innen und Eltern eine Verunsicherung fest, ob bestimmte Kinder in der Lage sind, ihre Aggressionen so zu kontrollieren, dass niemand zu Schaden kommt. Zu Recht lenkt die Inklusion den Blick auf die besonderen Bedürfnisse einzelner Individuen. Aber auch hier gilt der Grundsatz, dass die Freiheit des Einzelnen dort aufhört, wo sie jemand anderem schadet.

Wenn Eltern ein Kind mit einer Beeinträchtigung bekommen, ist dies oftmals mit einem Trauerprozess verbunden. Für diese Mütter und Väter ist es oftmals schmerzhaft zu erkennen, dass ihre Tochter oder ihr Sohn etwas nicht oder nicht so gut oder langsamer als andere Mädchen und Jungen kann. Sie sind konfrontiert mit einer häufig gravierenden Veränderung des eigenen Alltags und mit der Sorge um die Zukunft ihres Kindes. Es ist wenig erstaunlich, dass diese negativen Gefühle Abwehrmechanismen auf den Plan rufen, wie z. B. Verdrängung und Rationalisierung. In unserem Schulalltag erleben wir immer wieder, dass Eltern nicht wahrhaben wollen, dass ihre Tochter bzw. ihr Sohn einen sonderpädagogischen Förderbedarf hat und welche Auswirkungen dies konkret mit sich bringt. Dies ist mitunter auch dann der Fall, wenn eine ausgeprägte Behinderung vorliegt. Manchmal ist es erstaunlich, wie sehr das Bild, das Mütter und Väter sich von ihrem Kind machen, von der Realität abweicht. Das Angebot einer inklusiven Beschulung kann dazu führen, dass die Verdrängung oder auch Verleugnung der Eltern zum Nachteil ihrer Kinder verstärkt und verlängert wird. Pädagog*innen sind in aller Regel bestrebt, Fähigkeiten und Leistungen von

Schüler*innen möglichst wertschätzend und positiv zu beschreiben. Wenn aufgrund eines besonderen Förderbedarfs eine Leistung nicht chancengleich erbracht werden kann, so erhält die*der Schüler*in einen Nachteilsausgleich, etwa in Form eines Zeitzuschlags bei Lernerfolgskontrollen. Auch hier erleben wir bisweilen, dass Kinder bzw. Eltern durch diese positiv gemeinten Maßnahmen zu einer nicht realistischen Selbsteinschätzung gelangen. Die Lebenswirklichkeit des späteren Erwachsenen gewährt aber in aller Regel keinen Nachteilsausgleich. Aus diesen Ausführungen ergibt sich für mich, dass wir als inklusive Schule noch viel stärker als bisher auf die Prozesse von sozialer Akzeptanz und Selbstakzeptanz bei Eltern und Schüler*innen unser Augenmerk richten müssen.

Wohl kaum ein Ausdruck taucht in der Kombination mit dem Begriff Inklusion so häufig und geradezu reflexhaft auf wie das Wort Ressourcen. Forderungen nach einer guten Ausstattung sind meiner Meinung nach berechtigt und sicher auch nötig. Sie dürfen aber nicht so weit gehen, den Anspruch auf schulische Inklusion unter einen vermeintlichen Finanzierungsvorbehalt zu stellen. Im Schulalltag beobachte ich dabei noch ein weiteres Phänomen. Wenn ein Problem bei einem Kind wahrgenommen wird, das zu Schwierigkeiten bei der Durchführung eines geregelten Unterrichts führt oder zu Konflikten unter den Schüler*innen, stehen im Fokus der Lösungssuche zumeist weitere Ressourcen. Oftmals wird dann nach einer Schulbegleitung gerufen, wobei die aufwendige Beantragung häufig so viel Zeit in Anspruch nimmt, dass es schwierig wird, andere Handlungsoptionen zu diskutieren und neue Wege zu erproben. Dabei sind Schulbegleitungen nicht immer sinnvoll, denn es besteht auch die Gefahr, dass sie die Selbständigkeit und Selbstverantwortlichkeit der Kinder, um die sie sich kümmern, eher hemmen. Ich bin der festen Überzeugung, dass Inklusion noch in viel stärkerem Maße die Kreativität aller Beteiligten braucht, um auftretende Schwierigkeiten in der Inklusion anzugehen. Hierzu gehören vielfältige Methoden ebenso wie der Mut, althergebrachte Traditionen und Routinen in der Schule aufzubrechen.

Die Verteilung der Personalressourcen stellt aber auch in anderer Hinsicht eine Herausforderung dar. In Hamburg erhalten die Grundschulen für Kinder mit einem speziellen sonderpädagogischen Förderbedarf eine individuelle Zuweisung und für Schüler*innen mit den Förderschwerpunkten Lernen, Sprache und emotional-soziale Entwicklung eine systemische. Diese Verteilung ist nicht gerecht, denn hier werden Ressourcen nach Kategorien bemessen, die oftmals den individuellen Bedarf nicht ausreichend widerspiegeln. Als Schule besitzen wir jedoch die Möglichkeit, mit diesen Ressourcen eigenverantwortlich und flexibel umzugehen. An der Schule Grumbrechtstraße haben wir erkannt, dass unsere eigentliche Aufgabe darin besteht, den Personaleinsatz bedarfsgerecht zu organisieren. Wir sind aber noch weit davon entfernt, dies tatsächlich umfänglich zu gewährleisten. Noch sind wir auf der Suche nach Möglichkeiten, das, was das einzelne Kind qualitativ und quantitativ tatsächlich braucht (unter Berücksichtigung der vorhandenen Mittel), wirklich präzise zu beschreiben und festzulegen. Dabei ist zu bedenken, dass sich diese Bedarfe rasch verändern können. Bislang müssen wir einräumen, dass unsere Ressourcenverteilung nach unterkomplexen Kriterien erfolgt und noch immer viel zu stark daran ausgerichtet ist, was ein Kind ‚hat' und viel zu wenig daran, was es braucht. Erste Diskussionen in der Sonderpädagog*innenkonferenz stimmen mich optimistisch, dass es uns gelingen wird, passgenauere Zuweisungsmodelle zu entwickeln.

Damit sind aus meiner Sicht Handlungsbedarfe skizziert, die für die weitere inklusive Schulentwicklung an der Schule Grumbrechtstraße und darüber hinaus in den kommenden Jahren bedeutsam sind. Am wichtigsten aber ist aus meiner Sicht das Ringen um eine inklusive Haltung bei allen Schulbeteiligten. Diese Erkenntnis stellt für mich die zentrale Gemeinsamkeit aller drei Antwortversuche dar. Eine tragfähige Grundlage für schulische Inklusion ist erst dann wirklich gegeben, wenn alle verinnerlicht haben: Jedes Kind besitzt ein Recht auf Teilhabe, jedes Kind stellt eine Bereicherung für die schulische Gemeinschaft dar. Um hier Fortschritte zu erzielen, müssen wir Handlungssicherheit im Umgang mit Unterschiedlichkeit erarbeiten, die hilft, Ängste abzubauen. Wir müssen die Schüler*innen in ihren Besonderheiten wahrnehmen, uns darin üben zu beobachten, um so zu einem vertieften Verständnis zu gelangen. Es wird darauf ankommen, dass wir unser Einfühlungsvermögen trainieren, denn es wird unser Handeln verändern. Dabei bin ich vor dem Hintergrund dessen, was in den vergangenen Jahrzehnten an der Schule Grumbrechtstraße geleistet wurde, zuversichtlich und gelassen, dass wir erfolgreich sein können.

Literatur

Behörde für Schule und Berufsausbildung der Freien und Hansestadt Hamburg (2017, 20. November). *Mitteilungsblatt der Behörde für Schule und Berufsbildung. Richtlinie zur Aufnahme von Schülerinnen und Schülern mit sonderpädagogischem Förderbedarf an Hamburger Schulen.* MBISchul Nr. 8. Hamburg. https://hamburg.de/contentblob/9896796/d3a88afb17134376f1e4b9e09536cb66/data/mbl-08-2017.pdf. Zugegriffen: 23. Aug. 2022.

Hinz, A., Katzenbach, D., Rauer, W., Schuck, K. D., Wocken, H., & Wudtke, H. (1998). *Die Integrative Grundschule im sozialen Brennpunkt. Ergebnisse eines Hamburger Schulversuchs.* Hamburg.

Katzenbach, D., & Hinz, A. (1999). *Die Integrative Grundschule im sozialen Brennpunkt. Stolpersteine und Wegmarken der Entwicklung der Integrativen Regelklasse.* 1999.

SPD und Bündnis 90/Die Grünen (2020). *Zuversichtlich, solidarisch, nachhaltig – Hamburgs Zukunft kraftvoll gestalten. Koalitionsvertrag über die Zusammenarbeit in der 22. Legislaturperiode der Hamburgischen Bürgerschaft zwischen der SPD, Landesorganisation Hamburg und Bündnis 90/Die Grünen, Landesverband Hamburg.* Hamburg. https://spd-hamburg.de/fileadmin-hamburg/user_upload/Koalitionsvertrag2020.pdf. Zugegriffen: 23. Aug. 2022.

Arndt Paasch ist Schulleiter an der Schule Grumbrechtstraße in Hamburg. Seine Arbeitsschwerpunkte sind inklusive Schulentwicklung, Montessori-Pädagogik und Psychodrama.

Kontakt: arndtpaasch@aol.com

Blicke in die Mikroebene

Inklusion zum Systemerhalt – die widersprüchliche Steuerungsfunktion sonderpädagogischer Diagnostik im Rahmen der inklusiven Bildungsreform in Baden-Württemberg

Katja Beck

1 Bedeutung der sonderpädagogischen Diagnostik für inklusive Bildung

Pädagogische Diagnostik[1] im Kontext Schule stellt eine der wesentlichen Grundlagen des Unterrichts und Kernkompetenz des Lehrer*innenberufs dar. In Anbetracht der sich veränderten Rahmenbedingungen zugunsten inklusiven Unterrichts ist die pädagogische Diagnostik damit konfrontiert, sich zu einer *inklusiven Diagnostik* weiterzuentwickeln (Schäfer et al., 2015). Diesem angestrebten Veränderungsprozess stehen zahlreiche Widerstände im Weg. Reich (2015) identifiziert beispielsweise noch stark wirksame Denktraditionen gegen

[1] Im 20. Jahrhundert durch Ingenkamp geprägter Begriff, der sich von der medizinischen Diagnostik abhebt, worunter alle Tätigkeiten zugunsten planmäßiger Lehr- und Lernprozesse subsumiert werden können (Ingenkamp & Lissmann, 2008). Im weiteren zeitlichen Verlauf entstand eine Vielzahl an unterschiedlichen Einteilungen und Subkategorien, beispielsweise die Unterscheidung in pädagogische Diagnostik im engen vs. weiten Sinn, Zuweisungs-, Lernprozess-, Status- und Förderdiagnostik. Die sonderpädagogische Diagnostik stellt sich hierbei in einer Sonderposition aufgrund zahlreicher Bezüge zur medizinischen und psychologischen Diagnostik heraus (Bundschuh & Winkler, 2019).

K. Beck (✉)
PH Ludwigsburg, Ludwigsburg, Deutschland
E-Mail: katja.beck@ph-ludwigsburg.de

R. Kruschel und K. Merz-Atalik (Hrsg.), *Steuerung von Inklusion!?*, Educational Governance 52, https://doi.org/10.1007/978-3-658-40103-0_17

Inklusion, die er aus einer Fehlrezeption der Evolutionstheorie ableitet. Auf der Durchsetzung des vermeintlich Stärkeren gegenüber weniger angepassten Lebewesen beruhend, ergäbe sich so der pädagogische Ansatz einer „One-Size-fits-all-Bildung", die davon ausgeht, dass sich einzelne Personen den vorhandenen Rahmenbedingungen anpassen müssen und nicht umgekehrt (Schäfer et al., 2015, S. 20).

Selbige Tendenzen zeigen sich in der *sonderpädagogischen Diagnostik,* wenn Bundschuh und Winkler (2019, S. 45) festhalten, „dass Kinder, die dem Bildungsgang der Regelschule […] nicht zu folgen vermögen, als ‚behindert' gelten und deshalb in besonderer Weise gefördert werden müssen". Es wird der Eindruck erweckt, ein Defizit ausgleichen bzw. einen Leistungsunterschied aufholen zu müssen, obwohl verschiedene Studienergebnisse aufzeigen, dass dies durch die Sonderschule nicht gelingt (u. a. Autorengruppe Bildungsberichterstattung, 2020, S. 117 f.; Wocken, 2007). Gleichsam wird der Aufgabenbereich der sonderpädagogischen Diagnostik anhand der defizitorientierten Beschreibung einer Personengruppe umrissen, welche als traditionelle Kennzeichnung der Disziplin ausgewiesen wird:

> „möglicherweise – psychisch-kognitiv oder auch physisch behinderten Kindern und Jugendlichen zu tun hat, die […] beeinträchtigt, gestört oder behindert sind, d. h. von sogenannten durchschnittlich entwickelten oder nichtbehinderten Kindern […] abweichen." (Bundschuh & Winkler, 2019, S. 39)

Diese Ansätze stehen in Diskrepanz zu der ganzheitlichen Wahrnehmung einzelner Personen auf Grundlage ihnen innewohnender Eigenschaften, sozialer Rollen, persönlicher Ziele, Stärken und Beeinträchtigungen, wie sie eine diversitätssensible Pädagogik der Vielfalt fordert (Prengel, 2019). Der menschlichen Entwicklung wird nach dem von Bundschuh und Winkler (2019) beschriebenen Verständnis eine fiktive Norm zugrunde gelegt, an welcher individuelle Lern- und Entwicklungsstände gemessen werden.

Kritisch zu betrachten ist dabei die Definition über *Abweichungen,* welche eine Basis für Normalitätskonzeptionen darstellt (Hirschberg & Köbsell, 2021, S. 131). *Normalitäten* sind keine statischen Kategorien, sie existieren nicht als natürliches Phänomen, sondern werden durch gesellschaftliche Diskurse produziert und sind infolgedessen dynamisch (Hirschberg & Köbsell, 2021, S. 132). Es lässt sich somit ein wechselseitiger Einfluss zur Produktion von Normalitätsvorstellungen zwischen Gesellschaft und Diagnostik ableiten. Diese beiden Elemente bedingen sich gegenseitig und wirken sich wiederum entscheidend auf inklusive Bildungsprozesse aus. Was als normal gilt, fällt nicht auf, dem kommen keine besondere Beachtung und Behandlung zu. Dies kann sich einerseits positiv auf Betroffene auswirken, wenn keine Sonderbehandlung in Form von Stigmatisierung oder Ausschluss stattfindet. Genau so kann dies jedoch auch negative Konsequenzen im Sinne des Ausbleibens individualisierter oder zusätzlicher Förderung bedeuten.

Homogenitätsorientierte Normalitätskonzepte stehen dem internationalen menschenrechtlichen Verständnis von Inklusion konträr gegenüber (Deutsche UNESCO-Kommission, o. J.). Für die Implementierung inklusiver Bildungsreformen ist daher besonders bedeutsam, *wie sich diagnostische Prozesse verändern,* um allen Schüler*innen gleichwertige Chancen auf Bildung und notwendige Förderung zukommen zu lassen sowie Voraussetzungen zu schaffen, dass Vielfalt als normal erlebt werden kann und individuelle Unterschiede als Ressource nutzbar gemacht werden. Die Spezifik der Sonderpädagogik, dass sie weitgehend als Pädagogik der Behinderung und Benachteiligung verstanden wird, die durch besondere Zuwendung zu marginalisierten Personengruppen einen Ausgleich ungerechter Ausgangssituationen schaffen will, hat sie aus politischer Sicht in direkten Bezug zur inklusiven Bildung gesetzt. Unter Fokussierung einer gemeinsamen Zielsetzung (der gleichberechtigten Teilhabe an Bildung aller) wird Inklusion oftmals als Aufgabe der Sonderpädagogik definiert (Merz-Atalik, 2018). Dabei bleiben Aspekte wie die traditionelle defizit- und normorientierte Herangehensweise im Fach oftmals unberücksichtigt. Im Gegensatz dazu würden inklusive Bemühungen danach streben, die Rahmenbedingungen (wie Bereitschaft und Qualifikation beteiligter Personen, Arbeitsweisen, gesellschaftliche und institutionelle Strukturen) grundlegend zu verändern, um erst gar keine Marginalisierung entstehen zu lassen bzw. Ungerechtigkeiten systematisch entgegenzuwirken. Die Sonderpädagogik ist somit herausgefordert, die eigenen Wurzeln und Motive zu hinterfragen und diagnostische Verfahren im Sinne einer inklusiven Diagnostik weiterzuentwickeln.

2 Herausforderungen für Steuerungsprozesse auf Mikro-, Meso- und intermediärer Ebene des baden-württembergischen Schulsystems

In verschiedenen Bildungssystemen liegen unterschiedliche Strategien zur Umsetzung der internationalen Forderungen nach inklusiver Bildung vor (u. a. Köpfer et al., 2021; Merz-Atalik & Beck, 2021). Den letzten ausschlaggebenden Impuls zur Transformation des baden-württembergischen Bildungssystems zugunsten inklusiver Bildung gab die Ratifizierung der UN-Behindertenrechtskonvention (UN-BRK)[2] 2009 in Deutschland. Im Zuge der Schulgesetzänderung 2015 wurden die nach acht sonderpädagogischen Förderschwerpunkten ausgerichteten Sonderschulen in ‚Sonderpädagogische Bildungs- und Beratungszentren' (SBBZ) umbenannt, die Sonderschulpflicht bei Feststellung eines sonderpädagogischen Förderbedarfs (als letztes deutsches Bundesland) abgeschafft und durch das ‚Elternwahlrecht' ersetzt. Infolgedessen entwickelten sich hochkomplexe Verfahrensweisen, um den gesetzlichen Vorgaben auch auf den inneren Ebenen des Bildungssystems nachzukommen.

Die Sonderpädagogik nimmt nach baden-württembergischer Schulgesetzgebung eine bedeutende (wenn nicht sogar die bedeutendste) Rolle bei der Realisierung inklusiver Bildung ein. Da sich das Schulgesetz[3] auf einen *engen Inklusionsbegriff*[4] bezieht („Schüler mit und ohne Behinderung werden gemeinsam erzogen und unterrichtet" SchG § 3; Merz-Atalik, 2018), liegt der inklusiven Schulreform in BW die *Zwei-Gruppen-Theorie*[5] zugrunde (Hinz, 2004). Inklusive Bildung ist deshalb nur Schüler*innen mit einem sogenannten ‚Anspruch auf ein sonderpädagogisches Bildungsangebot' vorbehalten, welcher durch ein sonderpädagogisches Feststellungsverfahren diagnostiziert wird (Staatliches Seminar für Didaktik & Lehrerbildung Freiburg, 2016).

Eine solche Diagnostik kann bereits im Elementar- oder Primarbereich eingeleitet werden, was häufig dazu führt, dass Kinder schon im frühen Alter Sondereinrichtungen (z. B. Schulkindergärten) besuchen. BW weist diesbezüglich die höchste Quote an Kindern im Tagesstättenbereich (frühkindliche Bildung) mit bereits diagnostiziertem sonderpädagogischem Förderbedarf sowie die höchste direkte Einschulungsquote an SBBZ im Ländervergleich auf (Merz-Atalik, 2018). Ausgehend von der Vermutung, dass ein Kind auch mithilfe sonderpädagogischer Beratung und Unterstützung „die Bildungsziele der allgemeinen Schule voraus-

---

[2] Offizieller Titel: Übereinkommen über die Rechte von Menschen mit Behinderungen (Convention on the Rights of Persons with Disabilities).

[3] Schulgesetz für BW (SchG) nach Landesrecht BW aktuelle Ausgabe i. d. F. v. 01.08.1983.

[4] Bezieht sich vorrangig auf Menschen mit Behinderung und vernachlässigt andere Heterogenitätsdimensionen.

[5] Unterscheidung nach zwei Gruppen: Schüler*innen mit und ohne Behinderung. Aufgrund des Vorgehens in BW, Schüler*innen je nach Bedarfszuweisung einer von insgesamt vier Gruppen zuzuordnen (s. Abb. 1), könnte man auch von einer Vier-Gruppen-Theorie sprechen.

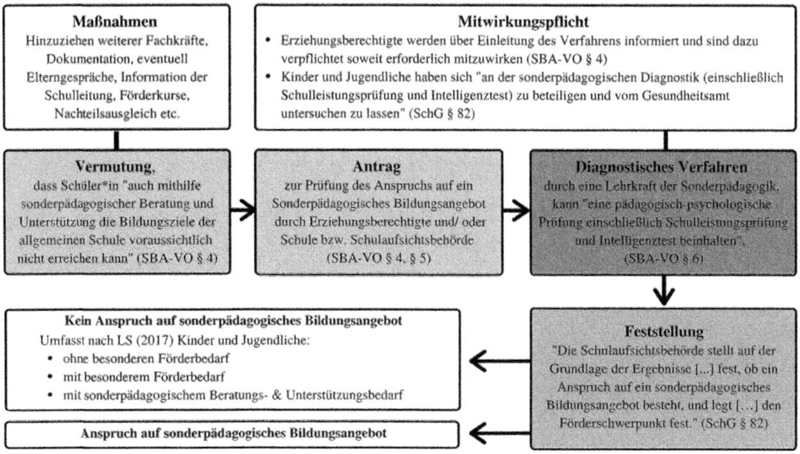

Abb. 1 Prozess der sonderpädagogischen Feststellungsdiagnostik in BW. (Eigene Abbildung)

sichtlich nicht erreichen kann“ (SBA-VO § 4)[6], wird der Antrag auf ein Feststellungsverfahren eingeleitet. Dieser Prozess wird von zahlreichen Maßnahmen flankiert, die schon im Voraus entsprechende Ressourcen binden. Verantwortlich für die Bildungsortentscheidung und das damit zusammenhängende Verfahren sind nach SBA-VO § 2 die *Staatlichen Schulämter* (SSA). Die gesetzlichen Vorgaben überlassen den beteiligten Akteuren[7] einen Handlungsspielraum, der zahlreiche Absprachen notwendig macht. Die SSA haben deshalb individuelle Abläufe entwickelt, um diesen Prozess zu koordinieren, was beispielsweise an verschiedenen Formularen, Abgabefristen und Verlaufsplänen auf deren Internetseiten deutlich wird (Staatliches Schulamt Albstadt, 2018, 2020; Staatliches

[6]Verordnung des Kultusministeriums über die Feststellung und Erfüllung des Anspruchs auf ein sonderpädagogisches Bildungsangebot. Kurz: Verordnung über sonderpädagogische Bildungsangebote (SBA-VO).

[7]Obwohl in diesem Artikel gendersensible Formulierungen verwendet werden, um auch Personen jenseits des Zwei-Geschlechter-Modells zu berücksichtigen, auf die Vielfalt der Gesellschaft hinzuweisen und die Gleichstellung aller Menschen zu manifestieren, wird der Begriff *Akteure* bewusst im generischen Maskulinum dargestellt. Dies soll darauf verweisen, dass nicht unbedingt Personen, sondern auch Organisationen, Gremien, Verbände etc. als Stakeholder infrage kommen.

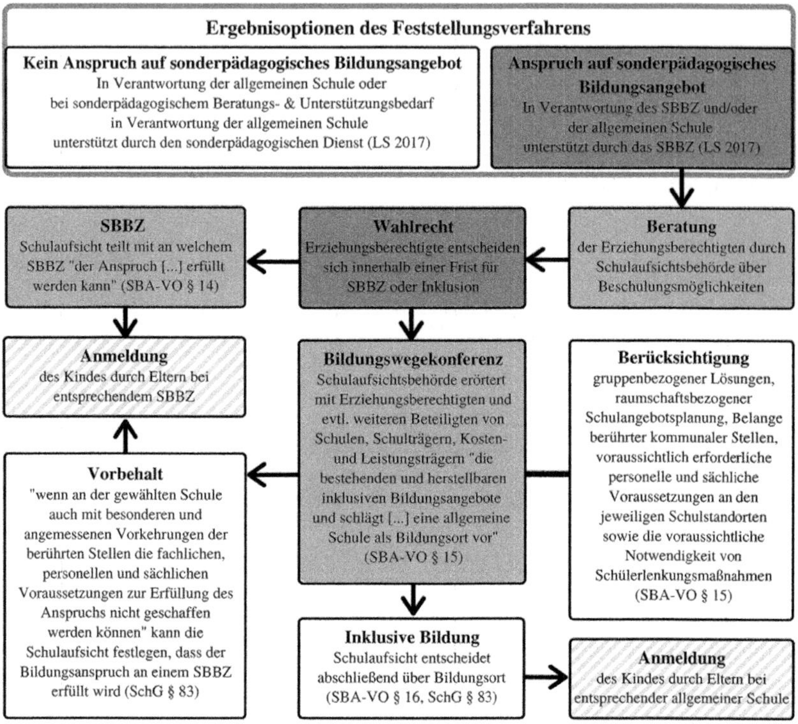

Abb. 2 Prozess der Bildungsortentscheidung bei einem sonderpädagogischen Bildungsanspruch in BW. (Eigene Abbildung)

Schulamt Rastatt, 2019). Abb. 1 und 2 unterschlagen in ihrer vereinfachten Darstellung zur besseren Übersicht eine Vielzahl paralleler Abstimmungsprozesse zwischen beteiligten Akteuren, die mit der Bildungsortentscheidung einhergehen, beispielsweise dem öffentlichen Gesundheitsdienst für medizinische Feststellungen und Betreuung, den Trägern der Sozial- und Jugendhilfe für Maßnahmen der Eingliederungshilfe und Schulbegleitung.

Nach dem diagnostischen Verfahren durch eine Sonderpädagogiklehrkraft stellt das zuständige SSA die Zuordnung zu einer von zwei Gruppen fest: Schüler*innen *ohne* oder Schüler*innen *mit* Anspruch auf ein sonderpädagogisches Bildungsangebot, wovon die erstgenannte wiederum drei Gruppen umfasst: Schüler*innen ohne besonderen Förderbedarf, Schüler*innen mit besonderem Förderbedarf sowie Schüler*innen mit sonderpädagogischem Beratungs- & Unterstützungsbedarf (Landesinstitut für Schulentwicklung, 2017). Nur bei einem *festgestellten Anspruch auf ein sonderpädagogisches Bildungsangebot* tritt nach einer Beratung durch das zuständige SSA das sogenannte Elternwahlrecht in Kraft, wonach sich die Erziehungsberechtigten für das SBBZ oder die allgemeine Schule als Bildungsort ihres Kindes entscheiden müssen.

Problematisch ist hierbei neben der oftmals ungleichen personellen, fachlichen, baulichen und materiellen Ausstattung der Schularten (Merz-Atalik & Beck, 2021) auch die Vorgabe, zieldifferente[8] Unterrichtsangebote an allgemeinen Schulen „grundsätzlich gruppenbezogen zu organisieren" (SchG § 83). Das bedeutet, dass mehrere Kinder mit sonderpädagogischem Bildungsanspruch in einer Klasse zusammengefasst werden, was u. a. den Vorteil bietet, die zusätzlichen Lehrkraftstunden je Schüler*in als Ressourcen zu bündeln. Finden sich also nicht mehrere Kinder eines Jahrgangs in einer Region, die gemeinsam inkludiert werden können, sinkt auch die Wahrscheinlichkeit, dass dem Wunsch der Erziehungsberechtigten in Form von sogenannter *Einzelinklusion* nachgegangen wird. An dieser Stelle sei außerdem der damit verbundene Organisationsaufwand des ständigen Abwägens verschiedener Beschulungskonstellationen zu erwähnen, der hauptsächlich von den SSA getragen wird.

Selbst wenn sich Erziehungsberechtigte trotz dieser ungleichen Umstände für ein inklusives Bildungsangebot entscheiden, kann auf Grundlage eines *gesetzlichen Vorbehalts* festgelegt werden, „dass abweichend von der nach der Bildungswegekonferenz erfolgten Wahl der Eltern der Anspruch auf ein sonderpädagogisches Bildungsangebot an einer anderen allgemeinen Schule erfüllt wird" (SchG § 83) oder sogar („wenn an der gewählten Schule auch mit besonderen und angemessenen Vorkehrungen der berührten Stellen die fachlichen, personellen und sächlichen Voraussetzungen zur Erfüllung des Anspruchs nicht geschaffen werden können" SchG § 83) entgegen dieser Wahl eine Beschulung an einem SBBZ veranlasst werden. *In letzter Instanz entscheidet somit eigentlich das zuständige SSA* und das vorgeschobene Wahlrecht entpuppt sich unter Umständen als Pseudo-Angebot. Vielmehr scheint die Realisierung inklusiver Bildungssituationen von der *Bereitschaft* beteiligter Personen (wie Schulleitungen, Lehrkräften, Schul-, Kosten- und Leistungsträgern) abhängig zu

[8] Entspricht einer Unterrichtssituation, in der Schüler*innen mit sonderpädagogischem Bildungsbedarf nicht nach dem Bildungsplan der allgemeinen Schulart unterrichtet werden, ihre Mitschüler*innen hingegen schon.

sein (Beck, 2018). Wie Amrhein (2016, S. 25) in Anlehnung an Fend erläutert, kann „die Realität des Lehrerhandelns eben nicht aus den rechtlichen Festlegungen des Bildungswesens abgeleitet werden". Sie weist auf eine Dynamik zwischen der normierenden Gestaltung durch Verwaltungsvorschriften/Gesetzesgrundlagen und den realen Verhältnissen, die durch die Rekontextualisierung dieser Vorgaben entstehen, hin (Amrhein, 2016). Es ist daher entscheidend, wie Akteure den Auftrag zur Inklusion wahrnehmen und welchen Stellenwert sie diesem im Rahmen ihrer Tätigkeit einräumen.

3 Kritische Reflexion bestehender Strukturen

Verschiedene Untersuchungen und Erfahrungsberichte legen ein heterogenes Stimmungsbild zu Inklusion bei Lehrkräften und Eltern nahe. Bei einer forsa-Umfrage[9] bewerteten 56 % der befragten Lehrkräfte in BW die gemeinsame Unterrichtung von Kindern mit und ohne Behinderung als grundsätzlich sinnvoll unter der Voraussetzung, dass die finanzielle und personelle Ausstattung der Schulen für einen inklusiven Unterricht sichergestellt wäre. Dagegen bewerteten 38 % unter derselben Voraussetzung die Unterrichtung von Kindern mit einer Behinderung an den SBBZ als sinnvoller. Zudem sprachen sich fast alle Befragten dafür aus, auch bei Einrichtung eines inklusiven Schulsystems die bisherigen Sonderschulen alle oder zumindest teilweise zu erhalten (forsa, 2019). Ähnlich verhält es sich bei Erziehungsberechtigten von Schüler*innen, wie beispielsweise am Einzelfall von Henri[10] deutlich wurde. Während über 30.000 Personen mit einer Petition seine inklusive Beschulung am Gymnasium forderten, sprachen sich in einer Gegenpetition auch Eltern ehemaliger Mitschüler*innen wider die Forderung aus (Schnabel, 2019). Verschiedene Studienergebnisse ver-

[9] Die Verfasserin möchte an dieser Stelle auf einen kritischen Umgang mit Meinungsumfragen verweisen. Demoskopische Ergebnisse halten wissenschaftlichen Anforderungen vielmals nicht Stand und können zudem die öffentliche Meinung beeinflussen. Dennoch ist nicht von der Hand zu weisen, dass sie einen gewissen Teil der Realität erfassen, wenn auch eventuell in verzerrter Darstellung. Im Rahmen dieses Beitrags dienen die Ergebnisse lediglich dazu, zu veranschaulichen, dass unterschiedliche Meinungen unter Lehrkräften zum Thema Inklusion vorhanden sind.

[10] Kirsten Erhardt berichtet in ihrem Buch „Henri: Ein kleiner Junge verändert die Welt" vom schweren Weg, die inklusive Beschulung ihres Sohns Henri an einem Gymnasium in BW umzusetzen.

deutlichen, dass selbst wenn positive Einstellungen zu Inklusion geäußert werden, diese nicht unbedingt mit einer höheren Bereitschaft zur konkreten Umsetzung einhergehen (Seifried, 2015, S. 41; Trumpa et al., 2014, S. 243). Es muss deshalb (zumindest vereinzelt) auch mit der fehlenden Bereitschaft von Akteuren zur Realisierung inklusiver Bildungssituationen gerechnet werden. Es ist davon auszugehen, dass sich Erziehungsberechtigte erhoffen, ihr Kind gut aufgehoben und an einer Schule willkommen zu wissen. Bei *mangelnder Bereitschaft* von Lehrkräften oder Schulleitungen, Kinder mit entsprechenden Diagnosen aufzunehmen, ist dies nicht zu erwarten, womit auch wiederum die Wahrscheinlichkeit sinkt, dass sich Eltern überhaupt für die Inklusion entscheiden.

Davon abgesehen ist die *Qualität* der Bildungsangebote hierbei noch keineswegs berücksichtigt. Durch die geringe Zuweisung an zusätzlichen sonderpädagogischen Lehrer*innenstunden ist eine dauerhafte Doppelbetreuung an allgemeinen Schulen nicht garantiert (Ministerium für Kultus, Jugend und Sport, 2021). Auch wie sich der als inklusiv deklarierte Unterricht in der Praxis gestaltet, wird nicht umfassend evaluiert (Beck, 2018). Demnach sind unterschiedliche Gewichtungen von gemeinsamen und getrennten Unterrichtsphasen möglich sowie weiterhin an Homogenität orientierte Unterrichtsprinzipien. Die gemeinsame oder getrennte Unterrichtsvorbereitung und -durchführung sowie Verantwortlichkeiten für einzelne Schüler*innengruppen oder die gesamte Klasse ist von der Kooperation der beteiligten Lehrkräfte abhängig.

Entgegen der Vorstellung, dass sich diagnostische Prozesse ausschließlich auf der Mikroebene, beispielsweise in konkreten Unterrichtssituationen, abwickeln, liegen damit zusammenhängende ebenenübergreifende Wechselwirkungen vor. Dies wird unter anderem an der Entwicklung der Inklusions- und Exklusionsquote in BW deutlich. Die *Exklusionsquote*[11] ist vom Schuljahr 2008/09 mit noch 4,5 % um 0,3 Prozentpunkte auf 4,8 % im Schuljahr 2018/19 angestiegen. Ebenso stieg die Inklusionsquote[12] vom Schuljahr 2008/09 mit noch 1,7 % um 1,0 Prozentpunkte auf 2,7 % im Schuljahr 2018/19 an (Autorengruppe Bildungsberichterstattung, 2020, S. 117, Abb. D2-5). Diese Entwicklung zeigt, dass in BW einerseits mehr Schüler*innen mit einem sonderpädagogischen Förderbedarf inklusiv an allgemeinen Schulen unterrichtet wurden, andererseits aber auch ver-

[11] Anteil der Schüler*innen, die ein SBBZ besuchen, an der Gesamtschülerschaft.

[12] Anteil der Schüler*innen mit Anspruch auf ein sonderpädagogisches Bildungsangebot, die inklusiv an allgemeinen Schulen unterrichtet werden, an der Gesamtschülerschaft.

mehrt an den SBBZ. Ein kontinuierlicher Anstieg der *Förderquote*[13] wurde auch in anderen Bundesländern beobachtet[14] und mit dem Begriff des *Ressourcen-Etikettierungs-Dilemmas* bzw. der *Etikettierungsschwemme* beschrieben (Füssel & Kretschmann, 1993; Hollenbach-Biele & Klemm, 2020; Wocken, 2016). Dieses Phänomen beruht auf der Hypothese, dass allgemeine Pädagog*innen mehr Kinder als auffällig wahrnehmen und einer Diagnose zuführen sowie Sonderpädagog*innen in den letzten Jahren vermehrt Förderbedarfe bei Schüler*innen diagnostizierten, um mehr personelle Ressourcen zur Verfügung gestellt zu bekommen.

In Anbetracht der vorliegenden Informationen muss daher hinterfragt werden, ob es überhaupt sinnvoll ist, Bildungsentscheidungen von einer Diagnostik abhängig zu machen, die von weiteren Faktoren beeinflusst wird als nur der untersuchten Ausgangssituation von Kindern und Jugendlichen. Man könnte argumentieren, dass das sonderpädagogische Gutachten durch die enthaltenen Informationen wichtige Anhaltspunkte für die Entscheidung zum geeigneten Schulort liefert. Wenn nun aber ein Förderbedarf diagnostiziert wurde, der sich über mehrere sonderpädagogische Kategorien erstreckt, erleichtert dies die Entscheidung vermutlich nicht. Beispielsweise kommen für ein Kind mit Förderbedarf in den Bereichen soziale und emotionale Entwicklung, Sprache und Lernen drei verschiedene SBBZ in Frage sowie die inklusive Schulsituation als Alternative. Zumal sonderpädagogische Kategorien auch nur Anhaltspunkte für sonderpädagogische Förderung liefern können. In anderen Worten: Die Sonderpädagogik reproduziert in diesem Fall ihre eigene Nachfrage. Es ist nicht zu erwarten, dass an allgemeinen Schulen flächendeckend spezifische Ressourcen zur Förderung nach sonderpädagogischen Kategorien vorhanden sind (z. B. Screenreader für Schüler*innen mit Sehbeeinträchtigung oder Physiotherapeut*innen für Schüler*innen mit körperlichen und motorischen Beeinträchtigungen). Die sonderpädagogische Feststellungsdiagnostik liefert aufgrund der Festschreibung in traditionelle Kategorien keine Grundlage für qualitativ hochwertige inklusive Bildung, sondern bleibt auf die Statusdiagnostik begrenzt. Lernprozessorientierte Maßnahmen müssen i. d. R. eigenständig durch Lehrpersonen abgeleitet werden. Diversitätsdimensionen, die über die klassischen

[13] Anteil der Schüler*innen mit sonderpädagogischem Förderbedarf bezogen auf alle Schüler*innen im schulpflichtigen Alter, unabhängig ihres Lernortes. Dies entspricht der Summe von Inklusions- und Exklusionsquote.

[14] Allerdings meist mit einem Rückgang der Exklusionsquote verbunden, nur in BW, Rheinland-Pfalz und Bayern stieg diese (Autorengruppe Bildungsberichterstattung, 2020, S. 117).

sonderpädagogischen Schwerpunkte hinausgehen, werden in deren Verfahren nicht erfasst und damit bei Bildungsentscheidungen nicht berücksichtigt.

Das Schulsystem in BW räumt zum aktuellen Zeitpunkt[15] inklusiver Bildung keinen Vorrang gegenüber separierenden Beschulungsformen ein und schließt einen garantierten Anspruch auf Inklusion durch den gesetzlichen Vorbehalt aus. Das Regel-Ausnahme-Verhältnis wurde sozusagen zugunsten der SBBZ gestaltet (Merz-Atalik, 2018). Die sonderpädagogische Feststellungsdiagnostik in BW stellt eine Empfehlung an das SSA dar, auf deren Grundlage die Schulaufsichtsbehörde letztendlich über den Anspruch auf ein sonderpädagogisches Bildungsangebot entscheidet. Diese Zuweisung wiederum orientiert sich an der systemerhaltenden Fragestellung, ob ein Kind mit den bisher an allgemeinen Schulen vorhandenen Ressourcen ausreichend gefördert werden kann oder ob zusätzliche sonderpädagogische Förderung notwendig ist. Das führt zu der Frage, ob ein Kind die Fähigkeiten besitzt, Lerngelegenheiten unter den bestehenden Rahmenbedingungen an den Regelschulen des Landes wahrzunehmen und lässt nur unter Vorbehalt geringfügige Veränderungen dieser (z. B. durch zusätzliche personelle Ressourcen, bauliche Veränderungen oder materielle Ausstattung) zu. Die *Normalitätsvorstellung,* die dieses System konstruiert, geht daher von der Anpassung der Personen an bestehende Strukturen aus und nicht umgekehrt.

Dabei bindet der Prozess der Feststellungsdiagnostik selbst ein *enormes* Maß an Ressourcen. Diese kommen also nicht direkt der Förderung von Schüler*innen beispielsweise in Gestaltung ihrer Unterrichtssituationen zu Gute, sondern finanzieren umfangreiche Prozesse zur Bildungsortentscheidung. Dieselben Beobachtungen macht auch der Rechnungshof Baden-Württemberg (2020, S. 122), der resümiert, die Diagnostik sei „zeitaufwendig und mit vielen Dokumentationen verbunden" und „bindet erhebliche Lehrkräfteressourcen". Es stellt sich die grundsätzliche Frage, ob die Diagnostikverfahren nicht eigentlich überflüssig sind, wenn das sogenannte Wahlrecht die Erziehungsberechtigten dazu ermächtigen würde, unter Wahrung der Ressourcenneutralität zwischen verschiedenen Schulen über den Bildungsort ihrer Kinder zu entscheiden.

Die vorangegangenen Schilderungen haben die Grenzen der elterlichen Entscheidungsgewalt beleuchtet, weshalb sich wiederum die Frage anschließt, wozu ein Wahlrecht vorgehalten wird, dessen (durch gesetzlichen Vorbehalt und Rahmenbedingungen) eingeschränkte Umsetzung mit enormem organisatorischen Aufwand verbunden ist. Besonderes Verbesserungspotential stellt auch der

[15] November 2021.

Rechnungshof (2020, S. 120) „insbesondere für die Verfahrensabläufe bei der Feststellung des Anspruchs auf ein sonderpädagogisches Bildungsangebot, die Berechnung der Lehrkräfteressourcen sowie das Qualitätsmanagement“ fest. Die Ressourcenzuweisung wird dahingehend kritisiert, dass im Förderschwerpunkt Lernen (der den größten Anteil der Schüler*innen mit sonderpädagogischer Diagnose darstellt) Lehrkräfteressourcen auf Basis festgelegter Prozentsätze aus der Gesamtzahl zugewiesen werden. Für die anderen Förderschwerpunkte hingegen dienen Gruppengrößen von sechs bis zwölf Schüler*innen als Bemessungsgrundlage. Dieses Verfahren wurde auch nach „Einführung der Inklusion“ nicht angepasst und beruht „nach Angaben des Kultusministeriums auf Daten des Deutschen Bildungsrates von 1973“ (Rechnungshof Baden-Württemberg, 2020, S. 122 f.). Der Rechnungshof kommt zu dem Schluss, dass das aktuelle Verfahren der Struktur der heutigen Schüler*innenschaft nicht mehr gerecht wird (vgl. Rechnungshof Baden-Württemberg, 2020, S. 120 ff.).

Angesichts des zeitlichen Faktors, *der Chronoebene* des Bildungssystems, muss das an die Feststellungsverfahren anknüpfende komplexe Prozedere zur regelmäßigen Statusüberprüfung der Schüler*innen genannt werden (SchG § 9, § 10). Dadurch berücksichtigt das aktuelle System zwar, dass sich Förderbedarfe verändern können, es ist jedoch kritisch zu hinterfragen, ob weitere aufwendige Verfahren, die ebenfalls wieder Ressourcen binden und selbst ein gewisses Maß an Zeit in Anspruch nehmen, in der Lage sind, zeitnah auf veränderte Bedürfnisse von Schüler*innen zu reagieren.

4 Fazit & Ausblick

Die momentanen Steuerungsprozesse zur Etablierung eines inklusiven Bildungssystems in BW lassen *politisch motivierte Strategien zum Systemerhalt* erahnen, die nach außen hin den Eindruck vermitteln, den internationalen Forderungen würde entsprochen werden. Obwohl von inklusiven Bildungsgelegenheiten für alle nicht die Rede sein kann, resümierte die ehemalige Kultusministerin Eisenmann: „Inklusion wurde in Baden-Württemberg erfolgreich etabliert“ (Staatsministerium Baden-Württemberg, 2017; vgl. Merz-Atalik, 2018). Im Detail betrachtet zeigen sich jedoch zahlreiche Hindernisse und Wechselwirkungen in Verbindung mit den bisherigen Strukturen. Diese sind im Hinblick auf die Sinnhaftigkeit zur tatsächlichen Umsetzung eines inklusiven Bildungssystems auf menschenrechtlicher Grundlage zu hinterfragen. Das Recht auf inklusive Bildung fußt weiterhin auf sonderpädagogischer Feststellungsdiagnostik (strukturell als Aufgabe der Sonderpädagogik angelegt) bzw. der Entscheidung durch die

Schulverwaltung, ob ein *Anspruch auf ein sonderpädagogisches Bildungsangebot* besteht. Dabei wird nicht wie in zahlreichen wissenschaftlichen Empfehlungen eine Umsetzung im Multiprofessionellen Team oder im gleichberechtigten Team-Teaching fokussiert, wo allgemeine Lehrkräfte und Sonderpädagog*innen (sowie weitere Professionen zur spezifischen Förderung in einzelnen Bereichen) gleichermaßen für alle Schüler*innen einer Klasse verantwortlich sind. Dies entspricht nach Amrhein (2016, S. 22) dem Versuch, inklusive Bildung „als Kontinuum bisheriger Heil- oder Sonderpädagogik zu konstruieren".

Auch wenn Ressourcen in der Reflexion der Steuerungsprozesse eine wichtige Rolle spielen, muss an dieser Stelle betont werden, dass es mit einer erhöhten Ausstattung allein wohl ebenfalls nicht gelingen würde, inklusive Bildung für alle erfolgreich zu etablieren. Es scheint eher die Vermutung zuzutreffen, dass viele Ressourcen, die für diese bereitgestellt wurden, letztendlich nicht für die inklusiven Unterrichtssettings aufgewendet, sondern an anderer Stelle eingesetzt werden (Merz-Atalik, 2018). Außerdem soll darauf hingewiesen werden, dass die in Abschn. 1 beispielhaft aufgezeigten defizit- und normorientierten Tendenzen der sonderpädagogischen Diagnostik im Allgemeinen nicht die aktuellen Entwicklungen und Bemühungen in Richtung Teilhabeorientierung unterschlagen sollen, die in vielen Bereichen zutage treten. Die kritische Reflexion zeigt auf, dass weitere Faktoren vorhanden sind, die entscheidenden Einfluss auf die Umsetzung inklusiver Bildungsangebote innerhalb der bestehenden Strukturen nehmen. Dies wird unter anderem auch anhand der großen Unterschiede in der Beteiligung allgemeiner Schulen (und Schularten) an Inklusion deutlich (Autorengruppe Bildungsberichterstattung, 2018, S. 106).

Damit Entscheidungen zur inklusiven Bildung nicht mehr von der Bereitschaft beteiligter Akteure abhängig sind, müssen Steuerungsprozesse mit klaren Ziel- und Handlungsvorgaben gemacht werden, die auf tatsächliche Inklusion im Sinne der UN abzielen und nicht den Systemerhalt priorisieren (Merz-Atalik, 2018). Hierfür können Inspirationen aus dem nationalen oder internationalen Raum herangezogen werden, um eine Governance im Sinne inklusiver Bildung zu entwickeln. Andere Regionen und Länder sind mit denselben menschenrechtlichen Vorgaben auf der Makroebene konfrontiert und haben eigene Strategien entwickelt und erprobt, um ihre bisherigen Strukturen anzupassen. Aufgrund der positiven Rückmeldungen des UN-Komitees zur inklusiven Bildung in Südtirol bietet es sich an, die Lernortzuweisung und diagnostische Prozesse vergleichend zu betrachten (Committee on the Rights of Persons with Disabilities, 2016). Sonderschulen wurden in Italien bereits in den 1970er Jahren aufgelöst und zu integrativen Schulen weiterentwickelt (Brugger, 2016; Merz-Atalik & Beck, 2021). Die Bildungsortentscheidung für einzelne

Kinder ist in Südtirol schnell getroffen, da sie i. d. R. die wohnortnahe Schule besuchen. Diagnostische Verfahren zur Bedarfsbestimmung liegen in Südtirol in Verantwortung der Sanitätsbetriebe und finden in Form einer sogenannten Funktionsdiagnose statt. Diese führen den klinisch-psychologischen und medizinischen Teil in Form einer Diagnoseerstellung durch (Autonome Provinz Bozen – Südtirol, o. J.). Die Ressourcenverteilung wiederum ist gekoppelt an den jeweiligen *Schulsprengel*[16] und fällt in den Aufgabenbereich der Schulführungskräfte, welche unter Berücksichtigung der jeweiligen Schulsituation und interner Ressourcen einzelnen Klassen Personal zuteilen. Dieser kurze Exkurs zu Südtirols Prozessen der Bildungsortentscheidung und Diagnostik verdeutlicht die gewinnbringende Perspektive international vergleichender Governance-Forschung, welche die Autorin aktuell im Rahmen ihrer Dissertation vertieft.

Literatur

Amrhein, B. (2016). Inklusion als Mehrebenenkonstellation – Anmerkungen zu Rekontextualisierungstendenzen in inklusiven Bildungsreformen. In B. Amrhein (Hrsg.), *Diagnostik im Kontext inklusiver Bildung: Theorien, Ambivalenzen, Akteure, Konzepte* (S. 17–36). Klinkhardt.

Autonome Provinz Bozen – Südtirol. (o. J.). *Das Programmabkommen zwischen Kindergärten, Schulen und territorialen Diensten.* www.provinz.bz.it/bildung-sprache/didaktik-beratung/downloads/Programmabkommen_2013.pdf. Zugegriffen: 12. Mai 2022.

Autorengruppe Bildungsberichterstattung. (2018). *Bildung in Deutschland 2018.* www.bildungsbericht.de/de/bildungsberichte-seit-2006/bildungsbericht-2018/pdf-bildungsbericht-2018/bildungsbericht-2018.pdf. Zugegriffen: 12. Mai 2022.

Autorengruppe Bildungsberichterstattung. (2020). *Bildung in Deutschland 2020.* www.bildungsbericht.de/de/bildungsberichte-seit-2006/bildungsbericht-2020/pdf-dateien-2020/bildungsbericht-2020-barrierefrei.pdf. Zugegriffen: 12. Mai 2022.

Beck, K. (2018). *Inklusive Schulentwicklung in Baden-Württemberg – eine qualitative Untersuchung aus Mehrebenenperspektive: Wissenschaftliche Arbeit zur Ersten Staatsprüfung für das Lehramt Sonderpädagogik.* [unveröffentlicht]. Pädagogische Hochschule Ludwigsburg.

Brugger, E. (2016). Die Integration von Kindern und Jugendlichen mit einer Behinderung in einem inklusiven Bildungssystem am Beispiel Italien – Südtirol. *Zeitschrift für*

[16] Eine Art Schulverbund als nächstgrößere Verwaltungseinheit in der die Grund- und Mittelschulen in Südtirol organisiert sind.

Inklusion-online.net. www.inklusion-online.net/index.php/inklusion-online/article/view/366/296. Zugegriffen: 12. Mai 2022.

Bundschuh, K., & Winkler, C. (2019). *Einführung in die sonderpädagogische Diagnostik* (9. Aufl. utb Sonderpädagogik/Pädagogische Psychologie: Bd. 999). Reinhardt.

Committee on the Rights of Persons with Disabilities. (2016). *Concluding observations on the initial report of Italy.* https://www.digitallibrary.un.org/record/1310650/files/CRPD_C_ITA_CO_1-EN.pdf. Zugegriffen: 12. Mai 2022.

Deutsche UNESCO-Kommission. (o. J.). *Inklusive Bildung.* www.unesco.de/bildung/inklusive-bildung. Zugegriffen: 12. Mai 2022.

forsa. (2019). *Inklusion an Schulen aus Sicht der Lehrkräfte in Baden-Württemberg – Meinungen, Einstellungen und Erfahrungen: Ergebnisse einer repräsentativen Lehrerbefragung.* www.vbe-bw.de/wp-content/uploads/2019/05/Ergebnisbericht_text_Inklusion_2019.pdf. Zugegriffen: 12. Mai 2022.

Füssel, H.-P., & Kretschmann, R. (1993). *Gemeinsamer Unterricht für behinderte und nicht-behinderte Kinder.* Wehle.

Hinz, A. (2004). Vom sonderpädagogischen Verständnis der Integration zum integrationspädagogischen Verständnis der Inklusion!? In I. Schnell & A. Sander (Hrsg.), *Inklusive Pädagogik* (S. 41–74). Klinkhardt.

Hirschberg, M., & Köbsell, S. (2021). Disability Studies in Education: Normalität/en im inklusiven Unterricht und im Bildungsbereich hinterfragen. In A. Köpfer, J. J. W. Powell, & R. Zahnd (Hrsg.), *Handbuch Inklusion international: Globale, nationale und lokale Perspektiven auf Inklusive Bildung = International handbook of inclusive education: Global, national and local perspectives* (S. 127–146). Budrich.

Hollenbach-Biele, N., & Klemm, K. (2020). *Inklusive Bildung zwischen Licht und Schatten: Eine Bilanz nach zehn Jahren inklusiven Unterrichts. Bertelsmann Stiftung.* https://www.bertelsmann-stiftung.de/fileadmin/files/BSt/Publikationen/GrauePublikationen/20200625_Inklusive-Bildung-Zwischen-Licht-und-Schatten_ST-IB.pdf. Zugegriffen: 12. Mai 2022.

Ingenkamp, K. & Lissmann, U. (2008). *Lehrbuch der pädagogischen Diagnostik* (6. Aufl.). Beltz Pädagogik.

Köpfer, A., Powell, J. J. W., & Zahnd, R. (Hrsg.). (2021). *Handbuch Inklusion international: Globale, nationale und lokale Perspektiven auf Inklusive Bildung = International handbook of inclusive education: Global, national and local perspectives.* Budrich. https://doi.org/10.3224/84742446.

Landesinstitut für Schulentwicklung (LS). (2017). *Rahmenkonzeption sonderpädagogischer Dienst: Frühkindliche und schulische Bildung von jungen Menschen mit Behinderung in Baden-Württemberg – Grundlagen und Handlungsempfehlungen.* www.schule-bw.de/themen-und-impulse/uebergreifende-foerderangebote/faecher-und-schularten/schularten/sonderpaedagogische-bildung/unterricht_materialien_medien/handreichungen/handreichungreihe-fruehkindliche-schulische-bildung/fsbb-03.pdf. Zugegriffen: 12. Mai 2022.

Merz-Atalik, K. (2018). Von einem Versuch „der Integration der Inklusion in die Segregation"?! Aktuelle Daten und Fakten zur schulischen Inklusion in Baden-Württemberg. *Zeitschrift für Inklusion-online.net* (4). www.inklusion-online.net/index.php/inklusion-online/article/view/508/371. Zugegriffen: 12. Mai 2022.

Merz-Atalik, K., & Beck, K. (2021). (Dis-)Kontinuitäten in der inklusiven Schulreformentwicklung – Entwicklungslinien in Baden-Württemberg und Südtirol im Vergleich. In O. Koenig (Hrsg.), *Transformatives Inklusionsmanagement.* Klinkhardt (im Erscheinen).

Ministerium für Kultus, Jugend und Sport. (2016). *Verordnung des Kultusministeriums über die Feststellung und Erfüllung des Anspruchs auf ein sonderpädagogisches Bildungsangebot (Verordnung über sonderpädagogische Bildungsangebote – SBA-VO)* (i. d. F. v. 08.03.2016).

Ministerium für Kultus, Jugend und Sport. (2021). *Verwaltungsvorschrift des Ministeriums für Kultus, Jugend und Sport zur Unterrichtsorganisation und Eigenständigkeit der Schulen im Schuljahr 2021/2022 (Organisationserlass)* (i. d. F. v. 02.02.2021).

Prengel, A. (2019). *Pädagogik der Vielfalt. Verschiedenheit und Gleichberechtigung in Interkultureller, Feministischer und Integrativer Pädagogik.* Springer Fachmedien.

Rechnungshof Baden-Württemberg. (2020). *Denkschrift 2020.* https://www.rechnungshof.baden-wuerttemberg.de/media/976/Denkschrift%202020.pdf. Zugegriffen: 12. Mai 2022.

Reich, K. (2015). Inklusion – Grundlagen. In H. Schäfer, C. Rittmeyer, B. Altenrichter, K. Bieritz, K. Bundschuh, A. Erdélyi, E. Fischer, A. Fröhlich, & R. Kretschmann (Hrsg.), *Pädagogik. Handbuch Inklusive Diagnostik* (S. 23–42). Beltz.

Schäfer, H., Rittmeyer, C., Altenrichter, B., Bieritz, K., Bundschuh, K., Erdélyi, A., Fischer, E., Fröhlich, A. & Kretschmann, R. (Hrsg.). (2015). *Pädagogik. Handbuch Inklusive Diagnostik.* Beltz.

Schnabel, U. (2019). *Inklusive Pädagogik: Geht alles anders.* ZEIT ONLINE. www.zeit.de/2019/14/inklusive-paedagogik-down-syndrom-gymnasium-kirsten-ehrhardt. Zugegriffen: 12. Mai 2022.

Schulgesetz für Baden-Württemberg (SchG), Landesrecht BW (1983 & i.d.F.v. 01.08.1983). www.landesrecht-bw.de/jportal/portal/t/58p/page/bsbawueprod.psml?pid=Dokumentanzeige&showdoccase=1&js_peid=Trefferliste&fromdoctodoc=yes&doc.id=jlr-SchulGBW1983V21G11&doc.part=X&doc.price=0.0#focuspoint. Zugegriffen: 12. Mai 2022.

Seifried, S. (2015). *Einstellungen von Lehrkräften zu Inklusion und deren Bedeutung für den schulischen Implementierungsprozess–Entwicklung, Validierung und strukturgleichungsanalytische Modellierung der Skala EFI-L.* https://www.opus.ph-heidelberg.de/frontdoor/deliver/index/docId/140/file/Dissertation_Seifried_Stefanie.pdf. Zugegriffen: 12. Mai 2022.

Staatliches Schulamt Albstadt. (2018). *Checkliste „Gestuftes pädagogisches Verfahren" (gemäß VwV 2008) für allgemeine Schulen und Sonderpädagogische Bildungs- und Beratungszentren (SBBZ).* https://www.schulamt-albstadt.de/site/pbs-bw-new/get/documents/KULTUS.Dachmandant/KULTUS/Schulaemter/schulamt-albstadt/2%20Unterst%C3%BCtzung%20%26%20Beratung/ASKO/Sonderp%C3%A4dagogischer%20Dienst/Formulare%20%26%20Informationen/Checkliste%20Gestuftes%20p%C3%A4dagogisches%20Verfahren.pdf?attachment=true. Zugegriffen: 12. Mai 2022.

Staatliches Schulamt Albstadt. (2020). *Abgabefristen im Staatlichen Schulamt Albstadt.* https://www.schulamt-albstadt.de/site/pbs-bw-km-root/get/documents_E2136503067/KULTUS.Dachmandant/KULTUS/Schulaemter/schulamt-albstadt/2%20Unterst%C3%BCtzung%20%26%20Beratung/ASKO/Sonderp%C3%A4dagogischer%20Dienst/Formulare%20%26%20Informationen/Abgabefristen%20im%20Bereich%20Sonderp%C3%A4dagogik%2003_20.pdf. Zugegriffen: 12. Mai 2022.

Staatliches Schulamt Rastatt. (2019). *Leitfaden sonderpädagogische Diagnostik.* schulamt-rastatt.de/site/pbs-bw-km-root/get/documents_E-943748353/KULTUS.Dachmandant/KULTUS/Schulaemter/schulamt-rastatt/Schularten/Sonderschulen/Leitfaden_Diagnostik.pdf. Zugegriffen: 12. Mai 2022.

Staatliches Seminar für Didaktik und Lehrerbildung Freiburg. (2016). *Sonderpädagogische Diagnostik & individuelle Bildungsangebote: Leitlinien im Förderschwerpunkt Lernen.* https://www.lernen-foerdern-bw.de/wp-content/uploads/2016/11/20161022_LVT_WS4_Riess_Inkl_Bildungsangebote.pdf. Zugegriffen: 12. Mai 2022.

Staatsministerium Baden-Württemberg. (2017). *Inklusion erfolgreich etabliert.* www.baden-wuerttemberg.de/de/service/presse/pressemitteilung/pid/inklusion-erfolgreich-etabliert/. Zugegriffen: 12. Mai 2022.

Trumpa, S., Janz, F., Heyl, V., & Seifried, S. (2014). Einstellungen zu Inklusion bei Lehrkräften und Eltern – Eine schulartspezifische Analyse. *Zeitschrift für Bildungsforschung, 4*, 241–256.

Wocken, H. (2007). Fördert Förderschule? Eine empirische Rundreise durch Schulen für „optimale Förderung". In I. Demmer-Dieckmann (Hrsg.), *Integrationsforschung und Bildungspolitik im Dialog: 20. Jahrestagung der Integrationsforschung im Februar 2006 in Rheinsberg bei Berlin* (S. 35–59). Klinkhardt.

Wocken, H. (2016). *Die verführerische Faszination der Inklusionsquote: Ein Aufschrei gegen die Etikettierungsschwemme und den Separationsstillstand.* https://www.hans-wocken.de/Texte/Etikettierungsschwemme.pdf. Zugegriffen: 12. Mai 2022.

Katja Beck ist Doktorandin und akademische Mitarbeiterin an der Pädagogischen Hochschule Ludwigsburg sowie der Professional School of Education (PSE) Stuttgart-Ludwigsburg. Ihre Arbeitsschwerpunkte sind Inklusion, Governance, Lehrer*innenbildung und diversitätssensible Pädagogik & Didaktik.

Kontakt: katja.beck@ph-ludwigsburg.de

Asynchronität inklusiver Entwicklung als Hindernis

Peter Hudelmeier-Mätzke

1 Einleitung

Aus der Sicht von Menschen mit sogenannter Behinderung und deren Angehörigen erscheint es mehr als zehn Jahre nach der Ratifizierung des Übereinkommens der Rechte von Menschen mit Behinderung (UN-BRK) in der Mehrheit der Bundesländer nach wie vor illusorisch, eine durchgängig inklusive Bildungsbiografie anzustreben. Von einem Zugang zu inklusiver Bildung auf allen Ebenen und beim lebenslangen Lernen (UN-BRK, Artikel 24) kann, zumindest in Baden-Württemberg, keine Rede sein (Merz-Atalik, 2018; Hollenbach-Biele & Klemm, 2020). Die vorhandenen, so genannten *inklusiven Bildungsangebote* sind weder ideell noch substanziell abgesichert (SchG BW, 2015; Verordnung über sonderpädagogische Bildungsangebote vom 08.03.2016, SBA-VO). Oftmals sind die Akteur*innen neben der eigentlichen Aufgabe, die Bildungsangebote zu entwickeln und auszugestalten, mit der Rechtfertigung inklusiver Bildung beschäftigt. Die Prozesse scheinen aus Sicht des Autors, der aus vielfältigen Perspektiven eigene Erfahrungen aufweisen kann (als sonderpädagogische Lehrkraft in Gemeinschaftsschulen, als Dozent in der Lehrer*innenbildung, ehrenamtlicher Vorstandstätigkeit sowie als Schulleiter), wenig gesteuert und Inklusion bleibt trotz anderer Verlautbarungen als Leitperspektive marginalisiert.

P. Hudelmeier-Mätzke (✉)
Universität Osnabrück, Osnabrück, Deutschland
E-Mail: p.hudelmaier-m@online.de

R. Kruschel und K. Merz-Atalik (Hrsg.), *Steuerung von Inklusion!?*, Educational Governance 52, https://doi.org/10.1007/978-3-658-40103-0_18

Ohne Frage haben sich die unterschiedlichsten Teilsysteme aus Bildung, Behindertenhilfe und Sozialverwaltungen nach Ratifizierung der Konvention mit deren Forderungen auseinandergesetzt und auf den Weg der Umsetzung gemacht. Bei der schwerfälligen Etablierung eines flächendeckend und über Lebensphasen hinweg gesicherten inklusiven Bildungsangebots (wie in der UN-BRK 2006 gefordert) scheint allerdings ein Aspekt von besonderer Bedeutung: die widersprüchlichen Vorstellungen und unterschiedlichen Entwicklungsgeschwindigkeiten der am Transformationsprozess beteiligten Systeme behindern den Zugang zu inklusiver Bildung elementar. Es waren in Baden-Württemberg lange keine Steuerungsakzente zu sehen, um eine intra- *und* überinstitutionelle *gemeinsame Idee* von Inklusion im Sinne der UN-BRK der an Bildungsprozessen verantwortlichen Systeme zu entwickeln. Asynchronität struktureller, institutioneller und persönlich-professioneller Entwicklung lässt sich in unterschiedlichsten Handlungskontexten feststellen. Die verinselt entstandenen inklusiven Praxen stoßen so bei Fragen der Verstetigung, Erweiterung und der Übergangsgestaltung schnell an Grenzen. Inklusive Bildungsangebote bleiben ergänzende (Einzelfall-) Projekte. Deshalb verbleiben die damit für die Bildungseinrichtungen und die Zivilgesellschaft verbundenen grundsätzlichen Herausforderungen unerkannt und unbearbeitet. Inklusive Bildungsangebote im Konsens und aus Überzeugung aller Beteiligten scheinen eher selten. Inklusionsbezogene Rahmenbedingungen und Strukturen ändern sich in der Folge lediglich punktuell und adaptiv. Zwar nehmen die Quoten inklusiv beschulter Schüler bundesweit zu, gleichzeitig wächst die Exklusionsquote in den letzten Jahren in einigen Bundesländern, darunter Baden-Württemberg, stetig an (Hollenbach-Biele & Klemm, 2020, S. 12). Halbherzig vorgenommene und wenig abgestimmte Umsetzungsversuche sowie eine spürbare Abnahme an Sensibilität und Informiertheit der beteiligten Akteur*innen haben daran ihren Anteil.

Dieser Einschätzung versucht der Text im Folgenden an den beiden Handlungsfeldern ‚Schulbegleitung‘ und ‚Übergangsgestaltung Schule – Beruf‘ nachzugehen. Dabei beruhen die Überlegungen auf Erfahrungen des Autors in seinem beruflichen und ehrenamtlichen Umfeld innerhalb der Bildungslandschaft Baden-Württembergs. Sie wurden nicht nach wissenschaftlichen Regeln erhoben und ausgewertet und sind von einer gewissen Zufälligkeit und subjektiven Interpretation. Nichtsdestotrotz können sie dazu beitragen, Barrieren im Zugang zu inklusiver Bildung zu identifizieren und somit bestenfalls Hinweise auf notwendige Entwicklungsaufgaben geben.

2 Beispiel 1: Schulbegleitung

Seit Ratifizierung der BRK wachsen die aus der Eingliederungshilfe finanzierten Unterstützungen für Minderjährige stetig. Einen großen Anteil an der Steigerung haben die gewährten Schulbegleitungen. Die Anzahl der Eingliederungshilfen nach SGB XII § 35a („seelische Behinderung") wuchs zwischen 2009 und 2018 um 95 %, Eingliederungshilfen nach SGB XII Kap. 6 um 32 % (Kitzenmaier, 2020, S. 17 ff.)[1]. Damit sind allerdings die strukturell bedingten Probleme nicht vom Tisch. Einige Erfahrungen aus den vergangenen Jahren:

- Lehrer*innen lehnen eine Schulbegleitung für ein Kind ab, weil sie keine weiteren Erwachsenen in der Klasse haben wollen;
- Schulbegleiter*innen berichten ihren Trägern, eher geduldet, fachlich nicht anerkannt und als ‚fünftes Rad am Wagen' wahrgenommen zu werden;
- Eltern zweifeln an der pädagogischen Qualifikation des als Schulbegleitung eingesetzten Personals; häufig herrscht Unsicherheit vor, was eine Schulbegleitung im Spannungsfeld zwischen Unterstützung zur Teilhabe und pädagogischer Arbeit tun darf.

Zum Verständnis der Problematik sollen nachfolgend einige Rahmenbedingungen skizziert werden: Bevor ein Kind eine Schulbegleitung erhält, ist schon viel passiert. Zunächst muss festgestellt werden, dass ein Kind sein Recht auf Teilhabe an Bildung nicht ohne Unterstützung wahrnehmen kann. Dafür sind Diagnosen erforderlich, die aus dem medizinischen, (schul)psychologischen und/oder (sonder-)pädagogischen System heraus erbracht werden. Nach Antrag der Eltern wird in Abstimmung der beteiligten Schulen, Ämter und Hilfeträger festgelegt, in welchem Umfang dem Kind Schulbegleitung und sonstige Hilfen zustehen. Baden-Württemberg sieht hierfür von der unteren Schulaufsichtsbehörde durchzuführende ‚Bildungswegekonferenzen' vor (SchG BW, 2015, § 83, 3). Nun wird ein Hilfeträger beauftragt, eine Schulbegleitung im vereinbarten Umfang zur Verfügung zu stellen. Je nach Art der Behinderung oder Beeinträchtigung werden Schulbegleitungen/Integrationshilfen ohne oder mit pädagogischer Qualifikation finanziert.[2]

---

[1] Interessant an diesem Zusammenhang ist, dass sich die Fallzahlen von gewährter Eingliederungshilfe zwischen den Landkreisen extrem unterscheiden (Kitzenmaier, 2020).

[2] Es besteht zudem die Möglichkeit, Schulbegleitung über das ‚Persönliche Budget' zu finanzieren. Damit sind dann die Eltern ‚Arbeitgeber' und haben sich um Fragen wie Personalgewinnung, Krankheitsvertretung und Qualifikation selbst zu kümmern.

Dieser kleine Aufriss zeigt die Vielzahl der involvierten Personen und Systeme. Zur besseren Übersicht hier eine Liste von in der Regel involvierten Akteuren:

- die*der Schüler*in selbst,
- die Sorgeberechtigten der*des Schüler*in,
- schulische Diagnostik (in der Regel repräsentiert durch Beratungslehrer*innen und Sonderpädagog*innen),
- medizinische Diagnostik (Fachstellen, niedergelassene Kinderärzte, Psychiater*innen und Psycholog*innen),
- Vertreter*innen Sozialamt/Jugendhilfe,
- Vertreter*innen Schulverwaltung,
- Vertreter*innen Schule (Schulleitungspersonen und/oder Lehrer*innen),
- Vertreter*innen der Sonderpädagogischen Bildungs- und Beratungszentren (SBBZ[3]),
- Trägereinrichtungen als Beschäftigungsstellen der Schulbegleitungen/ Integrationsfachkräfte und
- Schulbegleiter*innen.

Alle am Prozess der Planung und Durchführung Beteiligten bringen eine persönliche Haltung und ein professionell-institutionell geprägtes Verständnis zu Behinderung und inklusiver Bildung mit. Der Einfluss dieser Haltungen auf die Ausgestaltung der konkreten Aufgaben der einzelnen Akteure kann nicht hoch genug eingeschätzt werden. Im schulischen Alltag beeinflussen häufig solche divergenten Zugangsweisen die Zusammenarbeit grundlegend und müssen in jeweils neuen Konstellationen (Schuljahreswechsel; Wechsel durch Fachlehrerprinzip in der Sekundarstufe; Wechsel der Schulbegleitung; Schulbegleitungen in Zuständigkeit verschiedener Träger; etc.) neu verhandelt werden. In die Aushandlungsprozesse bringen die Beteiligten neben ihren professionellen Identitäten konkrete Vorgaben (Kostenrahmen, Rollenzuweisungen, Zeitbudgets …) aus ihren jeweiligen Herkunftssystemen mit. Während Kostenträger in Anbetracht der vorhandenen Mittel möglichst Kosten vermeiden möchten, wird vonseiten der Schulen tendenziell ein ‚mehr' gefordert, weil so Unterstützung über die schuleigenen Ressourcen hinaus möglich scheint. Die Leitidee der

[3] Ehemals Sonder- und Förderschulen.

‚Inklusiven Bildung' rutscht angesichts institutioneller Eigeninteressen[4] und den Gebundenheiten an gesetzliche Regelungen und Rahmenvorgaben in den Hintergrund. Eltern und Mitarbeiter*innen reiben sich zwischen diesen Interessenlagen auf. Eine *gemeinsame Vorstellung,* was „qualitativ hochwertige inklusive Bildung" (UN-BRK, Artikel 24) für alle ausmacht und was der institutionelle und individuelle Beitrag der Beteiligten dafür sein könnte, hat sich so vielerorts noch nicht entwickelt.

3 Beispiel 2: Der Übergang in die berufliche Bildung

Beim Übergang aus allgemeinbildenden Schulen in die Berufsvorbereitung/berufliche Bildung zeigt sich eine Diskrepanz zwischen den jeweiligen Systemlogiken, die beispielhaft für die unterschiedlichen Entwicklungsstände der Systeme im Hinblick auf inklusive Bildung ist. Die folgenden Schilderungen basieren auf den Erfahrungen und Beobachtungen des Autors an einer Gemeinschaftsschule in den Jahren 2017 bis 2021.

Ab Jahrgangsstufe 7 werden in Baden-Württemberg Berufsorientierungsmaßnahmen (BOM) für die Werkrealschulen, Realschulen und Gemeinschaftsschulen angeboten. Inklusiv beschulte Schüler*innen mit einem sonderpädagogischen Bildungsanspruch sind in diesen Angeboten bisher nicht vorgesehen. Eine Gruppe von sechs inklusiv beschulten Schüler*innen mit einer Klassifikation des ‚sonderpädagogischen Förderanspruchs im Bereich Geistige Entwicklung' war Teil der 7. Klassenstufe der beispielgebenden Gemeinschaftsschule. Aufgrund dieser Klassifikation bekamen diese Schüler*innen keine persönlichen berufsorientierten Angebote im Rahmen von BOM. Allerdings wurden dann zwei dieser Schüler*innen ab der achten Klasse auf den Hauptschulabschluss vorbereitet. Die Schulverwaltung forderte, den Förderanspruch aufzuheben, damit die Schüler*innen zum Hauptschulabschluss zugelassen werden könnten. Erst mit der Aufhebung des Förderanspruchs war eine Teilnahme an der Maßnahme der Berufsorientierung durch den externen Träger formal möglich. Damit ging jedoch einher, dass die sonderpädagogischen Ressourcen im inklusiven Setting

[4] Z. B. teilen sich im Landkreis Esslingen sechs Träger den Markt (Lkr Esslingen, 2017), sie sind zuständig für Qualifizierung und Rekrutierung von Personal und stehen in Konkurrenz um die bereitgestellten Mittel.

entsprechend gekürzt wurden und die sonderpädagogische Unterstützung der Schüler*innen insgesamt reduziert wurde.

Drei weitere Schüler*innen der Gruppe passten nach Einschätzung der Lehrkräfte nicht in die Schublade ‚Geistige Entwicklung'. Bei ihnen – wie bei einigen nicht etikettierten Schüler*innen des Jahrgangs – wurde ein ‚sonderpädagogischer Förderbedarf im Bereich Lernen' angenommen. Die Anfrage hinsichtlich berufsorientierter Beratung führte zu Verwirrung in der Abteilung ‚Berufliche Rehabilitation' der Agentur für Arbeit. Es müsse zuerst geklärt werden, wer denn eigentlich zuständig sei, wenn Schüler*innen einer Gemeinschaftsschule mit dem Etikett ‚Geistige Entwicklung' berufsorientierte Beratung im sonderpädagogischen Förderschwerpunkt ‚Lernen' wünschen. Erste Reaktion war, die betreffenden Schüler*innen an die Beratungsangebote des SBBZs mit dem entsprechenden Förderschwerpunkt anzubinden.[5]

Nun noch ein Blick auf die Systematik beruflicher Orientierung und Bildung. Für den Übergang von schulischer in die berufliche Bildung sowie für die berufliche Bildung selbst sind vielfältige staatliche Unterstützungsangebote vorgesehen. Zentrales Ziel dabei ist die Unterbringung der Zielgruppe in sozialversicherte Arbeitsverhältnisse im ersten Arbeitsmarkt. Diese Angebote werden von der Agentur für Arbeit finanziert und auf der Basis von Ausschreibungen vertragsrechtlich an Träger vergeben. Anhand einer ‚Psychologischen Untersuchung' (PU) durch die Agentur für Arbeit und unter Berücksichtigung der bisherigen Bildungsbiografie sprechen die (Reha-)Berater*innen eine Empfehlung zum Weg der Klient*innen ins Berufsleben aus. Ähnlich wie bei schulischen Übergängen wird so vorsortiert, welchen Teilnehmer*innen welches Bildungsziel zugetraut wird und welche Unterstützung ihnen dabei zugestanden werden soll. Häufig erleben die Eltern und Teilnehmer*innen die ‚Empfehlung' der Agentur als alternativlos. Inklusive Angebote außerhalb der Reha-Einrichtungen oder Werkstätten für Menschen mit Behinderung stehen kaum zur Auswahl. Die Weichenstellung vonseiten der Agentur für Arbeit vollzieht sich innerhalb enger Vorgaben und in einschränkenden Systemlogiken. Nur wem aufgrund des bisherigen Verlaufs der Bildungsbiografie sowie den Ergebnissen der PU ein Aus-

[5] Den Bedarf an Beratung für Gemeinschaftsschulen erkennend, hat ein cleverer Bildungsträger im Landkreis erst vor wenigen Wochen den Zuschlag für ein Modellprojekt zur ‚Berufsorientierung inklusiv beschulter Schüler*innen' durch die Aktion Mensch erhalten. Ob die Lösung sein kann, eine weitere zu beratende ‚besondere' Gruppe zu identifizieren und für sie ein eigenes Orientierungsprogramm zu entwickeln, soll hier nicht weiter diskutiert werden.

bildungsabschluss oder eine bestimmte Arbeitsleistung zugetraut wird, erhält Unterstützung und Zugang zu der jeweiligen Maßnahme. Der Agentur stehen in der jeweiligen Region eine begrenzte Anzahl von Maßnahmeplätzen zur Verfügung. Diese Plätze gilt es jedes Jahr entsprechend zu belegen, damit die Träger finanziert und die Maßnahmen gesichert sind. Die beauftragten Träger bieten hoch spezialisierte und personalintensive Angebote und mit viel Aufwand muss die Förderung, deren Qualität und deren Erfolg der Agentur belegt werden. Teilnehmer*innen, welche die Quote gefährden könnten, weil sie nicht im gesetzten Rahmen erfolgreich in den ersten Arbeitsmarkt gefördert werden können, kann sich ein Träger kaum leisten. Individuell angepasste Berufsbildungswege, Ausbildungsinhalte oder gar individualisierte Abschlüsse sind nicht vorgesehen. Für Schüler*innen aus dem Bereich ‚geistige Entwicklung' reicht das Angebot in der Regel vom Übergang in die ‚Werkstätten für Menschen mit Behinderung' bis zu Beschäftigungsverhältnissen auf dem ersten Arbeitsmarkt ohne Berufsausbildung. Menschen aus dem ‚SBBZ Lernen' und Hauptschüler*innen ohne Abschluss oder Ausbildungsplatz gehen im Anschluss in der Regel in unterstützte und manchmal theoriereduzierte Ausbildungsmaßnahmen. Selbstverständlich liegt die letztgültige Entscheidung bei den Eltern und den jungen Menschen selbst. Entscheiden sie sich jedoch gegen ein Agenturangebot, müssen sie sich selbst und mit hohem Aufwand um alternative Bildungswege, Unterstützung und Förderung bemühen. Die überwiegende Anzahl angebotener Maßnahmen wird in und von exklusiven Sondereinrichtungen angeboten. Damit wird „individuelle Förderung zu einem Instrument institutioneller Diskriminierung, das Individualisierung von Problemlagen festschreibt" (Danz, 2020, S. 213). Das Gleichheitsprogramm des Schulsystems wird so hinsichtlich der Leistungserwartung unterstützt und die tatsächlichen Differenzen werden verdeckt: „Individuelle Förderung droht zur zentralen Regierungstechnik zu werden und nicht zum Anlass individueller Bildungsbiographien" (Berkemeyer, 2016, S. 28, zitiert nach Danz, 2020, S. 213).

Am Beispiel wird deutlich: ein holpriger, aber immerhin gegangener 9-jähriger inklusiver Bildungsweg stößt im Hinblick auf den Schulabschluss und den Übergang in die Berufsvorbereitung auf manifeste Barrieren. Die Anschlusssysteme der Agentur für Arbeit und beauftragte Bildungsträger sind weder in ihrer Beratung noch ihren Bildungsangeboten auf einen inklusiven Bildungsanspruch vorbereitet. Noch haben die Träger und die Agentur ihre Systemlogiken nicht hinterfragt und an die Forderungen inklusiver Bildung angepasst. Die Orientierung an sonderpädagogischen Förderschwerpunkten und an schultypenspezifischen Abschlusszielen führt zu Segregation in Sondereinrichtungen. Deshalb ist Danz zuzustimmen, wenn sie feststellt: „Stattdessen wird inklusive

Bildung immer noch der Disziplin Sonderpädagogik zugeschrieben, Inklusion wird regelrecht ‚sonderpädagogisiert'" (Biermann, 2019, S. 19 ff., zitiert nach Danz, 2020, S. 213).

4 Fazit

> „Mithin wird es nicht ausreichen, die Texte der Menschenrechtsverträge zu kennen (wobei dies ein Anfang sein kann), sondern diese Prinzipien im pädagogischen Handeln zu re-kontextualisieren." (Danz & Sauter, 2020, S. 9)

Die Beispiele machen sichtbar, dass viele Akteur*innen des Bildungssystems mit der Re-Kontextualisierung menschenrechtlicher Vorgaben bestenfalls in den Kinderschuhen stecken. Es ist bisher nur ungenügend gelungen, eine gemeinsame, gesellschaftlich akzeptierte, handlungsleitende und menschenrechtsbasierte Vorstellung eines ‚inklusiven Bildungssystems auf allen Ebenen' zu entwickeln. Die in Folge der Verabschiedung der Konvention auf allen Ebenen entstandenen Aktionspläne erscheinen aus heutiger Sicht gut gemeint, jedoch hinsichtlich einer kollektiven Bewusstseinsbildung oberflächlich und ohne tiefgreifende Wirkung zu bleiben.

Weiter machen die Beispiele sichtbar: an der Ausgestaltung konkreter Bildungsangebote ist eine Vielzahl von Systemen und Handelnden beteiligt. Ansätze, die sich auf die inklusionsorientierte Entwicklung einzelner Systeme oder Institutionen konzentrieren, greifen zu kurz.

Inklusion als Entwicklungsauftrag wird innerhalb der beteiligten Institutionen und Systeme unterschiedlich interpretiert und angenommen. Die Entwicklungsgeschwindigkeiten der beteiligten Systeme sind unterschiedlich und von z. T. sich widersprechenden Interessen bestimmt. Eine gemeinsame und koordinierte Entwicklung struktureller und ideeller Art, ausgerichtet am Ziel der Schaffung eines inklusiven Bildungssystems, findet derzeit nicht statt. Eine „inklusive Kultur" (Booth & Ainscow, 2003, S. 15) wäre jedoch eine wesentliche Voraussetzung für das Gelingen inklusiver Entwicklung.

Dieser Aspekt sollte in der Steuerung der Prozesse eine größere Beachtung finden. Die Erfahrungen der vergangenen 10 Jahre zeigen, wie schwer es den etablierten Akteuren der Bildungs-, Unterstützungs- und Hilfesysteme fällt, die mit dem Inklusionsverständnis der UN-BRK grundsätzlich veränderten Perspektiven einzunehmen. Ein Ansatz könnte sein, verstärkt mit Akteur*innen gelingender und inspirierender Praxen (Powell & Merz-Atalik, 2019) zusammen die Barrieren und die Möglichkeiten der Überwindung zu eruieren, um daraus die notwendigen systemübergreifenden Steuerungsmaßnahmen abzuleiten.

Literatur

Berkemeyer, N. (2016). Chancengerechtigkeit. gewollt ungewollt? In Jungkamp, B. & John-Ohnesorg, M. (Hrsg.), *Soziale Herkunft und Bildungserfolg* (S. 25–31).

Biermann, J. (2019). *Sonderpädagogisierung der Inklusion*. Bundeszentrale für politische Bildung (Hrsg.). Aus Politik und Zeitgeschichte: Menschen mit Behinderung. Berlin 69. Jahrgang, 6–7/2019, (S.19–23).

Booth, T., & Ainscow, M. (2003). *Index für Inklusion*. Übersetzt, für deutschsprachige Verhältnisse bearbeitet von I. Boban & A. Hinz. Martin-Luther-Universität Halle-Wittenberg.

Danz, S. (2020). Leistungsheterogenität und inklusionsorientierte Lernarrangements. Reflexion unterschiedlicher Professionsverständnisse im Kontext von Bildungsgerechtigkeit. *Inklusion, Menschenrecht, Gerechtigkeit. Professionstheoretische Perspektive* (S. 231–240). Ev. Verlag.

Danz, S., & Sauter, S. (2020). Inklusion, Menschenrecht, Gerechtigkeit- Menschenrechtsbildung für alle? *Inklusion, Menschenrecht, Gerechtigkeit. Professionstheoretische Perspektive* (S. 8–26). Ev. Verlag.

Hollenbach-Biele, N., & Klemm, K. (2020). *Inklusive Bildung zwischen Licht und Schatten: Eine Bilanz nach zehn Jahren inklusiven Unterrichts*. Bertelsmannstiftung Gütersloh.

Kitzenmaier, R. (2020). *Eingliederungshilfen für Kinder und Jugendliche mit Behinderung in Baden-Württemberg 2018. Ein Sachstandsbericht – 10 Jahre nach Inkrafttreten der UN-Behindertenrechtskonvention*. https://www.statistik-bw.de/Service/Veroeff/Monatshefte/PDF/Beitrag20_04_03.pdf?TSPD_101_R0=083bd47448ab2000ff138c7679dfe38d28485ee45f9969b28977241069981cbb590b5e1fcbcaa42e08e3d65f241430005e94310145f0ea6bbd80636ce2cb547400537854e888c087fca2b5b53eafc9da91888c506a41b9d21b7212739741447d. Zugegriffen: 24. Aug. 2022.

Landkreis Esslingen. (2017). *Konzeption Schulbegleitung*. https://www.landkreis-esslingen.de/site/LRA-Esslingen-ROOT/get/params_E-472416734/14087883/16-2017%20Anlagen%20komplett.pdf. Zugegriffen: 24. Aug. 2022.

Merz-Atalik, K. (2018). Von einem Versuch ‚der Integration der Inklusion in die Segregation'. Aktuelle Daten und Fakten zur schulischen Inklusion in Baden-Württemberg. *inklusion online*. https://www.inklusion-online.net/index.php/inklusion-online/article/view/508. Zugegriffen: 24. Aug. 2022.

Powell, J. J. W., & Merz-Atalik, K. (2019). Teaching diverse learners in Europe: Inspiring practices and lessons learned from Germany, Iceland, Lithuania, Luxembourg, Spain and Sweden. In A. J. Artiles et al. (Hrsg.), *SAGE handbook of inclusion and diversity in education* (S. 321–337). SAGE.

Schulgesetz für Baden-Württemberg (SchG), Landesrecht BW. (1983 & i.d.F.v. 01.08.1983). https://www.landesrecht-bw.de/jportal/?quelle=jlink&query=SchulG+BW&psml=bsbawueprod.psml&max=true&aiz=true. Zugegriffen: 24. Aug. 2022.

Peter Hudelmeier-Mätzke war von 2007–2017 wissenschaftlicher Mitarbeiter an der Pädagogischen Hochschule Ludwigsburg mit dem Schwerpunkt ‚Inklusive Schulentwicklung'. Danach unterrichtete er in inklusiven Bildungsangeboten und ist heute Schulleiter einer Sonderberufsschule.

Kontakt: p.hudelmaier-m@online.de

Steuerung als Aneignungsstrategie? Wenn Sonderpädagog*innen Inklusion in die eigenen Hände nehmen

Josefine Wagner

1 Einleitung

Von April bis Juli 2018 besuchte ich regelmäßig den Unterricht an einer deutschen Grundschule und führte abschließend Interviews, u. a. mit der Sonderpädagogin, die mit einigen Kindern aus der Klasse in getrennten Kleingruppen gearbeitet hatte. Als wir über das Arbeitsverhältnis zwischen ihr und ihren Lehrerkolleg*innen sprachen, schilderte sie mir folgende Einsichten:

> „Sie [eine Lehrkraft] hat die Kinder gut voran gebracht, aber sie hat dann auch erwartet, dass ich ihre Hilfslehrerin bin. Und das bin ich nicht. Das musste ich bei einigen Kollegen sagen: Nee, nee, so geht es nicht. Nein. Manchmal habe ich da schon gedacht. So schwierig das zum Beispiel in der Alice Salomon - Schule[1] war, auf der Sonderschule, aber da hatte ich meine eigene Klasse und da konnte ich so arbeiten, wie ICH das für richtig halte. […]
>
> Natürlich habe ich hier, ich habe mir selber meine Rolle gewählt nur als Sonderpädagogin und da muss man das natürlich auch aushalten, dass man da also nicht so ganz, dass es eben nicht wie als Klassenlehrer. Der Klassenlehrer ist der Entscheidende." (21.06.2018, Z. 523–527 […] Z. 547–549)

[1] Die Namen der Schulen, Pädagog*innen und Schüler*innen, die in diesem Aufsatz erwähnt werden, sind pseudonymisiert.

J. Wagner (✉)
Universität Innsbruck, Innsbruck, Österreich
E-Mail: josefine.wagner@uibk.ac.at

R. Kruschel und K. Merz-Atalik (Hrsg.), *Steuerung von Inklusion!?*, Educational Governance 52, https://doi.org/10.1007/978-3-658-40103-0_19

Die Sonderpädagogin stellte zwei Spannungsverhältnisse auf: Sie kontrastierte ihre Berufserfahrungen an der Sonderschule mit denen an der inklusiven Schule und verglich die Entscheidungsmacht der Klassenlehrer*innen mit der Ohnmacht der Sonderpädagog*innen. Bezüglich ihrer Arbeitserfahrungen vor und nach der Implementation der UN-Behindertenrechtskonvention (UN-BRK) und dem Recht auf inklusive Bildung in Deutschland (2009) stellte sie fest, dass die Arbeit an der Sonderschule zwar herausfordernd war, aber dort zweifelte niemand ihre Position als vollwertige Lehrerin an. Schließlich hatte sie dort ihre ‚eigene Klasse'. Hier klingt bereits an: Die Sonderpädagogin erinnert sich an ihr Berufsleben in der Sonderschule mit Stolz. Die Degradierung zur ‚Hilfslehrerin' weist sie zurück. Sie habe ihre speziellen Aufgaben und sei nicht die Handlangerin anderer. Wohingegen sie an der Sonderschule ihren Unterricht so durchführen konnte, wie sie ‚das für richtig halte', muss sie sich nun unterordnen. In der von ihr umschriebenen Hierarchie, ‚Hilfslehrer*innen', sie als Sonderpädagogin – Lehrer*innen, die delegieren dürfen – Klassenlehrer*innen als ‚Entscheider*innen', verortet sie sich als schwächstes Glied. In der Sonderschule war sie noch diejenige, die entscheiden durfte, nun sind es die anderen Lehrer*innen, allen voran die Klassenlehrer*innen. Nichtsdestotrotz findet sie sich in die Rolle der zuarbeitenden Lehrkraft hinein, in dem sie bestärkt, dass sie selbst ‚nur' die Arbeit der Sonderpädagogin gewählt habe und erkennt die Autorität der Klassenlehrer*in als diejenige, die entscheidet, an.

Das Bild einer Schule, die eine erfolgreiche inklusive Schulentwicklung durchläuft (Schön & Stark, 2014) und „gelungene Kooperationskonstellationen im inklusiven Unterricht" (Bender & Heinrich, 2016, S. 91) etabliert, bleibt aus, womit eine wesentliche Frage des *Index for Inclusion* (Booth & Ainscow, 2002) „Do staff treat each other with respect irrespective of their roles in the school?", zu verneinen ist. Trotz aller Passivität und Enttäuschung, die sich in den Aussagen der Pädagogin widerspiegeln, lässt sich auch erkennen, dass diese Akteurin im Gefüge der inklusiven Schule einen Handlungsspielraum für sich erstritten hat (Rürup, 2016). Denn: ‚Nee, nee, so geht es nicht'. Wie es geht und welche Formen und Wege der Aneignung Sonderpädagog*innen in inklusiven Settings wählen, um eventuell die Gestaltung inklusiver Ressourcen und Strukturen zu steuern, soll Gegenstand dieses Kapitels sein. Demnach werden hier Sonderpädagog*innen als „Steuerungsakteure mit multiplen Interessen" (Altrichter & Maag Merki, 2016, S. 4) ergründet, um Einsichten darin zu gewinnen, wie Spielräume, die sich durch die inklusive Schulentwicklung ergeben haben (Koch & Textor, 2015), auf der Mikroebene des schulischen Alltags ausgestaltet werden.

Mit diesem Anspruch wähle ich einen ethnographischen Zugang, der Feldnotizen und Interviews von drei Schulstandorten zusammenführt. Jeweils eine der Schulen befindet sich in einer Stadt in Polen, Österreich und Deutschland, womit sich auch die Frage anschließt, inwiefern Sonderpädagog*innen ähnliche Erfahrungen in vergleichbar segregierenden Schulsystemen Zentraleuropas machen (Prengel, 2005; Demeuse & Baye, 2008; Eurydice, 2020) und wodurch sich die „Sonderpädagogisierung der Inklusion" (Biermann, 2021, S. 168) vor Ort individuell ausgestaltet?

2 Sonderpädagog*innen an inklusiven Schulen

Vertragsstaaten, die die UN-BRK ratifizieren, verpflichten sich zu

> „geeignete[n] Maßnahmen zur Einstellung von Lehrkräften, einschließlich solcher mit Behinderungen, [...] und zur Schulung von Fachkräften [...]. Diese Schulung schließt [...] die Verwendung geeigneter ergänzender und alternativer Formen, Mittel und Formate der Kommunikation sowie pädagogische Verfahren und Materialien zur Unterstützung von Menschen mit Behinderungen ein" (Art. 24.4, UN-BRK).

Somit ist adäquat ausgebildetes Personal ein wesentlicher Bestandteil des Rechts auf inklusive Bildung. In der inklusiven Schule fällt sonderpädagogische Expertise häufig den Lehrkräften zu, die spezialisierte Qualifizierungen aufweisen, wie beispielsweise das Studium der Sonderpädagogik. Das Anforderungsprofil an allgemeinen Schulen unterscheidet sich jedoch stark von der früheren Tätigkeit an Sondereinrichtungen: vom „kindzentrierten" Unterrichten in eigenen Klassen (Werning, 2010, S. 8) hin zu einer „deutlich stärker beratenden und organisierenden Rolle", die von Sonderpädagog*innen ein „hohes Maß an Flexibilität" in ihrer täglichen Arbeit an inklusiven Schulen verlangt (Dorniak, 2019, S. 239).

In Deutschland war im Jahr 2016, „mehr als die Hälfte der Lehrkräfte über 50 Jahre alt" (Bildungsberichterstattung, 2018), in Österreich befanden sich im Schuljahr 2020/21, 17 % der Lehrer*innen in der Spanne der 55 bis 59 Jährigen (Statistik Austria, 2022) und in Polen fiel ein Drittel in die Altersgruppe 50 und älter (OCED, 2021). Dabei stellt sich die Frage, wie Pädagog*innen, die ihre berufliche Sozialisation unter den Vorzeichen traditioneller Sonderpädagogik erfahren haben, d. h. in segregierenden Einrichtungen und im Geiste des medizinischen Modells von Behinderung, als Motoren für eine gelingende

Teilhabe von Kindern mit sonderpädagogischem Förderbedarf (SPF) fungieren können? Ein Blick in die Professionsforschung stellt die Bedeutsamkeit der „biographisch erworbenen Einstellungen und Haltungen“ als wesentliche Dimensionen des Professionalisierungsprozesses für Sonderpädagog*innen heraus (Moser, 2016, S. 667). In Erhebungen zu beliefs von Sonderpädagogikstudent*innen zeichnet sich ab, dass diese davon ausgehen, eine besondere Haltung zu ‚ihren‘ Schüler*innen zu haben (Moser et al., 2014, S. 665), die wiederum voraussetzt, Schüler*innen mit SPF als anders und ‚geschädigt‘ zu konstruieren. Durch diese „dialogische Haltung“ (Moser, 2003) findet eine Grenzmarkierung zwischen Sonderpädagog*innen und anderen pädagogischen Kolleg*innen statt. Durchaus identitätsstiftend für die berufliche Entwicklung ist somit für Sonderpädagog*innen die Arbeit mit ‚ihren‘ Kindern.

Zu erwähnen wäre hier, dass eine solche Sicht auf das Kind mit SPF einem Blick auf Behinderung Vorschub leistet, der wesentlich stärker am individuellen Modell orientiert ist, als eine kritische Betrachtung von Behinderung als sozialkonstruiertes Phänomen, wie es in der UN-BRK angelegt ist.

3 Ethnographische Forschung an Schulen der Primarstufe

Die vorliegenden empirischen Daten stammen aus einer ethnographischen Studie (Wagner, 2023) dreier Schulstandorte in Polen, Österreich und Deutschland in der Zeit zwischen 2016 und 2018. An jeder Schule verbrachte ich 100 h als teilnehmende Beobachterin (Breidenstein, 2007; Erickson, 1985). Da jede Gemeinschaft ihre eigenen kulturellen Riten, Sprachweisen und Praktiken entwickelt, gilt es diese durch Feldforschung zu beobachten und in ihren Eigenheiten und Tiefen zu beschreiben (Erickson, 1984; Geertz, 1973). Als Ethnographin, die Ausprägungen inklusiver (und exklusiver) Diskurse und Praktiken in Schulen erforscht, suchte ich danach, wie Differenzlinien gezogen und begründet wurden. Wer ist das ‚wir‘ und wer sind die ‚anderen‘? Wer gehört zur allgemeinen Schule und wer wäre anderswo besser aufgehoben? Wann lernt wer, wo und wie? Welche Kinder gelten in welchem Kontext als ‚störend‘, ‚schwierig‘ oder als Bereicherung für die Klasse? Die Feldnotizen, die ich zuerst in einem Forschungstagebuch während der Schulzeit festhielt und dann nachmittags in längeren Schriftdateien weiterentwickelte, bilden das Datenmaterial, auf das ich mich hier beziehe. In der Auswertung der Feldnotizen orientierte ich mich an Ericksons Vorgaben, indem ich das gesamte Datenmaterial wieder und wieder durchsuchte und dabei Kategorien und thematische Stränge aufstellte, die es mir erlaubten, „to interpret data with regard to recurring phenomena, discursive representations and cultural practices“ (Erickson, 1986, S. 146).

Die „cross-cultural“ Komponente (Foley et al., 2000), das Nebeneinanderplatzieren dreier nationaler Kontexte, bot überdies eine spannende Analysefolie, durch die sich für mich Eigenheiten in der Interpretation inklusiver Grundpfeiler abgeleitet aus der UN-BRK entdecken ließen (Carney, 2008; Marcus, 1995). Als unterschiedlich stark segregierende Schulsysteme boten alle drei Länder Anlass, sich damit zu beschäftigen, wie sich ihre Pädagog*innen den inklusionsorientierten Vorgaben widmeten und das Leben an Schulen durch die Interpretation ihres eigenen Berufsbildes beeinflussten.

Am Ende eines Beobachtungszykluses führte ich Expert*inneninterviews (Meuser & Nagel, 1991) mit den Pädagog*innen und den Schulleitungen. In Polen war die Sonderpädagogin eine Kollegin von sechs Interviewpartner*innen, in Österreich eine von vier und in Deutschland eine von sieben. Die drei Schulen waren inklusive, innerstädtische, staatliche Einrichtungen. Die deutsche Schule befand sich in einem prekären Arbeiter*innenbezirk, der dem Großteil der Klasse das Mittagessen für einen Euro bezuschusste. Die österreichische Schule lag in einer Gegend, die von den Lehrer*innen als ‚ghettoisiert‘ beschrieben wurde. Hier besuchten Kinder aus 14 verschiedenen Nationen den Unterricht. Die polnische Schule war ebenfalls eine städtische Grundschule, die als ‚szokola masowa‘ bezeichnet wurde, eine Schule für die ‚Massen‘, womit ihre hohe Schüler*innenzahl gemeint war und ein Unterrichtskonzept, das auf wenig Differenzierung setzte.

Die Ratifizierung der UN-BRK beschäftigte die drei Schulen auf ähnliche Weise. Polen, das 2012 die UN-BRK ratifiziert hatte, versuchte mit individuellen Unterrichtsplänen, der Etikettierung von sonderpädagogischem Förderbedarf, der Aufstockung an Sonderpädagog*innen und der Möglichkeit, Einzelunterricht nach Hause zu verlagern, den Vorgaben nachzukommen. Deutschland (2009) und Österreich (2008) versuchten durch die Schließung von Sonder- und Förderschulen, der Vergabe eines sonderpädagogischen Förderbedarfs (SPF) und mithilfe von Pädagog*innen, die über sonderpädagogische Expertise verfügten, an den Grund- und Volksschulen ein inklusives Angebot zu schaffen.

4 Drei Länder – *eine* Strategie? Einblicke in die Schulen

Von den drei Sonderpädagoginnen, die hier zu Wort kommen, entsprach die deutsche Kollegin, Frau Müller, dem oben genannten statistischen Trend, in dem sie mit ca. 40 Jahren Berufserfahrung fortgeschrittenen Alters war. Die österreichische

Kollegin, Frau Thum, blickte auf 20 Jahre Berufstätigkeit zurück, die sie in einer Behinderteneinrichtung begonnen hatte bis sie vor ca. drei Jahren das Studium zur Sonderpädagogin absolviert hatte. Die polnische Kollegin, Frau Nowak, war eine junge Berufseinsteigerin. Alle drei Pädagoginnen hatten erste berufliche Erfahrungen und damit ihre professionelle Identitätsbildung an Sondereinrichtungen begonnen.

4.1 An einer polnischen Szkola Podstawowa: Aneignung eines Zeitraums

An der polnischen Schule beobachtete ich eine Klasse, in der sich ein elfjähriges Kind befand, das den SPF *niedostosowanie społeczne,* also ‚sozial unangepasst', trug. Im deutschsprachigen Kontext wäre diese Diagnose mit Kriterien des Förderstatus ‚emotional-sozial' zu vergleichen. Kinder, die diesen Förderstatus tragen, zeigen meist gewalttätiges Verhalten und befinden sich mit ihren Taten an der Schwelle zur Jugenddelinquenz. Auch das Kind, um das es in der folgenden Feldnotiz geht, hatte bereits Kontakt mit der Polizei und einem Jugendgericht. Aus Datenschutzgründen verzichte ich hier auf Namen sowie eine geschlechtliche Zuordnung.

Feldnotiz vom 24.11.2016

*Die Sonderpädagogin und das Kind betreten gemeinsam den Unterrichtsraum. Es ist ruhig in der Klasse. Alle anderen Schüler*innen sitzen bereits über ihre Hefte gebeugt. Das Kind mit Förderbedarf setzt sich und beginnt die Notizen von der Tafel in das Heft zu übertragen. Die Pädagogin flüstert mit dem Kind. Sie schaut zur Tafel und zurück auf das Heft, sie scheint zu diktieren, was noch fehlt. Nach einer Weile beginnt die restliche Klasse mit dem Vorrechnen der Aufgaben an der Tafel. Die Schülerin vorne links beginnt. Das Kind mit SPF hebt die Hand und möchte auch vorrechnen, aber die Lehrerin ruft die Kinder der Reihe nach auf. Sie fordert alle auf, ihre Hände herunterzunehmen. Das Kind schnaubt genervt, nimmt die Hand runter und schaut die langen Reihen entlang, die noch vor ihm liegen bis es selbst vorrechnen darf. […] Zum Ende der Stunde durfte jedes Kind vorrechnen. Es klingelt. Die Schüler*innen verlassen das Klassenzimmer. Sonderpädagogin und Kind bleiben sitzen.*

Frau Nowak fungierte in der Klasse als Schutzschild zwischen den anderen Schüler*innen und dem Kind mit SPF. Sie sorgte nicht nur dafür, dass das Kind seiner schulischen Arbeit nachkam, sondern achtete auch darauf, dass es in den Pausen beschäftigt war. Durch die räumliche Trennung zu anderen Kindern, die zu jeder Pausenzeit herrschen sollte, kam es vor, dass Sonderpädagogin und

Schüler*in nicht vor der Klasse mit den anderen Kindern warteten, sondern die Pausenzeit im Arbeitszimmer der Pädagogin verbrachten. Dann malte Frau Nowak mit dem Kind Mandalas aus oder beschäftigte es mit Computerspielen an ihrem PC. Da die Pausen kurz waren, betraten Schüler*in und Sonderpädagogin den Unterricht häufig zu spät. Somit fiel der gemeinsame Einstieg in die Stunde für das Kind weg und es musste sich schnell an der Arbeit der anderen orientieren.

In den Mathematikstunden fand selten sozialer Austausch zwischen den Kindern statt. Für den*die Schüler*in mit SPF schwanden weitere Möglichkeiten, mit den Mitschüler*innen in Kontakt zu treten. Sowohl während des Frontalunterrichts als auch während der Pausenzeiten stand das Kind unter Beobachtung der Pädagogin, womit sich bei mir bereits ein erster Eindruck eines Kindes unter Verdacht deutlich machte. Frau Nowak hatte erst Resozialisation studiert und dann Psychoonkologie und Oligophrenie. Ihre Abschlüsse befähigten sie laut eigener Aussage dazu, mit Kindern zu arbeiten, die Entwicklungsverzögerungen aufzeigten, Kinder mit Autismus und Down-Syndrom. Ihre Studiengänge korrespondierten mit Abzweigungen der Defektologie, wie sie in der sowjetischen Prägung sonderpädagogischer Rehabilitation und Fürsorge existierten (Florian & Becirevic, 2011). Sie reflektierte ihre berufliche Praxis:

> „In Polen gibt es einige Einrichtungen – keine Gefängnisse, Gefängnisse sind für Erwachsene, aber Einrichtungen für Kinder, die Verbrechen begangen haben. Wir haben eigene Einrichtungen dafür. Die sind geschlossen. Kinder im Alter zwischen 13 und 18 Jahren lernen dort und erhalten viele Therapien. Es ist eine Zwischenform von Zuhause und geschlossener Schule: Młodzieżowy Ośrodek [Jugendzentrum]. […] Das Kind ist nicht mehr so aggressiv, es macht immer, was ich will, immer die Aufgaben, die ich ihm gebe und es erhält auch gute Noten, aber ich weiß, dass es nicht hierher gehört." (02.12.2016, Z. 252–259)

Frau Nowaks erster Abschluss befähigte sie an Einrichtungen für straffällige Jugendliche zu arbeiten. Sie war nun an einer Grundschule tätig. Noch war das Kind im Alter von elf Jahren zu jung, um in den Jugendeinrichtungen aufgenommen zu werden. Trotz ihrer Interventionen, die sie als hilfreich für die Entwicklung des Kindes beschreibt, sieht sie den Platz des Kindes nicht an der allgemeinen Schule. Sie glaube, das Kind sei überfordert mit der Größe der Klassen und den vielen Reizen, dem es täglich ausgesetzt ist. Aus ihrer Erfahrung in der Arbeit mit Kleingruppen generiert sie die Einsicht, dass eine Grundschule mit 500 Kindern keine angemessenen Unterstützungsangebote liefern kann. Ihre eigene Rolle, die sie in der zunehmenden Isolation des Kindes spielt, reflektiert sie kaum. In der inklusiven Schule ähnelt ihr Verhalten und ihr pädagogisches

Repertoire eher einer Bewährungshelferin, in dem sie sicherstellt, dass das Kind nicht erneut ‚straffällig' wird. Dabei steht sie allerdings auch der Möglichkeit im Weg, dass Kind und Klasse eine positive Beziehung eingehen können. Frau Nowak treibt die Vereinnahmung der Pausenzeit im Auftrag der Schulleitung voran. Sie habe sich um das Kind kümmern sollen so lange bis die Schule eine Bewilligung für den individuellen Unterricht des Kindes erwirkt hatte. Das Kind sollte zuhause von den Lehrer*innen der Schule besucht werden, um der Klassengemeinschaft fern zu bleiben. Frau Nowak war demnach durch ihre Vorerfahrungen als Resozialisierungspädagogin für die Arbeit mit dem Kind angestellt worden und weniger mit der Absicht, inklusive Schulstrukturen, Praktiken und Diskurse zu befördern. Auch im inklusiven System und den Pausenzeiten konnte sie die Pädagogin sein, die in segregierten Einrichtungen, wie den Jugendzentren für Straffällige, gebraucht wurden.

4.2 An einer österreichischen Volksschule: Aneignung eines Raumes

Frau Thum unterrichtete drei Schüler*innen mit attestiertem SPF, die regelmäßig ihren Klassenraum aufsuchten. Keines der Kinder besuchte die vierte Klasse, in der ich die meiste Zeit meiner Beobachtungen durchführte. Während meines Aufenthalts von März bis Juni 2017 besuchte ich gelegentlich ihren Unterricht.

Feldnotiz vom 04.05.2017

*Die Sonderpädagogin arbeitet mit einem Kind. Sie üben, wie man Silben zusammenzieht und beschäftigen sich mit den unterschiedlichen Lauten, die die Buchstaben v und f machen. Die*der Schüler*in schreibt Wörter mit v in ihr*sein Heft. Ich frage die Pädagogin, ob sie das Arbeitsmaterial selbst hergestellt hat? ‚Ja, aber manches kommt auch von einer anderen Quelle.', sagt sie. Ich frage weiter, ob sie denn ein Budget für ihr Arbeitsmaterial hat. Sie sagt nein, aber, dass sie Dinge auf eine Wunschliste für das nächste Semester setzen darf. Sie sei noch nicht lange genug hier, um Einfluss darauf nehmen zu können, was die Schule für das nächste Jahr organisiert, sagt sie mir. Dann wendet sie sich wieder dem Kind zu. Sie macht einen kleinen Witz und sagt lächelnd: ‚Hier können wir langsam sein und wir selbst sein.' Sie schaut ihr beim sorgfältigen Schreiben der Wörter zu.*

Frau Thum lässt sich als erfahrene Kollegin beschreiben, deren Berufsleben bisher geprägt war von der Arbeit mit Menschen mit Behinderungen. Bis zu dem Zeitpunkt, da sie sich für das Sonderpädagogikstudium entschied, hatte sie ihre ‚gesamte Laufbahn so in dieser Behindertenbetreuung verbracht'. Erst seit ca.

zwei bis drei Jahren war sie als ausgebildete Sonderpädagogin auch an inklusiven Schulen tätig. Zum Zeitpunkt unseres Gesprächs absolvierte sie gerade das erste vollständige Schuljahr an der Schule, an der ich meine Beobachtungen durchführte. In unserem Gespräch teilte sie mir mit, dass:

> „ich das jetzt eigentlich schon genieße mal so richtig – ich empfinde es als richtigen Unterricht, oder? Dass ich so richtig pädagogische Inhalte irgendwie vermittle und nicht nur mich jetzt kümmere um Essen und Windeln wechseln und waschen und so basale Fertigkeiten halt. Also ich genieße irgendwie so dieses Feld jetzt auch mal, dass ich mich da erproben kann." (09.05.2017, Z. 449–454)

Für Frau Thum stellt die Arbeit als Sonderpädagogin eine Aufwertung ihres Tätigkeitsfeldes dar. Sie darf ‚pädagogische Inhalte vermitteln' und sich ‚erproben', wie den Unterschied von f und v erklären, wohingegen sie ihre frühere Arbeit als ‚basale Fertigkeiten' beschreibt, die davon geprägt waren, eine mechanische Befriedigung von menschlichen Grundbedürfnissen auszuführen. Ihr eigener ‚Genuss' steht bei den veränderten Arbeitsbedingungen an der Volksschule im Vordergrund. Sie genießt es, pädagogisch zu arbeiten und nun ‚richtigen Unterricht', ‚mal so richtig', ‚richtig pädagogische Inhalte' zu vermitteln.

Die Authentizität und Wertigkeit ihrer eigenen Arbeit wird allerdings von den Lehrkräften an der inklusiven Schule drastisch infrage gestellt, aus Sicht der Sonderpädagogin. Sie erfährt eine Schmähung der eigenen Tätigkeit, obwohl sie sich doch eigentlich erhofft hatte, sich von der ehemals ‚abwertenden' Arbeit in der Behindertenbetreuung emanzipiert zu haben. Folgende Einschätzungen zu ihrer Arbeit machen ihre Enttäuschungen deutlich:

> „[…] aber das spiegelt einfach wider, wie die Haltung ist, dass die Klassenlehrerin: Kommt's jetzt alle in meine Klasse! Jetzt ist Schluss mit der Kinderspielstunde – da! Oder solche Aussagen, die eigentlich ja meine ganze, gesamte Arbeit völlig in Frage stellen, oder? Auch die Wertigkeit der Kinder völlig also entwertet die Kinder ja total, oder? Schluss mit der Spieletante. Jetzt gehen wir wieder arbeiten. […] Und ich steh halt einfach da und sag halt einfach nichts. Und dies, also ich weiß ja, dass ich das nicht auf Dauer machen kann, weil das ist ja nicht gut für mich, geh? […] Ich bin immer so die… die Tante, was sich halt um die Deppen kümmert. Damit sie es nicht machen müssen, weil es nämlich auch eine Herausforderung ist, als Lehrerin, oder? Wenn man sich dann um so ein Kind auch noch kümmern müsste. Also, ich bin schon, glaub ich, willkommen und gern gesehen, weil ich einfach auch viel Entlastung bringe für die Lehrerinnen, aber ich bin halt die Tante, die sich um die dummen Kinder kümmert und ich tue halt ein bisschen mit ihnen spielen so von der Einstellung her und das spürt man einfach auch, oder? Das spüren auch die Kinder." (09.05.2017, Z. 426–444)

Frau Thum wurde aufgrund ihrer Expertise, die sie in segregierten Einrichtungen erlangt hat, an einer inklusiven Schule angestellt. Obwohl sie den Lehrer*innen ‚Entlastung bringe‘, erfährt sie keine Würdigung ihrer Arbeit. Die Kinder mit SPF können den Leistungserwartungen der Gesamtgruppe nicht entsprechen und werden somit als Problem für die Lehrkräfte dargestellt. Mit diesem problemhaften Charakter fühlt sich die Sonderpädagogin assoziiert. Ihre eigentliche Intention für den Berufswechsel – eine Aufwertung ihrer Tätigkeit durch intellektuell herausfordernde Arbeit – wird enttäuscht. Sie erfährt sich als ‚Tante für die Dummen‘, ihr Unterricht ist die ‚Spielstunde‘ und ihre Schüler*innen werden in ihren Augen als ‚Deppen‘ bezeichnet. Frau Thum erstreitet sich jedoch eine Veränderung in ihrem Arbeitsumfeld.

> „Letztes Jahr war ich ganz viel in der Klasse, weil da haben wir keinen Raum gehabt. Da bin ich immer vor der Klasse auf dem Tisch oder auf dem Boden gewesen. Und da habe ich dann viel mehr Kontakt mit der Gesamtklasse gehabt und sie haben das alle genossen, dass jemand da war.“ (09.05.2017, Z. 73–75)

Obwohl ihre Präsenz in der Gesamtklasse von den Kindern ‚genossen wurde‘, erwirkt Frau Thum, dass sie einen eigenen Klassenraum erhält. Dies ist der entscheidende Schritt hin zu ihrer beruflichen Selbstbestimmung im Kontext der inklusiven Vorgaben, unter denen sie arbeitet.

> „Also jetzt in Mathe sind sie so weit weg von den anderen, die genieren sich auch irgendwie, geh? Die arbeiten total gern und in Ruhe und motiviert und sie wollen da eigentlich gar nicht so viele Berührungspunkte, glaube ich […] Weil das ja schon für die Kinder peinlich ist, wenn alle machen, was ganz anderes und du musst dann, weil ich die haben dann auch verweigert das Hilfsmaterial zu verwenden, weil's natürlich blöd ausschaut. Und wenn wir hier sind, [auf den Boden im sonderpäd. Raum zeigend], nehmen sie es einfach, weil es hilft. Weil es wirklich hilft.“ (09.05.2017, Z. 275–278)

Hier im ‚SPF Raum‘ darf sie die ‚richtige‘ Lehrerin sein, da ihre Lernmaterialien genutzt werden und sich ihre Kinder wie andere Schüler*innen verhalten, d. h. ‚total gern und in Ruhe arbeiten‘. Ihre Rechtfertigung für die räumliche Trennung und den eigenen Klassenraum produziert sie auf der Ebene des Kindes, das sich ‚genieren‘ würde im gemeinsamen Unterricht. Im sonderpädagogischen Klassenraum darf es so sein, wie es ist: langsam und individuell. Den Wunsch nach wenigen Berührungspunkten mit den selbstwertschädigenden Lehrerkolleg*innen überträgt sie auf die Kinder, die sich ihrer Meinung nach weniger Nähe zu den Klassenkamerad*innen wünschen. Als die ‚Spieletante‘ und die ‚Tante für die dummen Kinder‘ sieht sie ihre eigene Gesundheit gefährdet, denn diese Zuschreibungen, diese Herabwürdigung ihrer Arbeit und die der Kinder mache sie krank. In aller Ruhe unterstützt sie die Arbeit des Kindes im SPF-Raum. Sie ist am Ziel ihrer Vorstellungen für ihre Arbeit angekommen. Ob das Kind sich in diesem Umfeld als fähig, selbstbewusst und dazugehörig fühlt, lässt sich in diesem Moment nicht feststellen.

4.3 An einer deutschen Grundschule: Aneignung einer Gruppe

In der sechsten Klasse, die ich an der deutschen Grundschule beobachtete, befanden sich zwei Kinder, die erst vor kurzem von Syrien nach Deutschland geflohen waren. Im Lauf des letzten Schuljahres hatten sie ihre Deutschkenntnisse laut der Lehrer*innen erheblich ausgebaut. Das Kollegium entschied jedoch, dass Esra und Omid zusammen mit den Mädchen, die einen SPF diagnostiziert hatten, Sophie und Tula, regelmäßigen Förderunterricht in Kleingruppen von Frau Müller, der Sonderpädagogin, erhielten.

Feldnotiz vom 30.05.2018

Sophie und Esra haben ihr Arbeitsblatt komplett ausgefüllt. Sophie meldet sich bei jeder Frage, ruft die Antwort rein. Esra ist still. Sie vergleicht allein für sich die Antworten. Omid ist ruhig, schaut vor sich hin. Irgendwann steht er von seinem Platz auf, geht rüber zum Fenster, schaut hinaus. Er möchte zurück in die Klasse zu den anderen Kindern, sagt er. Frau Müller schlägt diese Bitte aus. Esra hat alles richtig gemacht. Frau Müller arbeitet mit Tula. Esra und Omid sind ruhig. Sie sagen nichts, melden sich nicht. Die Gruppe füllt ein weiteres Arbeitsblatt aus: Viele Begriffe sind auf dem Arbeitsblatt aufgeführt. Sie sollen einkreisen in zwei unterschiedlichen Farben, was Körperteile und was Nahrungsmittel sind

Die Kinder arbeiten jedes für sich. Omid füllt sein Arbeitsblatt zügig aus.

[…] Der Computer wird hochgefahren und die Gruppe schaut gespannt aufs Whiteboard.

Sie dürfen eine Serie auf „Planet Schule“ ansehen, die ‚Red and David‘ heißt. Mit Spannung verfolgen sie die Handlung. Jedes Video wird kurz auf Deutsch erklärt. Die Kinder sollen die Videobeschreibung laut vorlesen. Alle vier möchten das übernehmen. Die erste Videobeschreibung darf Tula vorlesen, die zweite Sophie. Nach dem Unterricht spreche ich mit Frau Müller.

Sophie und Tula dürfen immer vorlesen und ihre Ergebnisse präsentieren, sage ich. Frau Müller antwortet darauf: ‚Ja, das liegt an mir, weil die beiden einen Förderschwerpunkt haben und dann lass ich sie auch mehr vorlesen, weil ich sicher gehen muss, dass sie verstehen, um was es geht. Esra hört es zwei Mal und dann hat sie es.'

Omid und Esra wurden von Frau Müller unterrichtet, obwohl keine Diagnose für sie vorlag. Die Fachlehrer*innen bevorzugten, dass sie mit der Sonderpädagogin arbeiteten und sie sich um Sophie und Tula kümmerte. Esra und Omid langweilten sich in diesem Arrangement und äußerten, dass sie gern im Klassenzimmer mit den anderen Kindern arbeiten würden. Frau Müller etablierte jedoch eine spezifische Hierarchie in der Kleingruppe. Es war ihre Entscheidung, dass Sophie und Tula vorlesen durften und ihre Antworten zuerst präsentierten, während Esra und Omid warteten. Esra und Omid wurden weniger auffällig gelobt und ihre Teilnahme am Unterricht war physisch von Bedeutung, nicht aber ihr Lernspaß oder ihr intellektueller Fortschritt. Schließlich fühlte sich die Sonderpädagogin primär zuständig für Sophie und Tula. Omids und Esras Teilnahme diente somit der Stärkung eines Gruppengefühls, das den beiden Kindern allerdings weniger bei der gezielten Bearbeitung ihrer eigenen Schwachstellen half. Mit den vier Kindern ließ sich für die Pädagogin hingegen eine Situation simulieren, die sie aus ihrer früheren Praxis an der Sonderschule kannte. Denn ‚an den Sonderschulen war ich immer Klassenlehrerin', erklärt sie in unserem Gespräch:

> „Da [an der Sonderschule] war ich nie nur Fachlehrerin. Da war ich immer Klassenlehrerin. Das war zum Beispiel auch wichtig für die Schüler hier auch zu wissen, weil sie immer sagten, was macht du eigentlich, Frau Müller? Wer bist du? Bist du Erzieherin? Oder wer bist du? Oder bist du Lernhelfer und dann habe ich das erklärt. Habe dann auch die Fotos gezeigt von meiner letzten Klasse. Dann habe ich gesagt, dass ich dort Klassenlehrerin war, aber die Klassen waren sehr klein. Also bis 14 Schüler war das höchste. Aber die Klassen waren in der Regel immer kleiner. So dass man natürlich entsprechend auch pädagogisch arbeiten kann." (21.06.2018, Z. 225–231)

Wie eingangs bereits dargestellt, identifizierte sich Frau Müller stark mit der Rolle der Klassenlehrerin, die sie an der Sonderschule einnehmen durfte und die für sie in inklusiven Settings wegfiel. Ihre ungewisse Position in der Rollenkonstellation an der inklusiven Schule wurde ihr von Schüler*innenseite (‚Wer bist du?') gespiegelt, sodass sie ihre Anstellung an der Schule rechtfertigte. Dies tat sie, in dem sie ihre hohe emotionale Bindung zu ‚ihren Kindern' an der Sonderschule mithilfe von Fotos nachwies und ihren damaligen respektgeladenen Stand als Klassenlehrerin von 14 Schüler*innen unter Beweis stellte. An der inklusiven Schule gestaltete sich ihr Arbeitsleben jedoch anders:

„Ich bin auch im Unterricht mit. Versuche da Anregungen zu geben oder ja… und das ja manchmal passt es gut, manchmal passt es weniger gut, merke ich dann auch. Oder manchmal merke ich, ok, was ich sage, das kann ich sagen, aber das wird gar nicht umgesetzt. Kann ich mehrmals sagen, wird trotzdem nicht gemacht, weil der Kollege vielleicht mich nicht ernst nimmt oder die Kollegin mich nicht ernst nimmt oder sagt, gut ok, was will sie schon? Manchmal weiß ich das nicht. Manche Kollegen haben am Anfang gedacht, was macht die jetzt? Macht die jetzt alleine? Hat sie einzelne Gruppen oder arbeitet sie alleine? […] Kollegen sehen, was ich nebenher noch so mache. Ich habe mich zum Beispiel darum gekümmert, dass an die Schule Schulhelfer kommen. Das sind so Sachen, die ich für die Schule insgesamt mache. Oder auch diese Antragsverfahren und deshalb gibt's hier die Bezeichnung ‚Koordinierende Sonderpädagogen' – da sollen professionelle oder wie so eine Art Fachberater werden, das ist geplant das so einzurichten. Das mache ich jetzt. Das habe ich schon von Anfang an gemacht, weil ich das wichtig fand, dass das hier voran geht. Ja und ohne mich hätten nicht so viele Kinder diesen Förderstatus, den sie ja auch brauchen." (21.06.2018, Z. 253–262)

In Anbetracht der Anzweiflung ihres Mitspracherechts am gemeinsamen Unterricht schafft sie sich sowohl ihre eigenen Zuständigkeiten (Schulhelfer*innen beantragen, Antragsverfahren, Fachberatung) als auch ihre eigenen Schüler*innen, denn ‚ohne mich hätten nicht so viele Kinder diesen Förderstatus'. Kompetenzgerangel mit den Kolleg*innen (‚kann ich mehrmals sagen, wird trotzdem nicht gemacht'), professionelle Abwertung (‚weil der Kollege mich nicht ernst nimmt') und keine Möglichkeiten, ihre Empfehlungen durchzusetzen (‚oder sagt, gut ok, was will sie schon?'), stellen ihre Anstellung an der Schule infrage. Auf Ebene der Kinder, die den Förderstatus ‚ja auch brauchen', stellt sie sicher, dass es genügend Schüler*innen an der Schule gibt, qua bewilligtem Antrag, die ihre Einstellung erforderlich machen und ihre eigene Einteilung der Aufgabenbereiche sichert. Sie erstreitet das Recht auf Unterricht mit ihr für die Schüler*innen und stärkt ihren eigenen Status durch die Aneignung von Etikettierungsmacht.

5 Analyse und Fazit: Aneignungsstrategien als Steuerung?

Die vorliegenden Interpretationen der Feldnotizen und Interviews bieten Einblicke in die Aneignungen einer (Pausen-)Zeit, eines Raumes und einer den eigenen Status sichernden Gruppe, mit der es den Sonderpädagoginnen gelang, die Ressourcen und Strukturen, die ursprünglich für die Umsetzung inklusiver Vorgaben gesetzt waren, zu ihren eigenen Gunsten zu steuern. Sie treffen

Entscheidungen, um ihre Gesundheit zu schützen (Thum), ihre Bedürfnisse als professionelle Individuen durchzusetzen (Nowak) und ihre beruflichen Vorstellungen von sich und ‚ihren' Schüler*innen umzusetzen (Müller). Dabei agieren sie unter Rahmenbedingungen, die sie nicht zu verantworten haben, die sie jedoch im Sinne der Eigeninteressen nutzen.

In der von Frau Müller aufgestellten Hierarchisierungspyramide, in der sie als ‚Hilfslehrerin' auf unterster Stufe steht, dürfen die (Klassen-)Lehrer*innen ihre gewohnte pädagogische Praxis umsetzen, während sie nicht mehr machen darf, was sie ‚für richtig hält'. Sowohl subjektiv erfahrene Schmähungen als auch tiefgreifende Veränderungen im Berufsbild der drei Sonderpädagoginnen erfordern ein hohes Maß an Resilienz und Kreativität, um weiterhin an Schulen tätig zu bleiben.

Dieser Beitrag zeigt jedoch auch auf, dass Ressourcen und Strukturen so genutzt wurden, dass ein Steuerungsdefizit auf der Mikroebene zu Tage tritt. Die Pädagoginnen nutzten ihre Verfügungsrechte entsprechend ihrer persönlichen Intentionen und Vorstellungen, sodass der Auftrag ‚inklusiver Bildung' eine Rekontextualisierung erfährt, die weder im Sinne der schulischen Inklusion noch der Schüler*innen erfolgt. Breuer und Reh (2010) u. a. arbeiteten heraus, dass Lehrkräfte und Erzieher*innen aus Angst vor Autonomieverlust in Kooperationsverhältnissen Tätigkeitsfelder ausdifferenzieren, um stärkere Kontrolle über Teilaspekte ausüben und berufsfeldspezifische Expertise über jene beanspruchen zu können (Breuer & Reh, 2010, S. 40). In den drei Kontexten des vorliegenden Textes erlebten die Sonderpädagoginnen Verlustgefühle und drückten Bedauern darüber aus, dass ihre Kompetenzen wenig ausgeschöpft wurden (Müller), ihre Arbeit wenig wertgeschätzt bzw. abgewertet wurde (Thum), oder zeigten sie Bestrebungen, die Aufgaben der inklusiven Schule an das Tätigkeitsfeld ihres Erststudiums anzupassen (Nowak). Es überwiegt der Wunsch, das Interaktionsgefüge so zu gestalten, dass die eigenen Kompetenzen Anwendung finden, anstatt sich dem veränderten Anforderungen des Arbeitsfeldes zu widmen.

Das Etikettierungs-Ressourcen-Dilemma (Füssel & Kretschmann, 1993; Moser & Dietze, 2015) schreibt sich auch in der Betrachtung der Aneignungsstrategien der Sonderpädagoginnen fort. Denn an die Etikettierung der Schüler*innen sind Ressourcen, wie die Anstellung der Pädagog*innen, geknüpft. Erhält eine bestimmte Anzahl an Schüler*innen einen SPF, so bedeutet das eine gesicherte Anstellung für die Sonderpädagog*in und damit einhergehend eine höhere Planungssicherheit für das jeweilige Schuljahr. Überdies zeigten sich bessere Chancen auf hochwertiges didaktisches Material und einen eigenen Klassenraum (Thum), eigenen Unterricht in Kleingruppen (Müller) und im Fall von Frau Nowak durch die Etikettierung mit einem bestimmten

Förderbedarf (‚sozial unangepasst') eine bessere Anschlussfähigkeit zum eigenen pädagogischen Repertoire (Jugenddelinquenz). Es zeigt sich, dass die Pädagoginnen Bestrebungen verfolgen, eine eigene Rolle zu etablieren, die sich von der Klassenlehrerin abgrenzt, da diese nicht mehr von ihnen besetzbar erscheint. Auch stellt sicher die eigene Arbeitsplatzsicherung eine nicht zu unterschätzende Antriebskraft für das Handeln der Frauen dar.

Der Wunsch, sich selbst als Lehrerin zu empfinden und mehr Einfluss und Ansehen innerhalb der Schule zu erfahren, war in den drei Beispielen ein erkennbares Phänomen, das zu charakterisieren ist als die Sorge vor der stetigen Deprofessionalisierung sonderpädagogischer Lehrkräfte (Badstieber & Amrhein, 2016) und deren Angst vor der Nichtanerkennung der eignen Qualifikation. Frau Müllers Bedürfnis, sich höher in der Kollegiumshierarchie wiederzufinden, ignorierte den Wunsch der Kinder, im Klassenverband unterrichtet zu werden, sodass Förderunterricht gegen den Willen einzelner Gruppenmitglieder stattfand. Frau Thums Bestrebung nach Rückzug und ‚richtiger' sonderpädagogischer Arbeit befeuerte sie darin, einen eigenen Klassenraum zu etablieren, der die Trennung der Kinder vom gemeinsamen Unterricht vorantrieb. Frau Nowaks frühere Ausbildung als Bewährungspädagogin verhalf ihr dazu, Einfluss auf den Freizeitbereich des Kindes zu nehmen, wodurch die Möglichkeit, eine Verbindung mit Gleichaltrigen aufzubauen, verwährt blieb, Unterricht verpasst wurde und eine frühe Stigmatisierung als delinquente*r Jugendliche*r angebahnt wurde. Dies stellt fatale Re-Lokalisierungen sonderpädagogischer Ressourcen dar.

Abschließend lässt sich auf Ebene der drei Schulsysteme feststellen, dass die sonderpädagogischen Unterwanderungen im Stile defektologischer (Polen) oder sonder- bzw. heilpädagogischer (Deutschland bzw. Österreich) Traditionen der Entwicklung einer inklusionsorientierten Pädagogik im Weg stehen. Bei den beobachteten Sonderpädagoginnen in Deutschland, oder in Österreich verstehen die Pädagog*innen ihre Praxis durch das Prisma des klassischen Professionsverständnisses als Lehrer*innen für ‚besondere Kinder', die in geschützten Räumen schonend und von ihnen als Expert*innen unterrichtet werden müssen (Pfahl, 2012; Schumann, 2007), während bei der beobachteten Pädagogin in Polen davon ausgegangen wird, dass die Klassengemeinschaft von dem frühdelinquenten Subjekt durch die Bewährungspädagogin geschützt werden muss (Matusek, 2015). Wie viel Anteil daran das Schulklima, das Kollegium, die Vergabepraxis, etc. als push-Faktoren haben und inwiefern Sonderpädagog*innen die treibenden pull-Agent*innen in der Aneignung von Ressourcen und der Anlegung von Strukturen sind, ist durch weitere Forschung zu ergründen.

Literatur

Altrichter, H., & Maag Merki, K. (2016). Steuerung der Entwicklung des Schulwesens. *Handbuch Neue Steuerung im Schulsystem* (S. 1–27). Springer.

Badstieber, B., & Amrhein, B. (2016). Lehrkräfte zwischen sonderpädagogischer Qualifizierung und inklusiver Bildung. In V. Moser & B. Lütje-Klose (Hrsg.), *Schulische Inklusion* (S. 175–189). Beltz. https://doi.org/10.25656/01:17179.

Bender, S., & Heinrich, M. (2016). Alte schulische Ordnung in neuer Akteurskonstellation? Rekonstruktionen zur Multiprofessionalität und Kooperation im Rahmen schulischer Inklusion. In V. Moser & B. Lütje-Klose (Hrsg.), *Schulische Inklusion* (S. 90–104). Beltz Juventa.

Biermann, J. (2021). Der Einfluss der UN-BRK auf inklusive Bildung in Nigeria und Deutschland. In A. Köpfer, J. J. W. Powell et al. (Hrsg.), *Handbuch Inklusion international,* (S. 167–178). Budrich.

Bildungsberichterstattung, Autorengruppe. (2018). *Bildung in Deutschland. ein indikatorengestützter Bericht mit einer Analyse zu Wirkungen und Erträgen von Bildung* (S. XIV–360). Bielefeld: wbv Publikation.

Booth, T., & Ainscow, M. (2002). *Index for inclusion: Developing learning and participation in schools*. Centre for Studies on Inclusive Education (CSIE). 102 Seiten. http://www.csie.org.uk/resources/inclusion-index-explained.shtml.

Breidenstein, G. (2007). The meaning of boredom in school lessons. Participant observation in the seventh and eight form. *Ethnography and Education*, *2*(1), 93–108. https://doi.org/10.1080/17457820601159133.

Breuer, A., & Reh, S. (2010). Zwei ungleiche Professionen? Wie LehrerInnen und ErzieherInnen im Teams zusammenarbeiten. *Soziale Passagen, 2*(1), 29–46. https://doi.org/10.1007/s12592-010-0043-x.

Carney, S. (2008). Negotiating policy in an age of globalization: Exploring educational "policyscapes" in Denmark, Nepal, and China. *Comparative Education Review, 53*(1), 63–88.

Demeuse, M., & Baye, A. (2008). Chapter 5 Measuring and comparing the equity of education systems in Europe. In N. C. Soguel & P. Jaccard (Hrsg.), *Governance and performance of education systems* (S. 85–106). Springer.

Dorniak, M. (2019). Akteur*innen in der Inklusion – Veränderte Rollenbilder am Beispiel der Sonderpädagogik. In B. Baumert & M. Willen (Hrsg.), *Zwischen Persönlichkeitsbildung und Leistungsentwicklung: Fachspezifische Zugänge zu inklusivem Unterricht im interdisziplinären Diskurs*. Klinkhardt.

Erickson, F. (1984). What makes school ethnography 'ethnographic'? *Anthropology & Education Quarterly, 15*(1), 51–66.

Erickson, F. (1985). Qualitative methods in research on teaching. In *Handbook of research and teaching* (S. 119–162). Institute for Research on Teaching.

Erickson, F. (1986). Qualitative methods in research on teaching. In M. Wittrock (Hrsg.), *Handbook of research on teaching* (S. 119–161). Macmillan.

European Commission/EACEA/Eurydice. (2020). *Equity in school education in Europe: Structures, policies and student performance*. Eurydice report. Luxembourg: Publications Office of the European Union. https://doi.org/10.2797/286306.

Florian, L., & Becirevic, M. (2011). Challenges for teachers' professional learning for inclusive education in Central and Eastern Europe and the Commonwealth of Independent States. *Prospects, 41*(3), 371–384.

Foley, D. A., Levinson, B. A., & Hurtig, J. (2000). Chapter 2: Anthropology goes inside: The new educational ethnography of ethnicity and gender. *Review of Research in Education, 25*(1), 37–98.

Füssel, H. P., & Kretschmann, R. (1993). *Gemeinsamer Unterricht für behinderte und nicht-behinderte Kinder*. Wehle.

Geertz, C. (1973). Thick description: Toward an interpretive theory of culture. In C. Jenks (Hrsg.), *Culture: Critical concepts in Sociology* (S. 173–196). Routledge.

Koch, B., & Textor, A. (2015). Spielräume nutzen – Perspektiven inklusiver Schulentwicklung. In E. Kiel (Hrsg.), *Inklusion im Sekundarbereich* (S. 97–139). Kohlhammer.

Marcus, G. E. (1995). Ethnography in/of the world system: The emergence of multi-sited ethnography. *Annual review of anthropology, 24*(1), 95–117.

Matusek, B. (2015). Z teorii i praktyki pracy z uczniem zagrożonym niedostosowaniem społecznym w szkole podstawowej. *Zeszyty Naukowe Wyższej Szkoły Humanitas. Pedagogika, 10*, 145–157.

Meuser, M., & Nagel, U. (1991). ExpertInneninterviews—vielfach erprobt, wenig bedacht. In D. Garz & K. Kraimer (Hrsg.), *Qualitativ-empirische Sozialforschung* (S. 441–471). VS Verlag.

Moser, V. (2003). *Konstruktion und Kritik: Sonderpädagogik als Disziplin*. Verlag für Sozialmedien. https://doi.org/10.1007/978-3-322-80917-9

Moser, V., Kuhl, J., Redlich, H., & Schäfer, L. (2014). Beliefs von Studierenden sonder- und grundschulpädagogischer Studiengänge. *Zeitschrift für Erziehungswissenschaft, 17*(4), 661–678. https://doi.org/10.1007/s11618-014-0587-1

Moser, V., & Dietze, T. (2015). Perspektiven sonderpädagogischer Unterstützung: Bereitstellung von Ressourcen aus nationaler und internationaler Sicht. In P. Kuhl et al. (Hrsg.), *Inklusion von Schülerinnen und Schülern mit sonderpädagogischem Förderbedarf in Schulleistungserhebungen* (S. 75–99). Springer Fachmedien. https://doi.org/10.1007/978-3-658-06604-8_3.

Moser, V. (2016). Professionsforschung. In I. Hedderich et al. (Hrsg.), *Handbuch Inklusion und Sonderpädagogik* (S. 665–669). Klinkhardt.

OECD. (2021). *Education at a glance*. https://doi.org/10.1787/b35a14e5-en.

Pfahl, L. (2012). Bildung, Behinderung und Agency. Eine wissenssoziologische Untersuchung der Folgen schulischer Segregation und Inklusion. In R. Becker & H. Solga (Hrsg.), *Soziologische Bildungsforschung* (S. 415–436). Springer VS.

Prengel, A. (2005). Heterogenität in der Bildung–Rückblick und Ausblick. In K. Bräu & U. Schwedt (Hrsg.), *Heterogenität als Chance. Vom produktiven Umgang mit Gleichheit und Differenz in der Schule* (S. 19–36). LIT.

Rürup, M. (2016). Educational governance. In I. Hedderich et al. (Hrsg.), *Handbuch Inklusion und Sonderpädagogik* (S. 684–688). Klinkhardt.

Schön, M., & Stark, R. (2014). Erste Erfahrungen mit inklusiver Unterrichtspraxis in saarländischen Grundschulen. *Inklusion in Schule und Unterricht, 1*, 197–216.

Schumann, B. (2007). *„Ich schäme mich ja so!": Die Sonderschule für Lernbehinderte als Schonraumfalle*. Klinkhardt.

Statistik Austria. (2022). *Lehrpersonen an Schulen.* https://www.statistik.at/web_de/statistiken/menschen_und_gesellschaft/bildung/schulen/lehrpersonen/index.html. [nicht mehr abrufbar].

UN General Assembly. (2007). *Convention on the rights of persons with disabilities: Resolution/adopted by the general assembly*, 24 January 2007, https://www.A/RES/61/106.refworld.org/docid/45f973632.html. Zugegriffen: 24. Aug. 2022.

Wagner, J. (2023). *Schools for whom? Global governance, disability and education in Central Europe.* (*laufende Vertragsverhandlungen*).

Werning, R. (2010). Inklusion zwischen Innovation und Überforderung. *Zeitschrift für Heilpädagogik, 8*, 284–291.

Josefine Wagner ist wissenschaftliche Mitarbeiterin am Institut für LehrerInnenbildung und Schulforschung an der Universität Innsbruck. Ihre Arbeitsschwerpunkte sind u. a. internationale und ethnographische Schulforschung zu Inklusion und Diskriminierung, sowie Behindertenrechtsdiskurse aus historischer Perspektive.

This work was supported by European Union's Horizon 2020 research and innovation programme under the Marie-Sklodowska-Curie grant agreement number 676452. This paper is an outcome of a doctoral study that was conducted within the 'European Doctorate of Teacher Education – EDiTE' project.

Kontakt: josefine.wagner@uibk.ac.at

Bilder von Steuerung und Inklusion – eine metaphernanalytische Annäherung an studentische Perspektiven

Marcel Veber, Christin Werner, Dana Kiefer, David Paulus und André Rose

1 Einleitung

Auch wenn nicht pauschalisierend von erweiterten Professionalisierungsanforderungen an alle (angehenden) Lehrer*innen aufgrund der inklusiven Umgestaltung des Bildungssystems ausgegangen werden kann (Weiß et al., 2019), stellt Inklusion mit ihrem systemverändernden Charakter (Heinrich, 2015) für ein Gros der Studierenden (Hascher & Zordo, 2015) eine besondere Entwicklungsaufgabe (entsprechend des berufsbiografischen Ansatzes zur Professionalität im Lehrer*innenberuf: Hericks, 2006) dar: Inklusion wird u. a.

M. Veber (✉) · C. Werner · D. Kiefer · A. Rose
Universität Osnabrück, Osnabrück, Deutschland
E-Mail: marcel.veber@uos.de

C. Werner
E-Mail: chrwerner@uni-osnabrueck.de

D. Kiefer
E-Mail: dkiefer@uni-osnabrueck.de

A. Rose
E-Mail: andre.rose@uos.de

D. Paulus
Westfälische Wilhelms-Universität Münster, Münster, Deutschland
E-Mail: d.paulus@uni-muenster.de

R. Kruschel und K. Merz-Atalik (Hrsg.), *Steuerung von Inklusion!?*, Educational Governance 52, https://doi.org/10.1007/978-3-658-40103-0_20

auf curricularer Ebene in die Lehrer*innenbildung integriert und gleichzeitig sind vielfältige Herausforderungen im deutschen Schulsystem (bspw. aus mathematikdidaktischer Warte: Bohlmann & Dexel, 2019) für Lehrer*innen erkennbar.

Wenn nun ein inklusiver Steuerungsaspekt erfolgt (hier: bezogen auf die inklusive Umgestaltung des Schulsystems), der – so die Hoffnung aus bildungspolitischer Perspektive (Jungkamp, 2016) – weitreichende Auswirkungen auf das tradierte Schulsystem mit weiterhin exkludierenden Tendenzen hat, droht – so die These dieses Beitrags – (angehenden) Lehrer*innen eine deutliche Herausforderung zwischen inklusivem Anspruch und erfahrener schulstruktureller Realität (Seitz, 2020, S. 58).

Zu den schulischen, herausfordernden Widersprüchen (u. a. in Bezug auf veränderte Leistungserwartungen) liegen zahlreiche Arbeiten vor, jedoch wurde dieser inklusionsbezogene Widerspruch bei Lehramtsstudierenden bislang kaum empirisch beleuchtet. In diesem Beitrag wird dieser Leerstelle begegnet, indem – anhand von empirisch gewonnenen Daten – die antizipierte Bedeutung dieses Widerspruchserlebens im Professionalisierungsprozess (für späteres Handeln im Unterricht) herausgearbeitet wird. Zudem werden Implikationen für inklusionsorientierte Lehrer*innenbildung skizziert. Es wird daher in einem explorativen Design der Frage nachgegangen, wie angehende Lehrpersonen einerseits die Steuerung von Inklusion bezogen auf Veränderungen im Schulsystem wahrnehmen und andererseits, wie sie diese Steuerung in Bezug auf ihren eigenen Professionalisierungsprozess relationieren. Diesem forschungsleitenden Anliegen wird auf der Basis einer qualitativ-interpretativen Metaphernanalyse von studentischen Perspektiven nachgegangen. Empirische Basis sind „Innere Teams" (zur inklusionsbezogenen Einordnung: Erbring, 2014) von Studierenden, auf deren Grundlage Sinnstrukturen herausgearbeitet werden, die im Folgenden vorgestellt werden. Zuvor erfolgen einordnende Bemerkungen zum hier zugrunde gelegten Inklusions- sowie zum Steuerungsverständnis; zur detaillierten Betrachtung dieser Diskurse sei u. a. auf Kruschel & Merz-Atalik sowie Rürup (in diesem Band) verwiesen.

2 Theoretische Rahmung

An dieser Stelle sollen die oft anzutreffenden Einteilungen zwischen vermeintlich engen und weiten Inklusionsverständnissen vermieden werden, die zumeist auf Personenkategorien aufbauen und Organisationsebenen eher nicht beleuchten (Köpfer, 2021), sowie gerade den umfassenden Fokus, bspw. von sonderpädagogisch geprägten Zugängen, kaum beachten (Benölken & Veber, 2020). Angelehnt an

Grosche und Lüke (2020) wird den folgenden empirischen Betrachtungen eine „Allgemeine Individualisierungsdefinition" (Grosche & Lüke, 2020, S. 43 f.) von Inklusion (hier bezogen auf schulische Settings) zugrunde gelegt. Dabei werden alle (intersektionalen) Differenzlinien fokussiert und gleichzeitig eine Hinwendung, u. a. zur Dekategorisierung, verfolgt, um unter Berücksichtigung von differenten sozialen und akademischen Bedarfen sowie den diesbezüglich erforderlichen Systemveränderungen Partizipation an Erziehungs- und Bildungsprozessen im Sozialisationsprozess zu ermöglichen.

Ohne im weiteren Verlauf die Implikationen aus diesem Verständnis für eine inklusionsorientierte Lehrer*innenbildung vollständig nachzuzeichnen, sei exemplarisch auf den Twin-Track-Approach (Überwindung von Inklusionsbarrieren und Fokus auf Lernende) verwiesen (Lindmeier, 2018), mit dem u. a. ein Bedarf im Bereich der Entwicklung von Unterrichts- und Lernstrategien verdeutlicht wird. Dieser Entwicklungsaspekt schließt u. a. auch einen „veränderten Umgang bzw. eine[...] andere[...] paradigmatische[...] Einbettung sonderpädagogischer Wissens- und Könnensbestände" (Lindmeier, 2018, S. 157) mit ein. So können bspw. Erkenntnisse aus der deutschsprachigen Integrationsforschung (zum Überblick: Müller, 2018a, b) und daran anschließende Forschung (bspw. im Anschluss an Reiser: Grummt, 2019) auch Impulse für die inklusionsorientierte Umgestaltung der Lehrer*innenbildung geben (zur Aktualität der Theorie integrativer Prozesse: Hinz, 2021). Im Rahmen dieser Umgestaltung sollte auf die, durch die inklusionsbedingte Systemveränderung des Schulsystems, veränderten Rollenanforderungen an Lehrer*innen (z. B. bezogen auf sonderpädagogische Professionalität: Theobald & Cramer, 2022) eingegangen werden, die als (besondere) Entwicklungsaufgaben eingeordnet werden können.

Dass die Möglichkeiten der Steuerung von Inklusion einerseits limitiert und andererseits notwendig sind, muss in diesem Band nicht wiederholt werden. Bspw. haben u. a. Dietrich und Heinrich (2014) schon vor Jahren differenzierte Erläuterungen vorgenommen. Das Inkrafttreten der UN-BRK im Jahr 2009 bedeutete für systemische Transformations- und Steuerungsprozesse eine Zäsur, da bildungspolitisches Handeln – insbesondere aufgrund der inklusiven Forderung nach Ermöglichung von zieldifferentem Lernen ohne exkludierende Abschulungsprozesse – gefordert wurde. Im Vergleich zu anderen Reformaufgaben im Schulsystem, wie die Forderung nach Individueller Förderung, die Veränderungen im bestehenden System evoziert hat, ist mit Inklusion ein rechtlich verbindlicher Impuls zur Veränderung des Schulsystems, insbesondere auf schulstruktureller Ebene, verbunden. Damit stellte sich folglich nicht mehr die Frage ob, sondern „in welcher Weise die Konvention umgesetzt werden kann" (Moser, 2012, S. 7). Gleichzeitig sind auch heute noch deutliche Entwicklungsbedarfe auf dem Weg zu einem inklusiven Schulsystem in der BRD zu benennen (Klemm, 2021). Die Komplexität des Unterfangens, inklusionsbezogene Veränderungsprozesse zu steuern, zeigt sich auf verschiedenen Ebenen, u. a. durch Impulse vonseiten der Landesregierungen oder zivilgesellschaftlicher Initiativen (zum Überblick: Merz-Atalik & Hudelmaier-Mätzke, 2016), sodass Steuerung auf mehreren Ebenen stattfindet.

Eine beispielhafte Facette von (begrenzten) Möglichkeiten stellt so die Steuerung der im Rahmen von Inklusion notwendigen multiprofessionellen Teamarbeit dar, inkl. der damit einhergehenden Rollenveränderungen (u. a. Arndt & Werning, 2016) und neuen Professionalisierungsanforderungen –(aus Schulleitungsperspektive: Preis & Wissinger, 2021). Somit kann in Bezug zum forschungsleitenden Anliegen festgehalten werden, dass inklusionsbezogene Steuerung notwendig ist, jedoch sich gleichzeitig nur eingeschränkt entfalten kann – insbesondere aufgrund exkludierender Strukturen des hiesigen Schulsystems (zur aktuellen Beschreibung der Strukturpersistenz in der BRD: Steinmetz et al., 2021).

3 Erhebung studentischer Perspektiven zu Inklusion und Steuerung

An drei Universitätsstandorten wurden in fünf Semestern Regellehramtsstudierende (N: 348) jeweils zu Beginn einer einführenden Inklusionsvorlesung angelehnt an das Modell „Inneres Team“ zu ihren Überzeugungen zu Inklusion schriftlich befragt. Das Modell des „Inneren Teams“ nach Schulz von Thun geht von der inneren Pluralität einer Persönlichkeit aus (Schulz von Thun, 2013), wobei es auf die Beratungsarbeit in der Persönlichkeitsbildung zurückgeht. Entwicklungen von Kommunikationsprozessen basieren auf dem Umstand, dass innerhalb jedes Individuums mindestens „zwei Seelen (und meist viel mehr)“ (Schulz von Thun, 2013, S. 21) in Bezug auf ein Thema existieren. Die inneren Stimmen sollen im Rahmen von Beratungsarbeit sichtbar und anerkannt werden. Die Bildung eines funktionierenden Teams – bestehend aus verschieden denkenden Individuen – stellt die Voraussetzung „für ein produktives Arbeits- und Seelenleben“ (Schulz von Thun, 2013, S. 66) dar und wird analog zur Persönlichkeitsentwicklung verstanden. Erbring hat das kommunikationspsychologische Modell Schulz von Thuns zur kommunikativen Reflexion über inklusive Veränderungsprozesse adaptiert (Erbring, 2014); ihre Adaptation war Grundlage für die hier vorgestellte Erhebung. Das Innere Team ist in Bezug auf das hier bearbeitete Forschungsfeld eine metaphorische Beschreibung dafür, dass verschiedene Aspekte der Persönlichkeit – hier der inklusionsbezogenen Überzeugungen – als Teammitglieder zur Sprache kommen.

Die Erhebung wurde organisatorischen und inhaltlichen Grundlagen in der Vorlesung vorgeschaltet. Direkt zu Beginn der ersten Vorlesungssitzung wurde das folgende Arbeitsblatt (Grafik 1[1]) an alle Studierenden verteilt. Die Studierenden erhielten einige kurze Hinweise zum Inneren Team und wurden darüber informiert, dass die Abfrage des Inneren Teams einerseits zur Sensibilisierung in Bezug auf das Vorlesungsthema sowie andererseits für eine empirische Studie über Inklusionssteuerungsprozesse und inklusionsbezogene Überzeugungen erfolgt. Obwohl den Studierenden bekannt gewesen ist, dass die Erhebung anonymisiert erfolgte, kann die Doppelfunktion des Ausfüllens des Arbeitsblatts (Selbstreflexion zum Vorlesungsthema sowie Erhebung der Inneren Teams über Inklusion) die Studierenden beeinflusst haben, was ggf. bei einer reinen Reflexion nicht der Fall gewesen wäre. Im Anschluss an die Einzelarbeit wurde im Auditorium die Möglichkeit eröffnet, das individuelle Innere Team vorzustellen. Die Abgabe der Arbeitsblätter erfolgte freiwillig, was in Bezug auf das Sampling berücksichtigt werden muss (Abb. 1).

Das kommunikationspsychologische Modell des Inneren Teams zur Erhebung baut auf einer Metapher auf. Die Anleitung der Studierenden erfolgte jeweils auf Basis dieser Team-Metapher. Somit lag es nahe, die Auswertung der vorliegenden Daten metaphernanalytisch vorzunehmen. Eine Metaphernanalyse erscheint „dann angemessen, wenn die Forschungsfrage auf die Entdeckung von (individuellen oder kollektiven) Deutungsmustern, Modellen der Wahrnehmung oder anders bezeichneten mentalen Vorkonstruktionen bestimmter Phänomene zielt" (Schmitt et al., 2018, S. 91). Dies trifft auf die vorliegende Analyse zu, da nicht die tatsächlichen inklusiven Steuerungs- und Veränderungsprozesse fokussiert werden, sondern ihre Wahrnehmung seitens Lehramtsstudierender.

Die Auswertung des Datensatzes erfolgte iterativ-zyklisch, angelehnt an Kruse et al. (2011) und Schmitt et al. (2018), metaphernanalytisch im Rahmen einer studentischen Forschungswerkstatt (zur methodologischen Einordnung: Grummt et al., 2019) an der Universität Osnabrück. Metaphern wurden in der Auswertung nicht als reine Stilfigur betrachtet, „sondern [als] ein alltägliches Instrument, um die Welt zu strukturieren und verstehbar zu machen" (Kruse

[1] An dieser Stelle möchten wir uns bei Daniel Bertels bedanken, der vor einigen Jahren die Idee hatte, diese Grafik zur Reflexion über Inklusion in Lehrveranstaltungen einzusetzen. Seinen Reflexionsimpuls haben wir aufgegriffen und die Grafik neben dem Reflexionsimpuls als Erhebungsinstrument eingesetzt.

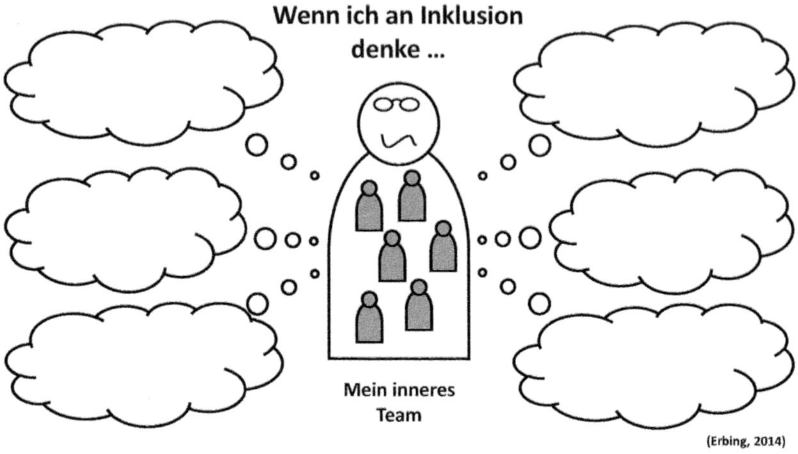

Abb. 1 Beschreibung. (Grafik erstellt von Daniel Bertels)

et al., 2011, S. 83). Es handelt sich um „alle sprachlichen Phänomene, in denen Bedeutung übertragen wird“ (Kruse et al., 2011, S. 64). Dabei wird das Übertragen von Eigenschaften eines Gegenstandes auf einen anderen als alltagssprachliches Phänomen verstanden, „nachdem wir sowohl denken als auch handeln.“ (Lakoff & Johnson, 2003, S. 11, zitiert nach Kruse et al., 2011, S. 75). Metaphern verringern Kompliziertheit, indem das Abstrakte in einen bekannten und konkreten Zusammenhang gesetzt wird (Kruse et al., 2011). Die hier vorgestellte Metapherndefinition nach Lakoff und Johnson findet bei jeglicher Metaphernidentifikation dieses Artikels Anwendung; dies bedeutet, dass bspw. auch Tropen (verschiedene rhetorische Figuren) mit in die metaphorische Analyse einbezogen werden können. Schmitt et al. (2018) weisen diesbezüglich darauf hin, dass die Identifikation als Metapher auf einen im jeweiligen Kontext übertragenen Sinn zurückzuführen ist.

In Bezug auf das forschungsleitende Anliegen interessiert dahingehend die metaphorische Strukturierung der verschiedenen Argumentationslinien der angehenden Lehrkräfte. Aufgrund des konstitutiven Moments in der Syntax besteht – mit Kruse et al. (2011) gesprochen – die potenzielle Gefahr eines „Verdunkelungseffekt[es]“ (Kruse et al., 2011, S. 66). Um dem entgegenzuwirken, wurden gezielt jene Inhaltsbereiche analysiert, die Aufschluss über die Wahrnehmung der Steuerung von Inklusion auf das Schulsystem liefern. Dies erfolgte zunächst durch eine Wort-für-Wort-Analyse (Kruse et al., 2011,

S. 59). Nachdem die identifizierten Metaphern aufgelistet wurden, konnten hernach metaphorische Konzepte erstellt werden (Kruse et al., 2011). Vor dem Hintergrund der angezeigten Fragestellung wurden nach dieser systematischen Auswahl und (hermeneutischen) Interpretation abschließend vergleichende Analysen vorgenommen. Im Anschluss an die Forschungswerkstattarbeit wurden die dort erarbeiteten Ergebnisse hinsichtlich der o.g. Dissonanz zwischen wahrgenommener inklusionsbezogener Steuerung und (antizipierter) schulischer Praxis in einem interdisziplinären Forschungsteam (zwei Studierende, drei Erziehungswissenschaftler*innen) mithilfe eines MAXQDA-Teamprojekts reanalysiert. Hierzu wurden aus forschungsökonomischen Gründen aus der Gesamtstichprobe 20 Innere Teams in einer einfachen Zufallsstichprobe (Schreier, 2011) ausgewählt, um eine detailliertere Analyse – primär in Bezug auf Highlighting und Hiding (zur methodischen Einordnung: Schmitt et al., 2018) – vorzunehmen. Das Highlighting und Hiding beschreibt die Verbindung von vorstrukturierenden Denkmustern, die sich unmittelbar im Sprachgebrauch widerspiegeln. Durch diese „Annahme einer weitgehenden Homologie von Denken, Sprechen und Handeln" (Schmitt et al., 2018, S. 23) wird die Prämisse metaphernspezifischer Bedeutsamkeiten gestützt. Das Hervorheben (Highlighting) auf der einen Seite und das Vernachlässigen anderer Aspekte auf der anderen Seite (Hiding) sind somit als ein höchst subjektives Verhältnis von der individuellen Situiertheit in sozialen Kontexten zu verstehen.

4 Studentische Bilder von Steuerung und Inklusion

Steuerungsimpulse können – wie oben skizziert – Inklusionsprozesse anstoßen, rahmen und strukturieren. Durch Dynamiken in inklusiven Veränderungsprozessen werden einerseits äußere Anreize erfasst, die den Inklusionsprozess in Bewegung versetzen, und andererseits Handlungen bzw. Akteur*innen in Inklusionsprozessen, die somit Teil der Dynamik des Systems sind. In Bezug auf diese Dynamiken werden die Ergebnisse der Reanalyse im Folgenden anhand von drei herausgearbeiteten metaphorischen Konzepten vorgestellt.[2] Bezugnehmend auf Lakoff & Johnson halten Kruse et al. (2011) fest, dass die

[2] Die im Material vorkommenden Metaphern sind kursiv markiert. Verweise zu den Metaphern werden in Klammern festgehalten. Die erste Zahl steht für das Interview, die zweite für die Passage, in der die Metapher geäußert wurde. Einige Metaphern wurden aufgrund der jeweiligen Satzstruktur flektiert, wobei jedoch darauf geachtet wurde, keinerlei semantische Bedeutungsverschiebungen vorzunehmen.

„Wahrnehmung der Alltagsrealität" (Kruse et al., 2011, S. 75) an metaphorische Konzepte angelehnt ist. Über die rekonstruktive Methode der Metaphernanalyse können diese Konzepte durch metaphorische Ausdrücke nachvollziehbar gemacht werden. Es gilt dabei, dass der sinnstiftende Charakter von Metaphern bewusst und unbewusst expliziert wird. Kurzum: in Sprechakten sind metaphorische Konzepte zwangsläufig eingebettet. Diese intersubjektiv nachvollziehbar zu machen, ist die zentrale Aufgabe metaphernanalytischer Vorgehensweisen und wird im Folgenden anhand des ausgewerteten Datenmaterials vorgestellt. Die Ergebnisdarstellung erfolgt parallelisiert zum Ablauf der Metaphernanalyse[3]. Im Folgenden werden die vorgenommenen Interpretationen anhand von drei im Auswertungsprozess herausgearbeiteten metaphorischen Konzepten (‚Inklusion ist ein Behälter'; ‚Inklusion als Realisierung der Grundrechte' & ‚Inklusion als Weg') skizziert, woraufhin Verallgemeinerungen diskutiert werden. Die Skizzierung der drei Konzepte erfolgt mit Bezug zum jeweiligen Quellbereich, dem Erfahrungsraum, aus dem die Metapher entstammt, sowie dem Zielbereich, der Beschreibung des Phänomens, das besprochen wird.

Das metaphorische Konzept ‚Inklusion ist ein Behälter' basiert auf dem Behälter-Schema, bei dem die grundsätzliche körperliche Erfahrung eines natürlichen Inneren und Äußeren auf einen abstrakten Zielbereich übertragen wird (Schmitt et al., 2018). Damit ist nicht gemeint, dass ein haptischer Rahmen gefertigt werden muss, welcher Inklusion steuert. Es werden Eigenschaften einer (Behälter)Rahmung auf den Zielbereich inklusive Steuerung übertragen. Aufgrund dieser Übertragung können diese Wörter als Metaphern identifiziert bzw. interpretiert werden. Um welche Eigenschaften es sich hierbei handelt, wird nachfolgend erläutert. Unter anderem kennzeichnet sich dieses metaphorische Konzept durch die folgenden Metaphern:

- *Klare Strukturen, damit es gelingt* (2, 2)
- *Rahmenbedingungen müssen gegeben sein* (19, 3)
- *(Jeder darf mitmachen), niemand wird von vornherein ausgeschlossen* (1, 5)
- *Selbstbestimmtes, freies Handeln (Individualität) im Rahmen von in der Gruppe gegebenen oder festgelegten Regeln* (1, 6)

[3] Schmitt et al. (2018, S. 59–60) benennen sieben Phasen der Metaphernanalyse, die auch bei der hier vorgestellten Analyse im Team eingehalten wurden: Indikation klären; Zielbereiche identifizieren; der kontrastierende Hintergrund und die Eigenanalyse; Erhebung des Materials; systematische Analyse einer Gruppe/eines Einzelfalls; Interpretation mithilfe einer Heuristik, Triangulation, Gütekriterien, Verallgemeinerung; Darstellung.

- *Möglichkeiten stehen allen Menschen offen* (3, 7)
- *Einbeziehung aller* (8, 2)
- *Zu wenig Lehrkräfte* (2, 7)
- *Lehrkräfte, die nicht genügend ausgebildet sind* (2, 8)
- *Eine Lehrkraft viel zu wenig* (2, 3)
- *Viel Theorie und Vorstellungen, bisher aber wenig Praxis* (9, 4)

Allgemein lässt sich festhalten, dass sich ein Behältnis aus einer Rahmung und meist einer Öffnung zusammensetzt. Es erfüllt den Zweck, einen Inhalt zu schützen. Dabei beeinflussen sich die Beschaffenheit, also Rahmung und Öffnung, sowie der Inhalt wechselseitig. Im Folgenden wird deutlich, dass die wahrgenommenen Steuerungsimpulse durch Eigenschaften der Behälterbeschaffenheit metaphorisiert und die Inklusionsdynamik durch Eigenschaften des Behälterinhalts determiniert werden. Ebenso wie die Behälterbeschaffenheit den Zustand des Behälterinhalts direkt beeinflusst, ist es auch die Sinnhaftigkeit von Steuerungsprozessen, auf die Inklusionsdynamik einzuwirken. So bestimmen Form und ein möglicher Verschluss oder eine Öffnung, welche Inhalte in den Behälter hinein- oder hinausgelangen können und welche nicht, welche Menge in den Behälter hineinpasst und welche Form der Inhalt in seinem Inneren annimmt. Steuerungsimpulse können einen direkten Einfluss darauf haben, wie sich die Inklusionsdynamik entwickelt und wer beispielsweise gewillt oder in der Lage ist, Inklusion umzusetzen. Zudem ist ein Behälter ohne Rahmung nicht existenzfähig.

Da auch die Rahmung bzw. Struktur von Inklusion von der Zielgruppe metaphorisch ausgestaltet wird, wird vermittelt, dass Inklusion ohne Steuerungsmechanismen im Sinne *klarer Strukturen* (2, 2) und *gegebener Rahmenbedingungen* (19, 3) nicht realisierbar sei. Von der untersuchten Gruppe werden Steuerungsimpulse demnach als bedeutsam anerkannt.

Indem der Zustand des Behältnisses näher beschrieben wird, können mittels dieses metaphorischen Konzeptes von den Studierenden antizipierte oder auch erlebte Schwachstellen und Stärken inklusiver Steuerungsprozesse aufgezeigt werden. So könnte es entweder aus einem widerstandsfähigen, hochwertigen Material bestehen oder porös und fragil sein, sodass es in seiner Funktion eingeschränkt ist. Von der Zielgruppe wird der aktuelle Zustand des Behältnisses nicht näher beschrieben, der Zielzustand jedoch als *fest(gelegt)* (1, 6) bezeichnet. Auch dies deutet auf den Wunsch nach ‚starken' Steuerungsimpulsen hin, die die Inklusionsdynamik beeinflussen.

Mithilfe der Öffnung wird zudem die Freiwilligkeit der Teilnahme an einer Inklusionsdynamik hervorgehoben. Eine Schließung des Behälters könnte als

Inklusionszwang verstanden werden; dies wird im Material von den Befragten jedoch nicht ausgestaltet. Auf diese Weise wird der Aspekt der Freiwilligkeit im Besonderen hervorgegeben, während die Idee eines Inklusionszwangs – als Teil der gewählten metaphorischen Konzeption – offenbar von den Befragten vernachlässigt wird beziehungsweise unberücksichtigt bleibt. Einprägsam in diesem Zusammenhang ist die Metapher der *Möglichkeiten, die allen Menschen offen stehen* (3,7). Die Attribuierung *offen* lässt darauf schließen, dass trotz des skizzierten Wunsches nach Stringenz Einflüsse von außen zugelassen werden.

Da eine erfolgreiche Inklusionsdynamik (aus Sicht der Studierenden) das inklusive Handeln der Mehrheitsgesellschaft voraussetzt, ihre Umsetzung jedoch als freiwillig deklariert ist, muss das Behältnis für den Inhalt attraktiv beziehungsweise passend sein. In diesem Zusammenhang muss der Behälter Schutz bieten, um Entwicklungen zu ermöglichen, wie beispielsweise eine Schüssel für einen Hefeteig. Steuerungsprozesse (die äußere Behälterbeschaffenheit) müssen Voraussetzungen für die Inklusionsdynamik (den Behälterinhalt) schaffen, denn die richtigen Steuerungsprozesse ermöglichen die *Einbeziehung aller* (17, 3) und verhindern, dass Menschen *ausgeschlossen* (1, 5) werden. Der Behälter muss also groß genug sein, um dem Inhalt ausreichend Platz bieten zu können. Ist der Behälter jedoch zu groß für seinen Inhalt, handelt es sich um Ressourcenverschwendung. Derzeit wird eine Diskrepanz zwischen Inklusionsdynamik (Behälterinhalt) und den Steuerungsimpulsen (Behälterbeschaffenheit) wahrgenommen. Dabei fällt auf, dass nicht der Behälter als zu groß, sondern der Inhalt als zu wenig beschrieben wird. So werden die Quantität der Lehrkräfte (*zu wenig Lehrkräfte* (2,7)), die Qualität ihrer Expertise bezüglich Inklusion (*Lehrkräfte, die nicht genügend ausgebildet sind* (2, 8)) sowie die inklusive praktische Umsetzung (*wenig Praxis* (9,4)) als *viel zu wenig* (2, 3) beschrieben. Obwohl die Behälterbeschaffenheit nicht weiter ausgestaltet wird, scheint der Behälter derzeit keine optimalen Voraussetzungen für seinen Inhalt zu bieten. Möglicherweise ist die Öffnung zu klein oder seine Beschaffenheit zu fragil, obwohl es sich hierbei nur um Mutmaßungen handelt, die vom Material nicht bestätigt werden. Übertragen auf die vorliegende Analyse bedeutet das, dass Steuerungsimpulse derzeit keine optimalen Voraussetzungen für die Inklusionsdynamik bieten.

Bezogen auf das erste skizzierte metaphorische Konzept lässt sich resümieren, dass die Inklusionsdynamik durch einen als zu wenig empfundenen Behälterinhalt und die Steuerungsimpulse durch eine nicht als optimal empfundene Behälterbeschaffenheit metaphorisiert werden. Die Rahmungen des Behälters legitimieren seine Existenz und auch Steuerungsimpulse werden als wichtig empfunden. Schwachstellen der Beschaffenheit werden zwar nicht benannt (möglicherweise deutet das auf eine Legitimation der Expertise seitens der

Studienanfänger*innen hin), der Wunsch nach klaren und festen Strukturen beziehungsweise Steuerungsimpulsen ist jedoch vorhanden. Dass die Inklusionsdynamik (Behälterinhalt) derzeit als zu wenig empfunden wird, lässt darauf schließen, dass eine Erhöhung sowie eine Anpassung der Steuerungsprozesse erwünscht sind.

Das metaphorische Konzept ‚Inklusion als Realisierung der Grundrechte' hat eine menschenrechtliche Begründung von Inklusion als Grundlage. Dieser Bezug zum allgemeinen Menschenrecht gehört auch in Deutschland zum Kern der freiheitlichen demokratischen Grundordnung und beeinflusst das Zusammenleben von Staat und Gesellschaft. Der ideale Soll-Zustand Inklusion verkörpert die Verwirklichung von demokratischen Werten und Menschenrechten.

Metaphern, die diesem Konzept zuzuordnen wären, sind unter anderem die Folgenden[4]:

- *Ich bin pro Inklusion, jedes Kind sollte das gleiche Recht auf Bildung bekommen* (2, 5)
- *Um Inklusion zu ermöglichen, braucht man multiprofessionelle Teams* (6, 2)
- *Toleranz* (7, 5)
- *Akzeptanz* (7, 6)
- *Erhoffe ich Toleranz untereinander, menschliche Normen- und Wertvorstellungen* (12, 3)
- *Rechtlich u. a. in Kinderrechts- und Behindertenrechtskonventionen abgesichert* (11, 3)

Ansprüche auf inklusive Umstrukturierungen werden mittlerweile durch gesetzliche Rahmenbedingungen gefordert. Gesetze manifestieren einen gewünschten Idealzustand, welcher jedoch nie erreicht wird. Je mehr Menschen gegen Gesetze verstoßen, desto größer die Diskrepanz zwischen der Realität und ebendiesem Idealzustand. Instanzen wie die Polizei oder die Gerichtsbarkeit tragen zu einer Annäherung an diesen Sollzustand bei. Das metaphorische Konzept greift dieses Verhältnis auf, indem gezielt nach Relationierungen zwischen gesetzlichen Vorgaben (Steuerungsimpulse) und Implikationen in der Praxis (Inklusionsdynamik) gefragt wird.

[4] An dieser Stelle sei – u. a. angelehnt an Kruse et al. (2011) – an die hier zugrunde gelegte umfassende Metapherndefinition erinnert. Für den metaphernanalytischen Auswertungsprozess ist (mit) entscheidend, ob und wenn ja, welche metaphorischen Konzepte unter Berücksichtigung von differenten Quell- und Zielbereichen herausgearbeitet werden können.

Sowohl der Staat als auch die Gesellschaft sind dazu aufgefordert, das Recht für ein wertebasiertes und sicheres Miteinander zu befolgen. Die Aussicht auf Sicherheit, Freiheit und Gleichberechtigung kann als Impuls für inklusive Veränderungen interpretiert werden. Wenn die Steuerungsprozesse diesen Soll-Zustand als Ziel haben, kann davon ausgegangen werden, dass sich die Mehrheitsgesellschaft seiner Vorteile bewusst wird und ihn in ihr Handeln integriert. Die Steuerungsprozesse könnten somit als Steigbügel für ein inklusives Miteinander verstanden werden. Auch im Material scheint die Umsetzung bestimmter *Wertevorstellungen* (12, 3) der Impuls für inklusives Handeln zu sein. Es besteht die Hoffnung auf *Akzeptanz* (7, 6), *Toleranz* (7, 5) und *das gleiche Recht auf Bildung* (2, 5) für alle. So wird durch die Metaphern die (abstrakte) Realisierung von Grundrechten aufgegriffen, während die konkrete Umsetzung von Inklusion außer Acht bleibt. Somit ist die Zielsetzung deutlich formuliert, die Art der Umsetzung hingegen bleibt offen. Zudem ist fraglich, ob die gesetzlichen Vorgaben als Steuerungsprozess ausreichend sind. Das *Erhoffen* des Zielzustands deutet darauf hin, dass die Gesetze derzeit nicht allumfassend realisiert werden und die Steuerungsimpulse möglicherweise nicht ausreichen. Wie schafft es eine Gesellschaft/ein Individuum, jedem Menschen trotz differenter Voraussetzungen das gleiche Recht auf Bildung zu gewährleisten? Theoretische Steuerungsimpulse des Zielzustandes, metaphorisiert durch gesetzliche Vorgaben, sind zwar vorhanden, es fehlt jedoch an konkreten Anweisungen für die Umsetzung in der Praxis. Möglicherweise ist dies der Punkt, an dem Steuerungsprozesse ansetzen und eine Erweiterung erfahren müssen.

Das metaphorische Konzept ‚Inklusion als Weg' subsummiert Metaphern, die den abstrakten (Soll-)Zustand ‚Inklusion' auf die erfahrbare Vorstellung, einen Weg zu gehen, verbildlichen. Dabei handelt es sich bei Inklusion um das Ziel des Weges. Zu diesem Konzept gehören unter anderem die folgenden Metaphern:

- *gespaltene Meinungen werden vertreten* (9, 2)
- *Probleme bei der Durchführung auftreten* (9, 5)
- *Debatte, die in Theorie und Praxis weit auseinander geht* (10, 4)
- *Hindernisse und Schwierigkeiten, die auf dem Weg zur Inklusion geklärt werden müssen* (12, 2)
- *Inwieweit gibt es ein Mitspracherecht der einzelnen Parteien im Prozess? Inwieweit wird dies berücksichtigt?* (13, 2)
- *Prozess* (7, 6)
- *Vor allem Prozess in dem Gedanken/im Gedankenbild (kein Schubladendenken mehr)* (7, 2)
- *Gesamtgesellschaftlicher Prozess* (19, 2)
- *Fortschrittliches, wünschenswertes Modell* (21, 3)

Dieses metaphorische Konzept eignet sich, um den dynamischen Charakter von Inklusion zu betrachten. Die Inklusionsdynamik wird somit durch den Weg hin zu Inklusion metaphorisiert. Sie kann genauer charakterisiert werden, indem die Richtung (vorwärts- oder rückwärts gehen, hin- oder abwenden vom Ziel, abkommen vom Weg), Geschwindigkeit des Vorankommens, Hindernisse und die Zielnähe beschrieben werden.

Die Metaphern *Prozess* (7, 6) und *gesamtgesellschaftlicher Prozess* (19, 2) betonen die Idee des Vorwärtsgehens und der Entwicklung des metaphorischen Konzepts ‚Inklusion als Weg'. Ziel des Inklusionsweges, das mit der Metapher als *fortschrittliches, wünschenswertes Modell* (21, 3) übersetzt wird, ist es demzufolge, sich Inklusion sukzessive zu nähern. Auf diese Weise wird der Weg zum Ziel fokussiert, wobei es auf diesem Weg durchaus zu Schwierigkeiten und Hindernissen kommen kann, wie u. a. die Metapher *Gibt es Hindernisse und Schwierigkeiten, die auf dem Weg zur Inklusion geklärt werden müssen* (12, 2) aufzeigt. Auch die Metapher *Denke ich daran, dass Probleme bei der Durchführung auftreten* (9, 5) verweist darauf, dass der Inklusionsprozess gehemmt werden könnte. Zudem legt das metaphorische Konzept nahe, dass oftmals ein (gemeinsames) Ausloten notwendig sei, um zum Ziel Inklusion zu gelangen. So wird deutlich, dass es unterschiedliche Meinungen – sowohl grundsätzlich über die Notwendigkeit von Inklusion als auch über deren konkrete Umsetzung – gibt (*Denke ich an die gespaltenen Meinungen die vertreten werden* (9, 2) oder auch *Ich denke an eine Debatte, die in Theorie und Praxis weit auseinander geht* (10, 4)) sowie Unstimmigkeiten darüber, wer Entscheidungsträger*innen auf dem Weg sind bzw. sein sollten (*Inwieweit gibt es ein Mitspracherecht der einzelnen Parteien im Prozess? Inwieweit wird dies berücksichtigt?* (13, 2)). Die gespaltenen Meinungen illustrieren die Unentschiedenheit und Unschlüssigkeit darüber, wie der Weg zum Ziel Inklusion angegangen werden kann. Diese Schwierigkeiten und Unstimmigkeiten könnten auf ein Vakuum hindeuten. So lassen sich die Fragen aufwerfen, ob und inwieweit Steuerungsimpulse in der Durchführung Probleme bergen sowie ob und inwieweit noch administrative Steuerungsimpulse fehlen, die den Inklusionsprozess (präziser) rahmen und strukturieren.

Mit Blick auf die Konzeption, Inklusion als Weg zu betrachten, drängt sich zudem die Frage auf, inwiefern unterschiedliche Vorgehensweisen, den Weg zu beschreiten, ebenso zum gleichen Ziel führen können. Darüber hinaus liegt nahe, dass das Beschreiten des Weges verschiedene Schattierungen aufweist. So können die jeweilige Ausgangslage sowie Ausstattung verschieden sein und das Tempo bzw. das Voranschreiten des Weges unterschiedlich verlaufen – die Erreichung des Zieles folglich unterschiedlich weit entfernt sein. Vor dem Hintergrund dieser

Überlegungen ist hervorzuheben, dass die Metapher *Vor allem Prozess in dem Gedanken/im Gedankenbild (kein Schubladendenken mehr)* (7, 2) die individuelle Einstellung als Ort des Prozesses lokalisiert. Das beschriebene Schubladendenken, das abgelegt werden müsse, könnte darauf hinweisen, wie essenziell die individuelle Auseinandersetzung mit den eigenen Einstellungen und Vorurteilen für Inklusion aus Sicht der Befragten ist.In Anbetracht dessen verläuft der Inklusionsprozess sowohl als gemeinsamer Weg als auch als individueller Weg. Beide können zum Gelingen des (gemeinsamen) Weges einen Beitrag leisten.

Die hier skizzierten metaphorischen Konzepte verdeutlichen differente Beschreibungen der von den Studierenden wahrgenommenen inklusionsbezogenen Steuerung. Gerade das zuletzt dargelegte Konzept von Inklusion als Weg unterstreicht aber die Prozesshaftigkeit der Steuerungsauswirkungen. Damit verbunden ist die Frage des Umgangs mit der Steuerung. So wird rechtlich verankerte Steuerung von den Studierenden als wichtiger Steuerungsimpuls aufgefasst, die Art und Weise der konkreten Umsetzung bleibt aus Sicht der Studierenden allerdings vage. Deutlich wird dies vor allem im Metaphernkonzept des Behälters, das besonders auf das Spannungsfeld von Offenheit und Geschlossenheit hinweist. Diesbezüglich lässt sich ein Konflikt identifizieren, der aus dem Wunsch nach Steuerung auf der einen Seite und dem Anerkennen unterschiedlicher Standpunkte und Herangehensweisen auf der anderen Seite resultiert. Eine konkrete Benennung von Implikationen für inklusionsbezogene Professionalisierungsprozesse konnte auf Basis der Metaphernanalyse des vorliegenden empirischen Materials nicht herausgearbeitet werden. Es wirkt so, als bewerten die Studierenden vorrangig das Konzept Inklusion, als dass sie die eigene Professionalisierung und professionelle Zukunft im Zusammenhang mit Inklusion betrachten. Es lässt sich folglich die Frage aufwerfen, weshalb die eigene berufliche Zukunft für die befragten Studierenden in den Hintergrund rückt. Die aufgezeigten Implikationen durch die Studierenden sind eher indirekt und verweisen auf die Notwendigkeit der Schaffung von als adäquat wahrgenommenen Rahmenbedingungen durch Steuerung. Auf diese Weise drängt sich die Überlegung auf, ob und inwieweit die fehlenden Rahmenbedingungen und Steuerungsaspekte ursachlich für die beschriebene Beobachtung sind. Eine Beantwortung dieser Fragestellung ist auf der Grundlage des vorhandenen Materials nicht möglich.

Es deutet sich an, dass die Studierenden eher systemimmanent argumentieren, indem – etwas überspitzt formuliert – letztlich eine steuernde Anpassung des Inklusionsprozesses an die bestehenden Strukturen des hiesigen Schulsystems gefordert wird.

In diesem Beitrag wurde in einem explorativen Design auf Basis einer metaphorischen Auswertung von Inneren Teams studentischer Bilder die Relationierung von Steuerung und Inklusion betrachtet. Diesbezüglich hat sich der Einbezug studentischer Perspektiven in den Interpretationsprozess als gewinnbringend herausgestellt. Hierdurch konnte die Konstruktion der sozialen Wirklichkeit – in Anlehnung an kollektiv geteilte Wissensbestände (Rosenthal, 2015) – tiefgreifender vorgenommen werden.

Die hier vorgestellten Ergebnisse sind forschungsmethodisch aus mehreren Perspektiven zu reflektieren. Zunächst kann in Bezug auf die Auswertungsmethode, u. a. mit Kruse et al. (2011), kritisch gefragt werden, ob eine metaphorische Auswertung nicht ein subsidiäres Verfahren sein sollte, das sich z. B. einer qualitativen Inhaltsanalyse anschließt. Dies erscheint nach der bereits durchgeführten Auswertung als gewinnbringende Anschlussforschung und wird in einer nächsten Forschungswerkstatt mit Studierenden durchgeführt. Des Weiteren ist u. a. limitierend auf das hier verwendete Sample sowie die Auswahl der vorgestellten Analyse zu verweisen. Aus Platzgründen wurde hier nicht auf die Ergebnisse der studentischen Forschungswerkstattarbeit eingegangen. Da die Reanalyse hier aber angeschlossen und die studentischen Ergebnisse mit aufgegriffen hat, wurde diese Auswahl getroffen. In die Reanalyse wurden 20 zufällig ausgewählte Innere Teams einbezogen. Diese Auswahl erfolgte aus forschungsökonomischen Gründen. Eine Fallauswahl auf Basis einer vorangegangenen Typenbildung oder Maximalkontrastierung im Anschluss an die Forschungswerkstattarbeit wäre ggf. eine mögliche Bereicherung gewesen. Daher sind die hier präsentierten Ergebnisse vor dem Hintergrund der methodischen Rahmungen zu diskutieren.

5 Diskussion & Ausblick

Obwohl der Steuerungsaspekt bei der schriftlichen Befragung nicht explizit erhoben wurde, wird er von den Studierenden nachgezeichnet. Die Ergebnisse deuten darauf hin, dass die Studierenden Inklusion als gesteuerten Veränderungsprozess wahrnehmen. Die Auswirkungen dieser Steuerung skizzieren sie als weitreichend und teilweise systemverändernd. Gleichwohl kann angemerkt werden, dass sie eher aus der Logik des tradierten Bildungssystems argumentieren, was sich u. a. in einer Unterscheidung von vermeintlich ‚guten Schüler*innen' und Förderschüler*innen zeigt. Die von den Studierenden identifizierte Steuerung von Inklusion nehmen sie als nicht weitreichend genug wahr und wünschen sich eine deutlicher steuernde Rahmung inkl. einer Verbesserung der bestehenden

Rahmenbedingungen. Dieses Ergebnis, das in einer Anschlussforschung noch weiter ausgeleuchtet werden sollte, deutet darauf hin, dass die Studierenden die Aufgabe Inklusion an Rahmenbedingungen, deren deutlichere Konturierung sie fordern, knüpfen und somit die Entwicklungsaufgabe Inklusion – zumindest in Teilen – abwehren.

Literatur

Arndt, A.-K., & Werning, R. (2016). Unterrichtsbezogene Kooperation von Regelschullehrkräften und Sonderpädagog/innen im Kontext inklusiver Schulentwicklung: Implikationen für die Professionalisierung. In V. Moser & B. Lütje-Klose (Hrsg.), *Zeitschrift für Pädagogik. Beiheft: Bd. 62. Schulische Inklusion* (S. 160–174). Beltz.

Benölken, R., & Veber, M. (2020). Inklusion und Begabung – von der Begabtenförderung zur Potenzialorientierung. In C. Kiso & S. Fränkel (Hrsg.), *Inklusive Begabungsförderung in Fachdidaktiken: Diskurse, Forschungslinien und Praxisbeispiele* (S. 37–64). Klinkhardt.

Bohlmann, N., & Dexel, T. (2019). „Exklusion noch und nöcher, obwohl es sich doch um Inklusion handeln soll." *QfI – Qualifizierung für Inklusion. Online-Zeitschrift zur Forschung über Aus-, Fort- und Weiterbildung pädagogischer Fachkräfte, 1*(1), (S. 1–22). https://doi.org/10.21248/qfi.12.

Dietrich, F., & Heinrich, M. (2014). Kann man Inklusion steuern? Perspektiven einer rekonstruktiven Governanceforschung. In M. Lichtblau, D. Blömer, A. K. Jüttner, K. Koch, M. Krüger, & R. Werning (Hrsg.), *Forschung zu inklusiver Bildung: Gemeinsam anders lehren und lernen* (S. 26–46). Klinkhardt.

Erbring, S. (2014). *Inklusion ressourcenorientiert umsetzen.* Carl-Auer.

Grosche, M., & Lüke, T. (2020). Vier Vorschläge zur Verortung quantitativer Forschungsergebnisse über schulische Inklusion im internationalen Inklusionsdiskurs. In C. Gresch, P. Kuhl, M. Grosche, C. Sälzer & P. Stanat (Hrsg.), *Schüler*innen mit sonderpädagogischem Förderbedarf in Schulleistungserhebungen: Einblicke und Entwicklungen* (S. 29–54). Springer Fachmedien. https://doi.org/10.1007/978-3-658-27608-9_2.

Grummt, M. (2019). *Sonderpädagogische Professionalität und Inklusion.* Springer.

Grummt, M., Schöps, M., & Veber, M. (2019). Synergien kasuistischer Forschungswerkstatt und Lernwerkstatt – Reflexionsanregung durch räumlich bereicherte Forschungsarbeit. In S. Tänzer, M. Godau, & M. Berger (Hrsg.), *Perspektiven auf Hochschullernwerkstätten: Wechselspiele zwischen Individuum, Gemeinschaft, Ding und Raum* (S. 57–69). Klinkhardt.

Hascher, T., & de Zordo, L. (2015). Praktika und Inklusion. In T. H. Häcker & M. Walm (Hrsg.), *Inklusion als Entwicklung: Konsequenzen für Schule und Lehrerbildung* (S. 165–184). Klinkhardt.

Heinrich, M. (2015). Inklusion oder Allokationsgerechtigkeit? Zur Entgrenzung von Gerechtigkeit im Bildungssystem im Zeitalter der semantischen Verkürzung von Bildungsgerechtigkeit auf Leistungsgerechtigkeit. In V. Manitius, B. Hermstein, N.

Berkemeyer, & W. Bos (Hrsg.), *Zur Gerechtigkeit von Schule: Theorien, Konzepte, Analysen* (S. 235–255). Waxmann.

Hericks, U. (2006). *Professionalisierung als Entwicklungsaufgabe*. Springer. https://doi.org/10.1007/978-3-531-90060-5.

Hinz, A. (2021). Update Theorie Integrativer Prozesse: Wie der Inklusionsdiskurs Vitalisierung aus ihrer Weiterentwicklung erfahren könnte. In H. Wocken (Hrsg.), *Dialektik der Inklusion: Inklusion als Balance* (S. 177–199). Feldhaus.

Jungkamp, B. (2016). Fazit: Thesen zur „Neuen Steuerung" in der Bildungspolitik. In B. Jungkamp & M. John-Ohnesorg (Hrsg.), *Mehr Daten – mehr Qualität? Qualitätsentwicklung durch Bildungsmonitoring* (S. 64–67). Friedrich-Ebert-Stiftung, Berlin.

Klemm, K. (2021). *Inklusion in Deutschlands Schulen: Entwicklungen – Erfahrungen – Erwartungen*. Beltz.

Köpfer, A. (2021). Rekonstruktion und Inklusion – Perspektiven und Spannungsfelder rekonstruktiver Inklusionsforschung in der Erziehungswissenschaft. *QfI – Qualifizierung für Inklusion. Online-Zeitschrift zur Forschung über Aus-, Fort- und Weiterbildung pädagogischer Fachkräfte, 3*(1). https://doi.org/10.21248/QfI.64.

Kruse, J., Biesel, K., & Schmieder, C. (2011). *Metaphernanalyse: Ein rekonstruktiver Ansatz*. Springer.

Lindmeier, C. (2018). Implikationen der internationalen Fachdiskussion über einen „Twin-Track Approach" der inklusiven Erziehung und Bildung. *Zeitschrift für Heilpädagogik, 69*(4), 156–166.

Merz-Atalik, K., & Hudelmaier-Mätzke, P. (2016). Vergangenheits-, Gegenwarts- und Zukunftsorientierung als „Be-hinderungen" auf dem Weg zu einem inklusiven Bildungssystem – mit exemplarischen Bezügen zu einer Studie im Land Luxemburg. In U. Böing & A. Köpfer (Hrsg.), *Be-Hinderung der Teilhabe: Soziale, politische und institutionelle Herausforderungen inklusiver Bildungsräume* (S. 128–146). Klinkhardt.

Moser, V. (2012). Vorwort – Standards für die Umsetzung von Inklusion im Bereich Schule. In V. Moser (Hrsg.), *Die inklusive Schule: Standards für die Umsetzung. (= Schulpädagogik)* (S. 7–10). Kohlhammer.

Müller, F. J. (2018a). *Blick zurück nach vorn – WegbereiterInnen der Inklusion: Bd. 1*. Psychosozial.

Müller, F. J. (2018b). *Blick zurück nach vorn – WegbereiterInnen der Inklusion: Bd. 2*. Psychosozial.

Preis, N., & Wissinger, J. (2021). Die Steuerung multiprofessioneller Zusammenarbeit in inklusiven Schulen. Zu Rolle, Aufgaben und Praxis der Schulleitung. In K. Resch, K. T. Lindner, B. Streese, M. Proyer, & S. Schwab (Hrsg.), *Inklusive Schule und Schulentwicklung. Theoretische Grundlagen, empirische Befunde und Praxisbeispiele aus Deutschland, Österreich und der Schweiz* (Bd. 8, S. 165–171). Waxmann.

Rosenthal, G. (2015). *Interpretative Sozialforschung: Eine Einführung* (5. akt. und erg. Aufl.). Beltz.

Schmitt, R., Schröder, J., & Pfaller, L. (2018). *Systematische Metaphernanalyse: Eine Einführung*. Springer.

Schreier, M. (2011). Systematik der Stichprobenverfahren. In G. Naderer & E. Balzer (Hrsg.), *Qualitative Marktforschung in Theorie und Praxis: Grundlagen – Methoden – Anwendungen* (2. Aufl., S. 242–256). Gabler/Springer Fachmedien.

Schulz von Thun, F. (2013). *Das „Innere Team" und situationsgerechte Kommunikation: Kommunikation, Person, Situation: Mit 101 Zeichnungen von Verena Hars* (29. Aufl.). Rowohlt.

Seitz, S. (2020). Über Fortbildung Anschlüsse schaffen. Wie kommt Inklusion in die Grundschule? *Journal für LehrerInnenbildung, 20*(3), 54–62. https://doi.org/10.35468/jlb-03-2020_05.

Steinmetz, S., Wrase, M., Helbig, C., & Döttinger, I. (2021). *Die Umsetzung schulischer Inklusion nach der UN-Behindertenrechtskonvention in den deutschen Bundesländern.* Nomos.

Theobald, U., & Cramer, C. (2022). Sonderpädagogische Professionalität in der Lehrer*innenbildung aus einer meta-reflexiven Perspektive. *HLZ -Herausforderung Lehrer_innenbildung, 5*(1). https://doi.org/10.11576/hlz-4846.

Weiß, S., Muckenthaler, M., Heimlich, U., Küchler, A., & Kiel, E. (2019). Welche spezifischen Bedarfe einer Qualifizierung und Professionalisierung haben Lehrer*innen in inklusiven Schulen? *QfI – Qualifizierung für Inklusion. Online-Zeitschrift zur Forschung über Aus-, Fort- und Weiterbildung pädagogischer Fachkräfte, 1*(1). https://doi.org/10.21248/qfi.6.

Marcel Veber ist Juniorprofessor für Erziehungswissenschaft mit dem Schwerpunkt Inklusion aus sonderpädagogischer Perspektive an der Universität Osnabrück. Seine Arbeitsschwerpunkte sind pädagogische Diagnostik und inklusive Didaktik, inklusive Lehrer*innenbildung und schulpraktische Studien.

Kontakt: marcel.veber@uos.de

Christin Werner ist studentische Hilfskraft an der Universität Osnabrück im Fachbereich Erziehungs- und Kulturwissenschaften. Ihre Arbeitsschwerpunkte sind Schulentwicklung und Lehrer*innenbildung.

Kontakt: chrwerner@uni-osnabrueck.de

Dana Kiefer ist studentische Hilfskraft an der Universität Osnabrück. Ihre Arbeitsschwerpunkte sind inklusiver Unterricht sowie die Professionalisierung von (angehenden) Lehrkräften.

Kontakt: dkiefer@uni-osnabrueck.de

David Paulus ist Wissenschaftlicher Mitarbeiter in der Arbeitsgruppe Allgemeine Didaktik und Unterrichtsforschung am Institut für Erziehungswissenschaft der Westfälische Wilhelms-Universität Münster. Seine Arbeitsschwerpunkte sind Theorie-Praxis-Relationierung, schulpraktische Professionalisierung und pädagogische Medienkompetenzen.

Kontakt: d.paulus@uni-muenster.de

André Rose ist Lehrkraft im Sekundarbereich I. Seine Arbeitsschwerpunkte sind inklusive Unterrichtsplanung und Professionalisierung im Kontext von Inklusion.

Kontakt: andre.rose@uos.de

Eltern als ‚Schulentwickler*innen' wider Willen. Mein Resümee aus zwei Jahrzehnten Engagement für Inklusion

Kirsten Ehrhardt

Eltern als Schulentwickler*innen? ‚Schulentwickler*in' ist zwar kein festgelegter Beruf, aber natürlich denkt man bei dem Begriff an ‚Profis' – an Menschen, die sich professionell damit beschäftigen, Schule und Schulsysteme zu verändern und weiterzuentwickeln. Eltern haben einen anderen Job. Eigentlich. Aber de facto sind sie (auch) Schulentwickler*innen. Und zwar nicht, weil sie sich diesen Job ausgesucht haben, sondern weil es gar nicht anders geht, wenn sie möchten, dass ihre Kinder inklusiv beschult werden. Dass diese zum einen überhaupt einen inklusiven Schulplatz erhalten, und zum anderen der Unterricht auch wirklich inklusiv gestaltet wird.

Weil ich in Baden-Württemberg lebe und in der Elternbewegung ‚Gemeinsam leben – gemeinsam lernen' seit fast 20 Jahren aktiv bin, stammen viele Beispiele aus diesem Bundesland. Nicht alles kann man vielleicht 1:1 auch überall in Deutschland erleben. Aber vieles leider doch, auch wenn Baden-Württemberg mit einigen anderen Bundesländern immer wieder als inklusives Schul-Schlusslicht identifiziert wird.

1 Schulentwicklung und Haltung

„Inklusion entsteht im Kopf", so ein beliebter Satz und Slogan. Ich mag diesen Satz, auch wenn ich ihn ergänzen würde durch: „Inklusion beginnt im Kopf und im Herzen". Der Kopf beugt blindem Aktionismus vor, der die Gefahr birgt, dass

K. Ehrhardt (✉)
LAG Gemeinsam leben - Gemeinsam lernen Baden-Württemberg e.V., Heidelberg, Germany
E-Mail: beratung@lag-bw.de

R. Kruschel und K. Merz-Atalik (Hrsg.), *Steuerung von Inklusion!?*, Educational Governance 52, https://doi.org/10.1007/978-3-658-40103-0_21

die Richtung nicht stimmt und man am Ende erkennen muss, dass das, was man macht, mit Inklusion letztlich nichts zu tun hat. An mancher Schule, in der Kinder mit Behinderung unterrichtet werden, ist dies zu beobachten. Wer Inklusion leben möchte, muss sich zunächst einmal damit beschäftigen, was das eigentlich bedeutet – für sich selbst und für das System, dessen Teil er oder sie ist.

Eltern von Kindern mit Behinderung werden mit dieser Notwendigkeit oft schon früh konfrontiert. Denn immer wieder müssen sie sich fragen: Ist das, was hier und jetzt mit meinem Kind passiert, etwas Inklusives oder läuft das in eine völlig falsche Richtung? Das fängt bei den ersten Therapien schon gleich nach der Geburt an und setzt sich in der Frühförderung und bei der Suche nach Krippen oder Kindertageseinrichtungen fort.

Wenn diese Kinder nun inklusiv eingeschult werden, haben viele Eltern – nicht alle – einiges an gedanklicher Arbeit und Auseinandersetzung schon hinter sich. Sie haben im besten Falle eine klare inklusive Haltung entwickelt, und zwar deutlich über die Behinderung ihres eigenen Kindes hinaus. Schulen und Lehrer*innen an allgemeinen Schulen, denen sie dann begegnen, haben das oft noch nicht. Häufig dauert es nicht lange, bis erster Diskussionsstoff entsteht:

> „Am Ausflugstag können Sie dann ja das Kind mit dem Auto bringen und mit der Gondel hochfahren, damit es beim gemeinsamen Mittagessen dabei sein kann. Die Klasse fährt mit dem Zug und wandert den Berg hoch. Das geht ja leider nicht mit dem Rolli." (Klassenlehrerin, Grundschule)

Diese Schule ist noch weit entfernt davon, Schüler*innen mit Behinderung und deren Bedürfnisse als selbstverständlichen und gleichberechtigten Teil des Schullebens zu sehen. Eltern bleibt dann nur eins: mit einer komplizierten Mischung aus klarer Haltung, Verständnis für Lehrer*innen und deren neuen Herausforderungen und unter Anwendung ausgeklügelter Kommunikationsstrategien die Schule für die alltägliche Diskriminierung zu sensibilisieren, die im ständigen ‚wir' (‚Normalos') und ‚die' (‚Behinderten') liegt, und sie nach und nach auf einen wirklich inklusiven Weg zu bringen. Wenn die Eltern diese aktive Begleitung aber nicht können oder wollen, bleibt es häufig bei Inklusion nach der Maxime: Inklusion läuft prima, wenn die Schule alles so machen kann, wie vor der Aufnahme der Kinder mit Behinderung.

Ich war einmal auf einer Veranstaltung, bei der ein Lehrer*innen-Team einer Realschule gefragt hat, ob Inklusion denn wirklich sein müsse, man wasche doch auch bunte Handtücher getrennt von den weißen in der Waschmaschine.

Eltern von Kindern mit Behinderung müssen in solchen Momenten ganz tapfer sein.

Aus meiner Sicht fehlt, wenn eine allgemeine Schule zum ersten Mal Kinder mit Behinderung unterrichtet, eine grundsätzliche Auseinandersetzung mit Inklusion und dem Denken, der Idee und den Zielen der UN-Behindertenrechtskonvention. Diese scheint – anders als in anderen Ländern – hierzulande so schwer verständlich zu sein. Eine Haltung für Vielfalt kann man sicherlich nicht verordnen, aber sie kann wachsen, wenn man sich immer wieder mit ihr beschäftigt, ja sich manchmal auch an ihr reibt. Das tun Schulen aus meiner Sicht zu wenig. Oft fangen sie gleich an, im Sinne eines wenig reflektierten Aktionismus zu ‚rödeln': Wie man alles organisiert? Wo sie ausreichend Ressourcen, Stunden und Unterstützungskräfte herbekommen? Wie Stundenpläne gemacht sein müssen? Und vieles mehr.

Eine Schulleiterin, die darauf besteht, dass die Schulordnung ‚für alle gilt' und man da auch ‚für die Behinderten' keine Ausnahme machen könne, gleichzeitig aber nicht danach fragt, was mit Kindern ist, die bestimmte Anforderungen weder verstehen noch erfüllen können, hat einen Gedankenschritt übersprungen. Nämlich jenen, dass Inklusion nicht heißt: Alles für alle gleich, sondern jeder im Rahmen seiner individuellen Möglichkeiten.

Interessant ist: Auch nicht alle Schulen, die annehmen, sie seien perfekt auf Vielfalt eingestellt, führen diese gedankliche Auseinandersetzung in einer erforderlichen Tiefe. Diese würde letztlich zu einer inklusiven Haltung führen. Manchmal endet die Vielfalt aber genau da, wo Behinderung anfängt.

Eltern wirken auch hier entwickelnd. Denn sie konfrontieren Schulen mit ihrer Inklusions-Haltung, die sie zum Teil über Jahre entwickelt und immer wieder geschärft haben. Schulen und Lehrer*innen reagieren dann unterschiedlich. Manchmal erleben sie Eltern als übergriffig und blocken ab, manchmal lassen sie sich auf neues Denken ein und sehen die Eltern-Sicht als wertvolle Ergänzung. Tun sie letzteres, kann eine außerordentlich fruchtbare Zusammenarbeit entstehen. Wenn Lehrer*innen am Ende der Schulzeit eines Kindes mit Behinderung zum Beispiel den Eltern dafür danken, wie viel sie in den Jahren gelernt hätten, ist das ein ganz besonderer Moment.

2 Schulentwicklung und Wissen

Wenn sich Schulen entwickeln wollen, brauchen sie über das, wohin sie sich entwickeln wollen, Informationen. Das heißt: Wissen. Wissen über Inklusion. Das bedeutet im schulischen Zusammenhang vieles. Zum einen beispielsweise Wissen über die gesetzlichen Grundlagen. Dieses Wissen ist leider bei vielen Schulen nur rudimentär, gar nicht vorhanden oder nicht auf dem neuesten Stand.

2015 wurde in Baden-Württemberg das Schulgesetz so geändert, dass es keine ‚Sonderschulpflicht' mehr gibt, sondern einen Rechtsanspruch auf Inklusion (siehe auch Beck in diesem Band). Fragt man Lehrer*innen oder auch Schulleiter*innen nach den Grundsätzen dieser Reform und den wesentlichen Inhalten, erhält man oft nur ungenaue Antworten. Woran liegt das? An den allgemeinen Schulen werden Kinder mit Behinderung oft weiterhin als ‚Angelegenheit der Sonderschulen' angesehen. Auch in Baden-Württemberg wurden diese inzwischen umbenannt: Zwar nicht euphemistisch in ‚Förderschulen', wie in den anderen Bundesländern, sondern in ‚Sonderpädagogisches Bildungs- und Beratungszentrum'. Mehr als den Namen haben aber viele Sonderschulen nicht geändert – einige nicht einmal den Schulstempel, den sie auf Zeugnisse drücken. Und auch im allgemeinen Bewusstsein ist geblieben: Sie sind für die Kinder mit Behinderung die ‚Spezialist*innen'. Dies verfestigt die Vorstellung: ‚Wir – die allgemeinen Schulen – können das ja gar nicht'. Entsprechend haben sich viele allgemeine Schulen nicht wirklich mit den Änderungen im Schulgesetz beschäftigt. Vor allem nicht, bevor das erste Kind mit Behinderung bei ihnen eingeschult werden soll. In Baden-Württemberg zählt die Grundschule vor Ort übrigens zu den „allgemeinen Schulen" (Verordnung über sonderpädagogische Bildungsangebote – SBA-VO, März 2016, § 1). Eine Sonderschule ist in Baden-Württemberg hingegen eine ‚Regelschule', weil sie ja für die Kinder mit Behinderung – bei denen ein sogenannter ‚Anspruch auf ein sonderpädagogisches Bildungsangebot' festgestellt wurde – ein ‚regelhaftes Angebot' bereit hält[1]. Es leben die Begrifflichkeiten! Und eben diese Sonderschulen? Auch die haben sich mit dem Gesetz oft nur wenig beschäftigt, weil sie die Änderungen überwiegend als Bedrohung ansehen und Inklusion nur selten unterstützen, sondern stattdessen auf eine Beschulung in ihrem Haus bestehen und diese auch viel besser finden.

Die Schulämter haben zwar die Schulen über den rechtlichen Rahmen informiert. Allerdings manche mehr als andere, je nach ‚bildungspolitischer' Ausrichtung der Leitungen. Es scheint so, dass bei vielen Schulen wenig davon angekommen und hängen geblieben ist. Oft scheint der Wunsch vorzuherrschen, dass dieser ‚Kelch' doch bitte an ihnen vorbei gehen möge. Das ist beschämend

---

[1] „Das sonderpädagogische Bildungs- und Beratungszentrum ist eine Schulart, die eigene Bildungsangebote vorhält und die allgemeinen Schulen bei der schulischen Bildung von jungen Menschen mit einem *sonderpädagogischen Beratungs- und Unterstützungsbedarf* oder einem festgestellten *Anspruch auf ein sonderpädagogisches Bildungsangebot* unterstützt." (Ministerium für Kultus, Jugend & Sport Baden-Württemberg, 2018, 5; Herv. d. A.).

für unser Bildungssystem: Die Eltern, die das Recht ihrer Kinder auf inklusive Beschulung verwirklicht sehen wollen, müssen Schulen dazu ‚zwingen', sich ihrem schulrechtlichen Auftrag zu stellen. Inklusive Entwicklung kommt nach wie vor an viel zu vielen Schulen einzig und allein durch Eltern, die sich weder von der ablehnenden Grundhaltung noch von Falschaussagen abschrecken lassen, zustande. Unser Verein verbringt Stunden und Stunden nur damit, Eltern auf dem Weg zur inklusiven Beschulung immer und immer wieder nach jedem Gespräch aufs Neue zu versichern, dass sie keine Wohltat für ihre Kinder erbetteln, sondern das Recht ihrer Kinder auf inklusive Beschulung durchsetzen.

Besonders ärgerlich ist, wenn Schulen Eltern Dinge erklären, die nicht stimmen: z. B., dass in Baden-Württemberg ‚immer' inklusive Gruppenlösungen gebildet werden oder dass zieldifferent unterrichtete Kinder nicht im zehnten Schuljahr an einer weiterführenden Schule bleiben dürften. Für Elterninitiativen, die alle Gesetze, Verordnungen und Verwaltungsvorschriften genau kennen, ist es oft schwierig, Eltern, die sich zum ersten Mal mit Inklusion beschäftigen, mit diesen Informationen zu erreichen und vor allem zu überzeugen. Schließlich haben die ihre Informationen ja von ‚Amtspersonen'. Oder sogar von Webseiten der Schulämter. Aber dazu später mehr. Es gibt in Baden-Württemberg keinen landesweiten Eltern-Ratgeber zur Inklusion in der Schule, der von staatlichen Stellen veröffentlicht wurde. Allein die Landesarbeitsgemeinschaft Baden-Württemberg ‚Gemeinsam leben – gemeinsam lernen e. V.' hat einen geschrieben: „Inklusion macht Schule", von Eltern für Eltern (LAG Gemeinsam leben – Gemeinsam lernen BW, 2018).

Besonders groß ist der Wissensvorsprung von Eltern beim Thema Schulbegleitung. Hierzu ließe sich viel (Kritisches) sagen. Es sind die Eltern, die das komplexe Verfahren verstehen müssen, denn sie alleine beantragen die Schulbegleitung beim Träger der Eingliederungshilfe. Die Rolle der Schule ist fast immer auf ‚Brauchen wir, sonst darf ihr Kind nicht kommen' reduziert. Dieser Systemfehler ist den Schulen zwar nicht anzulasten, ein Fehler ist es dennoch. Vor allem einer, der inklusive Schulentwicklung verhindert.

3 Schulentwicklung und schulische Praxis

Schulen und Lehrer*innen fangen irgendwann an, inklusiv zu unterrichten bzw. sich darüber Gedanken zu machen, was das eigentlich heißt und wie das gehen könnte. Hier brauchen sie aus meiner Sicht mehr externe Unterstützung von Schulverwaltung und Fortbildungsinstitutionen. Denn allzu oft versuchen sie, ihre pädagogischen Konzepte zwar ein bisschen zu verändern, aber nicht wirklich entsprechend der Anforderungen eines inklusiven Unterrichts weiterzuentwickeln.

Ein großes Entwicklungsfeld ist hier die Differenzierung von Unterricht: Alle dürfen und sollen alles lernen, aber im Rahmen ihrer Möglichkeiten und auf ihrem Niveau. Vielen Lehrer*innen sind leider Formen der äußeren Differenzierung vertraut und naheliegend. Dies führt im schlimmsten Fall dazu, dass die Kinder mit Behinderung ihre Schulzeit in einem ‚Differenzierungsraum' gemeinsam mit einer sonderpädagogischen Lehrkraft (und oft auch ihren Schulbegleiter*innen, die ja eigentlich ‚Eingliederungs'-Helfer*innen sein sollen) verbringen. Das hat mit Inklusion nichts zu tun. Das ist Sonderbeschulung an einem anderen Ort.

Eltern bringen sich auch zur Frage der Unterrichtsgestaltung häufig ein, obwohl gerade die pädagogischen Themen für sie heikel sind. ‚Wir haben das studiert, und Sie nicht', hören sie dann immer wieder von Lehrer*innen. Aber Eltern leben ja mit ihren Kindern viele Stunden in der Woche zusammen. Und gerade wenn sie mehrere Kinder mit und ohne Behinderung haben, sind sie ‚Differenzierungskönig*innen' par excellence. Denn natürlich müssen sie genau das machen, wenn sie ein gemeinsames Familienleben führen wollen: Sie müssen differenzieren und nicht trennen. Wir haben als Familie natürlich versucht, unserem Sohn mit Behinderung bei Ausflügen alles so zu erklären, dass auch er es verstehen konnte. Ob es nun ein Bergwerk, ein Museum oder Auerbachs Keller war. Die Frage war nicht, was gemeinsam geht, sondern immer, wie es geht. Gemeinsame Unternehmungen, gemeinsame Filme, gemeinsame Gespräche am Abendbrottisch. Immer wieder ging es auch darum, wie wir uns als Familie verändern mussten, um allen Familienmitgliedern gerecht zu werden.

Das ist eben auch das zentrale Thema bei inklusivem Unterricht. Immer wieder habe ich in den vergangenen Jahren erlebt, dass Eltern hier deutlich mehr Ideen und kreative Ansätze hatten als die Lehrkräfte. Das ist für beide Seiten nicht einfach auszuhalten: Für Lehrer*innen nicht, die sich von Eltern nicht reinreden lassen möchten. Und für Eltern nicht, die mit ihren Ideen abblitzen, aber gleichzeitig tatenlos zusehen müssen, wie inklusiver Unterricht misslingt. Auch Lehrer*innen auf Fortbildungsangebote aufmerksam zu machen, ist ein heikles Unterfangen.

4 Schulentwicklung und Politik

Politiker*innen machen Gesetze, auch Schulgesetze, und sie müssen sich darum kümmern, dass diese von der Verwaltung und in der Praxis umgesetzt werden. Wenn letzteres nicht geschieht, steht das Gesetz nur auf dem Papier.

Es gibt in Deutschland allgemein und insbesondere in Baden-Württemberg scheinbar wenig Interesse, das Schulgesetz beim Thema Inklusion auch mit Leben zu füllen. Weit verbreitet ist noch immer die Ansicht: Eigentlich meine der Artikel 24 der UN-BRK gar nicht Deutschland mit seinem differenzierten Sonderschulsystem, das im Übrigen von den Eltern so gewünscht werde, über Jahrzehnte gewachsen und sozusagen Gewohnheitsrecht sei. Wie sagte einmal ein Lehrer in einer Diskussion noch im Jahre 2020 so schön:

> „Die UN-BRK soll doch nur verhindern, dass die Behinderten in Afrika nicht hinter der Hütte angekettet werden."

Die Auffassung, dass die UN-BRK zumindest im Bereich Bildung gar nicht Deutschland meine, höre ich inzwischen übrigens wieder häufiger und lauter als noch vor einigen Jahren. Ebenso wie beim Bereich Arbeit, wo zurzeit ein vehementer Beharrungs-Kampf der Werkstätten für Menschen mit Behinderung begonnen hat: Die Werkstätten behaupten, Inklusion doch schon zu leben und im Übrigen für Menschen mit Behinderung unverzichtbar zu sein. Sie seien gewünscht, über Jahrzehnte gewachsen und damit nicht mehr wegzudenken in Deutschland.

Die meisten Bundesländer haben mehr oder weniger inklusive Schulgesetze. Warum geht trotzdem auch im Rahmen dieser Regelungen in vielen Bundesländern die Schulentwicklung nicht voran?

Dafür gibt es aus meiner Sicht viele Gründe. Ein wesentlicher ist sicherlich die weitgehende Beibehaltung des Doppelsystems Sonderschule – inklusive Beschulung. Für allgemeine Schulen führt das Prinzip der Beibehaltung beider Beschulungsorte leider oft dazu, dass sie sich mehr Gedanken darum machen, wie sie ein Kind ins Sondersystem zurückdrängen können, als über eine Veränderung ihrer eigenen Schule. Für mich ist der Kernsatz in diesem Zusammenhang immer wieder das, was eine italienische Schulleiterin einmal bei einer Exkursion zu mir sagte: ‚Erst als wir die Kinder nicht mehr woanders hinschieben konnten, weil es keine Sonderschulen mehr gab, haben wir angefangen, uns ernsthaft Gedanken zu machen, wie das Ganze hier gelingen kann.'

Was macht Politik, wenn sie eigentlich nichts oder viel zu wenig machen will?

Hier gibt mehrere Möglichkeiten. Zum einen haben wir in Baden-Württemberg erlebt, dass ein Schulgesetz nur so novelliert wurde, dass alle Schlupflöcher erhalten blieben, um das Sondersystem beizubehalten, wie es ist. Es ist ein Gesetz, das theoretisch etwas verändern könnte, aber nicht muss. In Baden-Württemberg ist die Beibehaltung der ‚Außenklassen', also der ausgelagerten Sonderschulklassen an allgemeine Schulen, so ein Beispiel. Diese heißen inzwischen auch viel netter ‚kooperative Organisationsformen', werden aber vor allem eingerichtet und Eltern schmackhaft gemacht (gute Ressourcen, frühe Planungen), um inklusiven Lösungen das Wasser abzugraben.

Eine weitere Strategie scheint es zu sein, sich einfach nicht um die Umsetzung zu kümmern. Bis zum Frühjahr 2022 gibt es in Baden-Württemberg kein qualitatives Konzept für Inklusion in den Schulen, geschweige denn eine Evaluation der Umsetzungsmaßnahmen. Damit wird deutlich, wie wenig wichtig der Landesregierung und dem Bildungsministerium dieses Thema ist. Im Rahmen meiner Tätigkeit als Projektleiterin ‚Inklusionsbeobachtung und –begleitung in Baden-Württemberg' der Landesarbeitsgemeinschaft Gemeinsam leben – gemeinsam lernen e. V. wurden die Webseiten der Schulämter genau unter die Lupe genommen. Auf fast allen fanden sich schwere inhaltliche Fehler in der Darstellung von Inklusion und den rechtlichen Grundlagen. Immer wieder wurde zum Beispiel das Procedere falsch dargestellt und unter Missachtung von wesentlichen Elternrechten beschrieben. Mit den Schulämtern wurden Gespräche dazu geführt. Einige nahmen das zum Anlass ihre Webseiten zu ändern, manche nicht. Das Kultusministerium hat all das nicht interessiert. ‚Laufenlassen' ist auch eine ‚Umsetzungs'-Methode.

Die erfolgreichste Methode, inklusive Schulentwicklung zu verhindern, scheint die zu sein, Begrifflichkeiten zu manipulieren. Zum einen, (man könnte sagen das ‚Bäh-Wort') Inklusion nach Möglichkeit zu vermeiden und durchgängig nur von ‚Sonderpädagogik' zu sprechen. Dann fühlen sich die allgemeinen Schulen gar nicht angesprochen. Und wenn man denn das Wort ‚Inklusion' schon in den Mund nimmt, dann deutet man es um. So werden in Baden-Württemberg die Begriffe ‚Inklusion' oder ‚inklusiv' auch offiziell auf der Ebene der Bildungspolitik und -verwaltung verwendet für ‚Außenklassen' oder sog. ‚Begegnungsmaßnahmen', bei denen die Gymnasialklasse einmal im Jahr mit der Sonderschulklasse paddelt und anschließend findet, dass die Behinderten ‚auch nett sind'. Allgemeine Schulen, die ausgelagerte Sonderschulklassen bei sich beherbergen, nennen sich so dann bevorzugt ‚inklusive Schule'.

Je häufiger das vor allem in öffentlichen Verlautbarungen als ‚Inklusion' bezeichnet wird, desto mehr wird am Ende darunter auch Inklusion verstanden.

Immer wieder diesen Entwicklungen und Umdeutungen gegenzuhalten, ist mühsam. Mühsam für einzelne Eltern, mühsam für Elterninitiativen. Mühsam aber auch für Vertreter*innen aus Wissenschaft oder Politik, die verstanden haben, worum es bei der Entwicklung eines inklusiven Bildungssystems geht. Gerade Non-Profit-Organisationen, wie Eltern oder Selbstvertretungen, kommen hier an die Grenzen ihrer Möglichkeiten.

Dieses zusätzliche Eltern-Engagement kostet Kraft. Manche Eltern sind schon verstorben, ohne wirkliche Fortschritte erlebt zu haben. Manche haben sich, vor allem in der Zeit vor der Ratifizierung der UN-BRK, aufgerieben oder irgendwann aufgegeben. Für Eltern ist das Thema Inklusion kein akademisches, kein politisches, kein pädagogisches. Sie haben sozusagen ‚das Thema' bei sich zu Hause sitzen. Denn es geht um junge Menschen mit Behinderung, die keine Zeit haben, zu warten. Sie werden im Jahr X eingeschult, sie brauchen eine Anschlussperspektive im Jahr Y.

Deshalb haben ihre Eltern keine Zeit zu warten. Also machen sie Jobs, die eigentlich nicht ihre Jobs sind. Sie machen manchmal auch zu viel. Und sie schreiben manchmal auch noch Aufsätze wie diesen.

Literatur

LAG Gemeinsam leben – Gemeinsam lernen Baden-Württemberg. (2018). Inklusion macht Schule. „Ich kenne meine Rechte" – Das Schulgesetz in Baden-Württemberg. Ein Ratgeber von Eltern für Eltern. www.lag-bw.de/images/PDF/Elternratgeber.pdf. Zugegriffen: 22. Mai 2022. Ein Ergänzungsheft ist 2022 erschienen.

Ministerium für Kultus, Jugend und Sport. (2016). Verordnung des Kultusministeriums über die Feststellung und Erfüllung des Anspruchs auf ein sonderpädagogisches Bildungsangebot (Verordnung über sonderpädagogische Bildungsangebote – SBA-VO) (i. d. F. v. 08. 03. 2016).

Ministerium für Kultus, Jugend und Sport. (2018). Schulgesetz für Baden-Württemberg (SchG), Landesrecht BW (1983 & i. d. F. v. 01.08.1983). www.landesrecht-bw.de/jportal/portal/t/58p/page/bsbawueprod.psml?pid=Dokumentanzeige&showdoccase=1&js_peid=Trefferliste&fromdoctodoc=yes&doc.id=jlr-SchulGBW1983V21G11&doc.part=X&doc.price=0.0#focuspoint. Zugegriffen: 12. Mai 2022.

Kirsten Ehrhardt ist Juristin, Journalistin und Beraterin. Sie lebt mit ihrer Familie in Walldorf (Baden-Württemberg) und hat u. a. einen inzwischen erwachsenen Sohn mit Behinderung. Sie ist Vorsitzende der Elterninitiative Rhein-Neckar e. V. in Heidelberg und im Vorstand der Landesarbeitsgemeinschaft Baden-Württemberg „Gemeinsam leben – gemeinsam lernen".

Homepage: www.lag-bw.de

Kontakt: beratung@lag-bw.de

Printed by Printforce, the Netherlands